Michael Krimmer und Anton Ochsenkühn

iPad Pro iOS 9 Handbuch
Auch für iPad Air und iPad mini

10 Jahre amac-buch Verlag (seit 2005)

amac
BUCH VERLAG

Michael Krimmer und Anton Ochsenkühn

iPad Pro iOS 9 Handbuch
Auch für iPad Air und iPad mini

Copyright © 2015 amac-buch Verlag
10 Jahre amac-buch Verlag (seit 2005)

ISBN 978-3-95431-038-8

Hergestellt in Deutschland

Trotz sorgfältigen Lektorats schleichen sich manchmal Fehler ein. Autoren und Verlag sind Ihnen dankbar für Anregungen und Hinweise!

amac-buch Verlag
Erlenweg 6
D-86573 Obergriesbach
E-Mail: info@amac-buch.de
http://www.amac-buch.de
Telefon +49(0) 82 51/82 71 37
Telefax +49(0) 82 51/82 71 38

Inhalt

Kapitel 5 – Im Internet unterwegs – Safari   163

Kapitel 6 – In Verbindung bleiben – Kommunikaiton   183

Vorwort

Dieses Mal ist vieles anders! Im Herbst 2015 wurden nicht die bestehenden iPads einfach noch etwas besser, schneller, leichter und dünner gemacht. Nein, mit dem neuen iPad Pro hat Apple eine völlig neue iPad-Generation ins Leben gerufen. In Verbindung mit dem neuen optionalen Smart Keyboard und dem Apple Pencil schickt sich das iPad Pro an, den mobilen Computern die Kunden abspenstig zu machen.

Das iPad Pro ist technisch bereits ein ausgewachsener mobiler Computer: Es verfügt über ein 12,9″-Retina-Display, das eine Auflösung von 2732 x 2048 Pixeln bei 264 ppi besitzt. Für die nötige Rechenpower sorgen der neue A9X-Chip mit 64-Bit-Architektur und 4 GByte Hauptspeicher. Das alles (und vieles mehr) macht das iPad Pro zu einem blitzschnellen Computer, der natürlich auch bequem über das Touch-Display bedient werden kann.

Aber nicht nur die Käufer dieses neuen Wunderwerks der Technik haben Grund zur Freude. Auch alle anderen Besitzer eines iPads (iPad mini, iPad 2, iPad Air oder neuer) dürfen sich das neue Betriebssystem iOS 9 kostenlos herunterladen und installieren.

Und eines können wir Ihnen an dieser Stelle schon versprechen: Die Neuerungen sind stellenweise spektakulär – Notizen, Karten und Mail sind nur einige der Apps, die große Updates erfahren haben. Und dazu gibt es noch Funktionen, die Apple exklusiv für das iPad entwickelt hat: Arbeiten Sie parallel mit zwei Apps und greifen Sie dabei auf die Funktionen Slide Over, Split View und Bild-in-Bild zu. Oder nutzen Sie die iPad-Tastatur als virtuelles Trackpad. Das und vieles mehr bietet Ihnen iOS 9.

Sie haben iOS 9 noch nicht auf Ihrem iPad? Kein Problem! Wir zeigen Ihnen ganz genau, wie Sie es installieren und Ihr iPad damit auf den neuesten Stand bringen.

Eines jedenfalls ist jetzt schon sicher: Sie werden Ihr iPad mit iOS 9 mit hoher Wahrscheinlichkeit noch mehr lieben, als Sie es eh schon tun. Und wenn Sie an der einen oder anderen Stelle Hilfe benötigen, dann ist dieses Buch genau das, was Sie brauchen. Viel Spaß!

Michael Krimmer und Anton Ochsenkühn, November 2015

Der Unterschied zwischen iPad Cellular (4G) und iPad Wi-Fi

Beim Kauf eines iPads werden Sie neben der Wahl des Modells, der Farbe und der Kapazität noch mit einer ganz grundlegenden Frage konfrontiert: Kaufen Sie ein Wi-Fi-Modell oder eines mit Wi-Fi + Cellular (oder auch iPad 4G genannt).

Der Unterschied zwischen den beiden Modellen liegt darin, wie das iPad ins Internet gehen kann. Wenn Cellular (oder 4G) nicht unbedingt erforderlich ist, spart man beim Kauf einiges an Geld.

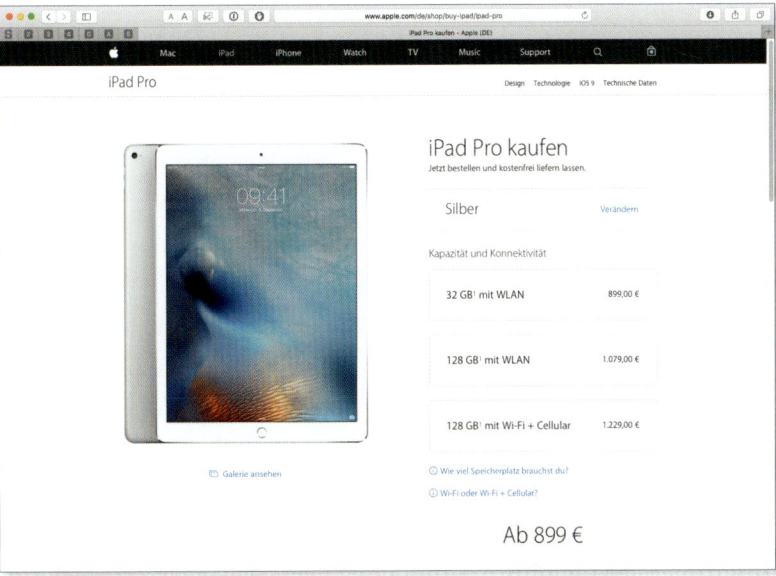

Beim Kauf des Wi-Fi-iPads können Sie bei ansonsten identischen Eckdaten einiges sparen.

- **Wi-Fi:** Das Wi-Fi-iPad kann nur über ein WLAN online gehen. Wenn Sie also das iPad ausschließlich an Orten einsetzen möchten, an denen Sie Zugang zu einem WLAN haben, dann kaufen Sie dieses Modell.

- *Wi-Fi + Cellular:* In dieses iPad können Sie eine SIM-Karte einstecken und das Gerät so mit dem Datennetz Ihres Mobilfunkproviders verbinden. Das bedeutet in der Praxis, dass Sie auch unterwegs online sein können und dazu kein WLAN benötigen. Aber wenn Sie ein WLAN zur Verfügung haben, können Sie das auch mit diesem Modell nutzen. Weiterhin verfügt das iPad Wi-Fi + Cellular über ein GPS-Modul, so dass die Ortungsbestimmung exakt stattfinden kann. Beim Wi-Fi-Modell wird die Ortung über WLAN und damit deutlich weniger genau erfolgen.

> **!** Sollten Sie neben dem iPad auch ein iPhone haben, können Sie die Einschränkung des Wi-Fi-Modells sehr bequem umgehen. Aktivieren Sie am iPhone den persönlichen Hotspot bzw. Instant Hotspot und verbinden Sie das iPad dann per WLAN mit dem iPhone. Dann lässt sich das iPad auch unterwegs dadurch online bringen, dass es die Datenverbindung des iPhone nutzt.

> **!** Besorgen Sie sich eine Zweitkarte. Haben Sie bereits einen iPhone-Vertrag bei einem Mobilfunkanbieter und möchten Sie eine SIM-Karte für Ihr Cellular-iPad haben, dann fragen Sie nach einer Zweitkarte (oder Multi-SIM). Dann kann das iPad das Datenvolumen des iPhones mitbenutzen, und Sie müssen in der Regel keine zusätzliche monatliche Grundgebühr bezahlen.

APN-Einstellungen

Über die APN-Daten teilen Sie dem iPad mit, welchen Server und welche dazugehörigen Zugangsdaten für die Internetnutzung das Gerät nehmen soll. Oft ist es so, dass Sie die SIM-Karte in das Gerät einstecken und die Daten automatisch eingetragen werden. Das merken Sie dadurch, dass Sie sofort online sind. Klappt es mit der Verbindung nicht auf Anhieb, sehen Sie nach, ob die APN-Daten korrekt eingetragen wurden. Die entsprechenden Felder finden Sie unter *Einstellungen –> Mobile Daten –> APN-Einstellungen*. In der Regel werden die Daten automatisch eingetragen.

> **!** Sollte das bei Ihnen nicht der Fall sein, so erfragen Sie die für Sie geltenden Daten direkt bei Ihrem Mobilfunkanbieter.

Installation – ohne geht nix!

Das iPad ist eigentlich ein Computer. Und da ein Computer über ein Betriebssystem verfügt, muss dieses vor der Verwendung des iPads zunächst konfiguriert werden. Das Betriebssystem auf dem iPad hört auf die Bezeichnung iOS. Die aktuelle Versionsnummer ist die 9.

> **!** Apple aktualisiert im Jahreszyklus sein Betriebssystem für die iPad. Die nächste Version wird vermutlich iOS 10 heißen. Keine Sorge, Sie können im Regelfall kostenlos auf die höhere Version und damit auf die neuen Funktionen updaten.

Das Betriebssystem iOS ist bereits auf Ihrem iPad vorinstalliert. Beim ersten Einschalten können Sie dieses noch mit einigen Einstellungen versehen. Wichtig ist zu wissen, dass Sie nicht gleich alle Einstellungen beim ersten Start des iPads vornehmen müssen. Sie können jederzeit nachträglich weitere Einstellungen definieren. Ich werde Ihnen in wenigen Minuten zeigen, wo die bei der Installation eingetragenen Daten hinterlegt worden sind.

> **!** Möchten Sie zu einem späteren Zeitpunkt Ihr iPad wieder in den Auslieferungszustand zurücksetzen, so gehen Sie in den **Einstellungen** zu **Allgemein**, scrollen Sie ganz nach unten, verwenden Sie den Bereich **Zurücksetzen** und tippen Sie dort auf **Inhalte & Einstellungen löschen**.

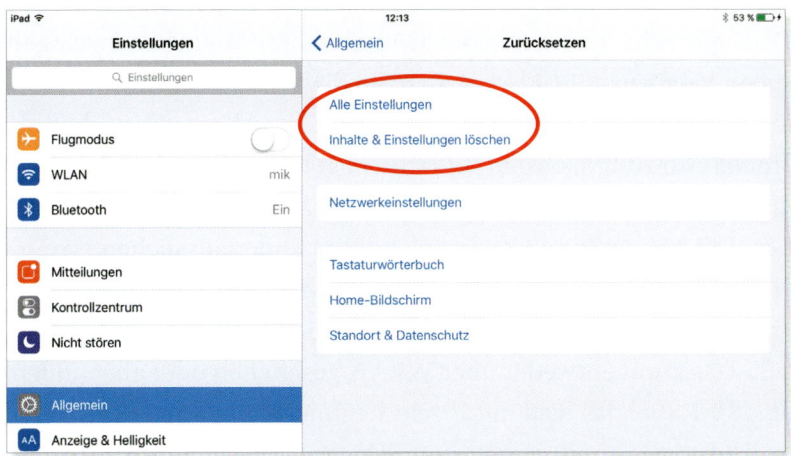

Via „Zurücksetzen –> Inhalte & Einstellungen löschen" wird Ihr iPad wieder in den Werkszustand zurückgesetzt.

> In diesem Screenshot sehen Sie bereits eine Neuerung von iOS 9, die die Einstellungen betrifft. Wenn Sie die Liste im linken Bereich nach unten wegschieben, erhalten Sie ein Suchfenster. Darüber lassen sich dann spezielle Einstellungen gezielt suchen.

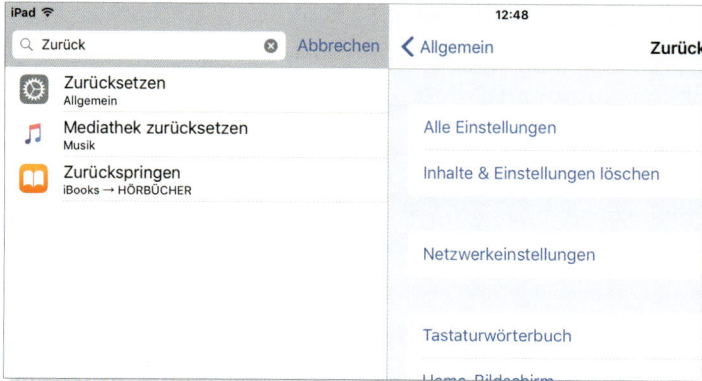

Geben Sie einen Suchbegriff ein, um alle dazu passenden Einstellungsmöglichkeiten zu finden.

So, aber nun erkläre ich Ihnen Schritt für Schritt den ersten Start Ihres neuen iPads und die dabei notwendigen Einstellungen. Sie schalten das iPad am *Stand-by-Schalter* ein und drücken diesen etwa zwei Sekunden. Daraufhin erscheint ein Apfel-Symbol auf Ihrem iPad, und es startet. Sogleich werden einige Grundkonfigurationen notwendig sein:

- *Startbildschirm:* Ziehen Sie den Slider am unteren Bildschirmrand nach rechts. Haben Sie eine SIM-Karte in das iPad eingelegt, die durch eine PIN gesperrt ist, so können Sie diese an dieser Stelle bereits eingeben. Tippen Sie dazu auf *Unlock,* geben Sie die PIN ein und tippen Sie dann auf *OK.* Wählen Sie nun als *Sprache* z. B. *Deutsch* aus. Danach werden Sie automatisch zum nächsten Bildschirm geleitet.
- *Land oder Region wählen:* Hier können Sie *Deutschland* auswählen bzw. über *Weitere Länder und Regionen* andere Länder aussuchen.
- *WLAN:* Ihr iPad muss sich bei Apple registrieren. Deswegen ist es im nächsten Schritt notwendig, dass Ihr iPad eine Internetverbindung herstellt. Das kann entweder über WLAN geschehen oder aber, indem Sie per USB-Kabel das iPad mit Ihrem Rechner und dann mit iTunes verbinden. Haben Sie ein iPad mit einer SIM-Karte, können Sie auch über das mobile Netzwerk die Onlineverbindung etablieren.

Ihr iPad muss sich registrieren, und dazu benötigt es eine Internetverbindung.

Im einfachsten Fall wählen Sie also hier Ihr WLAN-Netzwerk aus, um die Verbindung zum Internet herzustellen. Geben Sie dann das WLAN-Passwort ein. Via *Verbinden* gelangen Sie zum nächsten Schritt, der Aktivierung des iPads, die über die Internetverbindung von ganz allein stattfindet.

WLAN-Unterstützung bei schlechter Verbindung

Wir haben es geschrieben und in der Regel ist es auch so: Eine WLAN-Verbindung ist normalerweise schneller als eine über das mobile Datennetz. Aber es gibt Ausnahmen: Wenn beispielsweise die WLAN-Qualität derart schlecht wird, dass kaum noch Daten am iPad ankommen, dann kann es durchaus sinnvoll sein, auf die mobile Datenverbindung zu wechseln.

Das konnte man bisher dadurch erreichen, dass man WLAN deaktiviert und später wieder aktiviert hat. iOS 9 kann das auch automatisch machen.
Wir greifen an dieser Stelle kurz vor und sprechen über eine Einstellung des iPads. Wie Sie zu den Einstellungen kommen, das erfahren Sie im Abschnitt „Wichtige Einstellungen zu Beginn". An dieser Stelle aber schon mal eine Einstellung, die für das WLAN wichtig ist:

Rufen Sie dazu die *Einstellungen –> Mobile Daten* auf und scrollen Sie ganz nach unten. Fast am Ende der Liste finden Sie den Punkt WLAN-Unterstützung. Wenn Sie den aktivieren, wird Ihr iPad bei Bedarf automatisch die WLAN-Verbindung kappen und auf die Mobilfunkverbindung umswitchen.

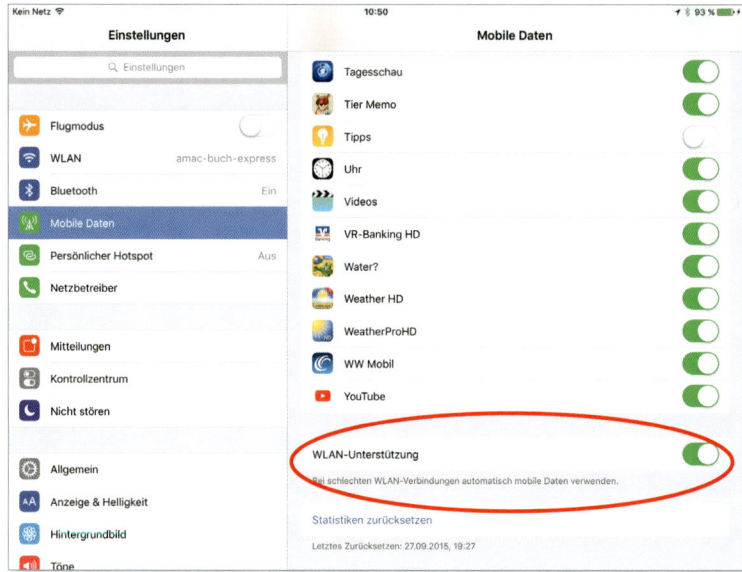

„WLAN-Unterstützung" verbirgt sich am Ende der Einstellungen zu „Mobiles Netz".

Aber auch hier gilt: Wenn Sie nicht über das WLAN surfen, sondern über das mobile Netz, kann das Zusatzkosten bedeuten oder Ihr Freivolumen reduzieren. Nun aber wieder zurück zur Ersteinrichtung.

- *Ortungsdienste:* Ihr iPad kann über die Ortungsdienste Ihre Position bestimmen, das ist in sehr vielen Programmen, wie z. B. in der *Kamera-* App oder in der App *Erinnerungen*, eine sehr wichtige Funktion. Auch das Programm *Karten* greift selbstverständlich auf die Ortungsdienste zu. Wenn Sie diese jetzt noch nicht verwenden wollen, tippen Sie auf *Ortungsdienste deaktivieren* und hernach auf *Weiter*.

> Wollen Sie zu einem späteren Zeitpunkt die Ortungsdienste einschalten, tun Sie dies über **Einstellungen –> Datenschutz –> Ortungsdienste**. Und greift eine App auf die Ortungsdienste zu, erkennen Sie das an diesem Icon in der Menüleiste des iPads ⬆)

- *Touch ID* (nur iPad Pro, iPad Air 2 und iPad mini 3/4 oder neuer): Mit der Touch ID erstellen Sie einen Fingerabdruck für die Identifizierung. Dadurch können Sie in Zukunft mit Ihrem Fingerabdruck das iPad entsperren. Die Touch ID kann aber auch mit *Touch ID später einrichten* (*Einstellungen –> Touch ID & Code*) übersprungen werden. Zusätzlich muss aber auf alle Fälle noch ein vierstelliger Sicherheitscode eingestellt werden.

- *Code erstellen:* Legen Sie nun einen Code fest, mit dem Sie Ihr iPad später entsperren können. Diesen Code benötigen Sie auch dann, wenn Sie Ihr iPad löschen oder andere systemrelevante Einstellungen vornehmen möchten.

  Mit iOS 9 hat Apple an dieser Stelle eine Änderung vorgenommen. War bisher der Standardcode eine vierstellige Zahl, so ist es nun eine Zahl mit sechs Stellen. Möchten Sie einen anderen Code nutzen, so tippen Sie auf *Codeoptionen*. Hier haben Sie dann die Wahl zwischen vielen anderen Codes, unter anderem auch dem gewohnten vierstelligen numerischen Code.

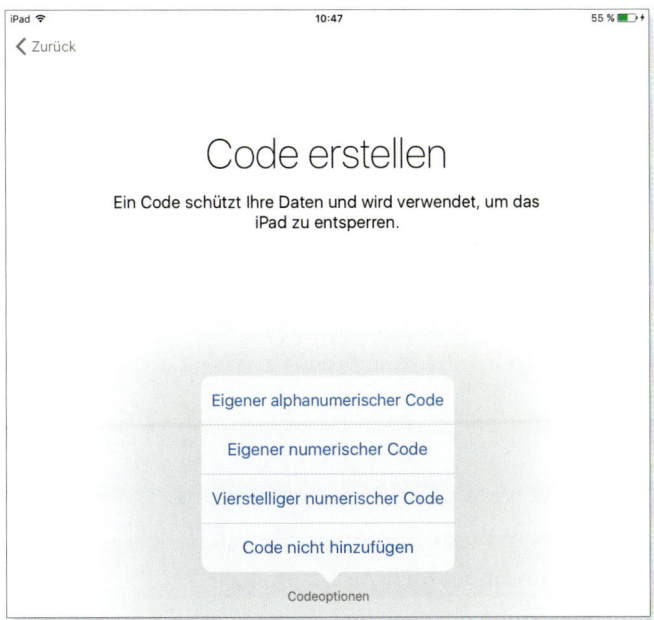

iOS 9 bietet Ihnen einige Codeoptionen an, unter anderem auch den bekannten Zahlencode mit vier Stellen.

- *Apps & Daten:* Nun kann Ihr iPad konfiguriert werden. Das heißt, wenn Sie bereits vorher ein iPad hatten und dort Einstellungen vorgenommen haben, können Sie diese auf Ihr neues iPad übertragen. Das betrifft Einstellungen wie E-Mail, heruntergeladene und verwendete Apps, die Darstellung der Home-Bildschirme etc. Diese Einstellungen können sich entweder in der iCloud befinden oder an Ihrem Rechner in iTunes. Sofern Sie iTunes verwenden wollen, müssen Sie mit dem USB-Kabel die Verbindung zu Ihrem Computer (Mac oder Windows) herstellen. Das Einspielen der iCloud-Daten dagegen erfolgt drahtlos per WLAN.

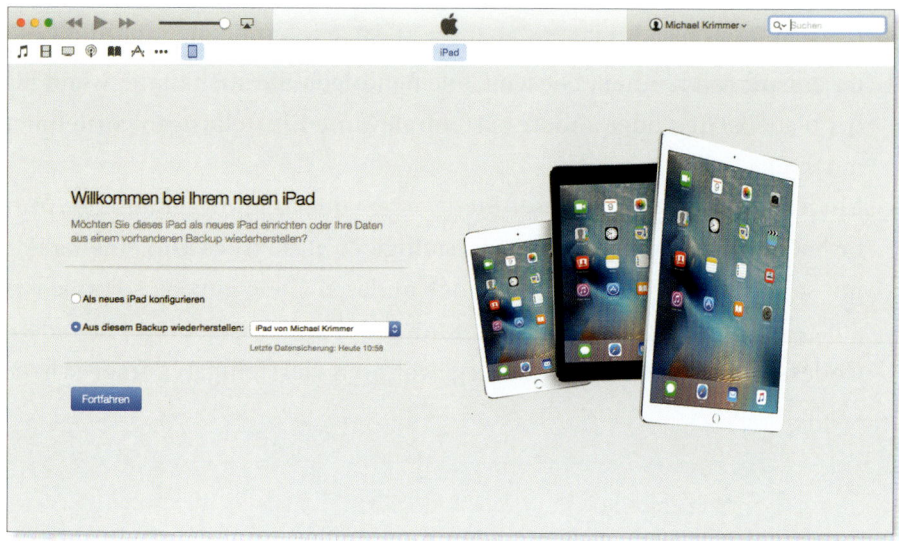

So sieht es aus, wenn ein iPad über ein Backup von iTunes konfiguriert werden soll.

Genauso verhält es sich, wenn Sie iCloud verwenden. Auch dort bekommen Sie eine Liste all der zur Verfügung stehenden Backups.

> **!** Wir werden später noch darüber sprechen, wie man ein Backup erzeugt und dieses auf neue Geräte übernimmt (siehe Kapitel 8 ab Seite 335 und Kapitel 11 ab Seite 409).

Wir tun nun so, als wäre dies Ihr erstes iPad und wollten dieses als neues, jungfräuliches iPad verwenden. So tippen wir auf *Als neues iPad konfigurieren* und gelangen zum nächsten Bildschirm.

- *Apple-ID:* Jetzt kommt eine sehr wichtige Grundeinstellung für Ihr nagelneues iPad, die sogenannte Apple-ID. Mit der Apple-ID bekommen Sie Zugriff auf die verschiedenen Stores von Apple. Das sind z. B. der iBooks Store, der App Store, der iTunes Store etc. Aber auch Zusatzfunktionen wie iCloud, Nachrichten (iMessages), FaceTime, die Familienfreigabe, Handoff usw. sind mit der Apple-ID verbunden. Wenn Sie also bereits über eine Apple-ID verfügen, tragen Sie diese bei *Mit Ihrer Apple-ID anmelden* ein.

Das iPad möchte nun mit einer Apple-ID ausgestattet werden.

Sie können auf dem Bildschirm aber auch eine komplett neue Apple-ID anlegen. Tippen Sie dazu auf *Sie haben keine Apple-ID oder haben sie vergessen?* Dort können Sie dann auch festlegen, dass Sie an dieser Stelle noch keine Apple-ID eintragen möchten. Der dafür passende Punkt: *Später in „Einstellungen" konfigurieren*.

> **!** Wenn Sie später eine Apple-ID beantragen, muss diese an verschiedenen Stellen in den **Einstellungen** eingetragen werden, wie z. B. bei **FaceTime**, **Nachrichten**, **iTunes & App Store** etc.

Sofern Sie also über eine Apple-ID verfügen, sollten Sie diese nun eintragen, um bereits gewisse Grundeinstellungen an Ihrem iPad vorzunehmen.

> **!** Sofern Sie bereits über ein iPhone oder einen Computer verfügen, haben Sie möglicherweise eine Apple-ID, die Sie zum Einkaufen in den Apple Stores nutzen. Genau diese ID können Sie auch hier verwenden. Sie können aber natürlich auch für Ihr Gerät eine vollkommen neue ID erzeugen. Wichtig dabei ist zu wissen, dass es derzeit keine Möglichkeit gibt, über verschiedene Apple-IDs erworbene Inhalte wie Musik, Filme, Bücher etc. auf einem Gerät zum Laufen zu bringen. Das heißt also, wenn Sie an Ihrem Rechner eine andere Apple-ID verwenden als an Ihrem iPad, dann können die Daten zwischen diesen Geräten nicht ausgetauscht werden. Der Austausch funktioniert nur im Rahmen derselben Apple-ID oder über die Familienfreigabae (Kapitel 8).

- *Sicherheit Ihrer Apple-ID:* An dieser Stelle können Sie Ihre Apple-ID durch die Eingabe von Sicherheitsfragen und deren Antworten sichern. Außerdem besteht die Möglichkeit, eine alternative Mailadresse einzugeben, über die Sie im Notfall wieder Zugang zu Ihrer Apple-ID bekommen können. Wählen Sie an dieser Stelle aus, ob Sie das sofort machen möchten (*Sicherheitsfragen hinzufügen)* oder lieber erst zu einem späteren Zeitpunkt (*Später)*. Tippen Sie dann auf *Weiter.*

- *Nutzungsbedingungen:* Jetzt kommen noch die Nutzungsbedingungen, die Sie via doppeltes *Akzeptieren* bestätigen müssen. Danach wird unter Umständen noch Ihre Apple-ID eingerichtet.

- *iCloud-Schlüsselbund:* Haben Sie in der Vergangenheit bereits Ihren iCloud-Schlüsselbund aktiviert, können Sie an dieser Stelle auch das iPad einbinden. In Kapitel 7 werden wir Ihnen noch ausführlich zeigen, was der Schlüsselbund kann und wie Sie ihn konfigurieren.

- *Siri:* Siri ist eine äußerst nützliche Funktion. Aber auch hier gilt: Sie können zu jedem späteren Zeitpunkt die Funktion *Siri aktivieren* und auf Ihrem iPad testen und verwenden. Tippen Sie also beispielsweise auf *Siri später aktivieren*, wenn Sie es aktuell nicht im Einsatz haben möchten.

> **!** Um Siri später zu aktivieren, gehen Sie in den **Einstellungen** bei **Allgemein** zum Eintrag **Siri**.

- *Diagnose und App Analytics:* Gleich haben Sie es geschafft. Wählen Sie hier noch, ob im Bereich *Diagnose und App Analytics* Daten an Apple zurückgesendet werden sollen. Möchten Sie das nicht, tippen Sie schlicht und ergreifend auf *Nicht senden*. Möchten Sie die Einstellungen zu einem späteren Zeitpunkt ändern, dann finden Sie diese hier: *Einstellungen –> Datenschutz –> Ortungsdienste –> Systemdienste.*

Ja, das war's, nun ist Ihr iPad grundkonfiguriert, sowohl das Betriebssystem als auch die wichtigsten Applikationen sind jetzt auf Ihrem iPad verfügbar, und Sie können sofort mit dem iPad arbeiten. Tippen Sie auf *Los geht's,* um zum Home-Bildschirm Ihres iPads zu gelangen.

- *iCloud konfigurieren:* Haben Sie eine Apple-ID hinterlegt, dann kann nun zum Abschluss der Installation noch die iCloud konfiguriert werden. Über die iCloud können drahtlos Informationen, Daten usw. mit Ihrem Computer oder dem iPhone bzw. einem anderen iPad abgeglichen werden. Tippen Sie, sofern Sie das aktuell nicht möchten, auf *Nicht verwenden.*

Wenn Sie zu einem späteren Zeitpunkt die iCloud-Einstellungen eintragen wollen, gehen Sie am iPad in die **Einstellungen** und dort zu **iCloud** und hinterlegen Sie hier Ihre Apple-ID.

- *Mein iPad suchen:* Falls Sie iCloud aktiviert haben, können Sie im nächsten Schritt die Suche nach Ihrem iPad aktivieren. Diese Funktion ist nützlich, wenn Sie Ihr Gerät verlegt haben oder es gestohlen wurde. Damit kann das iPad wieder aufgespürt werden. Da diese Funktion ein Bestandteil von iCloud ist, können Sie sie auch jederzeit unter *Einstellungen –> iCloud* ein- und ausschalten (Weitere Infos hierzu finden Sie in Kapitel 8 ab Seite 342).

- *iMessage und FaceTime:* Noch einmal zurück zur Eingabe der Apple-ID wenige Bildschirme weiter vorne. Wurde diese hinterlegt, wird Ihr iPad nun noch nach den Kontaktinformationen fragen. Haben Sie keine Apple-ID eingetragen, wird auch diese Abfrage nicht auf Ihrem iPad erscheinen. iMessage ist nachträglich in den *Einstellungen –> Nachrichten* konfigurierbar und FaceTime via *Einstellungen –> FaceTime*.

So sieht das iPad nach erfolgreicher Installation aus. Das ist der Home-Bildschirm mit den standardmäßig mitgelieferten Programmen (Apps).

Das iPad auf iOS 9 aktualisieren

Die bisher beschriebene Vorgehensweise bezog sich auf ein iPad, das Sie neu erworben haben. Aber es ist natürlich auch möglich, ein laufendes System, beispielsweise iOS 8, auf die aktuelle Version 9 zu aktualisieren. Dazu haben Sie zwei Möglichkeiten:

Update über iTunes

Sie können jederzeit Ihr iPad an den Rechner anschließen und über iTunes prüfen, ob es eine neue Softwareversion gibt. iTunes überprüft das Vorhandensein eines Updates von Zeit zu Zeit automatisch. Sie können diese Prüfung aber auch früher manuell anstoßen. Wählen Sie in iTunes Ihr iPad aus und klicken Sie auf *Nach Update suchen*.

Daraufhin erhalten Sie entweder die Meldung, dass es keine Aktualisierung gibt, oder Sie bekommen die Möglichkeit, ein Update herunterzuladen.

Gibt es ein Update, folgen Sie den Anweisungen von iTunes, um das Update zu installieren.

Update vom iPad aus („Over the Air"-Updates)

Auch die *Einstellungen* von iOS haben eine Update-Funktion. Sie finden sie unter *Allgemein* im Bereich *Softwareaktualisierung*. Und auch hier erhalten Sie entweder eine positive oder eine negative Rückmeldung.

Das Update auf iOS 9.1 ist verfügbar.

Wenn es eine neue Version gibt, können Sie sie direkt herunterladen und installieren. Stecken Sie dazu am besten Ihr iPad an die Steckdose, damit mittendrin nicht der Saft ausgeht. Auf Wunsch können Sie das Update trotzdem noch auf einen späteren Zeitpunkt verschieben.

Möchten Sie das Update später installieren, tippen Sie auf „Später".

 Wann auch immer Sie das Update starten, achten Sie darauf, dass der Akku mindestens zu 50 Prozent geladen ist oder das iPad am Stromkabel hängt.

Apple hat mit iOS 9 die Datenmenge deutlich reduziert, die für das Update over the Air geladen werden muss. Somit geht das Herunterladen der Datei deutlich schneller, und Sie benötigen auf dem iPad auch nur noch etwas über 1 GBPlatz statt bisher über 4 GB.

Wenn Sie das Update nicht gezielt über das entsprechende Menü in den Einstellungen abfragen, wird Sie nach einer Weile Ihr iPad selbsttätig über das Vorhandensein eines Updates informieren.

Auch hier können Sie das Update gleich oder später installieren.

Die Optionen sind aber dann identisch: Installieren Sie das Update sofort, indem Sie auf *Jetzt installieren* tippen. *Später* verschiebt die Installation auf einen günstig gelegenen Zeitpunkt z. B. in der Nacht.

Sie können das Update so installieren, dass es am nächsten Morgen bereits erledigt ist.

 Möchten Sie die automatische Installation dann doch nicht ausführen lassen, so können Sie das in den **Einstellungen** bei **Allgemein –> Softwareaktualisierung** auch noch einmal rückgängig machen.

Wählen Sie „Automatische Installation abbrechen", wenn Sie doch manuell updaten möchten.

Auf welchem Weg Sie auch immer das Update von iOS installieren, am Ende sollte das in den Einstellungen zu lesen sein:

Das Update auf iOS 9 wurde erfolgreich installiert.

Erst wenn es erneut ein Update gibt, finden Sie hier einen Hinweis darauf und können es installieren.

Weitere wichtige Grundeinstellungen

Wichtige Einstellungen zu Beginn

Was bringt Ihnen das beste System, wenn Sie es nicht oder nur schwer bedienen können? Ein Nachteil der aktuellen und hochauflösenden Tablet-Displays ist die teilweise sehr kleine und feine Anzeige von Text und Bildern. Wenn Sie bereits jetzt feststellen, dass Sie nur schwer erkennen, was am Bildschirm dargestellt wird, können Sie sich sehr einfach behelfen. Dazu gehen wir zu *Einstellungen –> Anzeige & Helligkeit*.

Die *Einstellungen* werden Ihnen im Verlauf dieses Buches noch öfter begegnen. Dort finden Sie den Großteil aller Einstellungsmöglichkeiten Ihres iPads. Um dorthin zu gelangen, tippen Sie auf Ihrem Home-Bildschirm einfach auf das entsprechende Icon.

Hinter dieser Anwendung verbergen sich die Einstellungen.

Schrift vergrößern

Eine erste schnelle Hilfe bringt das Vergrößern der Schrift innerhalb der iPad-Programme (der Apps). Tippen Sie auf *Textgröße* und und bewegen den Schieberegler darunter nach rechts für größeren Text. Was die Änderung zur Folge hat, erkennen Sie auch gleich am Erklärungstext, der größer oder kleiner dargestellt wird.

Was die Änderung in der Praxis bewirkt, zeigt ein Eintrag in der *Notizen*-App:

Links sehen Sie eine Notiz in normaler Schriftgröße, rechts eine in maximaler Vergrößerung.

Die höchste Vergrößerungsstufe ist häufig zu viel des Guten. Oft bringt ein Mittelweg die besten Ergebnisse. Probieren Sie es einfach aus, in welcher Einstellung die Übersicht erhalten bleibt, Sie aber dennoch alles gut lesen können.

Fetter Text

Würde es Ihnen bereits helfen, wenn der Text nicht größer, sondern nur fetter dargestellt wird? Dann aktivieren Sie die Option *Fetter Text*. Wenn Sie diesen Punkt aktivieren oder deaktivieren, muss Ihr iPad bei jeder Änderung dieser Option neu gestartet werden. Das Ergebnis ist aber deutlich:

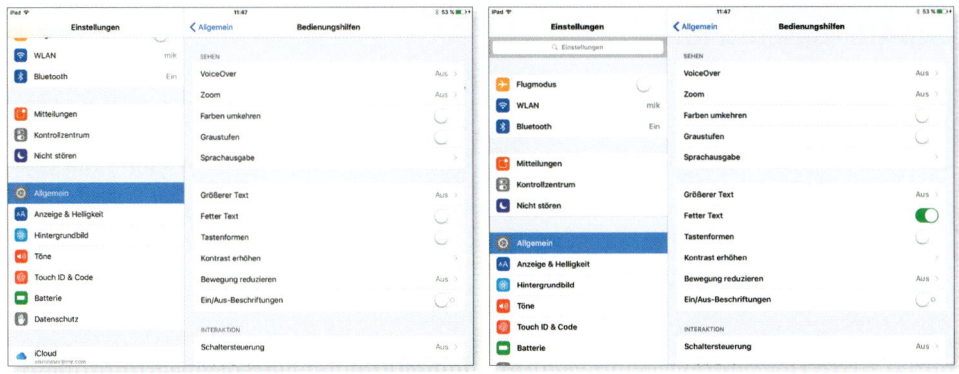

Links ist das „Einstellungen"-Menü in normaler Schrift zu sehen, rechts in fetter Schrift.

Anzeigezoom beim iPad Pro

Für das iPad Pro gibt es zudem eine ganz interessante Einstellung. Sollten Ihnen die Schrift und die App-Symbole zu klein erscheinen, können Sie die Anzeigegröße ändern. Gehen Sie zu *Einstellungen –> Anzeige & Helligkeit –> Anzeigen*.

Der „Anzeigezoom" bringt eine größere Darstellung aller Elemente auf dem iPad Pro-Display und erleichtert so die Lesbarkeit.

Über den Anzeigezoom können Sie zwischen einer *Standard*- und einer *Vergrößert*-Ansicht wählen. Die Vergrößert-Ansicht stellt die Icons-, Schrift- und Bilddarstellung signifikant größer dar. Tippen Sie rechts oben auf *Einstellen*, um die Änderung zu übernehmen.

Ein/Aus-Beschriftungen

Wird ein Schieberegler bewegt, bewegt sich nicht nur der Schalter nach links oder rechts. Auch die Farbe ändert sich. Eine aktivierte Option wird durch eine grüne Fläche angezeigt, eine deaktivierte Aktion durch einen weißen Schalter.

Ist Ihnen das nicht deutlich genug, können Sie sich zusätzlich ein *I* für An oder ein *O* für Aus anzeigen lassen. Aktivieren Sie dazu den Punkt *Ein/Aus-Beschriftungen* (*Einstellungen –> Allgemein –> Bedienungshilfen*).

Die zusätzliche Markierung der Schalter kann dabei helfen zu erkennen, ob sie an oder aus sind.

 In den **Bedienungshilfen** finden Sie noch eine Vielzahl weiterer Erleichterungen, wenn Sie Probleme damit haben, das iPad zu bedienen. Probieren Sie sie einfach aus. Es lohnt sich!

Softwareaktualisierung

Wie bereits vorhin erwähnt, ist das iPad ein Computer, und auch die iPads bekommen immer wieder neuere Software. Damit Sie auf Ihrem iPad immer den aktuellen Stand haben, sollten Sie ab und zu in den *Einstellungen* bei *Allgemein* den Eintrag *Softwareaktualisierung* aufrufen.

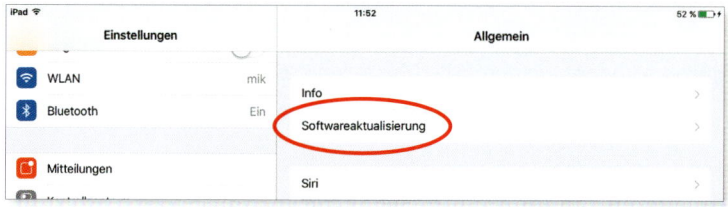

Via „Allgemein –> Softwareaktualisierung" können Sie Ihr iPad immer up to date halten. Um ein Update einspielen zu können, muss das iPad mindestens zu 50 Prozent geladen oder an die Stromversorgung angeschlossen sein.

Name des iPads

Via *Einstellungen –> Allgemein –> Info –> Name* können Sie Ihrem iPad einen eigenen Namen geben. Dieser wird beispielsweise angezeigt, wenn Sie das iPad mit
iTunes verbinden oder die Funktion *Persönlicher Hotspot* verwenden.

Batterieladung anzeigen

Möchten Sie die Batterieladung permanent in der Titelzeile des iPads anzeigen
lassen (oder auch nicht), aktivieren (oder deaktivieren) Sie diese Funktion unter
Einstellungen –> Batterie.

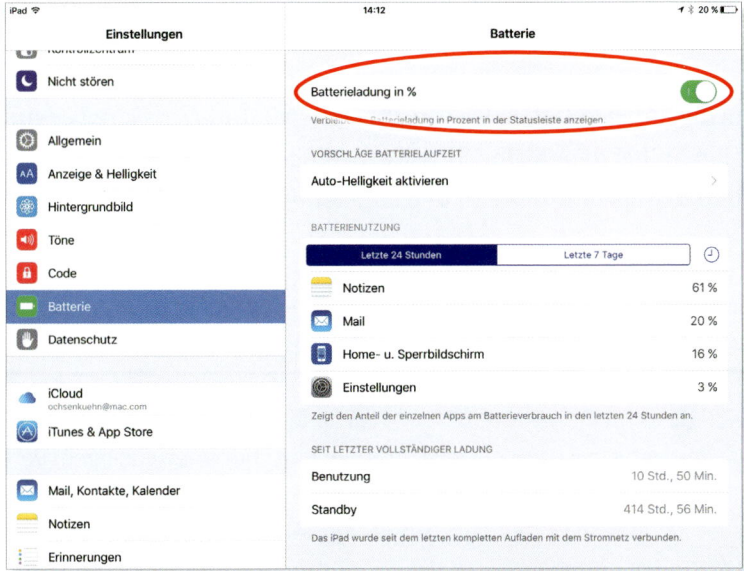

Unter „Allgemein –> Batterie" finden Sie neben der Batterieladung weitere interessante
Informationen zu Ihrem iPad.

SIM-Karte einsetzen

Jetzt wäre auch ein guter Zeitpunkt, die SIM-Karte in Ihr neues iPad einzusetzen. Dazu wird beim iPad eine kleine Klammer mitgeliefert, um den Schacht zu
öffnen, in den die SIM-Karte eingesetzt wird.

 Das iPad mini bzw. iPad Air und iPad Pro benötigen eine Nano-SIM-Karte, wohingegen die anderen iPads eine Micro-SIM-Karte verwenden. Sie sollten sich also für
Ihr Gerät die passende SIM-Karte besorgen.

Gleich nach erfolgreichem Einlegen der Karte wird die PIN abgefragt. Diese finden Sie in den Unterlagen, die Sie zusammen mit Ihrer SIM-Karte bekommen haben. Damit Sie in Zukunft diese SIM-Abfrage umgehen können, sollten Sie danach in den *Einstellungen* den Eintrag *Mobile Daten* aufrufen und dort *SIM-PIN* anwählen, den Schieberegler auf *Aus* schieben und ein letztes Mal die richtige PIN eintragen.

So unterbinden Sie die PIN-Abfrage bei einem Cellular-iPad.

Die Einträge *Mobile Daten*, *Persönlicher Hotspot* und *Netzbetreiber* sind nur auf iPads verfügbar, bei denen eine SIM-Karte eingelegt werden kann. WLAN-iPad-Modelle haben diese Einträge in den Einstellungen demzufolge also nicht.

> **!** Sie sehen übrigens in der Menüleiste Ihres iPads, wie Sie mit dem Internet verbunden sind. Haben Sie eine SIM-Karte eingesteckt, erscheint dort Ihr Provider wie z. B. Vodafone, Telekom.de etc. Und neben dem Symbol finden Sie Icons, die etwas über die Geschwindigkeit aussagen. Dabei steht **E** für Edge, **GPRS** für GPRS, **3G** für UMTS bzw. HSDPA und **LTE** für die derzeit schnellste Verbindung mit dem Internet. Ob Sie LTE nutzen können, hängt zum einen von Ihrem Vertrag und zum anderen von Ihrem Provider ab. Welche Provider LTE anbieten, finden Sie stets aktuell im Internet unter **http://www.apple.com/ipad/LTE/**.

Generell gilt: Wenn Ihr iPad sowohl über WLAN in das Internet gelangen kann als auch über die SIM-Karte, so wird WLAN bevorzugt. Erst sobald WLAN nicht mehr zur Verfügung steht, wird auf das in der Regel langsamere mobile Datennetzwerk zurückgegriffen.

WLAN

Im Regelfall wird Ihr iPad also über WLAN ins Internet gelangen. Die notwendigen Einstellungen hierzu finden Sie bei *Einstellungen* unter *WLAN*. Besonders nützlich kann es sein, die Option *Auf Netze hinweisen* zu aktivieren.

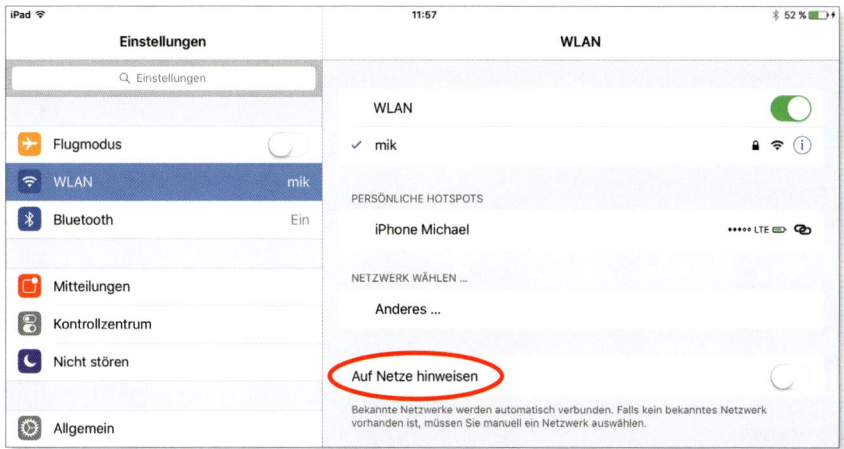

„Auf Netze hinweisen" bringt Ihnen automatisch die Meldung, sobald ein WLAN-Netzwerk verfügbar ist.

Wie Sie anhand des Bildschirmfotos sehen, ist das Netzwerk *mik* mit einem Schloss versehen. Das heißt, hier ist die Eingabe eines Kennworts notwendig, das Sie möglicherweise bereits während der Installation eingetragen haben. Manche Netzwerke müssen die sogenannte MAC-Adresse eines Geräts wissen, um die Internetverbindung herstellen zu können. Eine MAC-Adresse ist für jedes internetfähige Gerät eine individuelle Seriennummer. Auch Ihr iPad verfügt über eine solche Nummer. Sie finden die MAC-Adresse in den *Einstellungen,* dort unter *Allgemein* bei *Info*, und sie nennt sich *WLAN-Adresse*. Die dort hinterlegte Information geben Sie an die Person weiter, die sich um den WLAN-Router kümmert, und sogleich kann Ihr iPad dann auch problemfrei ins Internet gelangen.

Persönlicher Hotspot

Wenn Sie ein iPad Wi-Fi + Cellular (also inkl. SIM-Karte) besitzen, dann können Sie die mobile Internetverbindung anderen Geräten zur Verfügung stellen. Dabei kann die Verbindungsaufnahme über WLAN, USB oder Bluetooth stattfinden.

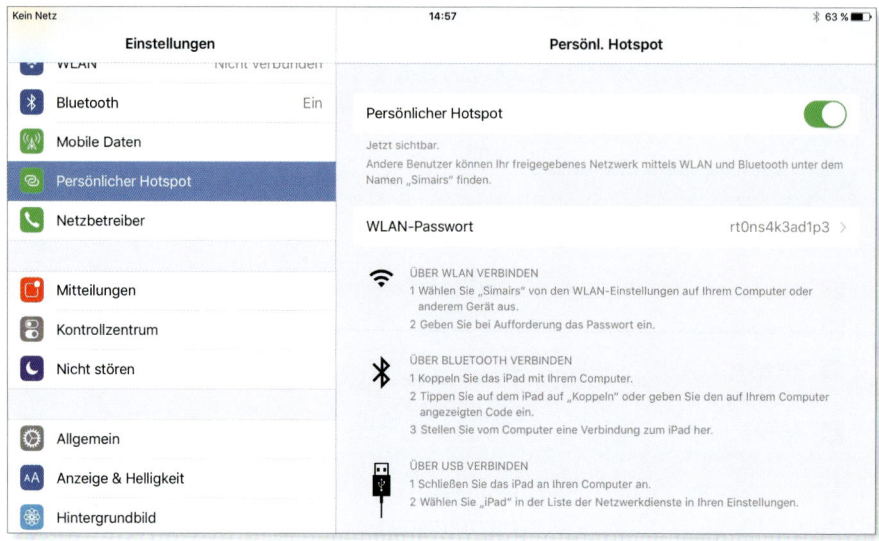

Das iPad stellt seine mobile Internetverbindung zur Verfügung.

Im einfachsten Fall sollten Sie WLAN verwenden. Das iPad hat bereits ein Passwort vorbereitet, das Sie aber Ihren Bedürfnissen entsprechend ändern können. An einem anderen Gerät sollte sich Ihr iPad nun als WLAN-Hotspot melden. Der dabei eingeblendete Hotspot-Name ist der, den Sie dem iPad gegeben haben (*Einstellungen –> Allgemein –> Info –> Name*).

War die Eingabe des Passworts erfolgreich, sehen Sie am iPad oben einen blauen Balken, der Sie darauf aufmerksam macht, dass nun eine Verbindung besteht und jemand über Ihr iPad ins Internet gelangen kann. Die Kosten werden natürlich über Ihre SIM-Karte abgerechnet.

Der blaue Balken zeigt eine aktive Verbindung inklusive der Info darüber,
wie viele Geräte verbunden sind.

Sobald das andere Gerät Ihr WLAN verlässt bzw. Sie die Funktion *Persönlicher Hotspot* (siehe auch Seite 353) wieder ausschalten, wird die Verbindung getrennt.

Bluetooth

Bluetooth ist eine weitere sehr einfache Möglichkeit, um gewisse Gerätetypen drahtlos mit dem iPad in Verbindung zu bringen. Die Bluetooth-Konfigurationen finden Sie ebenfalls in den *Einstellungen*. *Bluetooth* sollte standardmäßig aktiviert sein, wenn Sie sich des öfteren mit Geräten über Bluetooth verbinden möchten. Ansonsten können Sie es auch ausschalten.

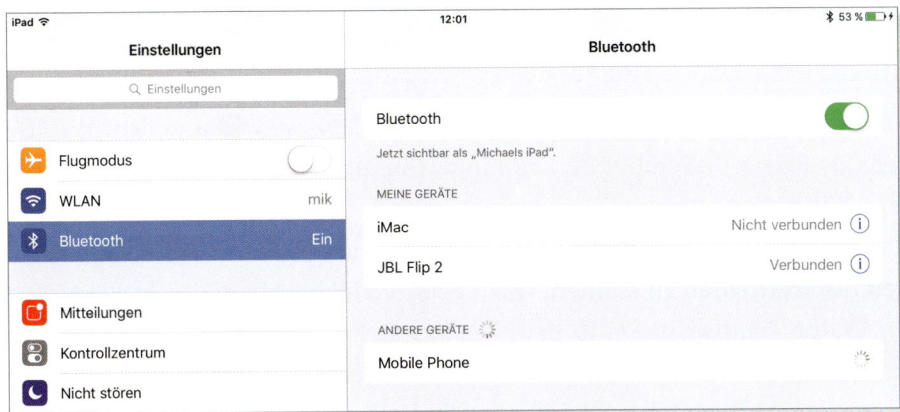

Tippen Sie einmal auf den Schieberegler, um Bluetooth zu aktivieren.

Und sogleich wird Ihr iPad im Bereich *Andere Geräte* nach anderen Devices in seiner Reichweite suchen, die ebenfalls Bluetooth aktiviert haben. Dies kann z. B. eine Bluetooth-Tastatur, ein Bluetooth-Kopfhörer oder die Bluetooth-Anlage Ihres Autos sein. Unter *Meine Geräte* finden Sie eine Auflistung der in der Vergangenheit erfolgten Verbindungen.

Bedenken Sie, dass Bluetooth Energie benötigt, das heißt, die Verwendung von Bluetooth-Verbindungen mit anderen Geräten kostet Ihrem iPad Akkulaufzeit. Deaktivieren Sie also bei Nichtverwendung Bluetooth, um die Akkulaufzeit zu erhöhen.

Kontrollzentrum

Ein sehr viel schnellerer Weg, um Bluetooth ein- und auszuschalten, ist das Kontrollzentrum. Dieses können Sie einblenden, wenn Sie vom unteren Displayrand einen Finger nach oben ziehen. Sie schieben praktisch das Kontrollzentrum damit heraus.

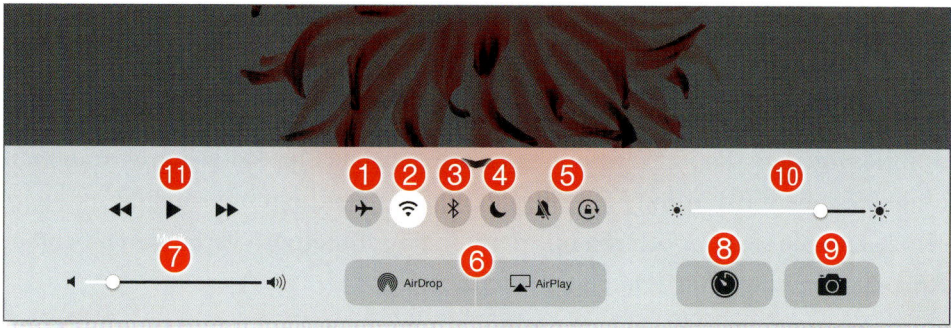

Das Kontrollzentrum enthält einen schnellen Zugriff auf die Bluetooth-Funktion.

Im Kontrollzentrum finden Sie neben dem *Flugmodus* ❶ und dem *WLAN* ❷ auch das *Bluetooth*-Symbol ❸. Ein Fingertipp darauf aktiviert bzw. deaktiviert die jeweilige Funktion.

Das Kontrollzentrum ist also eine einfache und elegante Möglichkeit, Funktionen rasch aufrufen zu können. Dazu gehören weiterhin die *Nicht stören*-Funktion ❹, die *Rotationssperre* ❺ bzw. *Ton aus*. Selbst *AirDrop* und *AirPlay* ❻ sind schnell zur Verfügung. Beide dienen dem Datenaustausch und werden in Kapitel 9 genauer erläutert. Über ❼ können Sie die Lautstärke steuern. Um wichtige Apps wie *Uhr* ❽ oder *Kamera* ❾ zu starten, tippen Sie das jeweilige Icon an. Und schlussendlich via ❿ kann die Displayhelligkeit geregelt werden. Mit ⓫ haben Sie Zugriff auf den Musikplayer im iPad.

Das Kontrollzentrum kann jederzeit und überall aufgerufen werden. Möchten Sie das ändern, gehen Sie zu *Einstellungen –> Kontrollzentrum*. Alle Funktionen des Kontrollzentrums werden in Kapitel 3 ab Seite 101 besprochen.

Sicher ist sicher: Touch ID & Code-Sperre

Sie möchten sicher nicht, dass sich Unberechtigte an Ihrem iPad zu schaffen machen. Sofern Sie die Code-Sperre nicht schon im Rahmen der ersten iPad-Starts aktiviert haben, können Sie diese nachträglich auch in den *Einstellungen –> Code* bzw. *Touch ID & Code* (iPad Pro, iPad Air 2 und iPad mini 3/4 oder neuer) aktivieren.

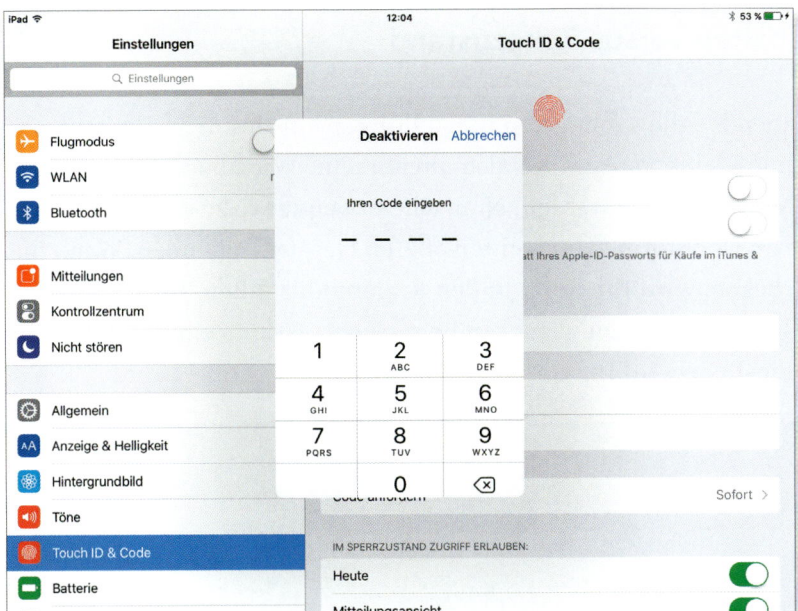

Eine Code-Sperre verhindert den unautorisierten Zugriff auf Ihr iPad.

Wenn Sie einen Code vergeben, sehen Sie auch den Punkt *Einfacher Code*. In diesem Bereich lässt sich neben dem sechsstelligen Code von iOS 9 auch ein *Eigener alphanumerischer Code*, ein *Eigener numerischer Code* oder ein *Vierstelliger Code* eintragen.

Sobald Sie einen Code eingegeben haben, werden Sie gefragt, ob Sie diesen Code auch als iCloud-Sicherheitscode nutzen möchten. Sie können *Denselben Code verwenden* oder den *Sicherheitscode nicht ändern*. Geben Sie beim selben Code dann das Kennwort Ihrer Apple-ID an, um die Änderung zu sichern. Vergessen Sie zudem nicht, bei *Code anfordern* ein Zeitintervall einzutragen, damit Sie nicht bei jeder kurzen Unterbrechung erneut den Code eingeben müssen.

 Die Code-Sperre ist auch wichtig, wenn Sie einen iCloud-Schlüsselbund verwenden, der eventuell Ihre Passwörter und Kreditkarteninformationen enthält. Mit der Sperre können Sie verhindern, dass fremde Personen Einblick in Ihre sensiblen Daten erhalten (siehe Kapitel 8 ab Seite 337).

Das Einrichten von Touch ID finden Sie ausführlich in Kapitel 10 ab Seite 386 beschrieben.

Ausschalten versus Ruhezustand

Jetzt haben Sie die wichtigsten Einstellungen auf Ihrem neuen iPad vorgenommen. Eine kleine Pause wäre also angebracht. Wie aber soll das Gerät in den Pause-Modus versetzt werden? Nun, wir verwenden dazu den Stand-by-Schalter, den Sie im Hochformat am rechten oberen Geräterand finden. Wenn Sie diesen kurz drücken, wird Ihr Gerät in den Ruhemodus fallen. Es ist somit quasi eingeschaltet und jederzeit wieder in Bereitschaft. Durch einmaliges Drücken auf die Home-Taste wird Ihr Gerät aufwachen.

Nach dem Entsperren ist Ihr Gerät wieder betriebsbereit.

Logischerweise wird Ihr iPad in diesem Ruhezustand weiterhin Energie benötigen. Für längere Pausen drücken Sie etwa zwei Sekunden den Stand-by-Schalter und ziehen den Schalter *Ausschalten* von links nach rechts.

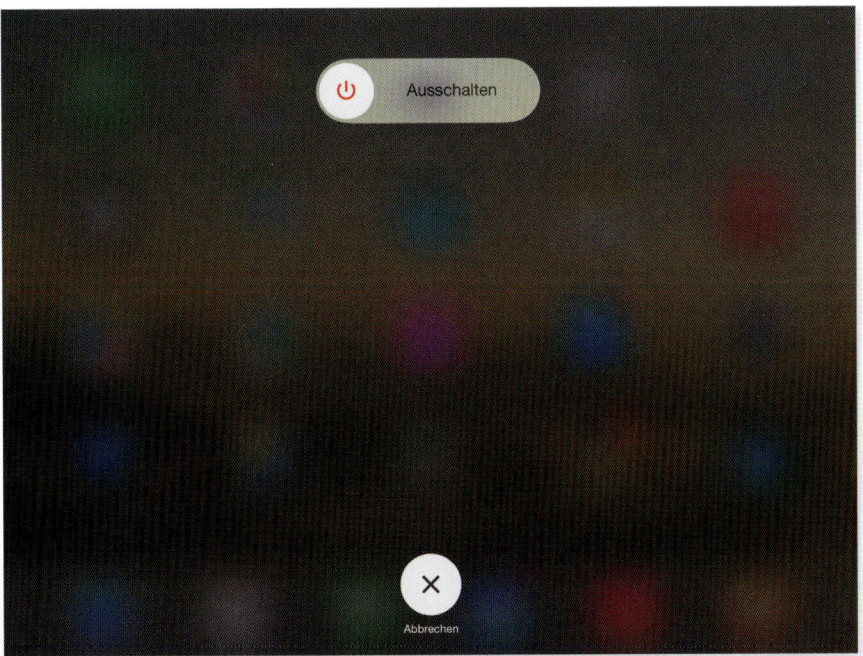

Via „Ausschalten" wird Ihr iPad komplett ausgeschaltet.

Haben Sie es sich anders überlegt, so tippen Sie entweder auf das X an der Unterseite des Bildschirms. Oder Sie warten ein paar Sekunden. Wenn Sie nichts tun, verschwindet der Hinweis von alleine.

Wenn Sie das iPad ausgeschaltet haben, müssen Sie anschließend das Betriebssystem wieder starten, um Ihr iPad einsatzbereit zu machen. Dazu betätigen Sie wieder etwa zwei Sekunden den Stand-by-Schalter. Das Apfel-Logo erscheint, und Ihr iPad startet. Sie sehen also, dass das Versetzen in den Ruhezustand das iPad deutlich schneller reaktiviert. Sie sollten deshalb das Ausschalten nur dann verwenden, wenn Sie das iPad ganz sicher längere Zeit nicht verwenden, aber das wird kaum vorkommen. Das heißt, der Ruhezustand ist die erste Wahl.

Kapitel 2 Bedienung

Die Tasten des iPads

Der große Vorteil des iPads ist es, dass es nur sehr wenige Bedienungsfunktionen an der Außenseite des Geräts gibt. Und diese werden wir uns nun kurz ansehen. Das Auffälligste ist die Home-Taste, die sich unter dem Display befindet, wenn Sie das Gerät im Hochformat halten. Über die Home-Taste wird das Gerät aktiviert, und Sie bekommen eine Reihe von Funktionen:

Befindet sich Ihr Gerät im Ruhezustand, bringt ein einmaliges Tippen auf die Home-Taste es aus dem Ruhezustand. Über *Entsperren* und nach der Code-Eingabe steht das Gerät wieder zum Zugriff bereit.

Wenn Sie nun Ihren Bildschirm mit den verschiedenen Apps sehen, bringt Sie ein einmaliges Drücken auf die Home-Taste zum ersten Screen.

Das Doppeltippen auf die Home-Taste bringt das Multitasking zum Vorschein.

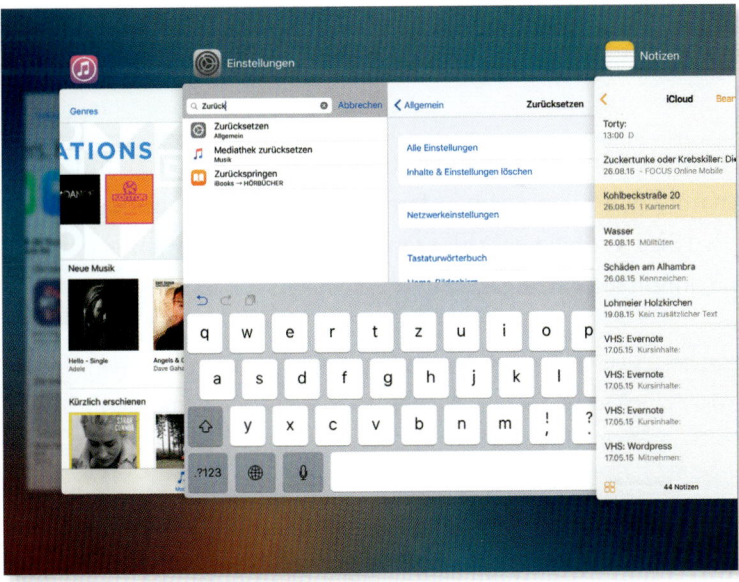

Die Multitasking-Anzeige zeigt alle aktuell gestarteten Programme. So können Sie kürzlich genutzte Apps schnell wieder erreichen.

Jedes Programm (App), das Sie auf dem iPad starten, wird in die Multitasking-Anzeige gelegt, denn viele Apps können im Hintergrund etwas für Sie tun. Das E-Mail-Programm z. B. kann im Hintergrund für Sie E-Mails abholen. Das Programm *Erinnerungen* kann Sie im Hintergrund an wichtige Erledigungen erinnern und so weiter. Bisweilen kann es aber sein, dass Sie die Programme, die sich in der Multitasking-Leiste befinden, von dort entfernen möchten. Dazu schieben Sie die Anzeige der App nach oben. Mit etwas Übung können Sie sogar mit drei Fingern gleichzeitig drei Apps auf einmal beenden.

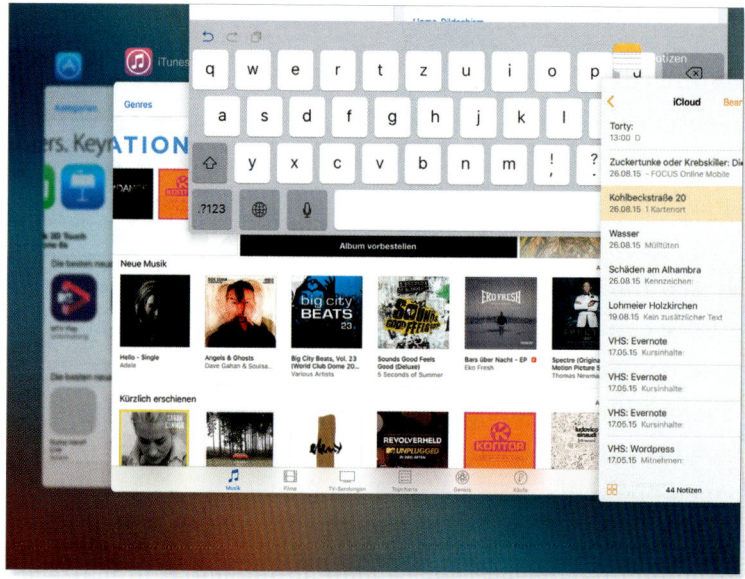

Durch Verschieben des App-Fensters aus der Multitasking-Anzeige wird die App beendet.

Damit läuft das Programm quasi nicht mehr im Hintergrund. Wenn Sie das Programm über den Bildschirm aufrufen, wird es sich dennoch wieder dort präsentieren, wo Sie es zuletzt geschlossen hatten, nur dass eben in der Zwischenzeit keine Funktionen ausgeführt werden konnten.

In Kapitel 8 werden Sie noch eine sehr praktische Funktion kennenlernen: Handoff. An dieser Stelle schon mal eine kurze Info dazu: Wann immer Sie an einem anderen Apple-Gerät eine App gestartet haben, die Handoff unterstützt, dann sehen Sie das auch an den anderen Geräten im Multitasking-Bildschirm.

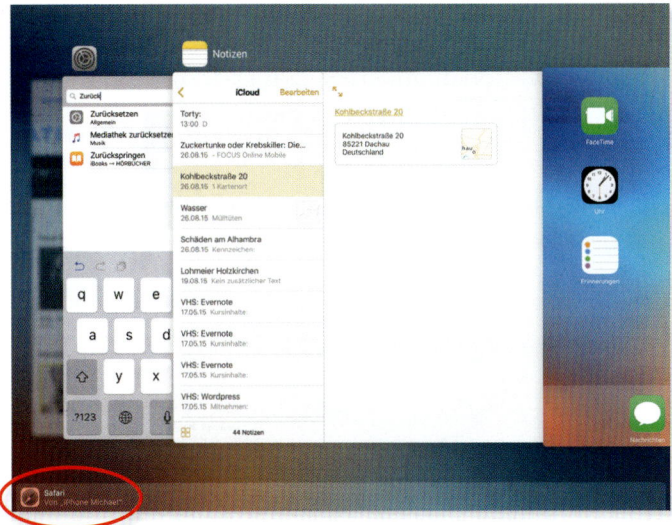

Sofern vorhanden, werden die Handoff-Informationen auch im Multitasking-Bildschirm angezeigt.

„Zurück zu …" als Alternative zum Multitasking

Apple war bei der Entwicklung von iOS 9 offenbar der Meinung, dass das Multitasking-Menü etwas entlastet werden sollte. Das ergibt nun eine etwas andere Vorgehensweise beim Wechseln von Apps, die wir Ihnen anhand eines Beispiels zeigen möchten.

Bisher war es so: Hat man beispielsweise eine E-Mail bekommen, in der sich ein Link befindet, so hat man da draufgetippt und die Seite wurde in Safari angezeigt. Wollte man dann zurück zur E-Mail, musste man entweder erneut die App antippen oder man bediente sich des Multitasking-Menüs. Zwei mal schnell den Home-Button getippt, dann auf das Mail-Fenster, und schon war man wieder da. Das war nicht dramatisch kompliziert, aber Apple hat den Workflow etwas schlanker gestaltet.

Jetzt ist es so: Natürlich tippt man immer noch auf den Link, wenn man eine Webseite ansehen will. Und klar, auch jetzt öffnet sich noch immer Safari. Aber der Rückweg ist einfacher geworden.

Links oben gibt es an der Stelle der Netzstärke nun einen „Zurück zu …"-Button.

Wann immer Sie aus einer App heraus eine andere starten, wird Ihnen die zuvor geöffnete App links oben mit einer *Zurück*-Schaltfläche angeboten. In der Praxis bedeutet das: Mit nur einmal Tippen sind Sie wieder da, wo Sie vorher waren.

So viel zu den Funktionen der Home-Taste. Sie sehen, die Home-Taste ist auf der Vorderseite des Geräts der einzige Button, der zur Verfügung steht. Aber es gibt noch einiges mehr.

Die Tasten des iPad Pro, iPad Air 2, iPad mini 4 …

… und von allen anderen iPad-Modellen.

- *Stand-by-Button:* Über den Stand-by-Button können Sie das laufende Gerät durch kurzes Antippen in den Ruhezustand bringen, wie wir es bereits in Kapitel 1 gezeigt haben. Längeres Drücken bringt das iPad dazu, Sie zu fragen, ob es ausgeschaltet werden soll. Das erneute Einschalten erfolgt wieder durch längeres Drücken auf den Stand-by-Button.
- *Laut-Leise-Schalter:* Völlig richtig, über die Laut-Leise-Schalter können Sie die Lautsprecherausgabe Ihres iPads steuern. Dabei können Sie durch

Antippen die Lautstärke jeweils um ein Pünktchen erhöhen oder verringern. Noch besser ist es, wenn Sie mit dem Finger länger auf einem dieser Schalter bleiben, dann wird komplett stumm bzw. auf volle Lautstärke geschaltet.

- *Seitenschalter (nicht iPad Pro, iPad Air 2 und iPad mini 4):* **Der Schalter ober-** halb der Lautstärke-Schalter kann zwei Funktionen annehmen, je nachdem, welche Eigenschaft Sie definiert haben. Standardmäßig schaltet er die Lautstärke auf stumm, was Sie auch an einem Icon auf Ihrem Bildschirm sehen.

Das durchgestrichene Glockensymbol zeigt Ihnen, dass Sie jetzt auf lautlos geschaltet haben.

Sie können diesen Schalter aber auch umprogrammieren. Wenn Sie in die *Einstellungen* gehen, finden Sie bei *Allgemein* den Eintrag *Seitenschalter.* Definieren Sie nun, ob dieser die Eigenschaft *Ton aus* oder *Ausrichtungssperre* haben soll.

Der Seitenschalter kann zwei verschiedene Funktionen haben.

> **!** Sie haben übrigens die gerade nicht definierte Funktion im Kontrollzentrum verfügbar. Ist die Taste links also für **Ton aus** zuständig, dann wandert die Funktion **Ausrichtungssperre** in das Kontrollzentrum und umgekehrt.

> **!** Da das iPad Pro, iPad Air 2 und iPad mini 4 keinen Seitenschalter mehr haben, müssen Sie die **Rotationssperre** und die Funktion **Ton aus** über das **Kontrollzentrum** einstellen. Dafür hat die iPads zwei Extratasten im Kontrollzentrum.

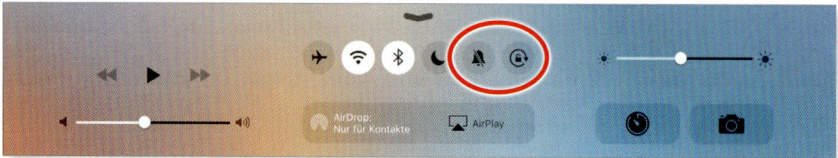

Das iPad Pro, iPad Air 2 und iPad mini 4 haben zwei spezielle Tasten im Kontrollzentrum (siehe Seite 101), die den Seitenschalter ersetzen.

iPad und Smart Cover bzw. Smart Case

Sofern Sie zum Schutz der Oberfläche des iPads ein Smart Cover oder Smart Case verwenden, hat dieses nicht nur eine mechanische Schutzfunktion für Ihr Display, sondern dieses Smart Cover kann zudem mit einer Funktion versehen werden. Wenn Sie das Smart Cover auf das iPad legen, kann dieses so in den Ruhezustand befördert werden.

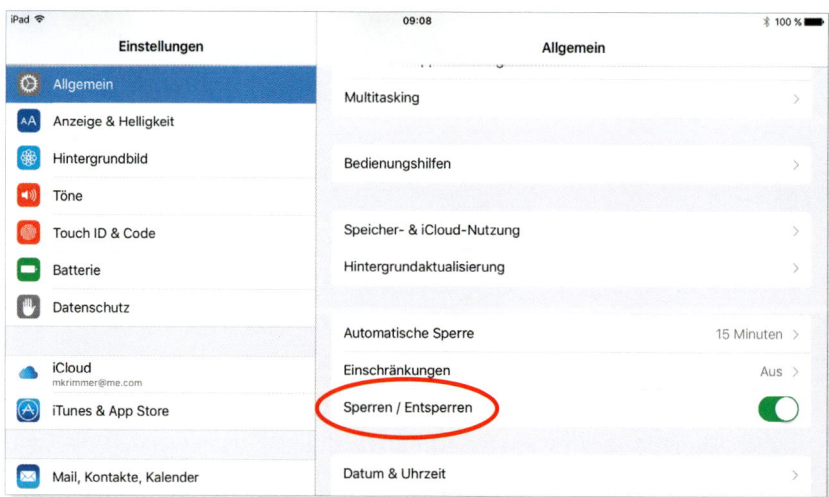

Die iPad-Hülle kann Ihr iPad automatisch in den Ruhezustand versetzen und es daraus erwachen lassen.

Sie können so das iPad entweder über das Smart Cover oder auch über den Stand-by-Button in den Ruhezustand bringen. Es gibt auch eine dritte Einstellung, die den Ruhezustand betrifft: Bei **Einstellungen –> Allgemein –> Automatische Sperre** können Sie eine Zeitperiode hinterlegen, nach der Ihr iPad automatisch in den Ruhezustand übergeht.

Die automatische Sperre definiert eine Zeitperiode, nach der das iPad den Ruhezustand automatisch aktiviert.

 Falls Sie für Ihr iPad Pro, iPad Air 2 oder iPad mini 3/4 ein Smart Case oder ein Smart Cover verwenden und beim Öffnen das iPad entriegelt sein soll, müssen Sie folgende Einstellungen vornehmen: Die Option **Einstellungen –> Touch ID & Code –> iPad entsperren** müssen Sie ausschalten und zusätzlich bei **Code anfordern** ein Zeitintervall hinterlegen.

Alles ganz einfach: Gesten

Das iPad ist deshalb so einfach zu bedienen, weil jeder mit seinen Fingern in der Lage ist, das iPad, also diesen Computer, zu steuern. Es sind dazu keine komplexen Befehle oder anderen Dinge notwendig. Sie haben bereits erkannt, dass durch das Antippen eines Symbols ein Programm gestartet wird oder Ein-stellungen aufgerufen werden.

 Sie haben auch erkannt, dass durch das Antippen eines Schiebeschalters dieser zum Wechseln von An auf Aus imstande ist.

Links ist die Funktion ausgeschaltet, rechts eingeschaltet.

Sie haben bereits ganz intuitiv das Scrollen gelernt, indem Sie mit einem Finger auf dem Bildschirm nach oben oder unten wischen.

- *Scrollen:* In langen Listen oder auf Webseiten, die größer sind als eine Bildschirmseite, kommen Sie mit dem Scrollen an gerade nicht sichtbare Inhalte. Schieben Sie die sichtbaren Inhalte nach links, rechts, oben oder unten. Sofern es außerhalb noch etwas zu sehen gibt, werden Ihnen diese Bereiche angezeigt.

- *Vergrößern/Verkleinern:* Um Bildschirmausschnitte, beispielsweise bei Fotos oder Internetseiten, vergrößern zu können, legen Sie Daumen und Zeigefinger so auf den betreffenden Bildausschnitt, dass sich beide Finger berühren. Ziehen Sie die Finger dann auseinander, um eine Vergrößerung zu bekommen. Schieben Sie die Finger wieder zusammen, um zu verkleinern. Das geht stufenlos und ermöglicht eine sehr hohe Bandbreite an Zoomstufen.

Mit zwei Fingern lassen sich Bildschirminhalte stufenlos vergrößern oder verkleinern. Hier ein Foto, das mit dem iPad aufgenommen wurde.

- *Doppeltippen:* Nicht stufenlos, dafür aber sehr schnell funktioniert eine weitere Art der Vergrößerung bzw. Verkleinerung: Tippen Sie mit einem Finger doppelt auf einen Bildschirmbereich, um eine sofortige Vergrößerung zu erreichen. Andersherum geht das dann natürlich auch: Zweimal tippen, und schon wird es weniger detailliert, dafür aber übersichtlicher. Das Doppeltippen skaliert den Inhalt auf eine optimale Größe für das iPad-Display.

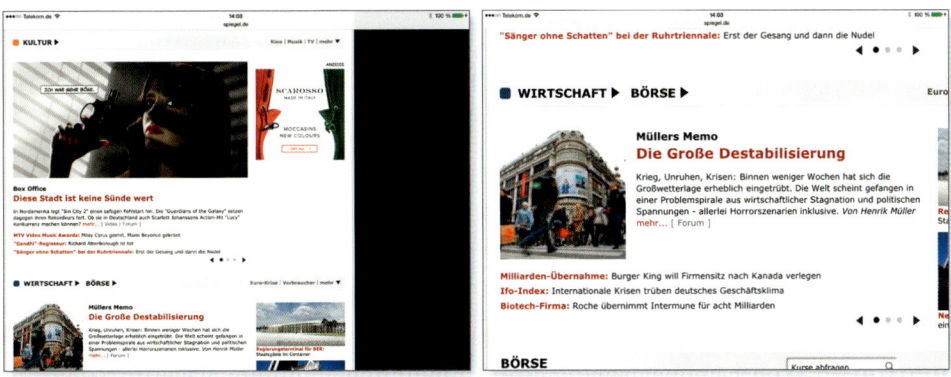

Gerade auf vollgepackten Webseiten wie der von „Spiegel Online" kann beispielsweise ein Bild oder Textblock per Doppeltippen sehr schnell vergrößert werden.

 In Apps wie **Notizen** oder **Mail** kann über einen Doppeltipp ein Wort markiert werden. Das funktioniert ebenso in allen Apps, in denen Sie mit Text arbeiten können.

Aber es gibt noch weitere Gesten, die Sie Ihrem iPad beibringen und nutzbringend einsetzen können. Gehen Sie dazu erneut zu *Einstellungen –> Allgemein* und tippen Sie dort auf *Multitasking*.

Über die Multitasking-Einstellungen bekommen Sie weitere sehr nützliche Gesten.

Sie sehen es bereits an den Hinweistexten. Sie können durch die Verwendung von vier bzw. fünf Fingern eine Reihe weiterer Funktionen sehr schnell ausführen:

- Zum Beispiel das Aufrufen der Multitasking-Anzeige. Sie hatten dies vorher über ein doppeltes Antippen der Home-Taste erreicht, aber es geht nun noch schneller. Bewegen Sie einfach vier oder fünf Finger auf dem Bildschirm nach oben.

- Befinden Sie sich aktuell in einem Programm, wie in den Einstellungen oder Notizen, dann legen Sie fünf Finger auf den Bildschirm, ziehen Sie diese zusammen, um zum ersten Bildschirm zurückzukommen und das Programm temporär zu verlassen.
- Und zu guter Letzt: Sollten mehrere Programme geöffnet sein, können Sie von einem Programm zum anderen wechseln, indem Sie mit vier Fingern auf Ihrem Bildschirm nach links oder rechts streichen.

Sie sehen, das iPad ist über die Multitasking-Gesten noch einmal deutlich leistungsfähiger und eleganter in der Bedienung geworden.

Tastatur und Apple Pencil

Nun möchten Sie auf dem iPad auch Texte schreiben, z. B. E-Mails, Nachrichten oder auch Notizen, Erinnerungen etc. Dazu muss das iPad Ihnen eine Tastatur einblenden. Diese Tastatur werde ich Ihnen jetzt anhand des Programms *Notizen* näherbringen. Aktivieren Sie das Programm, indem Sie das Icon auf dem Home-Bildschirm antippen. Sogleich erscheint eine neue Notiz. Tippen Sie einmal auf diese Notiz, und wenige Augenblicke später wird von unten eine Tastatur in den Bildschirm hereingeschoben.

> **!** Verwenden Sie das iPad im Querformat, dann sind die Tasten größer und etwas einfacher zu bedienen. Oder Sie koppeln eine externe Bluetooth-Tastatur mit Ihrem iPad.

Die Tastatur im Querformat ist größer in der Darstellung und damit einfacher zu bedienen.

Sicher haben Sie in der rechten unteren Ecke das kleine Icon schon erkannt. Durch Antippen dieses Icons verschwindet die Tastatur wieder von Ihrem Bildschirm. Ein erneuter Fingertipp irgendwo auf den Notizzettel bringt die Tastatur wieder zum Vorschein. Außerdem können Sie das Icon dazu verwenden, die Tastatur vom unteren Rand des Bildschirms noch oben zu ziehen (*Abdocken*) und dabei in zwei Teile zu splitten (*Teilen*). Belassen Sie dazu den Finger auf der Tastatur und wählen Sie die gewünschte Funktion aus. *Andocken/Tastatur ins Dock* und *Zusammenführen* machen die Aktionen wieder rückgängig.

 Beim iPad Pro kann die Tastatur nicht geteilt werden. Abdocken funktioniert aber schon.

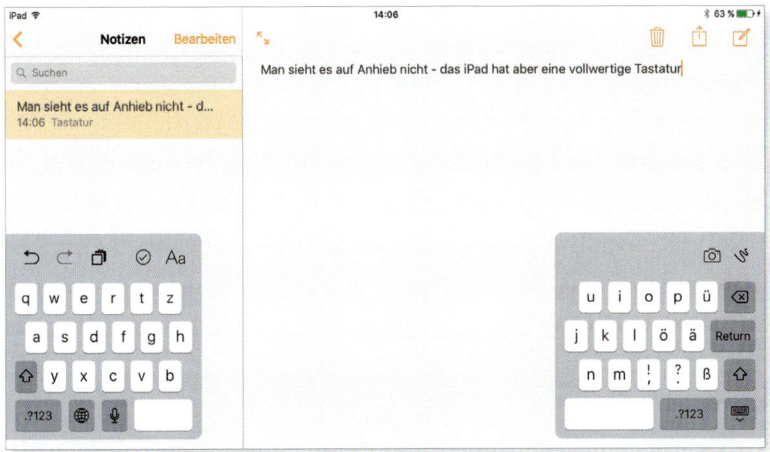

Die Tastatur kann auch geteilt und verschoben werden.

Wenn Sie bereits mit einem Computer gearbeitet haben, werden Sie auf den ersten Blick erkennen, dass es an dieser Tastatur einige Dinge gibt, die anders sind als an einer regulären Computertastatur. Wollen wir uns zunächst die wichtigsten Funktionen ansehen, denn Sie werden gleich erkennen, dass eigentlich alles vorhanden ist. Man muss einfach nur wissen, wo sich diese Features befinden.

- *Umlaute:* Möglicherweise hat Ihr iPad bereits die deutsche Tastatur inklusive der Umlaute in der Darstellung. Sollte das nicht der Fall sein, können diese ganz einfach permanent in der Tastatur eingeblendet werden. Gehen Sie dazu in den *Einstellungen* über *Allgemein* zu *Tastatur*, wählen Sie dort den Begriff *Tastaturen* aus und entscheiden Sie sich für die Tastatur *Deutsch* anstatt der Einstellung *QWERTZ*.

Bei der Verwendung der Tastaturbelegung „Deutsch" statt „QWERTZ" bekommen Sie deutsche Umlaute permanent in der Tastatur eingeblendet.

- *Ziffern und Sonderzeichen:* Möglicherweise haben Sie in der linken unteren Ecke der Tastatur schon die Taste `.?123` gesehen. Wenn Sie darauf tippen, bekommen Sie ein anderes Tastaturlayout, auf dem Sie Ziffern und wichtige Sonderzeichen sehen. Über die Taste `#+=` kommen weitere Sonderzeichen zum Vorschein (nicht iPad Pro). Über das Tippen auf die Taste `ABC` gelangen Sie wieder zur Grunddarstellung der Tastatur.

- *Cursortasten:* Ja, Sie haben es richtig erkannt, auch die anderen Tastaturlayouts auf dem iPad besitzen keine Cursor- bzw. Positionierungstasten. Auch das regeln Sie ganz einfach mit dem Finger. Lassen Sie den Finger etwa eine Sekunde auf einer bestimmten Textstelle, erscheinen eine Lupe und ein senkrechter Eingabecursor, mit dem Sie nun ganz exakt an die gewünschte Stelle navigieren können.

Ihr Finger ersetzt nun die Cursortaste.

> **!** Verbinden Sie per Bluetooth eine Tastatur mit Ihrem iPad oder holen Sie sich das Smart Keyboard für das iPad Pro, um so Cursortasten einsetzen zu können. Weitere Infos hierzu erhalten Sie auf Seite 62.

- *Backspace-Taste:* Um Text wieder zu löschen, finden Sie auf der Tastatur die Backspace-Taste `⌫` ganz rechts oben auf dem Tastaturblock. Mit dieser Taste können Sie Text von rechts nach links wieder löschen. Durch Verwenden Ihres Fingers, wie gerade gesehen, können Sie den Cursor an eine beliebige Stelle setzen und von dort mit der Backspace-Taste den Löschvorgang einleiten.

- *Caps-Lock:* Wenn Sie permanent groß schreiben wollen, ist das Verwenden der Shift-Taste etwas mühselig. Sie kennen vielleicht von herkömmlichen Computertastaturen die Caps-Lock-Taste. Auch diese Funktion können Sie am iPad verwenden. Tippen Sie dazu doppelt auf die Shift-Taste.

Doppeltes Tippen auf die Shift-Taste lässt diese zur Caps-Lock-Taste werden. Tippen Sie erneut einmal auf die jetzt dunkel dargestellte sogenannte Caps-Lock-Taste, um den Caps-Lock-Modus wieder zu verlassen (links). Die iPad Pro Tastatur verfügt über eine permanente Caps-Lock-Taste (rechts).

Textvorschläge sinnvoll nutzen

Weiter oben bei der Einführung zur Tastatur des iPads haben Sie es vermutlich schon gesehen und vielleicht auch schon beim Schreiben selbst bemerkt: iOS 9 bietet Ihnen ständig Wörter an, die Sie gerade zu schreiben im Begriff sind. Schreiben Sie z. B. „Antw", so schließt iOS 9 daraus, dass eine hohe Wahrscheinlichkeit besteht, dass Sie „Antwort" schreiben möchten.

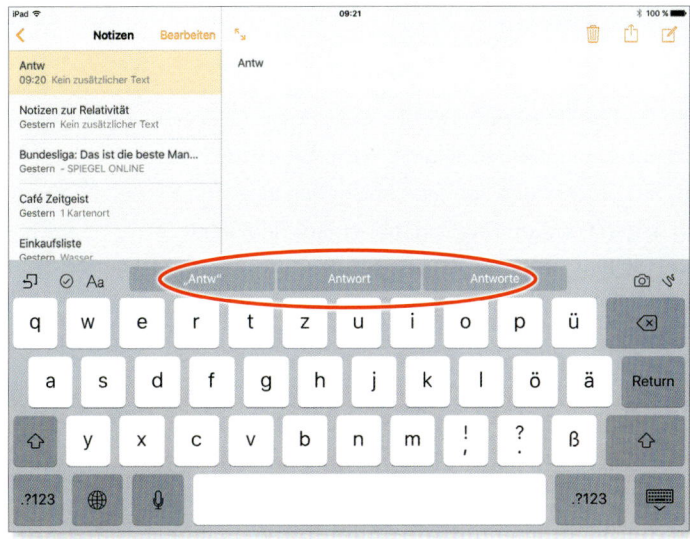

Die Vorschlagfunktion von iOS 9 interpretiert Ihren Text und versucht, das nächste Wort zu erkennen.

Wenn einer der Vorschläge zutrifft, müssen Sie das Wort nicht weiterschreiben. Tippen Sie dann einfach auf einen der Vorschläge, und das Wort wird eingefügt. Möchten Sie das Wort in der aktuellen Schreibweise behalten, tippen Sie links in das Feld mit den beiden Anführungszeichen oder tippen Sie auf die Leertaste. Sie können aber auch einfach weiterschreiben.

Wird Ihnen ein Textvorschlag blau angezeigt (was häufig bei Tippfehlern der Fall ist), dann müssen Sie nicht einmal drauftippen. Betätigen Sie dann lediglich die Leertaste, und dieser Vorschlag wird eingefügt.

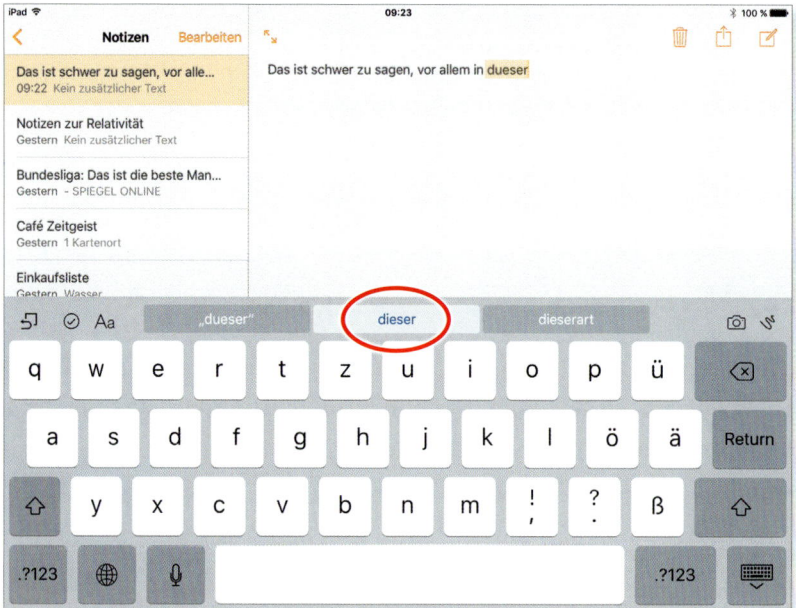

> **!** Waren die Textkorrekturen in den bisherigen iOS-Versionen oft ein Grund zum Ärgern und keine Hilfe, so sind die Vorschläge in iOS 9 meistens zutreffend. Daher sollten Sie dieser neuen Funktion auch dann eine Chance geben, wenn Sie an sich genug haben von Korrekturfunktionen auf dem iPad.

Vorschläge deaktivieren

Um die Vorschläge und die entsprechende Leiste über der Tastatur zu deaktivieren, haben Sie drei Möglichkeiten:

1. Legen Sie den Finger an die Oberseite der Vorschlagsleiste und schieben Sie sie nach unten weg.

2. Tippen Sie auf die Taste mit dem Smiley bzw. dem Weltkugelsymbol. Daraufhin erscheint die Auswahl der verfügbaren Tastaturen. Zusätzlich gibt es einen Eintrag *Vorschläge*, den Sie über den Schalter deaktivieren können.

3. Und zuletzt finden Sie die entsprechende Option auch in den *Einstellungen –> Allgemein –> Tastatur*. Deaktivieren Sie hier den Punkt *Vorschläge*.

Bleiben wir gleich in diesem Menü der Einstellungen. Hier gibt es noch weitere sinnvolle Funktionen.

- „.“- *Kurzbefehl:* Das ist eine sehr nützliche Funktion. Wenn Sie z. B. im Programm *Notizen* zweimal schnell hintereinander die Leertaste verwenden, wird ein Punkt geschrieben und danach sogleich ein Leerschritt eingetragen. Sie sollten das einmal ausprobieren, denn das spart enorm viel Zeit und ist sehr nützlich.

- *Textersetzung:* Möchten Sie das Tippen weiter beschleunigen, könnte die Textersetzung für Sie sehr interessant sein. Diese finden Sie wiederum bei *Einstellungen –> Allgemein –> Tastatur*. Legen Sie einfach Abkürzungen fest, die dann in den entsprechenden Langtext ungewandelt werden. Tippen Sie auf das + rechts oben, um eine neue Textersetzung zu definieren, wie z. B. *mfg* – ausgeschrieben *Mit freundlichen Grüßen*. So können Sie in Zukunft überall, wo eine Tastatur eingeblendet wird, durch die Eingabe des Kürzels den vollständigen Text zum Vorschein bringen. Das ist beim Schreiben von E-Mails oder auch von Nachrichten eine sehr zeitsparende Funktion.

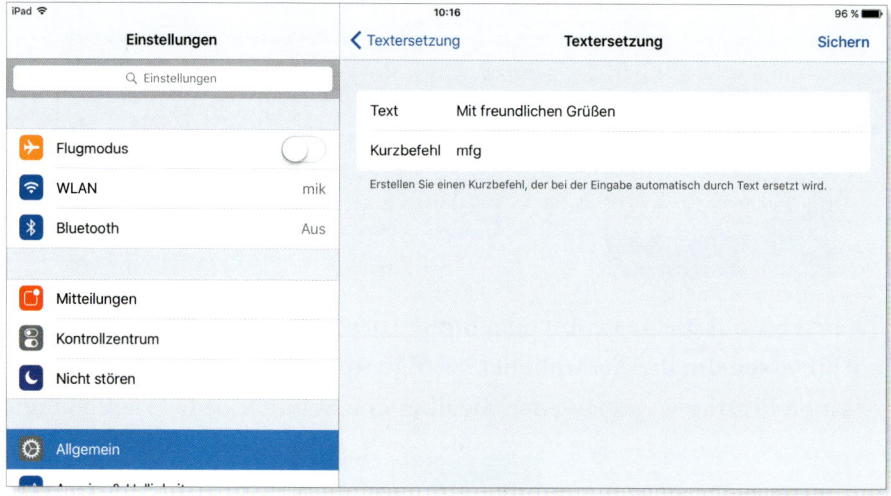

Ein Kurzbefehl kann Zeit sparen.

Um den Kurzbefehl in einem Dokument zu verwenden, tippen Sie das Kürzel ein, gefolgt von einem Leerschritt, und sogleich wird der definierte Langtext eingesetzt.

- *Weitere Sonderzeichen:* Wenn Sie noch immer nicht alle Zeichen auf Ihren Tastaturlayouts finden, dann kann es daran liegen, dass einige Zeichen sich hinter anderen verstecken, wie z. B. das *á.* Sie erreichen dieses, indem Sie etwa eine Sekunde lang auf den Buchstaben *A* tippen – daraufhin werden weitere Variationen dieses Buchstabens abhängig vom Tastaturlayout dargestellt.

Sie sehen also beim Buchstaben „A", dass dort verschiedene Schreibweisen mit Akzenten zugänglich sind.

- *Schnelles Aufrufen von Sonderzeichen:* Angenommen, Sie wollen eine E-Mail-Adresse schreiben. Dazu benötigen Sie von einem anderen Tastaturlayout das @-Zeichen. Sie würden also auf die Taste .?123 tippen, um dort das @-Zeichen zu erreichen, und danach über ABC wieder auf das

reguläre Tastaturlayout zurückwechseln. Das können Sie beschleunigen. Wenn Sie das @-Zeichen benötigen und das reguläre Tastaturlayout vor sich haben, tippen Sie auf die Taste .?123 und bleiben mit dem Finger auf dem Bildschirm. Bewegen Sie nun den Finger auf dem Bildschirm zum @-Zeichen und nehmen Sie dort den Finger vom Bildschirm. Daraufhin erscheint das @-Zeichen, und das iPad kehrt automatisch wieder zur vorherigen Tastaturbelegung zurück.

- *Emoji:* Möchten Sie es noch etwas aufwendiger und interessanter gestalten? Dann gibt es die Möglichkeit, Bildsymbole im Text zu verwenden. Sofern Sie das lachende Gesicht zwischen den Tasten *.?123* und dem Mikrofon nicht sehen, gehen Sie zu den *Einstellungen –> Allgemein –> Tastatur –> Tastaturen.* Tippen Sie auf *Tastatur hinzufügen* und wählen Sie etwas weiter unten in der Liste den Eintrag *Emoji-Symbole* aus.

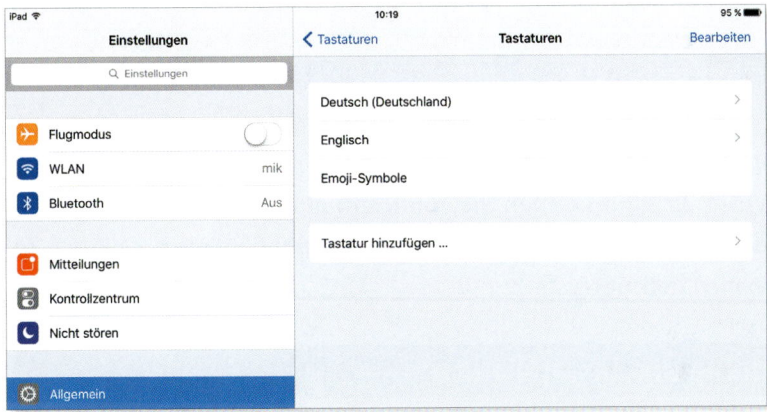

Neben der deutschen und der englischen Tastatur sind nun auch Emoji-Symbole verfügbar.

Um auf diese Spezialzeichen zurückgreifen zu können, tippen Sie auf das Emoji-Symbol links unten in der Ecke.

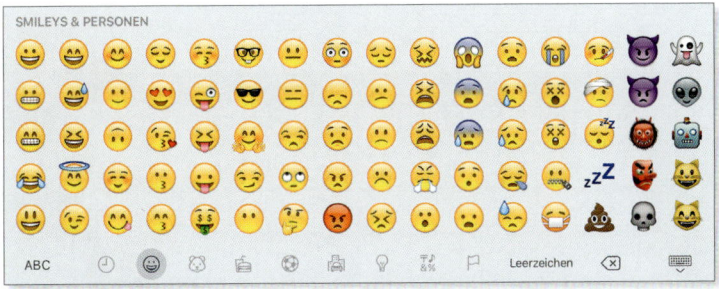

Über die Emoji-Symbole haben Sie Zugriff auf viele lustige Icons, die Sie als Text-Icons in Ihren Text, z. B. in E-Mails, Nachrichten etc., einsetzen können.

Und Sie wissen ja, ein Bild sagt meist mehr als tausend Worte. :-) Übrigens: Über die ABC-Taste gelangen Sie zur deutschen Tastatur zurück.

> **!** Wenn Sie weitere Tastaturen hinzufügen, werden diese allesamt über das Weltkugelsymbol verfügbar sein. Das heißt, jedes Tippen auf das **Weltkugelsymbol** auf der Tastatur bringt Sie zur nächsten aktivierten Tastatur. Um eine Tastatur wieder zu entfernen, gehen Sie in den **Einstellungen** bei **Allgemein** zu **Tastatur –> Tastaturen** und wählen **Bearbeiten**. Durch das Antippen des **Minussymbols** können Sie ein Tastaturlayout wieder entfernen.

Eine Tastatur kann natürlich auch wieder entfernt werden.

- *Tasten mit Kleinbuchstaben:* Unter *Einstellungen –> Allgemein –> Bedienungshilfen –> Tastatur* können Sie von Klein- auf Großbuchstaben umschalten und weitere Feinheiten (*Tastenwiederholung, Einfingerbedienung, Tastenverzögerung*) definieren.

Kurzbefehle der Tastatur nutzen

Als wir die Textvorschläge über der Tastatur angesprochen haben, haben wir die Symbole links und rechts neben den Wortvorschlägen vorerst ignoriert. Die Informationen dazu reichen wir jetzt nach.

Nehmen wir zunächst einmal *Mail* als Beispiel. Wenn Sie in Mail die Tastatur eingeblendet bekommen, sieht das so aus:

Diese Kurzbefehle bietet die Tastatur in Mail an.

Über die Taste ganz links ❶ lässt sich die letzte Aktion rückgängig machen. Gleich daneben gibt es die Taste für das Wiederholen einer Aktion ❷. Haben Sie Text in der Zwischenablage, können Sie den über die Taste ❸ einfügen.

Apropos Zwischenablage: Haben Sie Text markiert, wechselt die Ansicht. Dann sieht der linke Bereich über der Tastatur so aus:

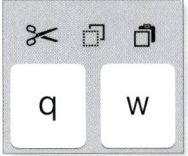

Hier lässt sich ganz links Text ausschneiden oder kopieren.

Der rechte Bereich variiert je nach App. In unserem Beispiel oben erhalten Sie Zugriff auf Funktionen, die für das Erstellen von E-Mails hilfreich sein können: Textformatierung (fett, kursiv, unterstrichen) ❹, das Einfügen von Fotos ❺ oder das Anhängen von Dateien aus Ihrem iCloud Drive ❻.

Welche neuen Funktionen die Notiz-App in iOS mit sich bringt, das erfahren Sie detailliert in Kapitel 7. Hier sehen Sie schon mal die entsprechende Tastatur mit den zur Notizen-App passenden Tasten:

In diesem Beispiel finden Sie viele Funktionen, die speziell zur Notizen-App gehören.

Am iPad Pro sieht die Tastatur etwas anders aus.

Tippen Sie auf die Taste ganz links Ⓐ, so erhalten Sie Zugriff auf die Befehle *Rückgängig*, *Wiederholen* und *Einfügen*. Auch diese Taste ändert sich, wenn Sie

Text markiert haben. Beim iPad Pro sind die Funktionen hingegen permanent eingeblendet.

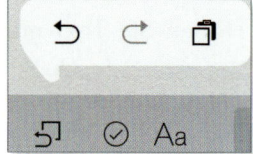

Ohne markierten Text gibt es „Rückgängig" und „Wiederholen". Mit Markierung „Ausschneiden" und „Kopieren".

Mit der zweiten Taste **B** erstellen Sie sehr einfach Checkboxen, gleich daneben lässt sich Text formatieren (Titel, Überschrift etc.) **C**.

Auf der rechten Seite fügen Sie über das Kamera-Symbol **D** ein Foto ein (oder nehmen eines auf), und ganz rechts **E** bekommen Sie Zugriff auf die Zeichenfunktion der Notizen-App. Aber wie gesagt: Das alles erklären wir Ihnen noch ganz genau in Kapitel 7.

Durch diese unterschiedlichen Beispiele sehen Sie aber, dass es sich lohnt, App-abhängig ein Auge auf diese Bereiche der Tastatur zu haben.

> **!** Sie können die Kurzbefehle deaktivieren (oder auch wieder einschalten), indem Sie auf die Weltkugel in der unteren Zeile der Tastatur tippen und den Finger auf dem Display belassen. Schalten Sie dann den Punkt **Kurzbefehle** an oder aus, um zum Ziel zu gelangen. Alternativ dazu geht das auch in den **Einstellungen –> Allgemein –> Tastatur**. Auch hier gibt es den Schalter **Kurzbefehle**.

Die virtuelle Tastatur als Trackpad nutzen

Die iPad-Tastatur lässt sich als Trackpad nutzen. Tippen Sie dazu mit zwei Fingern einer Hand auf die Tastatur. Dass Sie in der Trackpad-Funktion sind, erkennen Sie daran, dass die Beschriftungen der Tasten ausgeblendet werden. Dabei gibt es zwei Funktionen: Bewegen Sie die Finger in eine Richtung, bewegt sich der Cursor entsprechend im Text nach oben, unten, links oder rechts.

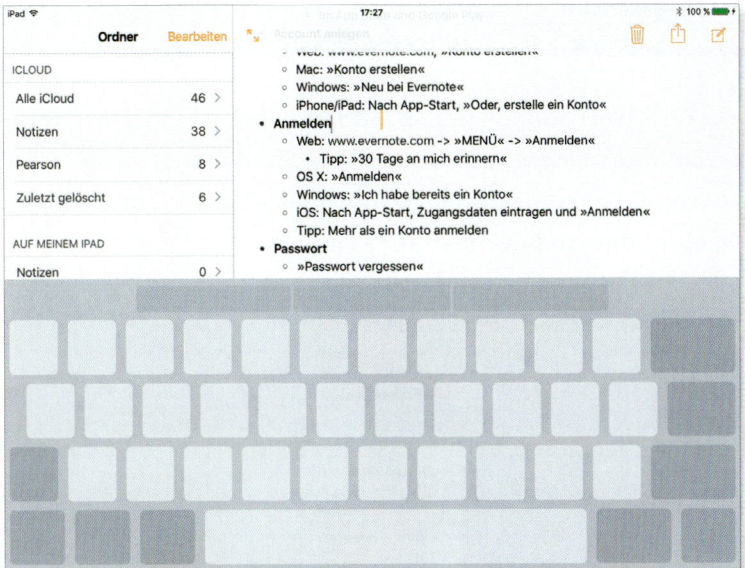

Ist kein Text markiert, bewegen Sie den Cursor im Text.

Anders verhält es sich, wenn Sie Text markiert haben. Bewegen Sie dann die Finger in eine der Richtungen, markieren Sie den Text, der sich dort befindet. Nach links und rechts klappt das zeichenweise, nach oben und unten zeilen- und absatzweise.

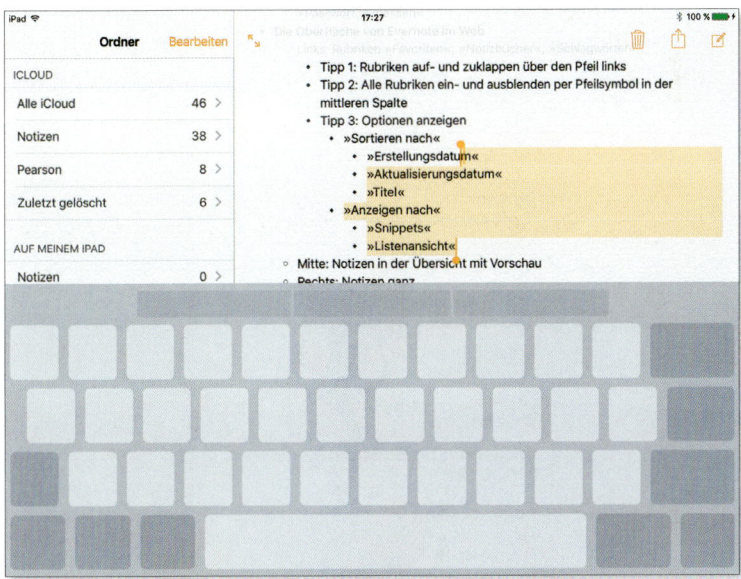

Über die Trackpad-Funktion lässt sich auch komfortabel Text markieren.

Nachschlagen

Wenn Sie auf ein Wort doppelt tippen, öffnet sich ein Menü. Dort ist unter anderem der Punkt *Nachschlagen* zu finden (evtl. müssen Sie dazu den *Pfeil nach rechts* betätigen). Wenn das passende Wörterbuch installiert ist, bekommen Sie dann die Erklärung zu diesem Begriff:

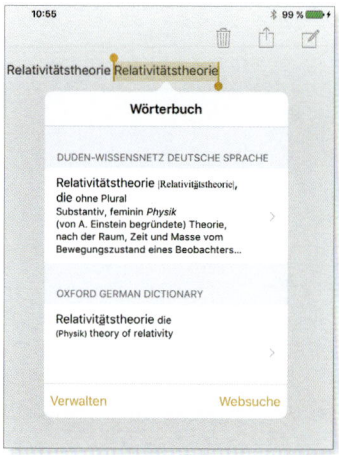

Das iPad kennt sich gut aus! Neben der Erklärung aus dem Duden finden Sie hier auch die Übersetzung ins Englische.

Die Ergebnisse hängen davon ab, welche Wörterbücher aktuell geladen sind. Tippen Sie auf *Verwalten*, um eine Liste der verfügbaren Datenbanken zu sehen.

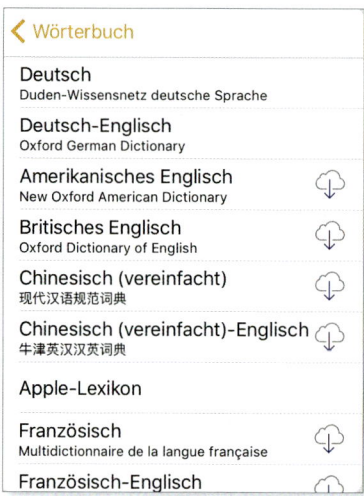

Ein Wort wie Relativitätstheorie steht im Duden mit dem Namen „Deutsch".

Die Wörterbücher mit den Wolkensymbolen sind nicht geladen bzw. installiert. „Deutsch" und „Deutsch-Englisch" dagegen sind geladen, entsprechend war unser Nachschlageergebnis. Möchten Sie eines der anderen Wörterbücher laden, tippen Sie auf das Wolkensymbol rechts, damit der Download beginnt.

 Über **Verwalten** gelangen Sie immer wieder in die Liste der Wörterbücher und können neue hinzufügen (Wolke).

Sehr praktisch in iOS 9 ist das Wörterbuch Deutsch-Englisch (oder eine der anderen Sprachen). Sobald Sie das installiert haben, können Sie über *Nachschlagen* eine Übersetzung des markierten Wortes anfordern.

Laden Sie das Wörterbuch Deutsch-Englisch wie alle anderen herunter.

Sobald das Wörterbuch geladen und installiert ist, können Sie es nutzen. Wir schlagen testweise in einer Notiz das Wort „Zeiten" nach und erhalten dieses Ergebnis:

Und schon bekommen wir die Übersetzung des markierten Wortes.

Bluetooth-Tastatur

Per Bluetooth lässt sich sehr einfach eine externe Tastatur mit dem iPad verbinden. Wer mit der Softwaretastatur nicht so recht klarkommt, kann so das Problem lösen und mit einer „richtigen" Tastatur schreiben.

Besonders sinnvoll ist, dass Sie mit der kabellosen Apple-Tastatur eine Reihe von hilfreichen Funktionen in Zusammenarbeit mit dem iPad bekommen:

- Die *CD-Auswurftaste* blendet die Tastatur ein und aus.
- *F10* stellt den Ton ab, mit *F11* verringern Sie die Lautstärke, mit *F12* erhöhen Sie sie.
- *F1* und *F2* machen das Display dunkler beziehungsweise heller.
- Besonders dann gut, wenn Sie am iPad Musik hören: *F8* steht für Play und Pause, drücken Sie zweimal *F7*, rufen Sie darüber den Track davor (einmal Drücken springt zum Anfang des Liedes) und mit *F9* rufen Sie den Titel danach auf. Wenn Sie *F7* oder *F9* gedrückt halten, spulen Sie schnell zurück oder nach vorne.
- Mit der *Tabulatortaste* springen Sie beim Erstellen einer neuen E-Mail der Reihe nach die einzelnen Eingabefelder an. Beim Ausfüllen eines Webformulars gelangen Sie damit ebenfalls zum jeweils nächsten Feld. In reinen Textfeldern erstellen Sie damit einen Einzug.
- Die *Cursortasten* können dazu verwendet werden, die Einfügemarke zu verschieben. Wird zusätzlich die Shift-Taste gedrückt gehalten, wird der Text zeichenweise, bei Navigation nach oben oder unten zeilenweise markiert.
- Haben Sie eine Bluetooth-Tastatur mit Ihrem iPad verbunden, halten Sie in den Apple-eigenen Apps doch mal die *cmd*-Taste gedrückt. Dann informiert Sie iOS 9 über nützliche Tastenkürzel, die Ihnen das Leben mit dem iPad noch einfacher machen.

Hier sehen Sie beispielhaft die zur Verfügung stehenden Tastenkürzel der App „Notizen".

Weitere wichtige Shortcuts ausgewählter Apps finden Sie in den nachfolgenden Tabellen:

App-übergreifende Tastenkürzel:

Spotlight-Suche aufrufen	cmd + Leertaste
App schließen und Desktop zeigen	cmd + Shift + H
Zwischen den Apps wechseln	cmd + Tab bzw. cmd + Shift + Tab
Suche aktivieren in Safari, Notizen, Karten, Pages, Keynote, Numbers etc.	cmd + F
Markierten Text formatieren z. B. in Notizen, Pages, Numbers, Keynote, etc.	cmd + B (Fett) , cmd + U (Unterstrichen), cmd + I (Kursiv)
Aktion abbrechen	esc
Cursor bewegen	Cursortasten
Entfernen-Taste (buchstabenweise nach rechts löschen)	fn + Backspace

Via „cmd + Tab" kann man – wie bei OS X – die App wechseln.

Safari:

An den Anfang bzw. das Ende der Webseite springen	cmd + Cursor nach oben bzw. nach unten
Neue URL eintippen	cmd + L
Neuen Tab öffnen	cmd + T
Tab schließen	cmd + W
Zwischen Tabs wechseln	ctrl + Tab bzw. ctrl + Shift + Tab
Reader-Ansicht öffnen bzw. verlassen	cmd + Shift + R
Internetseite neu laden	cmd + R

Mail:

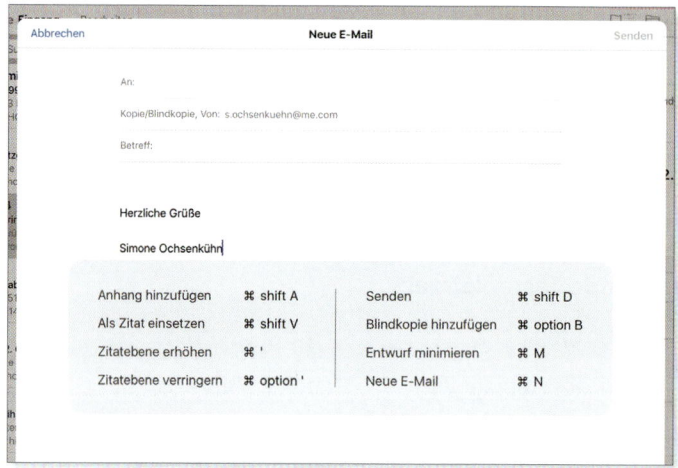

Neben „cmd + N" (Neue E-Mail) gibt es eine Reihe von weiteren Tastenkürzeln, sobald eine neue E-Mail erstellt wird.

Kalender:

Tages-, Wochen-, Monats- oder Jahresansicht	cmd + 1, cmd +2, cmd + 3, cmd +4
Den heutigen Tag anzeigen	cmd + T
Neuen Termin erstellen	cmd + N

Notizen:

Checkliste erstellen	cmd + alt + L
Checklistenpunkt abhaken	cmd + Shift + U
Text als Überschrift bzw. als Titel formatieren	cmd + alt + H bzw. T

Smart Keyboard für das iPad Pro

Alle Funktionen, die bis hierher für eine Bluetooth-Tastatur beschrieben wurden, gelten auch für das Smart Keyboard des iPad Pro.

Es gibt lediglich vier relevante Unterschiede:

1. Das Smart Keyboard wird nicht über Bluetooth mit dem iPad Pro gekoppelt, sondern über die drei Anschlusspins, die sich auf der linken Seite des iPad Pro befinden. Darüber wird das Keyboard mit Strom versorgt, und zugleich laufen hierüber auch die Daten.

Das Smart Keyboard für das iPad Pro benötigt kein Bluetooth.

2. Auf der Tastatur des Smart Keyboards finden Sie ganz links unten ein Weltkugelsymbol, mit dem Sie sehr einfach zwischen verschiedenen Tastaturen wechseln können.

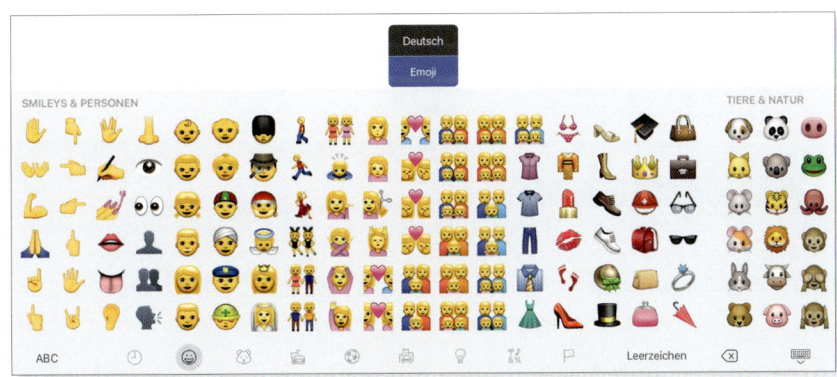

Über die Taste mit dem Weltkugelsymbol können Sie rasch zwischen verschiedenen Tastaturen wechseln.

3. Bei der Drucklegung des Buches ist das Smart Keyboard lediglich mit dem Tastaturlayout „Englisch (USA)" verfügbar. Aber das ist kein Problem: Haben Sie am iPad das deutsche Tastaturlayout eingestellt, dann verhält sich die Tastatur auch dementsprechend.

4. Das Smart Keyboard besitzt leider keine Funktionstasten, so dass einige der vorhin erwähnten Tastenkürzel hier nicht verwendbar sind.

Apple Pencil für das iPad Pro

Auch der Apple Pencil ist derzeit wie das Smart Keyboard ausschließlich für die Verwendung am iPad Pro konzipiert. Der Grund hierfür liegt auf der Hand: Denn nur das iPad Pro ist bei angeschlossenem Pencil in der Lage, das Display bis zu 240-mal pro Sekunde abzufragen, wo sich der Stift aktuell befindet. Übrigens: Ohne Verwendung des Apple Pencils fragt das iPad Pro das Display bis zu 120-mal pro Sekunde ab, um Ihre Fingergesten korrekt interpretieren zu können. Damit fühlt sich der Stift so „natürlich" an, als würden Sie auf Papier arbeiten.

Wie ist der Apple Pencil mit dem iPad Pro zu verbinden? Ganz einfach:

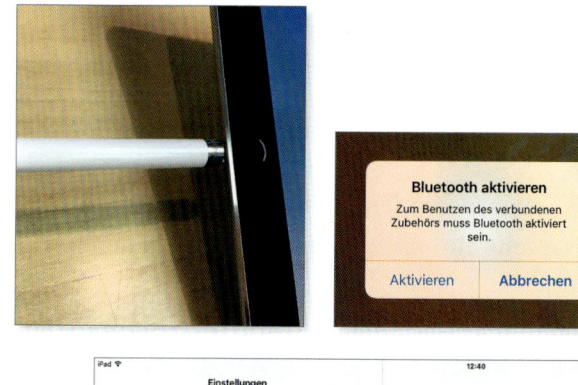

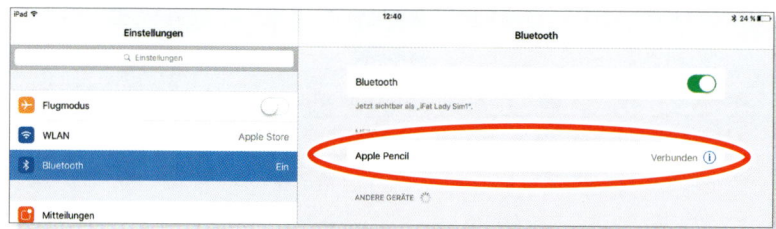

Stecken Sie den Pencil in den Lightning-Anschluss des iPad Pro. Daraufhin sollte Bluetooth aktiviert werden, um die Kopplung herzustellen.

!   Über das Anstecken an das iPad Pro wird der Stift auch aufgeladen. Dabei genügen ca. 15 Sekunden, um anschließend 30 Minuten mit dem Stift arbeiten zu können. Ist der Stift voll aufgeladen, können Sie ihn ca. zwölf Stunden einsetzen. Im Lieferumfang des Apple Pencils ist übrigens ein Adapter enthalten, mit dem sich der Stift auch bequem über das Lightning-Kabel an einer Steckdose aufladen lässt. Um den Ladezustand des Pencils zu erfahren, können Sie das entsprechende Widget in die Mitteilungszentrale einbringen. Wie das geht, lesen Sie in Kapitel 3 ab Seite 93.

Sind Apple Pencil und iPad verbunden, dann können Sie direkt loslegen. Sie können mit dem Apple Pencil alles das tun, was Sie auch mit einem Finger tun können: Scrollen, Antippen, den Wackelmodus starten etc.

Aber der Pencil kann noch mehr. Voraussetzung hierfür ist die Verwendung geeigneter Apps wie Notizen, Paper, Adobe Comp, Microsoft Office für das iPad, etc. Alle diese und viele weitere Apps für das iPad Pro erlauben das Skizzieren und Zeichnen auf dem iPad. Da der Apple Pencil auf Druck und Neigung reagiert, können Sie ganz einfach auch unterschiedlich starke Linien zeichnen, Objekte schraffieren und vieles mehr tun.

Abhängig von den Zeichenwerkzeugen der App lässt sich so mit dem Apple Pencil sehr kreativ und intuitiv arbeiten.

Die App „Paper" (https://itunes.apple.com/de/app/paper-notizen-fotokommentare/ id506003812?mt=8) ist ein prima Werkzeug, um den Apple Pencil auszutesten.

Aber auch die Apple-eigenen Apps wie Notizen oder Mail funktionieren prima in Zusammenarbeit mit dem Apple Pencil:

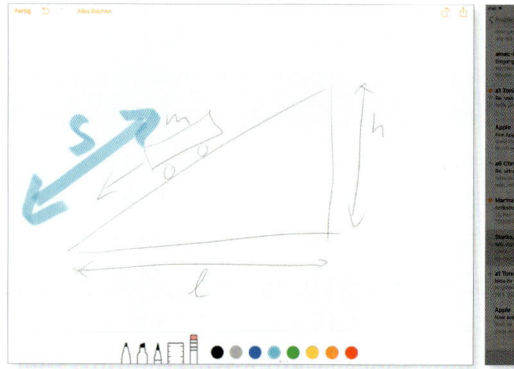
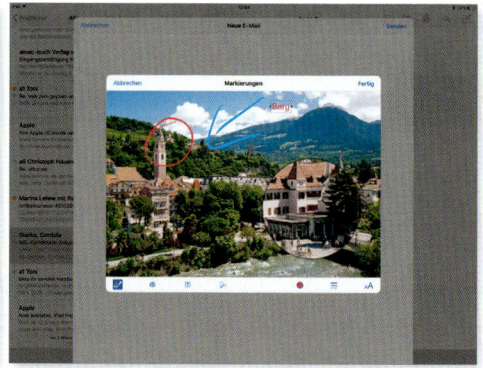

Die „Notizen"-App stellt eine Reihe von Zeichenwerkzeugen zu Verfügung. Möchten Sie in der App „Mail" Bilder oder PDF-Dateien versenden, so können Sie mit dem Apple Pencil in die Dateien auch Anmerkungen einfügen. Weitere Infos hierzu erhalten Sie in Kapitel 7.

! Es ist übrigens kein Problem, den Handballen auf dem iPad zu haben, während Sie mit dem Apple Pencil zeichnen. Das iPad erkennt das und interessiert sich fortan nicht mehr für Ihren Handballen.

! Achten Sie im App Store darauf, dass die gewünschte App explizit die Zusammenarbeit mit dem Apple Pencil anbietet. Denn es gibt für das iPad auch andere Stifte, die verwendet werden können, aber nicht den Funktionsumfang und die Genauigkeit des Apple Pencils aufweisen.

Es ist kein Problem, den Handballen während des Zeichnens auf dem iPad liegen zu haben.

Das Multitasking-Menü

Jede App, die Sie starten und danach mit der Home-Taste wieder in den Hintergrund bringen, wandert in das Multitasking-Menü. Das hat den Vorteil, dass Sie häufig genutzte Apps sehr schnell wieder aktivieren können.

Wenn Sie später einmal viele Home-Bildschirme mit vielen Apps vollgepackt haben, ist das Multitasking-Menü ein guter Weg, um diese Apps in Sekundenschnelle wieder zu starten.

Um das Multitasking-Menü zu starten, tippen Sie zweimal auf die Home-Taste. Dabei ist es egal, ob Sie das Menü aus einer App heraus starten oder vom Home-Bildschirm aus. In beiden Fällen erscheint das Menü.

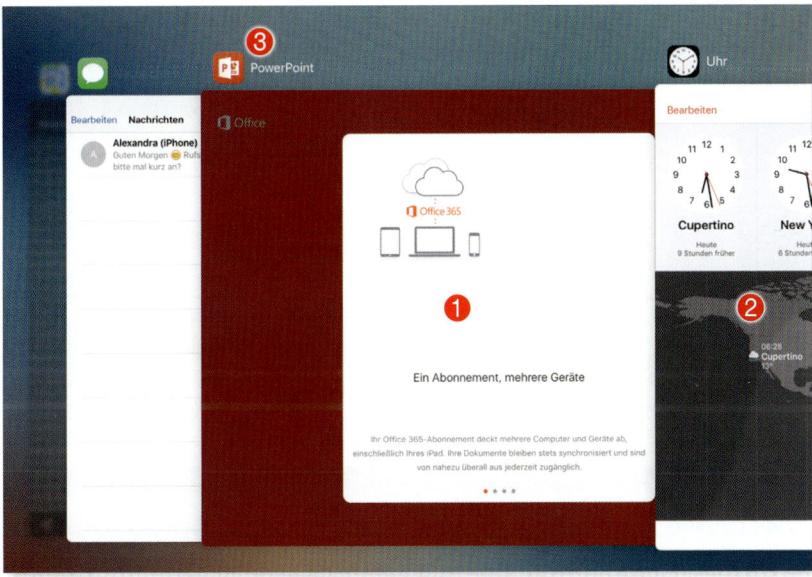

So sieht das Multitasking-Menü in iOS 9 aus.

Im mittleren Bereich ❶ werden Ihnen die Apps angezeigt, die gerade inaktiv sind. Die App, von der aus Sie die Multitasking-Leiste gestartet haben, befindet sich ganz rechts ❷. In unserem Fall war es die *Uhr*-App. Hier könnte aber auch eine beliebige andere App oder auch der Home-Bildschirm zu sehen sein, wenn Sie von dort aus das Multitasking-Menü aufgerufen haben. Gleich über den Vorschaubildern der einzelnen Apps werden die Icons angezeigt ❸. Das ist dann hilfreich, wenn man die App anhand des Vorschaubildchens nicht eindeutig identifizieren kann.

Zwischen Apps wechseln

Um zu einer der Apps zu wechseln, tippen Sie entweder auf das Vorschaubild im Bereich ❶ oder das Icon darüber ❸.

Apps beenden

An dieser Stelle haben Sie auch die Möglichkeit, eine App zu beenden. Tippen Sie dazu mit dem Finger auf das Vorschaubild der App und schieben Sie sie nach oben aus der Leiste heraus. Nehmen Sie während der Schiebebewegung den Finger vom Display, und die App fliegt raus.

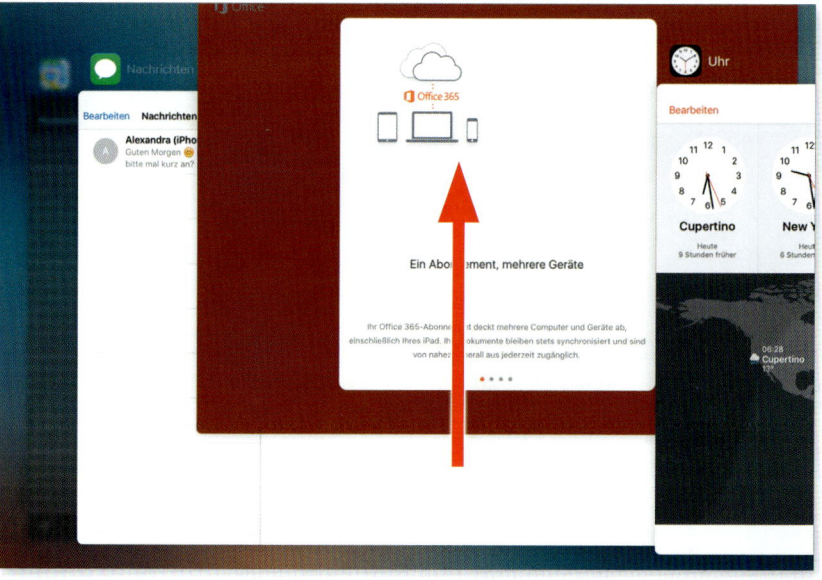

Apps lassen sich aus dem Multitasking-Menü heraus auch beenden. Sie können das mit bis zu drei Apps gleichzeitig tun.

> **!** Grundsätzlich ist es nicht nötig, dass Sie eine App beenden. Läuft sie im Hintergrund, verbraucht sie keine nennenswerten Systemressourcen und macht Ihr iPad damit auch nicht merklich langsamer. Aber mit der Zeit wird das Menü unübersichtlich, wenn sich sehr viele Apps darin befinden. Aus diesem Grund empfiehlt es sich, von Zeit zu Zeit aufzuräumen und die Apps zu entfernen, die Sie weniger oft benötigen.

Es gibt noch zwei weitere Funktionen, die thematisch zum Multitasking passen. Daher zeigen wir Ihnen *Slide over* und den *Split View* an dieser Stelle.

Multitasking 2: Slide over

Slide over bietet Ihnen die Möglichkeit, zu einer App noch eine Randspalte einzublenden, in der dann eine zusätzliche App Infos anzeigen kann. So lässt sich zum Beispiel eine digitale Ausgabe der Tageszeitung lesen, und nebenbei können Sie sich die Uhr, eine Karte oder die Nachrichten-App anzeigen lassen.

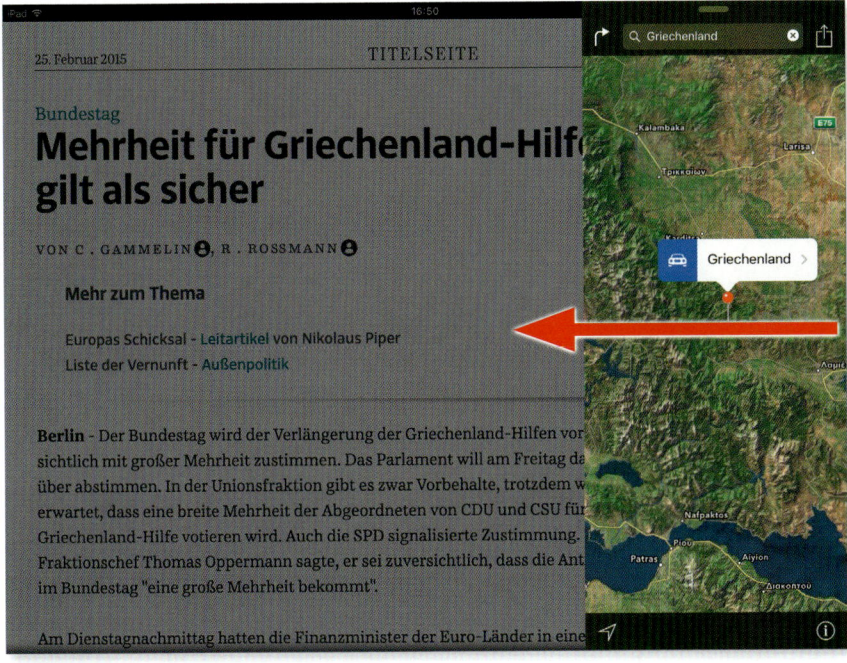

Links die Tageszeitung und rechts die Karte. „Slide over" macht es möglich.

Slide over starten

Slide over starten Sie ganz einfach. Öffnen Sie die Haupt-App, die den größeren Teil des Bildschirms belegen soll. Schieben Sie dann das Slide-over-Fenster von rechts in den Bildschirm hinein. Das funktioniert so, als möchten Sie das Fenster von unter dem Display-Rahmen nach innen schieben. Dazu legen Sie also den Finger rechts neben das Display auf den Rahmen und schieben den Finger dann in das Bild hinein. Und schon erscheint das gewünschte Fenster.

Slide-over-App wechseln

Möchten Sie eine andere App am rechten Rand anzeigen, geht das ganz einfach. Vielleicht ist es Ihnen bereits aufgefallen: Am oberen Rand des Slide-over-Fensters befindet sich ein kleiner Greifer.

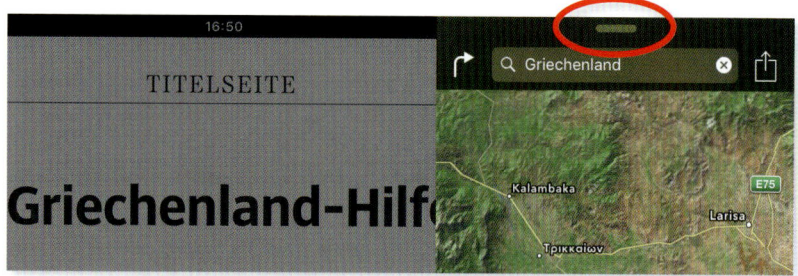

Mit diesem Greifer wechseln Sie die Slide-over-App.

Schieben Sie den Greifer nach unten, um zur Auswahl der verfügbaren Apps zu gelangen. Sie werden in der Auswahl hauptsächlich Apple-eigene Apps finden, aber auch das Microsoft Office ist verfügbar. Somit öffnet Apple diese Funktion auch für Apps von Drittanbietern.

Die Liste der Apps rechts können Sie nach oben und unten verschieben, um weitere Apps angezeigt zu bekommen.

Um nun eine andere App zu starten und am Rand einzublenden, tippen Sie einfach drauf. Die Haupt-App lässt sich natürlich auch ändern. Starten Sie dazu eine andere App und schieben Sie dann das Slide-over-Fenster von rechts außen herein. Slide over funktioniert mit dem iPad Air 1, dem iPad mini 2 und 3.

Multitasking 3: Split View

Split View ist deutlich restriktiver als Slide over. Diese Funktion ist nur auf dem iPad Pro, dem iPad Air 2 und dem iPad mini 4 verfügbar. Auch wenn das Multitasking-Menü und Slide over schon sehr gut die Arbeit mit mehreren Apps ermöglicht, möchte man von Zeit zu Zeit mit zwei bestimmten Apps parallel arbeiten und beiden jeweils den halben Bildschirm zuweisen. Beispielsweise dann, wenn man in Safari etwas nachlesen und in der Notizen-App Notizen dazu machen möchte. Das ermöglicht die neue Funktion *Split View*. Split View ist im Grunde die Erweiterung von Slide over.

Und so funktioniert Split View: Schieben Sie die gewünschte App wie bereits gesehen von rechts in den Bildschirm hinein. Wenn Sie dann bei einem Drittel stoppen, haben Sie wie eben beschrieben ein Slide-over-Fenster erstellt.

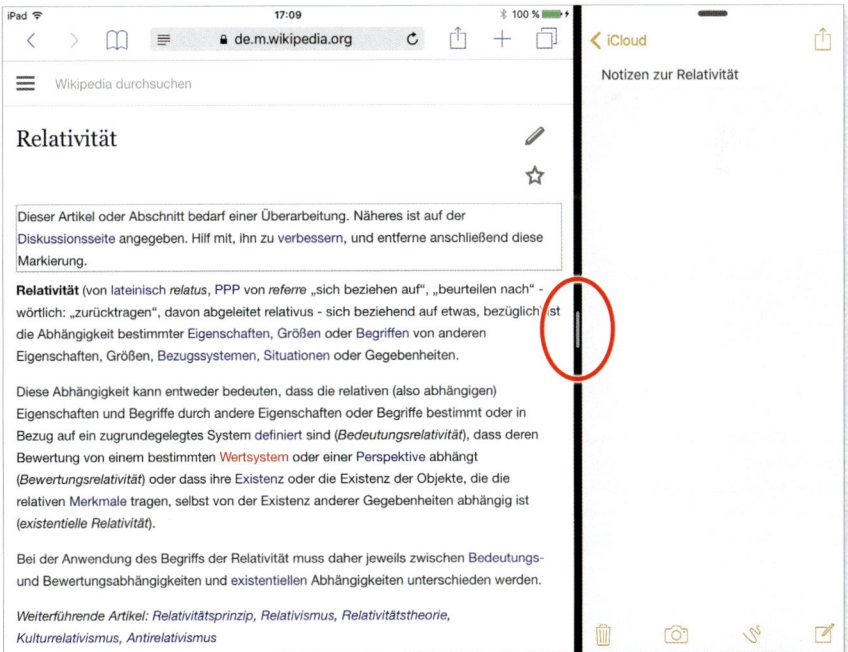

Wenn Sie diesen Greifer noch weiter in das Bild hinein ziehen, erhalten Sie ein Split-View-Bild.

Ziehen Sie das Seitenfenster entweder gleich bis zur Mitte des Bildschirms hinein oder greifen Sie nachträglich den im Bild markierten Greifer und schieben Sie ihn weiter nach links. In beiden Fällen erhalten Sie das Split-View-Fenster, in dem beide Apps den halben Bildschirm nutzen.

> **!** Schieben Sie den Regler bis zum linken Rand durch, so bringen Sie die App links in den Hintergrund und es ist nur noch die App zu sehen, die von rechts gekommen ist.

Split-View-App wechseln

Sie wechseln die Split-View App übrigens genau so, wie Sie das bei der Slide-over-Funktion machen. Schieben Sie den Greifer nach unten weg und Sie erhalten eine Auswahl aller verfügbaren Apps.

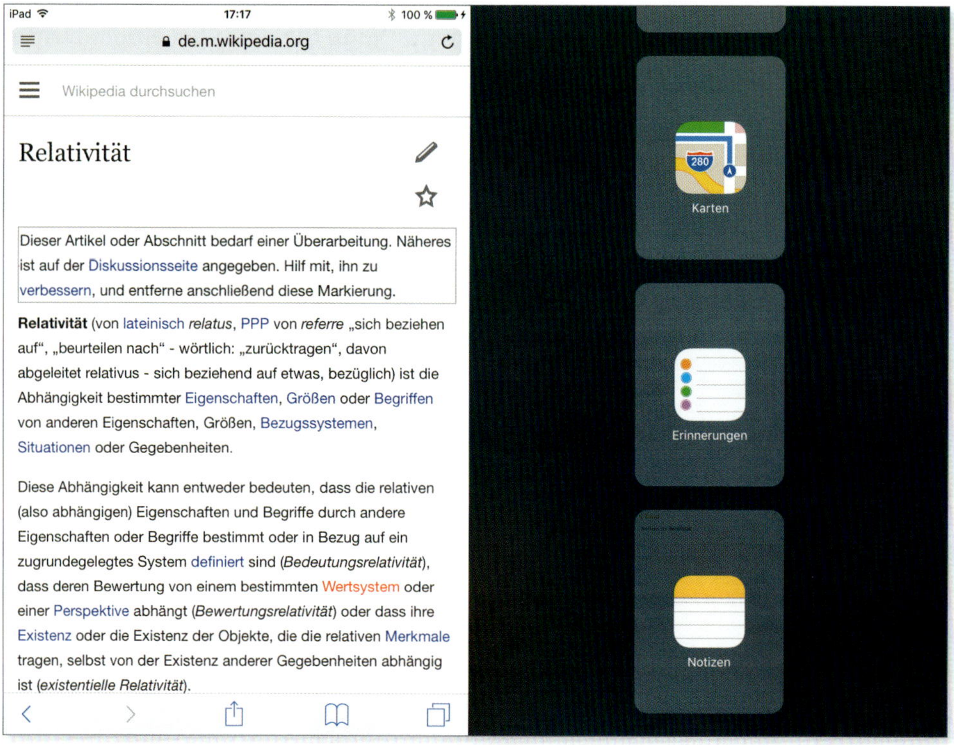

Wählen Sie rechts die App aus, die Sie im Split View zusätzlich nutzen möchten.

Videos Bild im Bild abspielen

Mit iOS 9 hält eine Neuerung Einzug in das System, die das Betrachten von Videos deutlich verändert: Bild im Bild. Sie haben nun die Möglichkeit, Videos zu verkleinern und sie weiterlaufen zu lassen, auch wenn Sie die betreffende App mit dem Video schon längst nicht mehr im Vordergrund haben. Wir verdeutlichen Ihnen das anhand eines Beispiels in Safari, dem Internetbrowser des iPads.

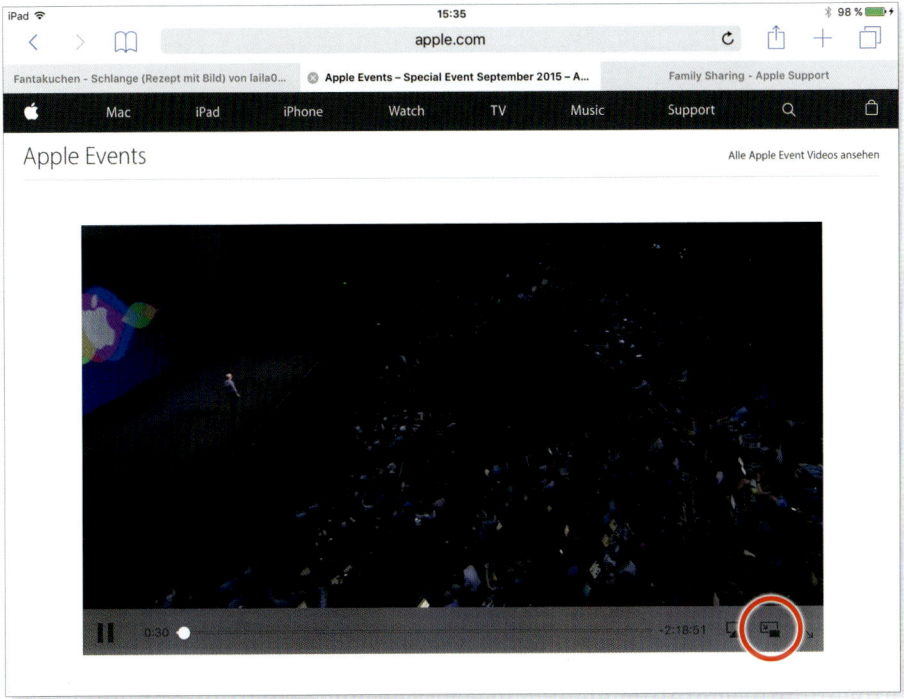

Dieses kleine Symbol ist für die Verkleinerung des Videos zuständig.

Tippen Sie auf die markierte Schaltfläche, so wird das Video aus Safari ausgegliedert und in klein rechts unten angezeigt.

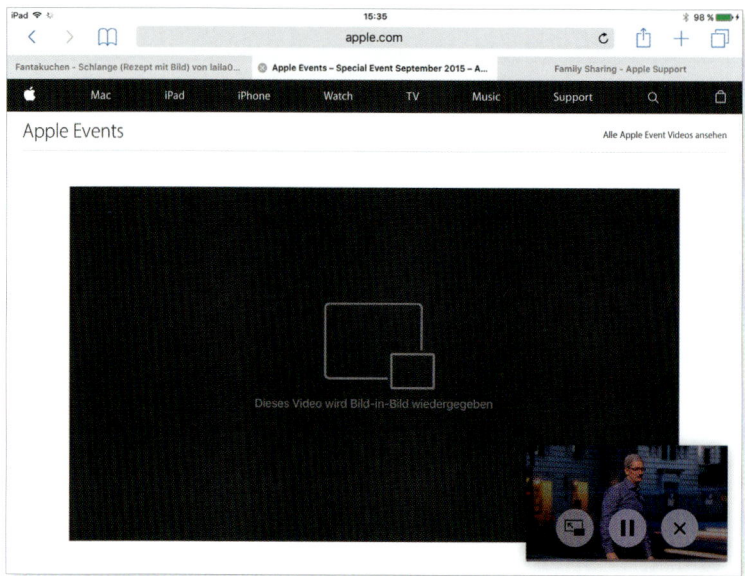

Das Video befindet sich nun rechts unten und im ursprünglichen Fenster wird ein entsprechender Hinweis angezeigt.

Nun ist es nicht mal mehr nötig, dass Sie Safari geöffnet haben. Sie können Safari beenden und trotzdem läuft das Video weiter.

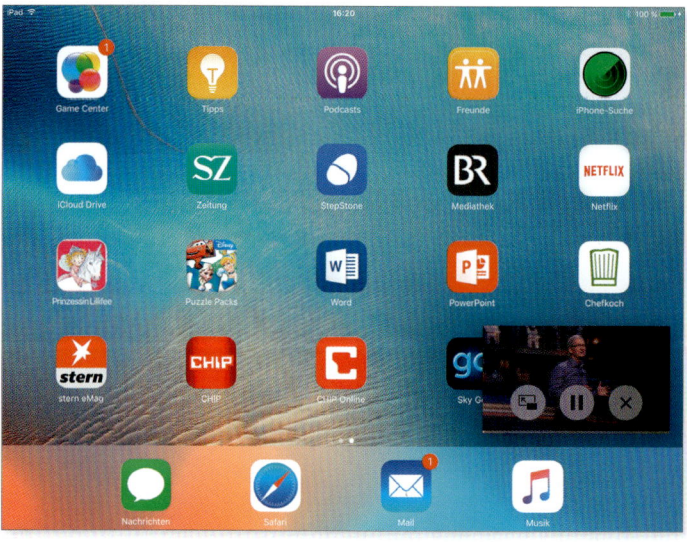

Das Video läuft losgelöst von Safari weiter.

Auch wenn das Video standardmäßig nach rechts unten wandert, können Sie es bei Bedarf auch verschieben. Legen Sie dazu den Finger auf das Video und schieben Sie es beispielsweise nach rechts oben oder links oben.

Wenn Sie es kurzzeitig nicht benötigen, lässt sich das Video auch nach außen wegschieben.

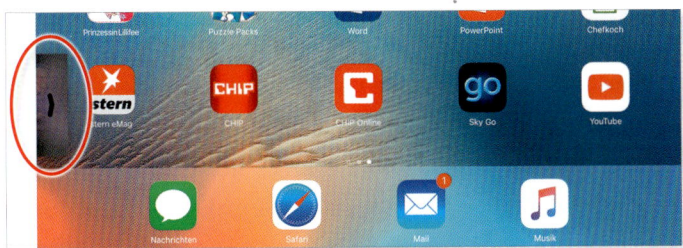

Hier ist das Video links unten aus dem Bildschirm herausgeschoben. Das funktioniert aber auch mit einer der anderen Ecken des Bildschirms.

Um das Video nun wieder in den sichtbaren Bereich zu schieben, tippen Sie auf den kleinen schwarzen Pfeil oder ziehen Sie das Fenster wieder in den Bildschirm hinein. In beiden Fällen ist es danach wieder zu sehen.

> **!** Wenn Sie wie in diesem Bildschirmfoto mal keine Bedienelemente für das Video mehr sehen, tippen Sie einfach auf das Bild. Dann bekommen Sie die Tasten wieder angezeigt.

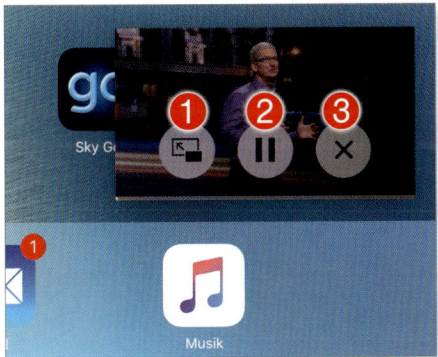

Das sind die Bedienelemente eines Bild-im-Bild-Videos.

Möchten Sie das Video wieder in das Safari-Fenster einbinden, tippen Sie auf ❶. Um die Wiedergabe zu pausieren und dann wieder zu starten, tippen Sie auf die Taste in der Mitte ❷. Um es zu schließen auf die ❸.

Bild im Bild funktioniert nicht nur in Safari. Auch die Apple-eigenen Videobearbeitungsprogramme verfügen über diese Funktion. Und jeder App-Programmierer kann von dieser Funktion Gebrauch machen, indem er in seine App die Standard-Bedienelemente für die Videowiedergabe einbindet.

Das iPad ist (begrenzt) intelligent

In der Regel ist es ja so, dass elektronische Geräte nicht intelligent sind. Zwar können sie viele Dinge erledigen, aber im Grunde kann man nicht von Intelligenz sprechen. Statt schlau und doof handelt es sich eher um gute und schlechte Anwendungen. Aber in iOS 9 gibt es nun eine Funktion, die schon einen Hauch von Intelligenz verspricht.

Wenn Sie morgens beim Sport gerne Musik hören oder auf dem Heimweg von der Arbeit regelmäßig einem Hörbuch lauschen, dann kann Sie iOS 9 durchaus mit seinem Verhalten überraschen. Dann kann es sein, dass Sie am Morgen oder am Abend den Kopfhörer einstöpseln und das iPad automatisch genau die App startet, die Sie gerade aufrufen wollten.

Klar, das klingt gut, ist aber immer noch keine Intelligenz. iOS 9 achtet nur sehr genau auf die Vorlieben seines Anwender und versucht proaktiv das Richtige zu tun.

Siri

Aber es kommt noch viel, viel besser. Sie haben bereits jetzt zahlreiche Möglichkeiten kennengelernt, wie Sie schnell und effizient mit dem iPad umgehen können, wie Sie Gesten verwenden, wie Sie Text eintippen etc. Mit *Siri* erreichen Sie eine völlig neue Bedienweise für Ihr iPad. Denn Siri ist in der Lage, für Sie Aufgaben auf dem iPad auszuführen, aber auch Texte für Sie auf dem iPad zu erfassen. Bevor wir uns das genauer ansehen, muss Siri aktiviert werden, sofern Sie das nicht bereits getan haben. Hierzu sind zwei Dinge notwendig.

In den Einstellungen *Allgemein* gibt es den Eintrag *Siri*. Achten Sie darauf, dass *Siri* aktiviert ist.

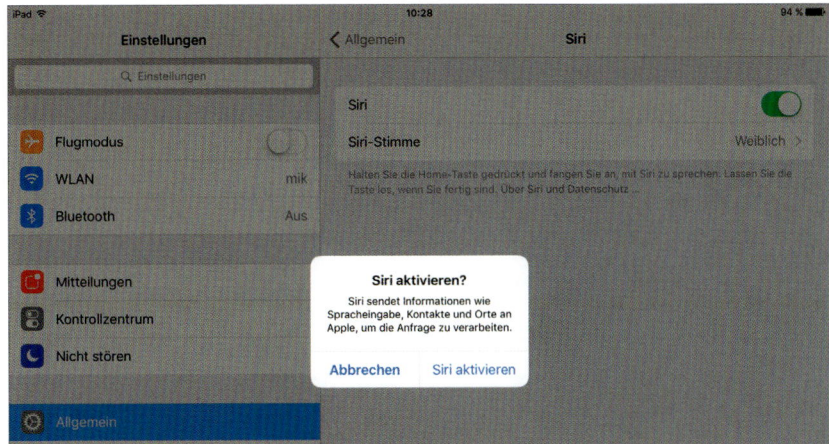

Siri wird aktiviert.

Um Siri verwenden zu können, müssen Sie eine Internetverbindung haben. Diese kann per WLAN, aber auch über 3G/LTE etabliert sein, denn Siri – und darauf weist Sie Apple im vorliegenden Bildschirm auch hin – sendet zunächst einmal Ihr Gesprochenes über das Internet zu Apple. Dort wird eine Übersetzung stattfinden, und zurück kommt der Befehl oder der Text, den Sie diktiert hatten.

Wenn Sie also mit dieser Vorgehensweise einverstanden sind, tippen Sie auf *Siri aktivieren*, um Siri zu verwenden. Entscheiden Sie zudem, ob Siri eine männliche oder weibliche Stimme haben soll (*Siri-Stimme*).

 Achten Sie nach der Aktivierung der Siri-Funktion auch darauf, dass Sie die deutsche Sprache eingeschaltet haben.

Sie wissen bereits, dass Siri zwei Arten von Funktionen für Sie erledigen kann. Siri führt Befehle aus und erfasst Texte für Sie. Haben Sie Siri aktiviert, erscheint nun, sofern Sie über eine Internetverbindung verfügen, ein Diktiersymbol im Tastaturlayout.

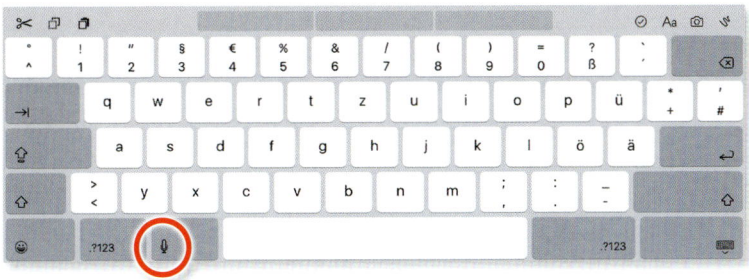

Das Mikrofon-Icon weist auf die Verfügbarkeit von Siri hin.

Ist Ihr Gerät nicht mit dem Internet verbunden, wird dieses Icon hellgrau dargestellt und ist inaktiv.

So, und nun kann es auch schon losgehen. Tippen Sie auf das Diktiersymbol neben der Leertaste auf Ihrer Tastatur und sprechen Sie den gewünschten Text. Dabei können Sie auch Satzzeichen diktieren, wie z. B. Komma, Punkt, Ausrufezeichen, Doppelpunkt etc. Über „Neuer Absatz" wird eine neue Zeile mit einer Leerzeile davor bewirkt, und Sie werden staunen, wie zielsicher Siri den Text erkennt und auf Ihrem Notizzettel wiedergibt.

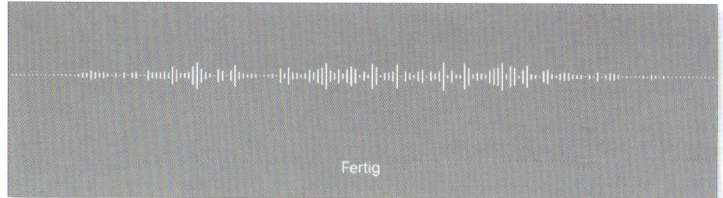

Siri im Einsatz

Wenn Sie Siri bereits von einer früheren Version von iOS kennen, wird Ihnen gleich eine Neuerung auffallen: Siri wartet mit der Texterkennung nicht mehr, bis Sie zu Ende diktiert haben. In iOS 9 sehen Sie sofort, was Siri verstanden hat, weil der Text schon während des Diktierens eingetragen wird.

Um das Diktat zu beenden, tippen Sie auf *Fertig*. Es kann sein, dass Siri dann noch Veränderungen am Text vornimmt, weil sich durch das Ende eines Satzes der Zusammenhang ändern kann. Selbstverständlich können Sie diesen Text Ihren Bedürfnissen entsprechend modifizieren.

 Die Diktierfunktion ist in jeder App verfügbar, die auch die Tastatur aufrufen kann. Das heißt, in Programmen wie **Mail**, **Notizen**, **Erinnerungen**, **Kalender**, **Safari** etc. können Sie die Diktierfunktion von Siri gewinnbringend für sich nutzen. Und Sie sollten es tun, denn Siri erspart Ihnen enorm viel Zeit.

Sonderfunktionen im Diktat

Normalen Text zu diktieren, ist einfach: Sie sprechen ein Wort, und Siri schreibt es. Satzzeichen werden einfach ausgesprochen: „Punkt", „Komma", „Ausrufezeichen", „Fragezeichen". Das alles versteht Siri.

Außerdem kann Siri noch die folgenden Wörter in das entsprechende Zeichen umwandeln:

- Bindestrich
- Gedankenstrich
- Doppelpunkt
- Semikolon
- Klammer auf/Klammer zu
- Eckige Klammer auf/eckige Klammer zu
- Apostroph
- Einschaltungszeichen
- Kaufmännisches Und
- Sternchen
- Klammeraffe/At-Zeichen
- Urheberrechtssymbol

- Gradzeichen
- Dollarzeichen
- Eurosymbol
- Pfundsymbol
- Prozentzeichen
- Eingetragene Marke
- Paragrafzeichen
- Markensymbol
- Pluszeichen
- Minuszeichen
- Zitatanfang/Zitatende
- Nummernzeichen

> **!** Fordern Sie Siri einfach mal. Selbst Dinge wie dreihundertachtundsechzigtausend Euro und vierzehn Cent kann Siri korrekt interpretieren.

Und ganz wichtig: Auch die Aufforderungen „Neue Zeile" und „Neuer Absatz" funktionieren einwandfrei. So lassen sich auch umfangreiche Texte gut diktieren.

Doch damit nicht genug. Siri kann auch Funktionen für Sie aufrufen, wie z. B. das Starten von Apps. Wie das geht? Ganz einfach: Drücken Sie etwa zwei Sekunden auf die Home-Taste.

Längeres Drücken der Home-Taste bringt Siri zum Vorschein.

Sagen Sie nun z. B. „Öffne Mail“. Machen Sie danach eine kurze Pause oder drücken Sie auf die dargestellte Klangkurve im unteren Teil des Displays, wird dieser Befehl ausgeführt und das entsprechende Programm gestartet. Faszinierend, oder? Probieren Sie es ruhig ein wenig aus. Sie werden erstaunt sein, wie enorm leistungsfähig bereits die Funktion *Öffnen* ist.

> **!** Statt **Öffnen** können Sie auch **Starte** sagen. Wenn Ihr iPad mit einem Code gesperrt ist, müssen Sie den eingeben, bevor die Aktion ausgeführt werden kann. Das ist notwendig, weil sonst auch Fremde per Siri Ihr iPad steuern könnten.

Und nun kann das Ganze auch noch kombiniert werden. Das heißt, Befehl und Inhalt können gemeinsam an Siri übergeben werden. Probieren Sie es doch einfach aus und fragen Sie Siri, wie das Wetter morgen in Dachau sein wird.

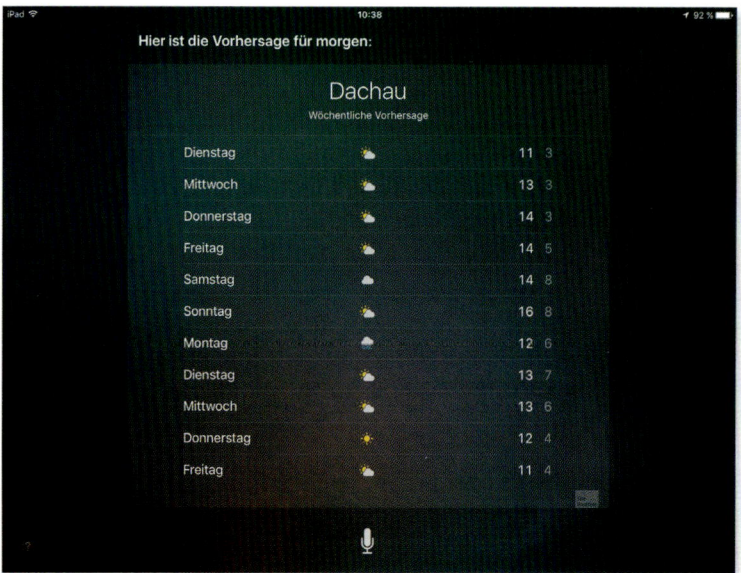

Siri kann komplexe Fragestellungen erkennen und Antworten präsentieren.

Erstaunlich, wie exakt Siri erkennen kann, was der Befehl und was der Kontext Ihres Befehls ist. Damit Sie einen Überblick bekommen, was Siri alles für Sie tun kann, sollten Sie Siri einmal starten und dann einfach nichts sagen. Siri reagiert mit einigen Vorschlägen auf diese Ruhephase. Dann sehen Sie eine ganze Reihe von Befehlen und Vorschlägen, was Sie mit Siri alles tun können.

Dabei ist der Funktionsumfang von Siri eine Softwareeigenschaft. Das heißt, über künftige Betriebssystem-Updates Ihres iPads (iOS-Updates) werden sukzessive weitere Funktionen in Siri verfügbar. Doch bereits jetzt ist der Befehlsumfang enorm. Sicher haben Sie in der Liste schon bemerkt, dass, wenn Sie auf einen Eintrag tippen, er danach verschiedenste Varianten von Befehlen aufzeigt, die Sie aussprechen können.

Siri verfügt über eine ganze Reihe von Befehlen, die Sie verwenden können.

Probieren Sie das z. B. am Fall *„Zeig mir den Weg nach Hause"* aus, um dort verschiedenste Befehle zu Gesicht zu bekommen, die Sie im Rahmen der *Karten*-App verwenden können.

An der Stelle erleben Sie unter Umständen etwas besonders Interessantes. Siri hat eindeutig erkannt, welche Funktion Sie auslösen möchten. Doch eine nicht korrekte Einstellung an Ihrem iPad verhindert möglicherweise das Auffinden Ihres Standorts. Siri muss nämlich wissen, wo Sie sich befinden, um einen Weg nach Hause anzeigen zu können. Deshalb ist es notwendig, in den *Einstellungen* bei *Datenschutz* die *Ortungsdienste* zu aktivieren, bevor Siri einen Vorschlag wagt.

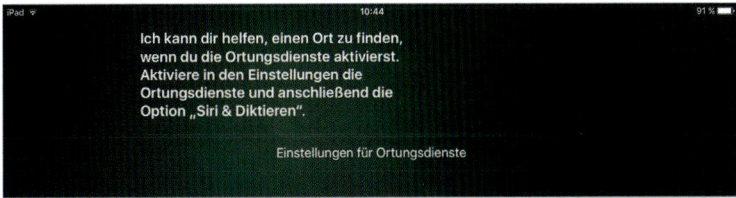

Damit Siri Ihren Standort bestimmen kann, müssen Sie die Ortungsdienste aktivieren. Tippen Sie auf die Zeile ganz unten, um dorthin zu gelangen.

Sie beginnen zu verstehen, wie eng verzahnt die verschiedenen intelligenten Funktionen des iPads an dieser Stelle zusammenarbeiten, wie die Ortung mit Siri korrespondiert und dann im Programm *Karten* das Ergebnis ausspuckt. Um diese Funktion zu nutzen, sollten Sie neben der Aktivierung der *Ortungsdienste* auch *Siri & Diktieren* erlauben, die Ortungsdienste zu verwenden.

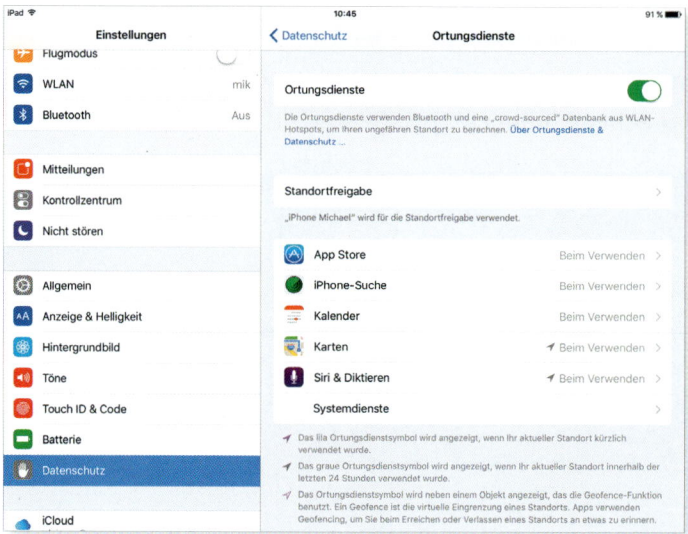

Achten Sie darauf, dass neben den Ortungsdiensten auch die Funktion „Siri & Diktieren"
eingeschaltet ist. Damit erlauben Sie Siri, die Ortungsdienste gewinnbringend
für Sie einzusetzen.

Und auch das kann Siri: Fragen Sie Siri z. B. nach den Ergebnissen des letzten
Bundesliga-Spieltags oder nach Informationen zu bekannten Fußballspielern.

Sogar den aktuellen Stand der Bundesligatabelle kennt Siri.

Und Siri kann noch mehr. Probieren Sie beispielsweise folgende Funktionen
einmal aus:

- „Wikipedia Schiller" ruft Wikipedia-Informationen zum Schriftsteller Friedrich Schiller auf.
- „Bing-Suche nach München" oder „Google München" oder „Yahoo-Suche München" ruft die Internetsuche nach München bei der jeweiligen Suchmaschine auf.
- Auch der Zugriff auf das Kontrollzentrum ist möglich: „Bluetooth ausschalten."
- „Maria Maier ist meine Frau" erzeugt in der *Kontakte*-App einen Eintrag, so dass Sie in Zukunft sagen können: „Sende meiner Frau eine Nachricht." Oder: „Trage für heute 19 Uhr einen Termin mit meiner Frau ein."

Sie sehen also, Siri ist eine sehr nützliche Eigenschaft auf Ihrem iPad, um an bestimmte Informationen zu gelangen, Befehle auszuführen oder schlichtweg Textinformationen zu diktieren. Besonders klasse ist natürlich das Zusammenspiel mit dem Programm *Karten*. Nachdem Ihr iPad über die Ortungsdienste weiß, wo Sie sich befinden, können Sie das Programm *Karten* auch als Navigationslösung einsetzen. Probieren Sie es einmal damit: „Zeige mir den schnellsten Weg nach Hamburg."

Siri überträgt die Aufgabe an das Programm „Karten", aktiviert die Ortungsdienste und schlägt Ihnen Routen vor.

Daraufhin wird das Programm *Karten* zu einer Navigationslösung, und das iPad wird Sie zielsicher nach Hamburg bringen.

Hey Siri!

Seit Version 8 von iOS ist es nicht zwingend erforderlich, dass Sie die Home-Taste gedrückt halten, damit Siri mit Ihnen spricht. Sofern Ihr iPad am Stromnetz angeschlossen ist, hört es ständig darauf, ob Sie etwas benötigen. Sagen Sie einfach „Hey Siri" und schon können Sie loslegen, sofern Siri in den *Einstellungen* aktiviert ist.

Musik erkennen mit Siri und Shazam

Shazam ist ein Onlinedienst, mit dem sich Musik erkennen lässt, indem die App „zuhört" und dann das entsprechende Ergebnis liefert. Auf diese Funktion kann auch Siri zugreifen, indem Sie „Welches Lied läuft gerade?" fragen. Siri versteht die Frage sogar dann, wenn das Lied während der Frage schon im Hintergrund läuft. Daraufhin wird kurz zugehört und der Treffer präsentiert.

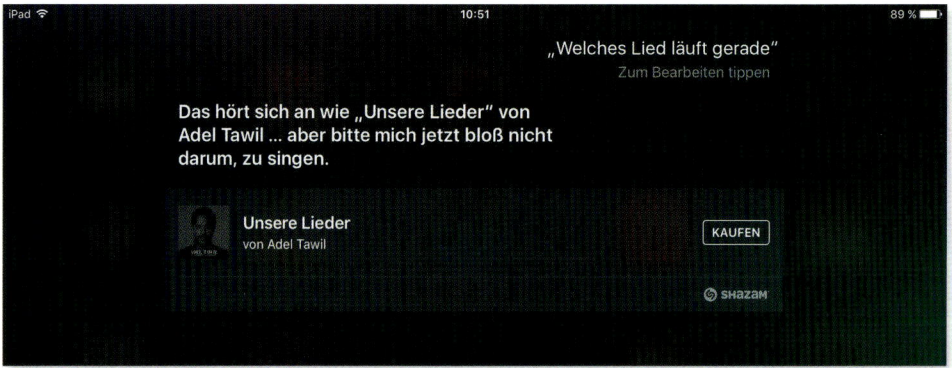

Siri tut sich in der deutschen Version zwar mit der Aussprache von englischen Titeln nicht immer leicht. Aber mit Hilfe von Shazam hat Siri das Lied eindeutig erkannt.

Wenn Sie möchten, können Sie das Lied auch gleich erwerben. Tippen Sie dazu auf die Schaltfläche *Kaufen* und Sie werden zum iTunes Store geleitet.

Probieren Sie Siri aus und Sie werden staunen, wie viele Funktionen Siri bereits jetzt beherrscht. Und Sie werden erst recht staunen, was Siri in ein, zwei oder auch drei Jahren alles für Sie tun kann.

 In den Siri-Einstellungen können Sie zwischen einer weiblichen und männlichen Stimme wählen. Diese Einstellung finden Sie unter **Einstellungen –> Allgemein –> Siri –> Siri-Stimme**.

Sie haben jetzt bereits einige Funktionen kennengelernt, die Sie mit und am iPad verwenden können. In diesem Kapitel geht es darum, weitere Einstellungen und Features genauer unter die Lupe zu nehmen. Das Erste und vielleicht Wichtigste ist das Einstellen des Erscheinungsbilds Ihres iPads.

Hintergrundbild festlegen

Apple hat standardmäßig ein Bild als Hintergrund auf Ihrem iPad eingeblendet. Sie können sich aber gerne ein anderes Hintergrundbild aussuchen. Die Auswahl der möglichen Fotos finden Sie in *Einstellungen –> Hintergrund*. Zunächst sehen Sie die beiden Bilder, die derzeit für den Sperrbildschirm und den Home-Bildschirm eingestellt sind.

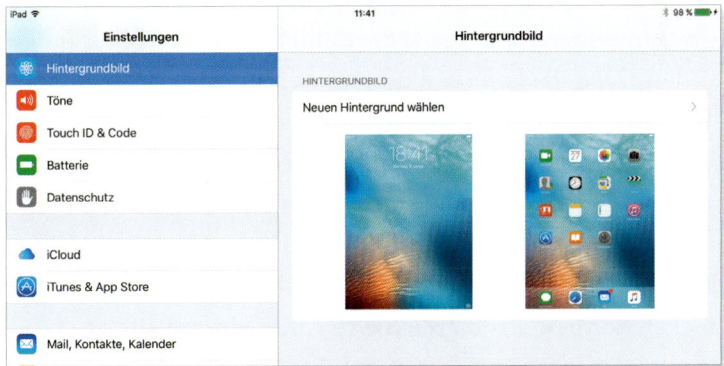

Zuerst sehen Sie, welche Hintergründe derzeit für den Sperrbildschirm (links) und den Home-Bildschirm (rechts) aktiviert sind.

Tippen Sie nun auf eines der beiden Bilder, so können Sie die Perspektive ein- oder ausschalten. Was das bewirkt, können Sie ganz einfach ausprobieren, indem Sie bei aktivierter Perspektive das iPad ein wenig nach oben/unten oder links/rechts kippen. So wird ein Gefühl von 3D-Ansicht simuliert.

Um ein neues Bild auszusuchen, tippen Sie auf *Neuen Hintergrund wählen*. Dort finden Sie eine größere Auswahl an vorgefertigten Bildern (*Dynamisch* und *Einzelbild*). Gleich darunter im Bereich *Fotos* finden Sie Ihre eigenen Bilder, die Sie natürlich ebenfalls auswählen können. Zu den dynamischen Hintergründen gleich mehr.

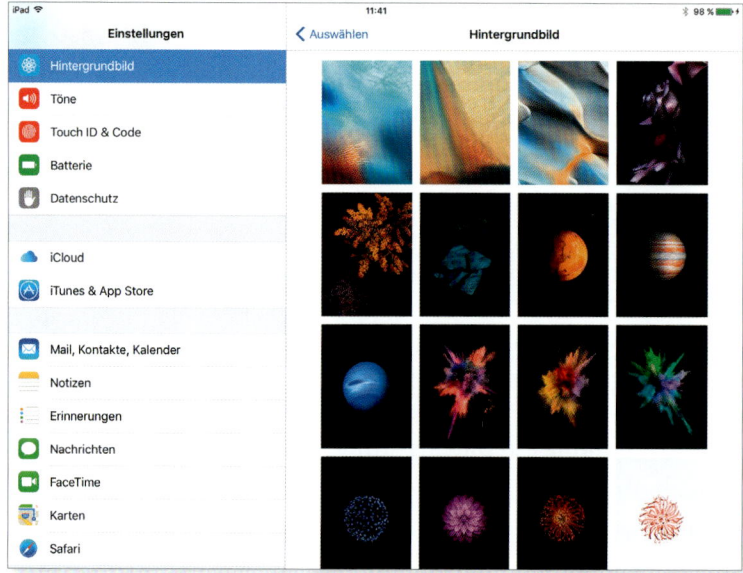

Sie können ein anderes Hintergrundbild für den Home- und Sperrbildschirm einstellen.

Wählen Sie ein Bild aus und legen Sie dann fest, ob das Bild für den *Sperrbildschirm* oder den *Home-Bildschirm* aktiviert werden soll. *Beide* ist auch möglich. Und auch hier lässt sich die Perspektive ein- oder ausschalten.

Seit iOS 8 stehen Ihnen auch dynamische Hintergründe zur Verfügung, die permanent ihr Aussehen ändern. Eine weitere Neuerung ist die Anpassung des Hintergrundbilds an den Blickwinkel. Wenn Sie das iPad etwas kippen, werden Sie bemerken, dass der Hintergrund sich verschiebt, damit Sie sozusagen hinter die Apps blicken können. Probieren Sie es ruhig einmal aus.

Gefällt Ihnen dieser Effekt nicht so gut, können Sie ihn deaktivieren: *Einstellungen –> Allgemein –> Bedienungshilfen –> Bewegung reduzieren*. Dabei wird auch der Zoom-Effekt beim Starten und Beenden von Apps deaktiviert.

Sie sollten die Funktion noch einmal aufrufen, sobald Sie eigene Fotos/Bilder auf Ihr iPad übertragen haben, denn auch diese können dann als Hintergrundbild für Ihr iPad zum Einsatz kommen. Wie Fotos und Bilder auf das iPad übertragen bzw. direkt aufgenommen werden, sehen wir später noch (siehe Kapitel 9 ab Seite 370).

Helligkeit einstellen

Die Helligkeit Ihres iPad-Displays können Sie ebenfalls in den *Einstellungen* verändern. Rufen Sie darin den Punkt *Anzeige & Helligkeit* auf. Dort können Sie die Helligkeit manuell einstellen und die *Auto-Helligkeit* aktivieren.

Über den Schieberegler lässt sich bequem die Helligkeit des iPad-Displays anpassen.

Schieben Sie den Regler nach links, um das Display abzudunkeln, und nach rechts, um es heller einzustellen. *Auto-Helligkeit* sorgt dafür, dass iOS 9 die Helligkeit automatisch anpasst, sobald sich die Lichtverhältnisse der Umgebung verändern. Sie können aber auch den Helligkeitsregler im *Kontrollzentrum* verwenden.

Home-Bildschirm anpassen

Bereits nach der ersten Installation Ihres iPads haben Sie ja die Programme auf dem iPad erhalten, die standardmäßig mitgeliefert werden. Diese befinden sich alle auf einem einzigen Bildschirm, dem Home-Bildschirm. Am unteren Rand des Home-Bildschirms finden Sie das Dock. In diesem Dock sind im Regelfall die wichtigsten Programme untergebracht.

Es wird nun allerhöchste Zeit, dieses Erscheinungsbild den eigenen Bedürfnissen entsprechend anzupassen. Zunächst einmal können Sie definieren, welche Programme im Dock erscheinen sollen. Um hier Änderungen vorzunehmen, müssen Sie in den Wackelmodus wechseln: Tippen Sie dazu mit einem Finger etwa zwei Sekunden auf ein Programmsymbol, und sogleich beginnen alle Icons zu wackeln.

Sie können nun die Anordnung der Programme verändern, indem Sie ein Icon einfach an die gewünschte neue Stelle ziehen. Sie können ebenfalls Programme aus dem Dock herausziehen und durch andere Programme ersetzen, die sich derzeit noch im oberen Bereich des Home-Bildschirms befinden. Weiterhin können Sie über den Wackelmodus sehr einfach Programmsymbole aufeinanderziehen und so Ordner erzeugen.

Kamera und Fotos sind zu einem Ordner namens „Fotografie" zusammengefasst worden.

Sie können selbstverständlich noch weitere Programme (Apps) diesem Ordner hinzufügen. Tippen Sie neben den Ordner, um ihn zu schließen und zurück zum Home-Bildschirm zu gelangen. Ist der Wackelmodus aktiv, können Sie auch sehr einfach Programme aus einem Ordner herausnehmen, indem Sie sie aus dem Ordner heraus auf die freie Fläche ziehen und kurz warten.

 Auch wenn ein Ordner nur noch ein Programm enthält, verschwindet dieser nicht vom Home-Bildschirm. Sie können ihn also zunächst mit nur einer App behalten und später weiter befüllen.

Natürlich können Sie dem Ordner auch einen anderen Namen geben. In diesem Fall ist „Fotografie" ein Vorschlag des Betriebssystems, den Sie aber Ihren Wünschen entsprechend modifizieren können. Und auch das ist möglich: Sie können im Wackelmodus ein Programm (App) auf einen weiteren Home-Bildschirm bringen.

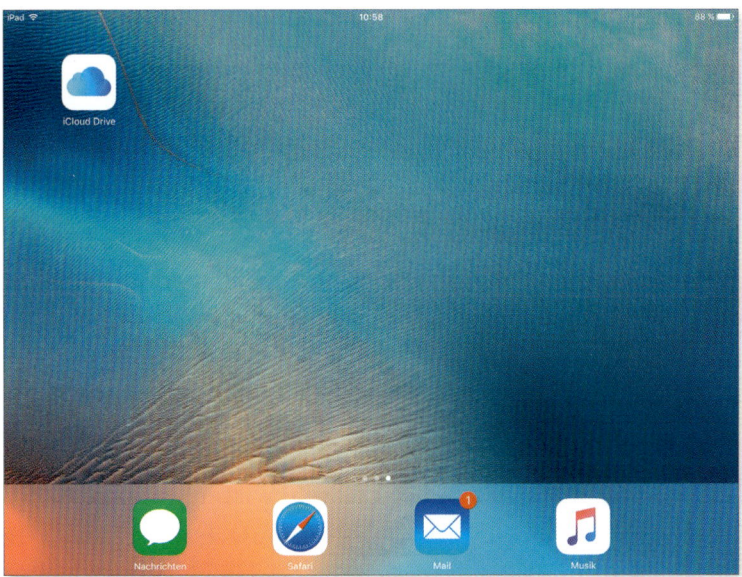

Die App „iCloud Drive" befindet sich nun ganz alleine auf einem weiteren Home-Bildschirm.

Um eine App auf einen neuen Home-Bildschirm zu bewegen, ziehen Sie sie einfach mit dem Finger an den rechten (oder linken) Bildschirmrand, bis ein neuer Home-Bildschirm eröffnet wird, und lassen dann die App los.

Sie werden später sehen, dass dies eine hervorragende Möglichkeit ist, die Apps auf verschiedene Home-Bildschirme zu verteilen. Und zusammen mit den Eigenschaften der Ordner können Sie, nachdem Sie noch viele weitere Apps auf Ihrem iPad installiert haben, so ein sehr schönes Ablagesystem generieren, um den Überblick zu bewahren.

> **!** Weiterhin ist es möglich, einen Ordner in das Dock einzubringen und damit gleich auf eine ganze Reihe von Programmen schnellen Zugriff zu haben.

Ein Ordner namens „Fotografie" ist ins Dock eingebaut und enthält zwei Programme.

Sicher haben Sie schon gemerkt, dass die Anzahl der Bildschirme anhand kleiner Pünktchen dargestellt wird.

Diese Punkte zeigen an, wie viele Home-Bildschirme es gibt und wo Sie sich befinden.

Die Punkte bezeichnen die Anzahl der derzeit vorhandenen Home-Bildschirme. An dem weiß angezeigten Punkt erkennen Sie, wo Sie sich gerade befinden. Home-Bildschirme wechseln Sie entweder dadurch, dass Sie sie nach links oder rechts wegschieben, oder auf einen der Punkte.

Bevor wir Ihnen weitere Möglichkeiten zeigen, wie Sie Ihre(n) Home-Bildschirm(e) anpassen, sollten Sie erst einmal wissen, wie Sie wieder aus dem Wackelmodus rauskommen: Drücken Sie dazu einfach auf die Home-Taste. Aber erst dann, wenn Sie alle Anpassungen vorgenommen haben.

Mehrere Seiten innerhalb der App-Ordner anlegen

Zurück zum App-Ordner: Sie können nun analog dazu fortfahren, weitere Apps in diesen Ordner zu schieben. Wenn Sie fertig sind, beenden Sie den Wackelmodus wieder durch Drücken der Home-Taste. Bei den App-Ordnern in iOS 9 gibt es eine Neuerung: So, wie Sie mehrere Home-Bildschirme mit Apps befüllen können, bietet auch ein App-Ordner die Möglichkeit, mehrere Seiten anzulegen. Sobald eine Seite voll ist, wird die nächste erstellt und so weiter. Apple scheint da keine nennenswerte Grenze eingebaut zu haben. Im Test haben wir 14 Seiten innerhalb eines Ordners gefüllt und sind auf keine Fehlermeldung wegen Überfüllung gestoßen.

In einen App-Ordner passen zunächst neun Apps. Ist diese Anzahl erreicht, wird eine neue Seite angelegt, die wieder neun Apps Platz bietet. Das geht beliebig so weiter.

An den kleinen Punkten unter den Apps erkennen Sie, wie viele Seiten der Ordner enthält.

Die Mitteilungszentrale

Die Aufgabe der Mitteilungszentrale ist schnell umrissen: Sie soll dem iPad-Benutzer auf einen Blick anzeigen, was für ihn wichtig ist. So muss nicht jede einzelne App auf Neuigkeiten hin überprüft werden, die Apps melden sich bei der Mitteilungszentrale, wenn es etwas zu vermelden gibt. Was wichtig ist und was nicht, das entscheiden Sie.

Während Sie das Kontrollzentrum nach oben in das Display des iPads schieben, kommt die Mitteilungszentrale von oben nach unten ins Blickfeld. Legen Sie den Finger knapp über das Display und ziehen Sie den Finger nach unten.

Die Mitteilungszentrale zeigt an, was heute wichtig ist. Im rechten Bereich finden Sie zudem die Batterielaufzeiten des iPads sowie des Apple Pencils.

 Sie schließen die Mitteilungszentrale dadurch, dass Sie sie wieder nach oben weg-schieben. Tippen Sie einen beliebigen Eintrag an, um die dazugehörige App zu starten.

Je nachdem, was Sie eingestellt haben, können Sie dieses Bild nach oben wegschieben und so nach unten scrollen, um weitere Informationen zum heutigen Tag zu bekommen.

Neben den Infos, die heute wichtig sind (linker Bereich) gibt es noch die *Mitteilungen* bzw. *Widgets* (rechts). Dort finden Sie alle Infos, die Ihnen Ihre installierten Apps mitgeteilt haben. Das können beispielsweise Benachrichtigungen der Freunde-App oder des Kalenders sein. Auch verpasste Videoanrufe über FaceTime (beides besprechen wir in Kapitel 6 ab Seite 200) könnten dort angezeigt werden.

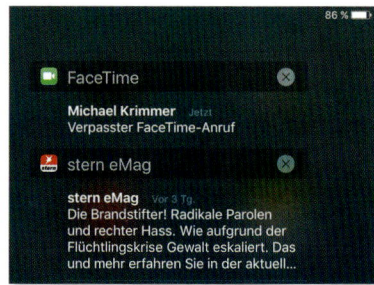

Mitteilungen finden Sie ganz rechts in der Mitteilungszentrale.

Um die Meldungen einer App aus der Mitteilungszentrale zu löschen, tippen Sie im Bereich *Mitteilungen* auf das *x* neben App-Namen und Icon und bestätigen durch *Löschen*. Daraufhin wird die App entfernt und erscheint erst dann wieder, wenn es neue Mitteilungen gibt.

Übrigens kann man zwischen *Heute* und *Mitteilungen* bzw. *Widgets* einfach von links nach rechts mit dem Finger scrollen. Sofern Sie auf *Bearbeiten* tippen, können Sie sowohl die Darstellung der Informationen für *Heute* wie auch die *Widgets* etc. konfigurieren.

Die Mitteilungszentrale anpassen

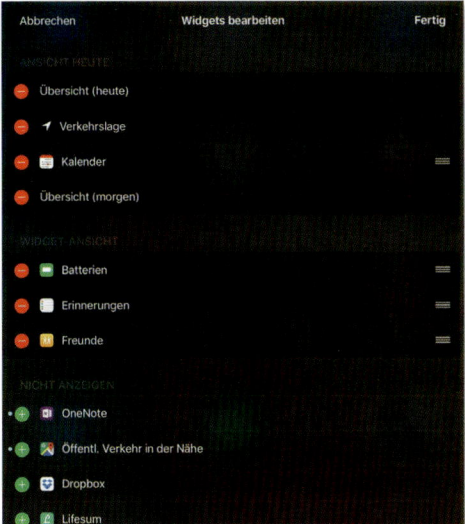

*Passen Sie via „Bearbeiten" die Darstellung der „Heute"- und „Widget"-Ansicht Ihren
Bedürfnissen an.*

Wie bereits erwähnt, können Sie selbst festlegen, welche Apps die Mitteilungszentrale nutzen dürfen und wie die Zentrale aufgebaut sein soll. Gehen Sie dazu
in *Einstellungen* und wählen Sie dort *Mitteilungen*.

Legen Sie im ersten Schritt im Bereich *Mitteilungsansicht* fest, ob die Mitteilungen manuell (*Manuell*) oder nach Benutzung der Apps (*Benutzt*) angezeigt werden
sollen. Im ersten Fall erhalten Sie dann die Mitteilungen in der Reihenfolge,
wie Sie sie in der Liste unterhalb festgelegt haben. Im zweiten Fall stehen die
aktuellen Mitteilungen immer vor den älteren und können zudem noch via *Nach
App gruppieren* appweise sortiert werden..

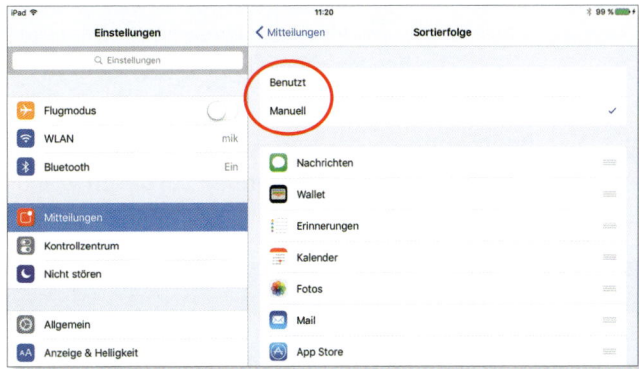

*Geben Sie zuerst an, nach welchem Kriterium die Nachrichten sortiert werden: „Manuell"
oder „Benutzt".*

Unter *Mitteilungsstil* sind die Apps gelistet, die die Zentrale nutzen dürfen. In iOS 9 ist das nicht mehr nur System-Apps wie dem Kalender und dem Telefon erlaubt. Auch die Apps anderer Entwickler können sich hier einklinken. Soll einer App dieses Privileg entzogen werden, tippen Sie drauf und deaktivieren Sie den Schalter für *Mitteilungen erlauben*.

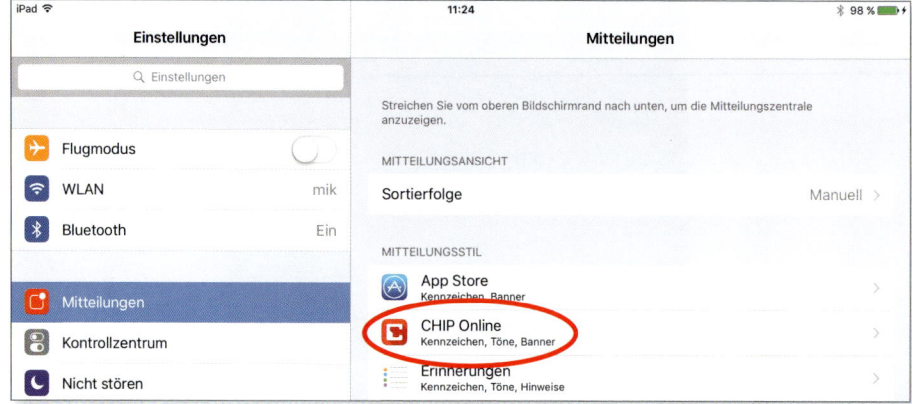

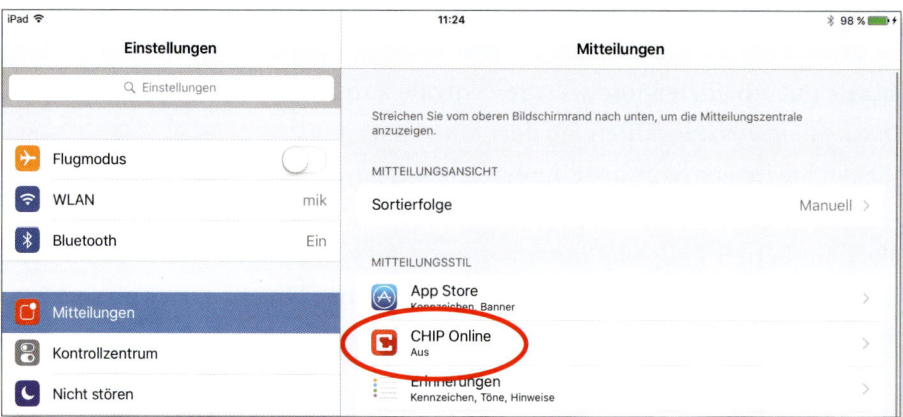

Eine App, die zunächst Mitteilungen senden darf, kann einfach deaktiviert werden. Das erkennen Sie dann an „Aus".

> **!** Während Sie im **Bearbeiten**-Modus sind, können Sie auch die Reihenfolge der Apps verändern, was für die Einstellung **Manuell sortieren** wichtig ist.

Die Art der Signale festlegen

Sie sehen unter jeder App bereits, dass manche von ihnen *Kennzeichen*, *Banner*, *Töne*, *Hinweise* oder Kombinationen daraus aktiviert haben. Diese Optionen ändern Sie, indem Sie auf eine der Apps tippen.

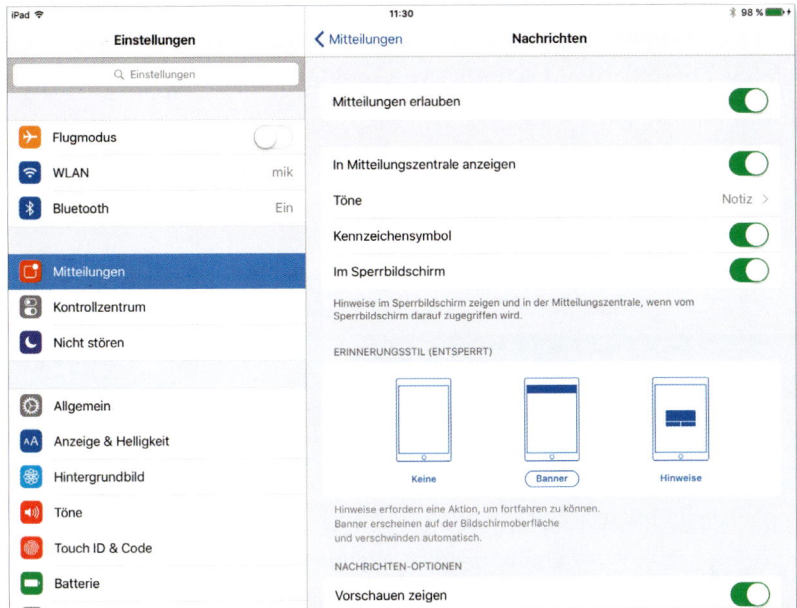

Legen Sie hier unter anderem fest, wie eine App auf sich aufmerksam machen darf.

- *Mitteilungen erlauben:* Ist dieser Schalter an, darf die App die Mitteilungs-zentrale nutzen. Deaktivieren Sie diesen Punkt, dann darf sich diese App nicht mehr bemerkbar machen, wenn sie neue Infos für Sie bereithält.
- *In Mitteilungszentrale anzeigen:* Geben Sie hier an, ob diese App die Zentra-le nutzen darf.
- *Töne:* Hier stellen Sie den Ton ein, den die App zur Benachrichtigung nut-zen darf, wenn das iPad nicht stumm geschaltet ist.
- *Kennzeichensymbol:* Diese Einstellung legt fest, ob eine App im Icon mit kleinen Zahlen über die Anzahl der Ereignisse informieren soll oder nicht. Der Unterschied sieht dann so aus:

Links ist das Kennzeichensymbol bei Mail aktiv, rechts deaktiviert.

- *Im Sperrbildschirm:* Möchten Sie über neue Ereignisse wie E-Mails oder verpasste Telefonanrufe sofort informiert werden, so lassen Sie die App den Sperrbildschirm nutzen. Dann sehen Sie die Meldung, sobald Sie Ihr iPad aus dem Ruhezustand holen.

- Der *Erinnerungsstil (entsperrt)* gibt an, in welcher Form (und damit auch welcher Dringlichkeit) sich die App meldet, wenn etwas Neues geschehen ist. Ein *Banner* wird für kurze Zeit am oberen Bildschirmrand angezeigt, verschwindet aber wieder von selbst. Ein *Hinweis* wird so lange angezeigt, bis Sie etwas damit machen.

Links sehen Sie einen Banner, der nach kurzer Zeit wieder verschwindet, rechts einen Hinweis, der eine Aktion erfordert.

> **!** Wenn Sie die Benachrichtigung per Banner wählen, verdeckt er einen Teil der iPad-Oberfläche, verschwindet aber nach kurzer Zeit von selbst. Wenn Ihnen das zu lange dauert, dann können Sie ihn auch nach oben wegschieben.

Sie haben bei einem Banner auch die Möglichkeit, die Benachrichtigung nach unten wegzuziehen. Dann erhalten Sie je nach Anwendung weitere Möglichkeiten. Bei einer E-Mail und einer Nachricht sieht das dann so aus:

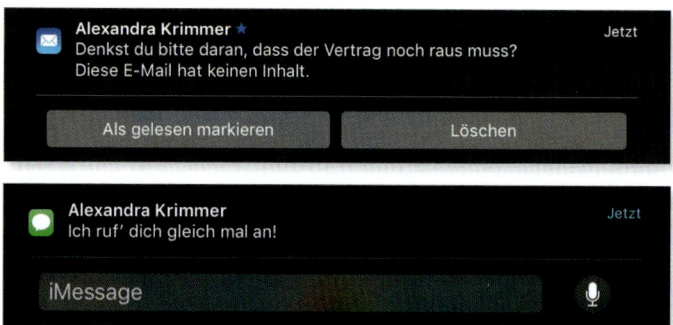

Bei einer E-Mail erhalten Sie die Punkte „Als gelesen markieren" und „Löschen". Eine Nachricht lässt sich dann auch direkt dort beantworten.

Auf Ereignisse im Sperrbildschirm reagieren

Hier ein Tipp, wenn Sie sich Ereignisse *Im Sperrbildschirm* zeigen lassen: Wischen Sie mit dem Finger nach rechts über eine der Mitteilungen, gelangen Sie direkt zur entsprechenden App, beispielsweise den *Nachrichten* oder dem *Telefon*. Wischen Sie dagegen nach links, erhalten Sie in iOS 9 weitere Möglichkeiten. So können Sie beispielsweise eine E-Mail als gelesen markieren, sie löschen oder über das *x* den Hinweis löschen. Vor iOS 8 mussten Sie dazu aus dem Sperrbildschirm in die App wechseln und die Aktion durchführen.

Links lässt sich die Mitteilung über einen verpassten Anruf direkt löschen, in der Mitte sehen Sie die Optionen bei einer E-Mail und rechts bei einem Termin aus dem Kalender.

Antworten aus anderen Apps heraus

Auch das ist möglich in iOS 9: Um beispielsweise auf eine iMessage zu antworten, müssen Sie nicht erst in die Nachrichten-App wechseln. Haben Sie die Benachrichtigung als Hinweis konfiguriert, erhalten Sie auch an anderer Stelle im System eine Benachrichtigung über die eingegangene Nachricht.

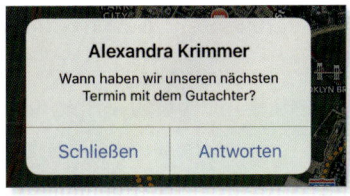 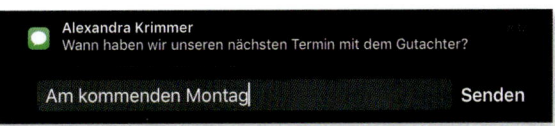

Dass Nachrichten in anderen Apps angezeigt werden, ist nicht neu. Dass Sie aber direkt in einer anderen App auf die Nachricht antworten können, das bietet iOS 9 neu an.

Klicken Sie auf *Schließen*, verschwindet der Hinweis und Sie können wieder nach dem Wetter sehen. Wenn Sie aber nun auf *Antworten* tippen, öffnet sich nicht wie bis iOS 7 und älter die Nachrichten-App. Sie können nun direkt in der Karten-App (oder einer anderen) antworten und ersparen sich den Wechsel der Anwendungen. Und selbst direkt im Sperrbildschirm können Sie reagieren und auf eine Nachricht antworten, indem Sie den Hinweis nach links verschieben und *Antworten* wählen.

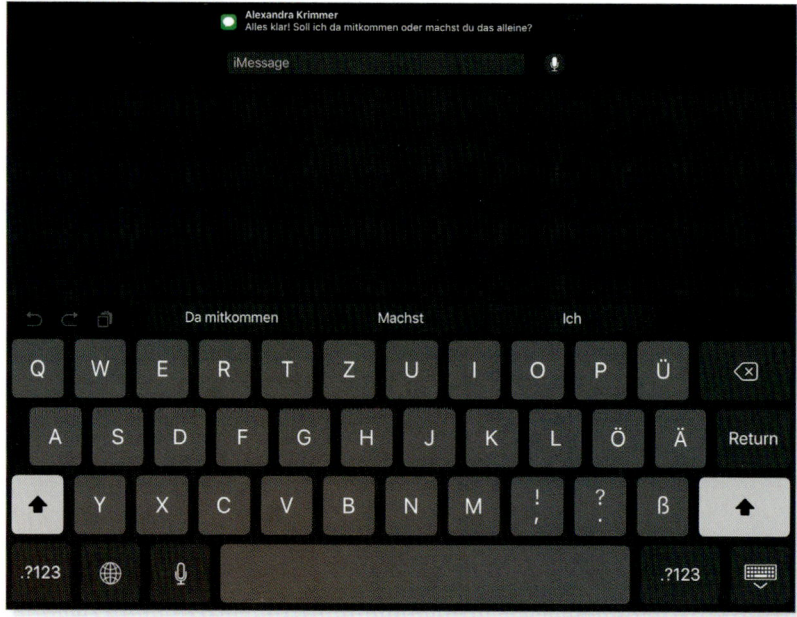

Sie können auf eine Nachricht auch direkt im Sperrbildschirm antworten.

Nicht stören

Dieser Punkt ermöglicht es Ihnen, mit nur einem Schalter alle potenziellen Störquellen des iPads zu deaktivieren. Dann bekommen Sie keine visuellen oder akustischen Mitteilungen über eingegangene Nachrichten, E-Mails oder FaceTime-Anrufe.

Sie können in den *Einstellungen –> Nicht stören* die Funktion *Manuell* oder *Planmäßig* aktivieren. *Manuell* bleibt dabei so lange aktiv, bis Sie sie wieder deaktivieren. Bei *Geplant* geht es bei *Von* los und hört bei *Bis* wieder auf. Das ist eine hervorragende Möglichkeit, beispielsweise die Nacht über Ruhe zu haben.

- *Anrufe zulassen:* In diesem Bereich legen Sie fest, welcher Benutzerkreis eine Ausnahme von dieser Regel erhält, was FaceTime-Anrufe und Nachrichten angeht. Aktivieren Sie hier entweder *Alle*, *Keine* oder eine der angegebenen *Gruppen*. Im ersten Fall dürfen alle anrufen, im zweiten Fall niemand und im dritten nur die, die Bestandteil der betreffenden Gruppe sind.

- *Wiederholte Anrufe*: Was aber, wenn es einen Notfall gibt und Sie jemand erreichen muss, es aber aufgrund der festgelegten Regeln nicht kann? Dann schalten Sie *Wiederholte Anrufe* an. Ruft Sie dann jemand von derselben Nummer innerhalb von drei Minuten zweimal an, so wird er durchgestellt.

- Und zuletzt noch eine abschließende Einstellung: Soll die Stummschaltung auch dann gelten, wenn Sie das iPad gerade im Gebrauch haben, dann aktivieren Sie *Immer*. Wenn Sie in diesem Fall so lange Infos bekommen möchten, bis Sie das Gerät wieder gesperrt weglegen, dann tippen Sie auf *Nur im Sperrzustand*.

 Sehr schnell aktivieren und deaktivieren Sie **Nicht stören** auch aus dem Kontrollzentrum heraus.

Das Kontrollzentrum

Eine in der Vergangenheit schmerzlich vermisste Funktion in iOS war das schnelle Aktivieren und Deaktivieren von Flugmodus, WLAN und Bluetooth. Bisher war es dazu erforderlich, dass der Anwender das iPad entsperrt, die Einstellungen aufruft und dann dort die entsprechende Funktion anklickt. Das war nicht dramatisch, aber wenn man beispielsweise im Auto vor und nach der Fahrt Bluetooth aktivieren und deaktivieren wollte, dann hat das auf Dauer schon genervt.

Das gehört der Vergangenheit an! Apple hat in iOS das Kontrollzentrum integriert und neben den erwähnten Funktionen auch gleich noch den schnellen Zugriff auf einige Apps ermöglicht.

Das Kontrollzentrum aufrufen und beenden

Sie rufen das Kontrollzentrum auf, indem Sie den Finger zwischen Touchscreen und Home-Taste legen und nach oben wischen. Daraufhin erscheint das Kontrollzentrum im unteren Bereich des Displays.

Haben Sie das iPad ins Querformat ausgerichtet, können Sie dort natürlich auch das Kontrollzentrum nach oben schieben. Dann befindet sich aber die Home-Taste natürlich nicht unten, sondern links oder rechts.

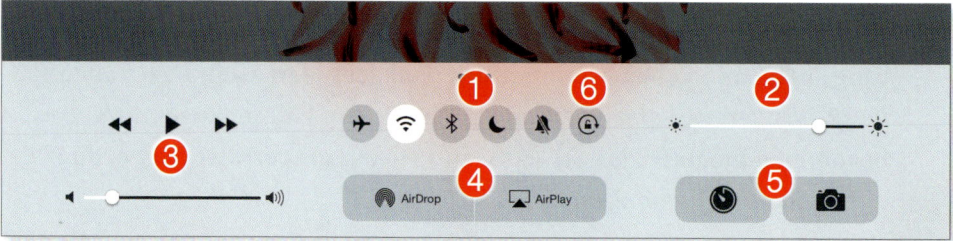

Das Kontrollzentrum schieben Sie immer von unten nach oben in den Sichtbereich des Displays hinein.

Sie schließen das Kontrollzentrum auf dieselbe Art, wie Sie es auch öffnen: Greifen Sie es oben am Pfeilsymbol über dem Bluetooth-Symbol und schieben Sie es nach unten weg.

Das Kontrollzentrum ist dabei in mehrere Bereiche eingeteilt: In der Mitte ❶ finden Sie die An- und Ausschalter für (von links nach rechts) den *Flugmodus*, *WLAN*, *Bluetooth*, *Nicht stören* und die *Rotationssperre* bzw. beim iPad Pro, iPad Air 2 und iPad mini 4 *Ton aus* und *Rotationssperre*. Was die einzelnen Punkte bewirken, zeigen wir gleich im Anschluss.

Im Bereich rechts oben ❷ können Sie die Displayhelligkeit anpassen. Schieben Sie den Regler nach links, um das Display zu dimmen. Nach rechts erhöhen Sie die Helligkeit.

Der Bereich ❸ betrifft den iPod im iPad. Wenn Sie Musik oder ein Hörbuch hören, können Sie hier ganz schnell auf *Pause* oder *Start* tippen, in der Zeitleiste manövrieren oder die Lautstärke anpassen.

AirDrop und *AirPlay* ❹ sind Technologien, die drahtlos Dateien oder Musik bzw. Videos an andere Geräte senden. Diese beiden Funktionen beschreiben wir in Kapitel 8 noch ausführlich.

Für AirDrop ist es erforderlich, dass Sie ein aktuelles iPad oder iPhone haben. Sollte Ihr Gerät AirDrop nicht unterstützt, dann sehen Sie nur AirPlay.

Rechts ❺ gibt es dann noch zwei Abkürzungen zu häufig genutzten Apps: *Uhr* und *Kamera*. Auf diese Apps gehen wir in Kapitel 7 noch genauer ein.

Flugmodus

Wie der Name schon sagt, ist der Flugmodus eine sehr sinnvolle Funktion, wenn man gerade in einem Flugzeug sitzt. Während man ein Telefon und ein Tablet mit aktivierter Datenverbindung dort meist nicht verwenden kann, darf man die anderen Funktionen des iPads in der Regel nutzen. Im Flugmodus deaktiviert das iPad alle Funktionen, die Funk benutzen, wie z. B. WLAN, Bluetooth und GPS.

An dem kleinen Flugzeugsymbol in der Statusleiste erkennen Sie, dass der Flugmodus aktiv ist.

WLAN

Im Kontrollzentrum lässt sich die WLAN-Funktion sehr einfach ein- und ausschalten. Verbunden wird aber auf Anhieb nur mit bereits bekannten WLAN-Hotspots.

Bluetooth

Wenn Sie Ihr iPad bereits mit einem Bluetooth-Gerät gekoppelt haben, können Sie im Kontrollzentrum die Verbindung dadurch herstellen, dass Sie Bluetooth aktivieren. Das spart beispielsweise bei einer Freisprecheinrichtung im Auto viel Zeit, weil man nicht immer erst in das entsprechende Menü in den *Einstellungen* gehen muss.

Nicht stören

Schalten Sie am Abend Ihr iPad ab oder versetzen Sie es in den Flugmodus, damit Sie nachts nicht gestört werden? Gerade Anwender, die ihr iPad als Wecker benutzen, folgen jeden Abend diesem Ritual. Am Morgen wird dann der Flugmodus wieder deaktiviert.

Wenn Sie *Nicht stören* aktivieren, empfängt Ihr iPad auch nachts E-Mails und andere Dinge wie beispielsweise iMessage-Nachrichten. Sie werden darüber aber erst informiert, wenn Sie das Gerät aus dem Ruhezustand holen.

Ist die „Nicht stören"-Funktion aktiviert, finden Sie ein kleines Mondsymbol in der Statusleiste.

Rotationssperre

Sie können das iPad fast immer auch im Querformat verwenden. Kippen Sie dazu das Gerät nach links oder rechts. Das ist beispielsweise dann sinnvoll, wenn Sie ein Video ansehen, das im Breitbildformat abgespielt wird. Möchten Sie diesen Automatismus unterbinden, so sollten Sie die Rotationssperre ❻ aktivieren.

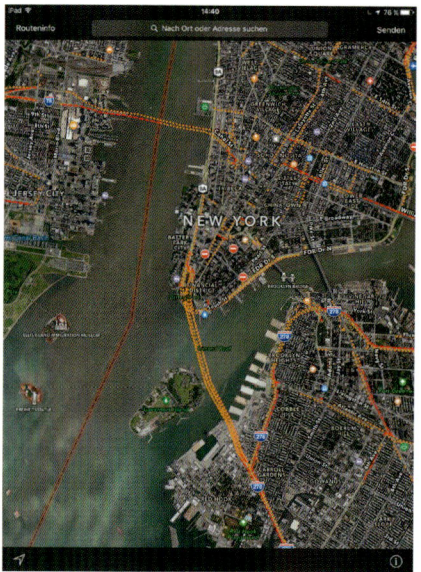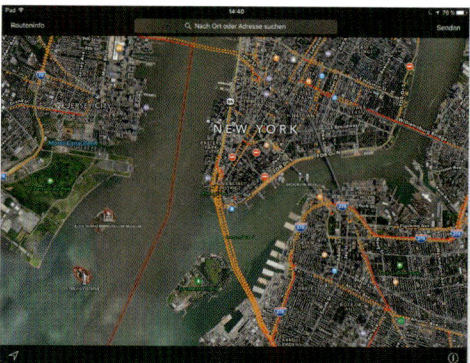

Ihr iPad unterstützt neben dem Hoch- auch das Querformat, hier in der „Karten"-App.

Kontrollzentrum anpassen

Was das Kontrollzentrum macht, wie es aussieht und wie es funktioniert, das haben Sie soeben erfahren. Sollten Sie aber auf das Problem stoßen, dass wie von Geisterhand immer ein Fenster von unten nach oben in den Sichtbereich rutscht, obwohl Sie das überhaupt nicht möchten, ist eventuell das Kontrollzentrum daran schuld.

Häufig passiert es, wenn man beispielsweise in einem Spiel von unten nach oben wischen will, dass dann nicht die gewünschte Funktion des Spiels aktiviert wird, sondern jener ungewollte Bildschirm.

Tritt dieses Phänomen bei Ihnen auf, dann deaktivieren Sie einmal testweise das Kontrollzentrum. Starten Sie dazu die *Einstellungen* und tippen Sie auf *Kontrollzentrum*. Hier haben Sie zwei Möglichkeiten:

- *Zugriff im Sperrbildschirm:* Legen Sie hier fest, ob das Kontrollzentrum bereits im Sperrbildschirm verfügbar ist, noch bevor Sie die Displaysperre gelöst haben

Ob das Kontrollzentrum im Sperrbildschirm verfügbar ist, erkennen Sie bereits am Vorhandensein oder Fehlen des kleinen Striches in der Mitte am unteren Bildschirmrand.

- *Zugriff von Apps aus:* Hier geben Sie an, ob das Kontrollzentrum innerhalb von Apps zu erreichen sein soll. Deaktivieren Sie diese Option, sollte sich das Problem mit Ihrem Spiel in Wohlgefallen auflösen.

Das iPad mit Spotlight durchsuchen

Auch wenn sich zu Beginn die Daten auf Ihrem iPad in Grenzen halten: Mit der Zeit sammelt sich eine Vielzahl von Apps, E-Mails, Notizen, Kontakten und anderem mehr auf Ihrem Tablet an. Wer gut und strukturiert sortieren kann, ist da im Vorteil. Aber ein sehr schneller Weg, um etwas zu finden, ist die *Spotlight*-Suche des iPads.

Sie erreichen die Suche, indem Sie einen beliebigen Home-Bildschirm nach unten wegschieben.

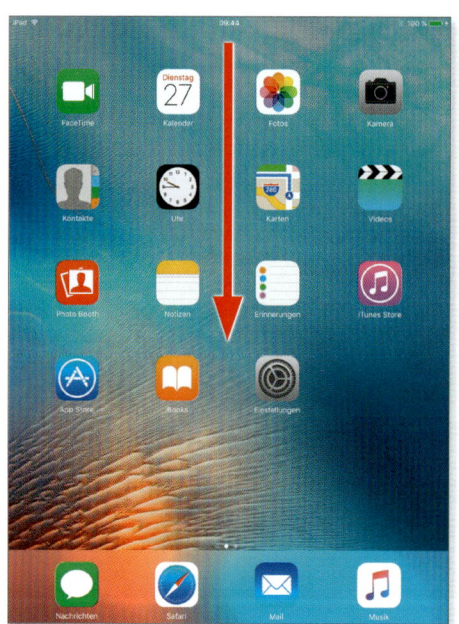 

Wenn Sie einen Home-Bildschirm nach unten wegschieben, erscheint ganz oben die Suchmaske, in die Sie einen Suchbegriff eingeben können.

Neben dem Eingabefenster von Spotlight – in das Sie den gesuchten Begriff eintippen können – erhalten Sie auch noch „Siri-App-Vorschläge" Ihrer zuletzt genutzten Apps. Das ist eine gute Ergänzung zum Multitasking-Bildschirm, weil Sie hier die Apps finden, die Sie kürzlich gestartet und vielleicht auch schon wieder beendet haben. Um eine dieser Apps zu starten, tippen Sie auf das Icon.

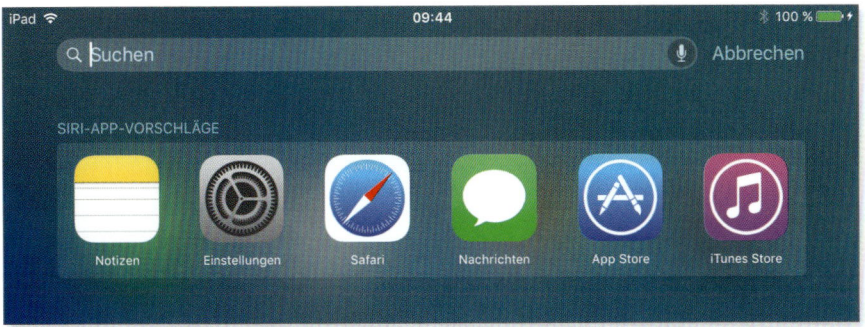

Im „Spotlight"-Fenster schlägt Siri auch die zuletzt benutzten Apps zum erneuten Start vor.

 Tipp: Sie können auf Wunsch die Siri-Vorschläge auch ein- oder wieder ausschalten. Die entsprechende Option finden Sie in den **Einstellungen –> Allgemein –> Spotlight-Suche**. Hier gibt es den Schalter **Siri-Vorschläge**.

Um eine Suche zu starten, geben Sie den gesuchten Begriff ein. Beim ersten Zeichen sind die Treffer noch sehr umfangreich und ungenau. Aber mit jedem weiteren Zeichen grenzt iOS 9 die Treffer weiter ein und gibt genauere Ergebnisse aus. Das geht theoretisch so weiter, bis am Ende nur noch ein Treffer da ist oder nichts mehr gefunden wird.

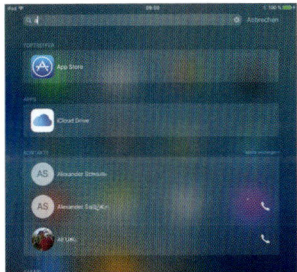 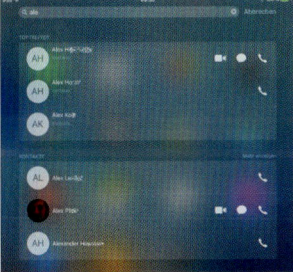 

Je mehr Zeichen Sie eingeben, desto genauer wird das Ergebnis.

 Sobald Sie als Treffer einen Ihrer Kontakte angezeigt bekommen, können Sie mit nur einem Tippen gleich Kontakt aufnehmen. Sie erhalten je nach hinterlegten Kontaktinfos direkt in der Trefferliste Schaltflächen für FaceTime, Nachrichten und Telefon.

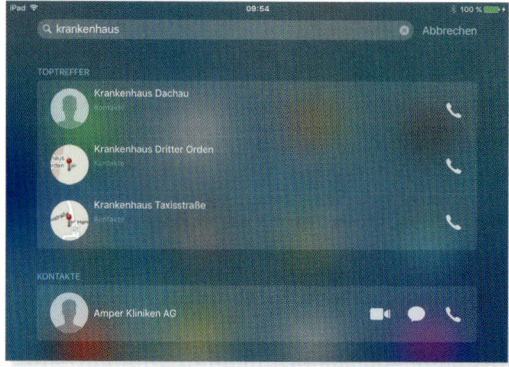

Tippen Sie auf eine der Schaltflächen, um direkt Kontakt per FaceTime, Nachrichten oder Telefon aufzunehmen.

Spotlight auch wieder links

Wer das iPad schon länger im Einsatz hat, der kennt Spotlight noch links vom ersten Home-Bildschirm. Und in iOS 9 kehrt Spotlight zusätzlich auch wieder an diesen Ort zurück. Wenn Sie also den ersten Home-Bildschirm nach rechts wegschieben, gelangen Sie zu diesem Suchfenster:

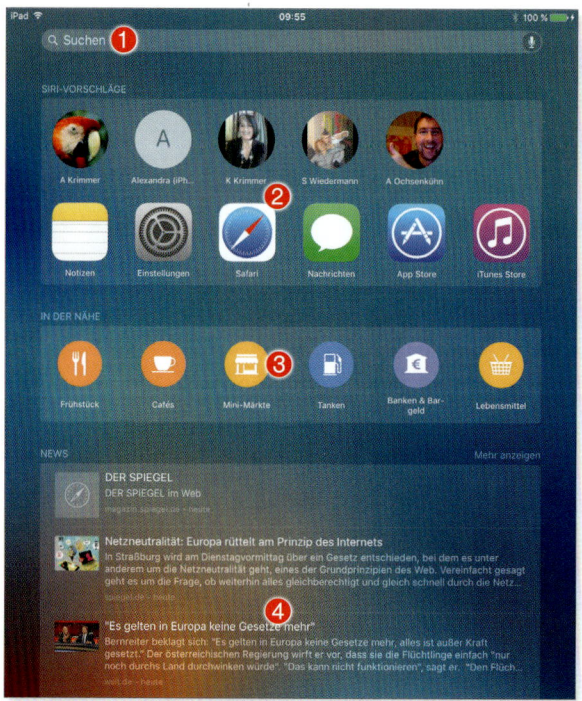

Spotlight gibt es in einer erweiterten Version zusätzlich auch links vom ersten Home-Bildschirm.

Die Suchmaske ganz oben ❶ kennen Sie bereits. Auch die Siri-Vorschläge ❷. Hier werden die Apps noch durch Ihre wichtigsten Kontakte ergänzt. Gleich danach gibt es interessante Orte „In der Nähe" ❸.

Die „In der Nähe"-Rubriken werden beim Antippen an die „Karten"-App übergeben. Die sucht dann nach der gewünschten Rubrik.

Und ganz unten finden Sie auch noch *News* ❹ für den schnellen Überblick.

 Wenn Sie auf **Mehr anzeigen** tippen, bekommen Sie für den entsprechenden Infotyp wie Siri-Vorschläge, Mails etc. weitere Treffer angezeigt. **Weniger anzeigen** reduziert die Liste dann auch wieder.

Mit Spotlight per Sprache suchen

Neu in iOS 9 ist auch die Möglichkeit, Spotlight per Sprache zu steuern und so ganz ohne Texteingabe über die Tastatur zu suchen. Tippen Sie dazu auf das Mikrofonsymbol, das Sie rechts neben der Eingabemaske finden, und sprechen Sie den Suchbegriff (oder mehrere) ein.

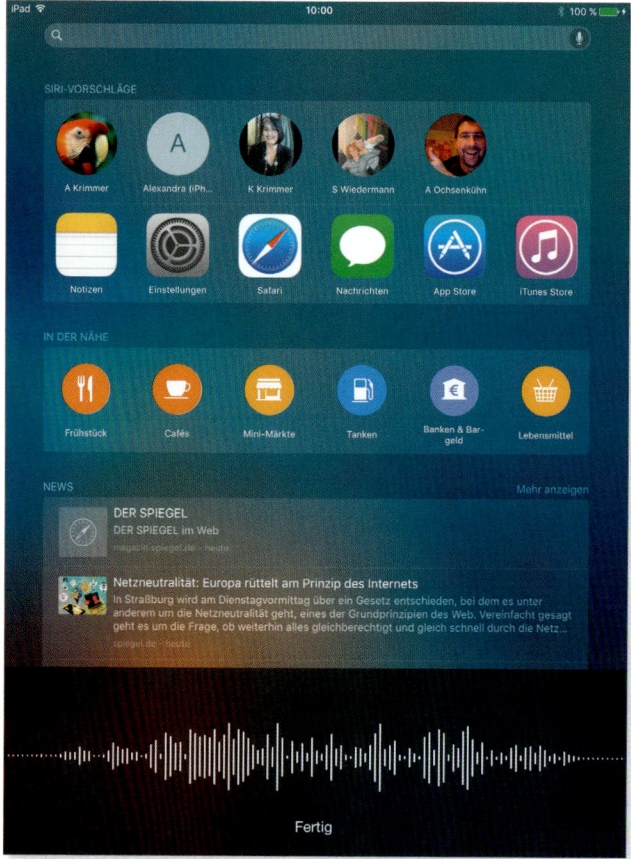

Dass Spotlight Ihnen zuhört, das erkennen Sie an den Balken ganz unten.

Mit Spotlight den Umkreis durchsuchen

Spotlight durchsucht längst nicht mehr nur die Inhalte Ihres iPads nach pas-senden Treffern. So können Sie damit auch interessante und wichtige Orte im Umkreis durchsuchen. Das ist insbesondere dann interessant, wenn es einmal schnell gehen muss.

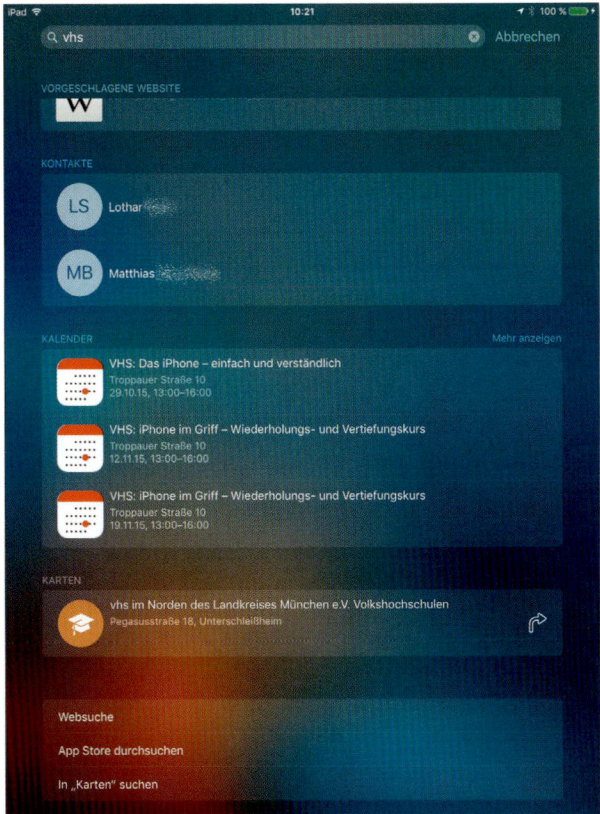

Auch wenn es einmal eilt, kann Spotlight schnell weiterhelfen.

Hier werden Ihnen alle Kontakte angezeigt, die mit dem Suchbegriff „vhs" in Verbindung stehen. Aber Sie bekommen auch einen Karten-Treffer angezeigt, der Ihnen mit nur einem Tipp den Weg dorthin weist.

Aber natürlich kann man diese Funktion beispielsweise auch zur Suche nach „griechisches Restaurant" oder einem „flughafen" nutzen.

Mit Spotlight (Um-)rechnen

Spotlight kann auf die Schnelle so manche App für Rechnen und Umrechnen ersetzen. Für anspruchsvollere Fälle mag eine App besser geeignet sein. Wenn es aber einfach ist und schnell gehen soll, ist Spotlight top!

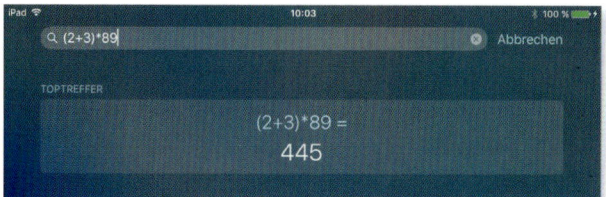

Einfachere Rechenaufgaben erledigt Spotlight direkt.

Oder wenn Sie wissen möchten, die lang die Diagonale Ihres Tablet-Displays in Zentimetern ist. Die wird ja in der Regel in Zoll angegeben.

Sie können statt „9,7"" auch „9,7 Zoll" schreiben. Das Ergebnis bleibt gleich.

Und noch ein letztes Beispiel, um Ihnen eine Idee zugeben, was Sie noch alles ausprobieren können:

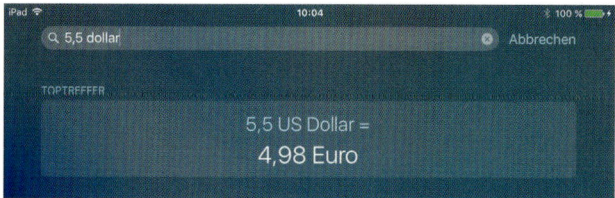

Auch das geht: mal schnell den Kurs des US-Dollars in Euro umrechnen.

Mit Spotlight Apps durchsuchen

Kann eine App Infos liefern, die zu Ihrer Suche passen, so wird Ihnen die Anwendung in den Treffern angezeigt. Wie in unserem Beispiel öffnet sich nach einem Tippen auf den Eintrag die App.

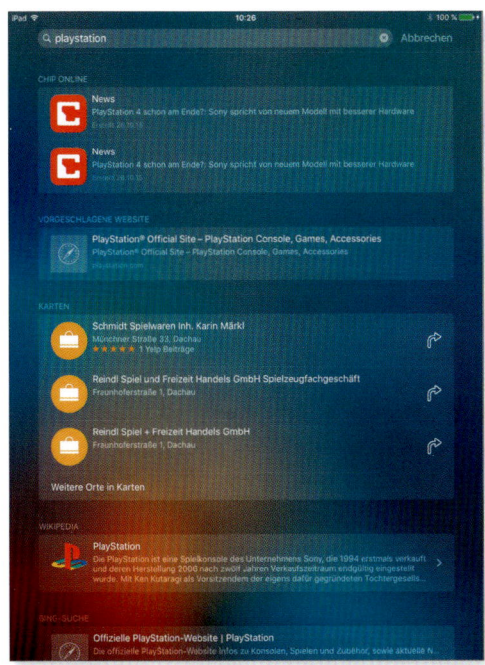

Sobald Sie auf den Treffer in der Liste tippen, öffnet sich die App wie hier „Chip Online".

Wo Spotlight sucht

Spotlight sucht am iPad nach so gut wie allen vorhandenen Informationen: Apps, Kontakte, Musik, Podcasts, Videos, Hörbücher, Notizen, Ereignisse, Mails, Sprachmemos, Erinnerungen und Nachrichten.

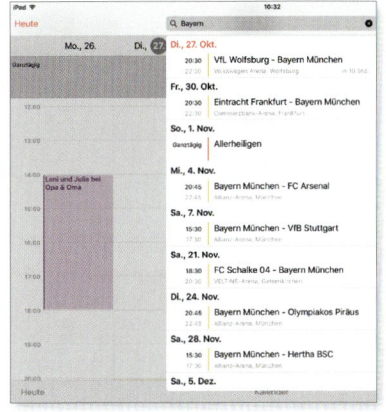
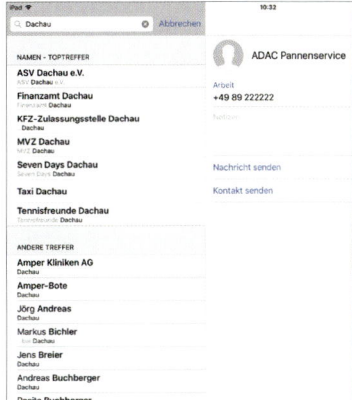

Die Spotlight-Suche kann in vielen Apps direkt aufgerufen werden. Dazu einfach den Bildschirm nach unten schieben und den Suchbegriff eingeben. Bei der Suche innerhalb einer App werden auch nur dessen Fundstellen berücksichtigt.

Dabei beschränkt sich Spotlight aber nicht nur auf den Betreff in Mails oder den Titel einer Notiz. Bei den Kontakten werden auch alle Felder durchsucht, nicht nur der Name – Spotlight bietet eine Volltextsuche. Das ist in der Praxis sehr hilfreich. Und noch ein guter Aspekt: Es gibt keine merkbaren Verzögerungen bei der Suche. Es ist immer so, als hätte Spotlight bereits alles vorbereitet und müsste es nur noch anzeigen.

Tipps zur Spotlight-Suche

Sie können festlegen, in welchen Bereichen Spotlight suchen soll. Rufen Sie dazu *Einstellungen –> Allgemein –> Spotlight-Suche* auf und aktivieren bzw. deaktivieren Sie die entsprechenden Elemente mit Hilfe der Schaltflächen rechts.

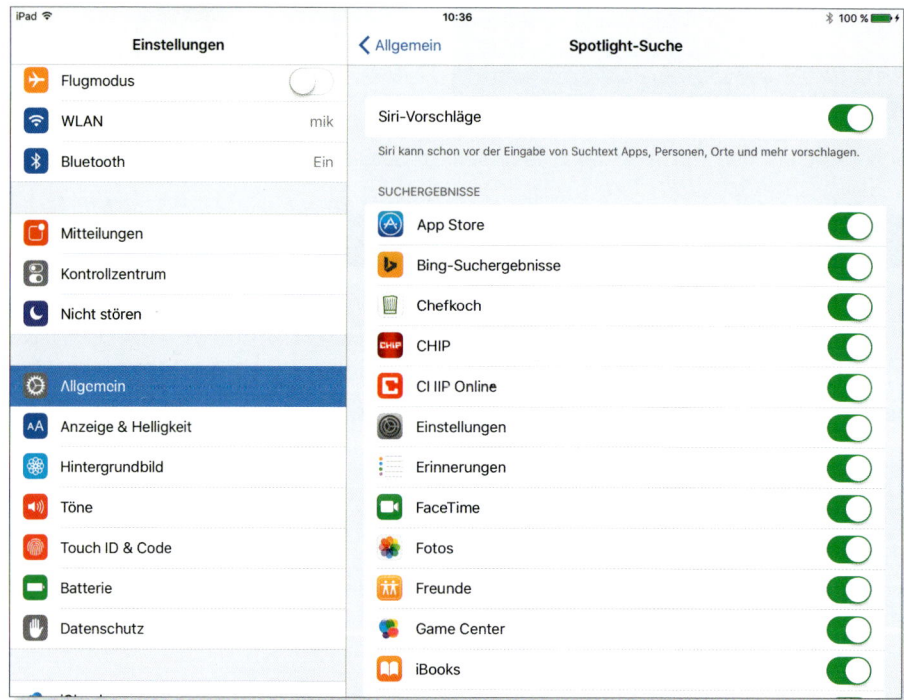

Legen Sie hier fest, nach welchen Inhalten Spotlight suchen soll.

Wie Sie anhand des Bildschirmfotos sehen, kann Spotlight bei einer Suche im Home-Bildschirm direkt im Web, im App Store oder in der Karten-App nach Fundstellen suchen.

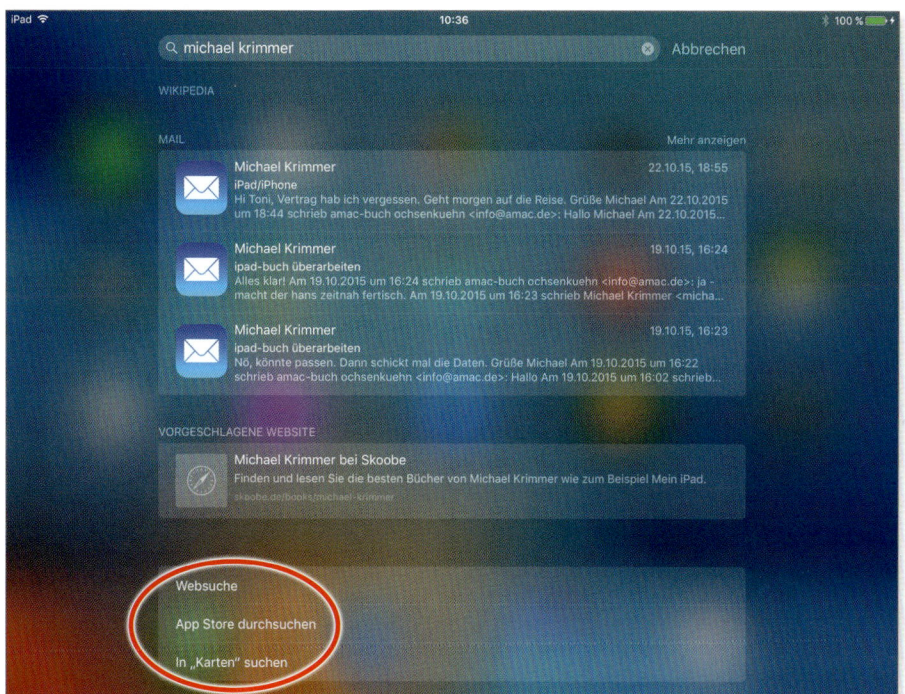

Die Suche im Web bzw. in Wikipedia ist direkt in Spotlight eingebaut. Unter Umständen müssen Sie an das untere Ende der Liste scrollen, um die beiden Einträge zu sehen.

Zwischenablage

Das iPad ist eigentlich ein Computer. Ja, und wenn das iPad ein Computer ist, dann muss es wie ein regulärer Computer auch über eine Zwischenablage verfügen, so dass man programmübergreifend Informationen austauschen kann. Und genau die gibt es auch.

Starten Sie beispielsweise das Programm *Safari*. Dort finden Sie eine Information, die Sie nun im Rahmen einer E-Mail weiterverwenden möchten. Sobald Sie mit dem Finger auf eine Textstelle tippen und zirka zwei Sekunden draufhalten, haben Sie die Möglichkeit, eine Textmarkierung mit angrenzenden blauen Linien und blauen Anfassern zu erzeugen. Tun Sie das und ziehen Sie so einen Rahmen auf, in dem sich der zu markierende Text befindet.

Ein Text wurde markiert, und das iPad schlägt die Funktion „Kopieren" vor.

Verwenden Sie diese Funktion, um den Text in die Zwischenablage zu befördern. Wechseln Sie nun z. B. zu *Mail* oder auch zu *Notizen*, tippen Sie mit dem Finger etwa eine Sekunde auf die gewünschte Bildschirmstelle und verwenden Sie die Funktion *Einsetzen*, um den Inhalt der Zwischenablage an der Cursorposition einzufügen.

Via „Einsetzen" wird der Inhalt der Zwischenablage an der aktuellen Cursorposition eingefügt.

So einfach funktioniert das! Eben genau so, wie Sie das von einem Computer gewohnt sind. Je nach Programm hat die Zwischenablage etwas unterschiedliche Funktionen.

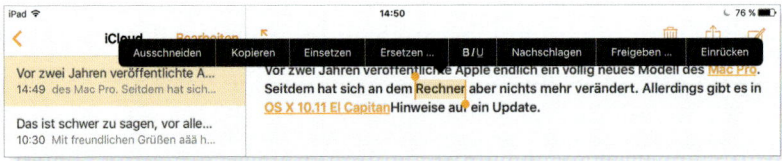

Die Zwischenablage im Programm „Notizen" im Einsatz. Ein Doppeltipp mit dem Finger markiert nur ein einzelnes Wort.

Sie sehen hier das Programm *Notizen*. Dort gibt es nicht nur die Eigenschaft *Kopieren*, sondern auch die Eigenschaft *Ausschneiden*. Beides Funktionen, die den Inhalt in die Zwischenablage befördern.

Und so, wie Sie es vom Computer her kennen, funktioniert das auch am iPad. Sie können sogar eine Kombination aus Text und Bild über die Zwischenablage von einer Anwendung in eine andere übertragen.

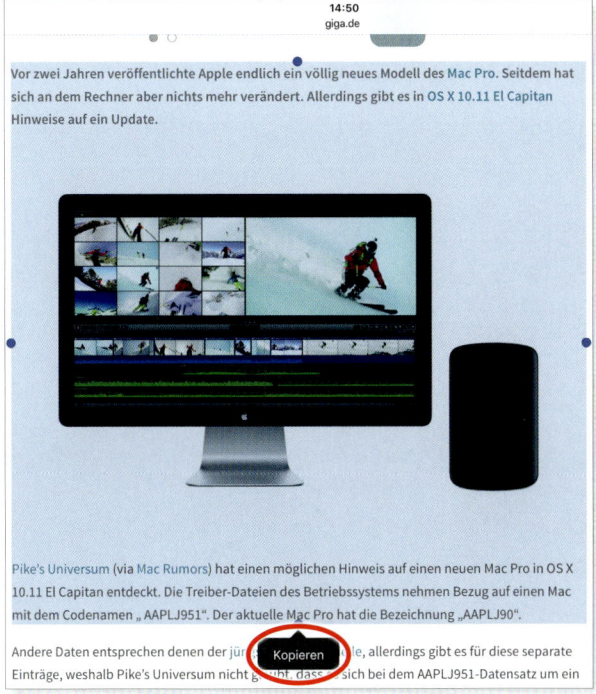

Im Programm „Safari" wurde eine Kombination aus Text und Bild markiert.

Über das *Kopieren* wird auch dieser Inhalt in die Zwischenablage befördert. Im Programm *Mail* z. B. kann dieser Inhalt in eine neue E-Mail eingebaut werden.

 Und genauso wie die Zwischenablage im Computer ist auch die Zwischenablage im iPad mit nur einem Inhalt befüllbar. Das heißt, sobald Sie via **Kopieren** einen neuen Inhalt in die Zwischenablage befördern, wird der vorherige Inhalt ohne Rückfrage automatisch überschrieben.

Rückgängigmachen

Wenn das iPad sich schon nahezu wie ein Computer anfühlt, dann muss es auch die Funktion des Rückgängigmachens enthalten.

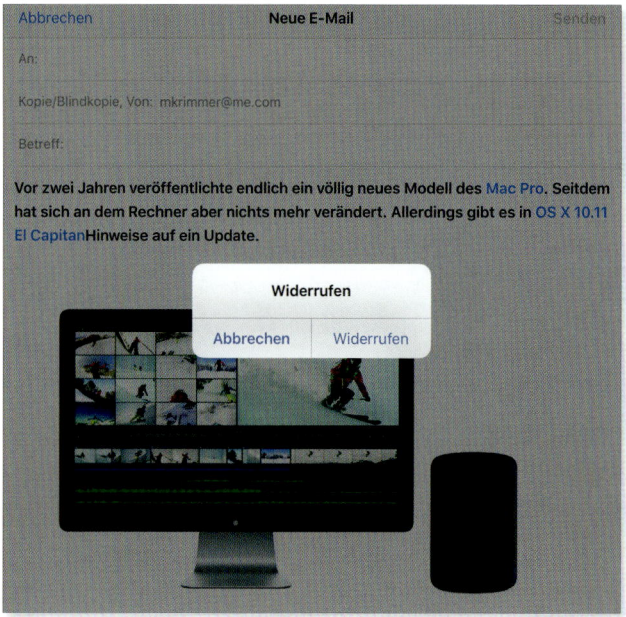

Durch Schütteln des iPads nach links und nach rechts öffnen Sie die „Widerrufen"-Funktion.

Sie schütteln das iPad und können so den letzten Arbeitsschritt widerrufen. In diesem Fall wurde ein Wort gelöscht, das nach Tippen auf *Widerrufen* wieder eingefügt wird.

 Die meisten Programme im iPad erlauben nur das Rückgängigmachen des letzten Schritts. Es gibt aber auch Apps, wie **Keynote**, **Pages** und **Numbers** von Apple, die es gestatten, mehrere Schritte rückgängig zu machen bzw. diese auch wiederherzustellen.

 Sie können diese Funktion in den Einstellungen aktivieren oder deaktivieren. Rufen Sie dazu **Einstellungen –> Allgemein –> Bedienungshilfen** auf und schalten Sie den Punkt **Zum Widerrufen schütteln** an oder aus.

Für die Kleinen: Einschränkungen und geführter Zugriff

Einschränkungen

In vielen Familien ist das iPad bei den Kleinen begehrter als bei den Erwachsenen. Und damit die Kleinen nicht Funktionen verwenden, die den Erwachsenen vorbehalten sind, hat Apple hier vorgesorgt und Einschränkungen integriert. Sie finden die Einstellungen diesbezüglich in *Einstellungen –> Allgemein –> Einschränkungen*. Damit die Einschränkungen wirksam werden, müssen Sie zunächst via *Einschränkungen aktivieren* einen Code hinterlegen, den Sie selbstverständlich Ihren Sprösslingen nicht weitergeben sollten.

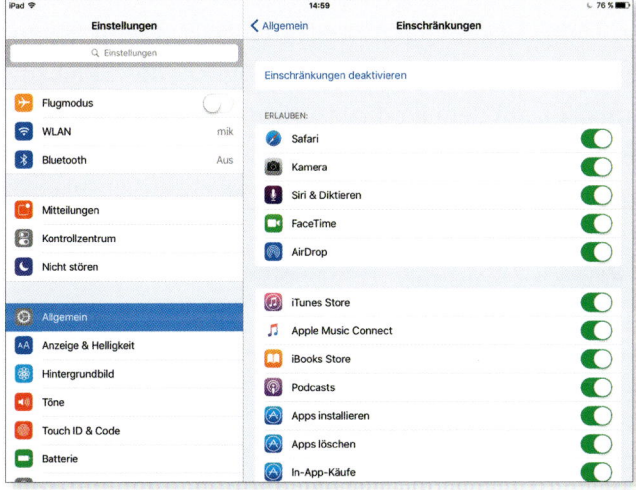

Entscheiden Sie über die diversen Schiebeschalter, welche Programme bzw. welche Funktionen nicht ausgeführt werden dürfen.

Wenn Sie anschließend zum Home-Bildschirm zurückkehren, werden Sie feststellen, dass alle Programme, die Sie nicht erlaubt haben, von den Screens verschwunden sind und somit nicht aufgerufen werden können.

 Besonders oft wird übrigens die Eigenschaft **In-App-Käufe** deaktiviert. Damit wird unterbunden, dass Ihre Sprösslinge in einem Game sukzessive weitere Werkzeuge/Spiellevels etc. dazu erwerben können.

Weitere vielfältige Einstellungen finden Sie in den Bereichen *Zulässiger Inhalt*, *Datenschutz*, *Änderungen zulassen* und *Game Center*.

Bedienungshilfen

Geführter Zugriff

Anders vom Ansatz her funktioniert die Eigenschaft *Geführter Zugriff*. Via *Geführter Zugriff* können Sie ein Programm in den Vordergrund bringen und durch einen Code absichern, so dass dieses Programm nicht mehr verlassen werden kann. Darüber hinaus können Sie definieren, ob bestimmte Bereiche innerhalb eines Programms aktiviert bzw. nicht aktiviert werden dürfen.

Beispiel: Stellen Sie sich vor, Sie haben für Ihre Kleinen ein Spiel gekauft, doch dieses Spiel verfügt über die leidige Möglichkeit sogenannter In-App-Käufe, also über Nachkäufe weiterer Spiellevel oder Spielfunktionen. Das möchten Sie nicht. Sie möchten, dass Ihr Sprössling das Spiel bedient, aber ansonsten keinen Schabernack treibt. Dann ist die Eigenschaft *Geführter Zugriff* genau richtig, denn damit ist es auch Ihrem Nachwuchs nicht möglich, das Spiel zu verlassen, um eine andere Funktion auf dem iPad auszuführen. Um diese Funktion zu aktivieren, gehen Sie zu *Einstellungen –> Allgemein –> Bedienungshilfen*, dort finden Sie im Bereich *Lernen* den Eintrag *Geführter Zugriff*.

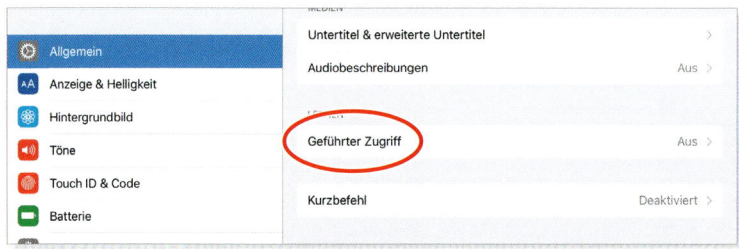

Der Punkt „Geführter Zugriff" befindet sich in den Bedienungshilfen und wird durch dreimaliges Antippen der Home-Taste gestartet.

Beim iPad Pro, iPad Air 2 und beim iPad mini 3/4 kann der „Geführte Zugriff" über die Touch ID beendet werden („Bedienungshilfen –> Geführter Zugriff –> Codeeinstellungen").

Wenn Sie den *Geführten Zugriff* aktivieren wollen, sollten Sie gleich einen Code festlegen (*Codeeinstellungen –> Code für geführten Zugriff festlegen*). Dieser ist wiederum zweimal einzutragen. Starten Sie dann das Programm, das Ihre Sprösslinge aufrufen dürfen.

Durch dreimaliges Drücken der Home-Taste startet der „Geführte Zugriff".

Sie können auch innerhalb einer App Bereiche aufziehen, die nicht angetippt werden dürfen. Am Beispiel des Bildschirmfotos sehen Sie Bereiche, die zum Spielen von weiteren Inhalten vorgesehen sind. Via *Starten* läuft dann die App wie gewohnt, nur sind bestimmte Bereiche nicht verfügbar, und auch das Verlassen der App ist nicht möglich. Denn nur durch dreifaches Drücken der Home-Taste und der Eingabe des Codes kann man diese App wieder verlassen und den geführten Zugriff beenden.

Sie haben aber im Bereich ganz unten die Möglichkeit, die Verwendung von Tasten zu deaktivieren (*Hardwaretasten*) und auch das Tippen und Wischen unwirksam zu machen (*Berührung* aus). Dann kann beispielsweise ein Film angesehen werden, Stopp, Pause, Vorlauf, Lauter, Leiser etc. sind jedoch nicht möglich, ebenso das Beenden der App. Der Punkt *Zugriffszeit* ermöglicht es Ihnen, den Zugriff nur bis zum Ablauf der festgelegten Zeit (z. B. *1 Stunde*) zu erlauben.

AssistiveTouch

Die Funktion *AssistiveTouch* ist ebenfalls in den *Bedienungshilfen* zu finden. Damit können einige häufig verwendete Funktionen wie Siri, Kontrollzentrum, Bildschirmdrehung, Lautstärke etc. ganz einfach aufgerufen werden.

Das Menü kann natürlich Ihren Bedürfnissen angepasst werden (*Hauptmenü anpassen*). Und weiterhin können Sie auch neue und weitere Gesten definieren (*Neue Geste erstellen*).

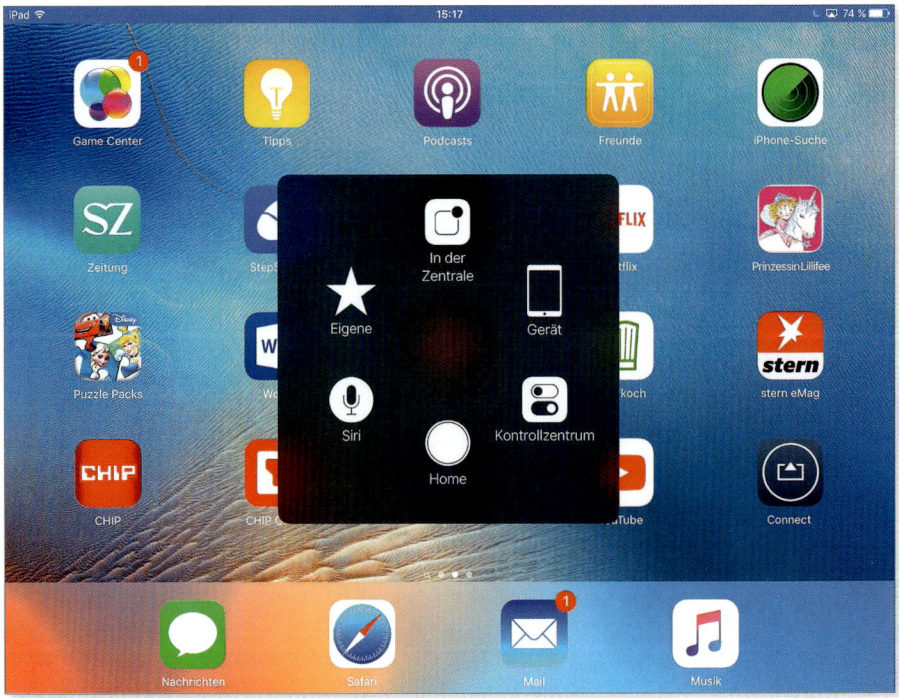

Via „AssistiveTouch" können einige wichtige Funktionen clever erreicht werden.

Um AssistiveTouch auf dem iPad starten zu können, ist es eine gute Idee, dies per Kurzbefehl zu definieren. Gehe Sie also zu *Einstellungen –> Allgemein –> Bedienungshilfen –> Kurzbefehl* und wählen *AssistiveTouch* aus.

Über das Dreifachklicken auf die Home-Taste wird ab sofort AssisitveTouch gestartet.

Weitere nützliche Funktionen

Außer den bereits genannten Funktionen können Sie in den *Bedienungshilfen* unter anderem noch das aktivieren:

- *VoiceOver* liest Ihnen Bildschirmobjekte vor. Rufen Sie den Punkt auf, um die Funktion ein- oder auszuschalten und festzulegen, welche Elemente vorgelesen werden sollen und wie schnell.
- *Zoom* vergrößert den gesamten Bildschirm. Ist der Zoom aktiviert, können Sie mit drei Fingern auf das Display tippen, um die Vergrößerung zu aktivieren. Ebenfalls mit drei Fingern erreichen Sie die durch die Vergrößerung die in den nicht sichtbaren Bereich gewanderten Bereiche.
- *Farben umkehren* ist eine Art Negativ der Anzeige. Aus Schwarz wird Weiß, aus Grün Pink. Blaue Elemente werden orange.

Sie können sich eine Auswahl an Text auch per Sprachausgabe vorlesen lassen. Auswahl bedeutet, dass Sie einen Text markieren und im daraufhin erscheinenden Menü die Option *Sprechen* erscheint.

Das iPad kann Ihnen markierten Text auch vorlesen, wenn Sie „Auswahl vorlesen" in den Bedienungshilfen aktiviert haben.

Sollten Sie die Funktion *Sprechen* nicht erhalten, so schalten Sie die Funktion *Sprachausgabe* ein. Aktivieren Sie dazu *Auswahl sprechen*. Dort gibt es noch weitere dazu passende Einstellungen. Die Option *Auto-Text sprechen* bezieht sich auf die Auto-Korrektur und die Auto-Großschreibung. Einmal aktiviert, werden diese Elemente beim Tippen vorgelesen.

Bildschirminhalt sprechen sorgt dafür, dass alle Elemente, die auf dem Bildschirm zu sehen sind, vorgelesen werden. Dazu gehören beispielsweise auch Menüeinträge der Einstellungen. Ist die Einstellung aktiviert, starten Sie die Funktion dadurch, dass Sie mit zwei Fingern von oben in das Display hineinstreichen.

Die Sprachausgabe der Bildschirminhalte lässt sich pausieren, langsamer oder schneller machen und vor- und zurückspulen.

Apple-ID

Bevor Sie beginnen, in den diversen Stores bei Apple online einzukaufen, sollten Sie die notwendigen Grundeinstellungen vornehmen. Gehen Sie diesbezüglich zu *Einstellungen –> iTunes & App Stores* und prüfen Sie, ob dort eine Apple-ID hinterlegt ist.

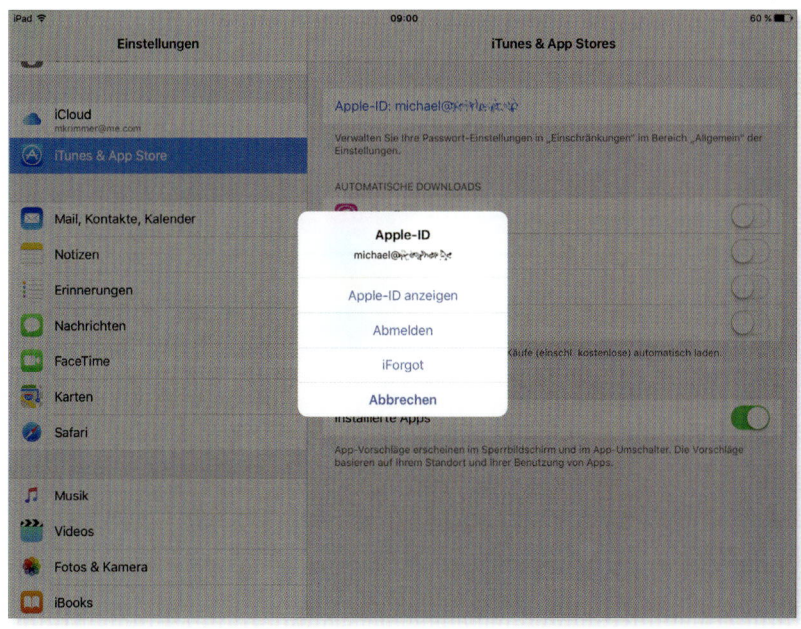

Eine Apple-ID ist Bedingung für den Einkauf in den diversen Stores.

Jeder Einkauf in einem der Apple Stores (App Store, iTunes Store, iBooks Store etc.) wird mit einer Apple-ID verknüpft. Deshalb sollten Sie stets dieselbe Apple-ID verwenden. Dies ist besonders wichtig, wenn Sie mehrere tragbare Apple-Geräte besitzen, wie z. B. ein iPhone und ein iPad. Ist auf beiden Geräten dieselbe Apple-ID hinterlegt, können Sie Ihre Einkäufe auf dem anderen Gerät problemfrei laden und die App sofort verwenden.

Aber noch einmal kurz zurück zu den *Einstellungen*. Es könnte durchaus vorkommen, dass Sie Ihr Passwort vergessen. Tippen Sie dann, wie auf dem Screenshot zu sehen, auf Ihre Apple-ID (ganz oben in Blau gehalten) und verwenden Sie den Eintrag *iForgot*. Damit können Sie ein neues Kennwort vergeben. Und wie Sie anhand des Bildschirmfotos auch sehen, können Sie die aktuelle Apple-ID abmelden und sich unter einer anderen Apple-ID anmelden.

> Jeder Einkauf wird einer Apple-ID zugeordnet, das hatten wir bereits erwähnt. Wichtig zu wissen ist: Wenn Sie über mehrere Apple-IDs verfügen, gibt es derzeit keine Möglichkeit, die Einkäufe von einer zu einer anderen Apple-ID zu übernehmen.

Eine Apple-ID ist immer an ein Land gekoppelt. Es ist also nicht möglich, mit einer deutschen Apple-ID im US-amerikanischen Store einzukaufen. Das schließt auch Gratis-Angebote mit ein. Sie haben allerdings die Möglichkeit, mehrere Apple-IDs zu benutzen. Dann können Sie – eine US-Adresse und US-Kreditkarte vorausgesetzt – in beiden Stores einkaufen.

Die jeweils gewünschten Anmeldeinformationen geben Sie in den *Einstellungen* im Bereich *iTunes & App Store* ein.

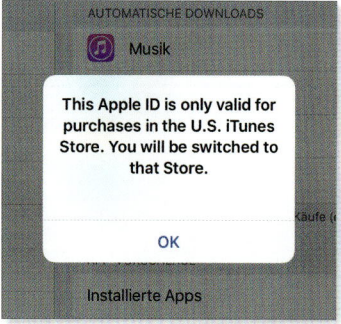 

Eine US-Apple-ID ist auch nur für Einkäufe in den US-Shops geeignet, die deutsche dagegen nur für die deutschen Stores.

Eine Apple-ID erstellen

Sofern Sie noch keine Apple-ID haben und im iPad auch noch keine eingetragen hatten, ist die sehr schnell angelegt. Sie können den Vorgang in den *Einstellungen –> iTunes & App Store* beginnen. Tippen Sie dort auf *Neue Apple-ID erstellen*.

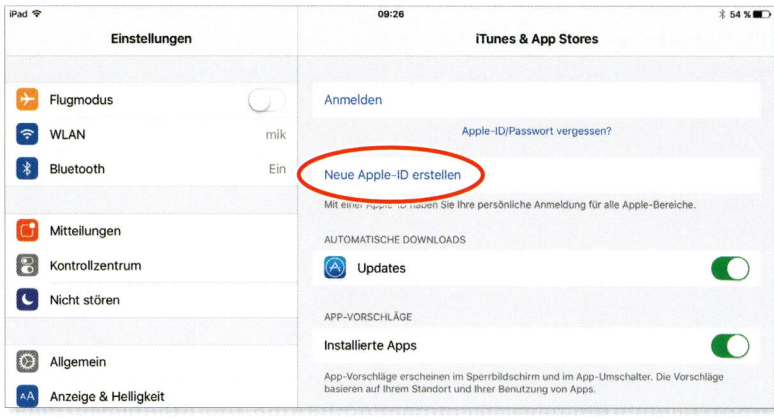

Dort, wo Sie die bestehende Apple-ID eintragen, können Sie auch eine neue anlegen.

Geben Sie dann im ersten Schritt den Store an, in dem Sie einkaufen möchten. Vorzugsweise sollten Sie hier *Deutschland* wählen, damit Sie deutsche Apps, deutsche Bücher und andere lokal interessante Artikel kaufen und in Euro bezahlen können. Tippen Sie dann auf *Weiter*.

Danach folgen 49 Seiten (Stand: November 2015) *Geschäftsbedingungen und Datenschutzrichtlinien* von Apple, die Sie lesen oder *Per E-Mail senden* können. Scrollen Sie ganz nach unten, um zu den weiteren Seiten zu gelangen oder die Bedingungen zu *Akzeptieren*. Das müssen Sie zweimal tun, bevor es weitergeht.

Im nächsten Schritt geben Sie eine *E-Mail*-Adresse an, die dann zugleich Ihre neue Apple-ID wird. Auch ist die Vergabe eines Kennworts nötig, das Sie einmal bestätigen müssen. Geben Sie an dieser Stelle auch gleich einige Sicherheitsfragen mit dazu passenden Antworten an. Und Sie haben auch die Möglichkeit, eine optionale E-Mail-Adresse anzugeben. Das alles kann Ihnen dabei helfen, wieder Zugang zu Ihrer Apple-ID zu bekommen, wenn Sie einmal das Kennwort vergessen haben.

Passwort	••••••••••••
Passwort	••••••••••••

Passwörter müssen aus mindestens 8 Zeichen bestehen und müssen eine Zahl, einen Groß- und einen Kleinbuchstaben enthalten. Verwenden Sie weder Leerzeichen noch das gleiche Zeichen drei Mal hintereinander. Geben Sie nicht Ihre Apple-ID oder ein Passwort ein, das Sie während des vergangenen Jahres verwendet haben.

Bei der Vergabe eines Kennworts müssen Sie sich an einige Regeln halten, sonst wird es nicht akzeptiert.

Geben Sie dann noch Ihr Geburtsdatum an. Möchten Sie über Neuigkeiten im iTunes Store informiert werden oder Neuigkeiten, Sonderangebote und Infos von Apple bekommen, legen Sie die betreffenden Schalter um. Sie können auf diese Werbung verzichten, indem Sie die beiden Möglichkeiten ausgeschaltet lassen. Tippen Sie auf *Weiter*.

Nun geben Sie noch die Rechnungsdaten an. Dazu gehören eine *Zahlungsmethode*, Ihre *Rechnungsadresse* sowie eine *Telefonnummer*.

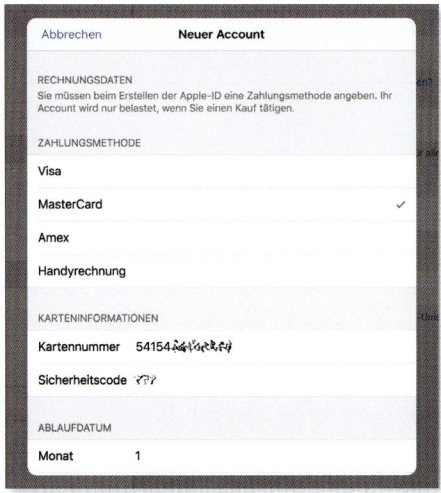

Bei der Wahl der Zahlungsmethode haben Sie neben diversen Kreditkarten auch die Möglichkeit, einen Gutschein oder eine iTunes-Karte einzulösen.

Damit ist der Vorgang beendet. Sie erhalten noch eine Bestätigungs-E-Mail mit einem Link, den Sie anklicken müssen, um die Anmeldung abzuschließen. Tippen Sie am iPad auf *Fertig*, um wieder zu den Einstellungen zu gelangen.

Zuletzt bestätigen Sie den Link in der E-Mail, um Ihre Apple-ID zu erstellen.

So, damit sind die Einstellungen getätigt, und wir können uns der Reihe nach die verschiedenen Stores und ihre Einsatzbereiche ansehen.

App Store

Das App-Store-Icon ist bereits direkt auf Ihrem Home-Bildschirm angebracht. Durch Antippen des Icons startet das dazugehörige Programm, und Sie bekommen eine ganze Fülle von Apps präsentiert.

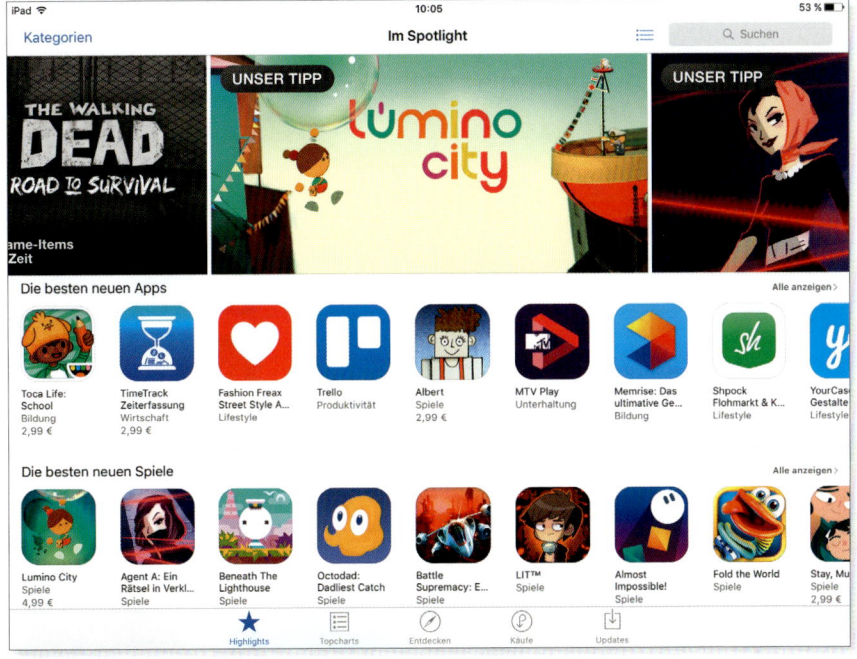

So präsentiert sich der App Store.

Sie können nun horizontal oder vertikal navigieren, um die Angebote des App Store zu durchforsten. Sie haben sicher bereits im oberen Bereich des Fensters den Begriff *Kategorien* gesehen. Dort können Sie Apps sortiert nach Rubriken wie *Kinder*, *Spiele* oder *Bildung* sortieren.

 Im Juni 2015 befanden sich über 1,5 Mio. Apps im App Store. Dabei sind etwa 500.000 speziell für das iPad gedacht und die anderen für die Verwendung auf dem iPhone programmiert, laufen aber auf dem iPad genauso, allerdings in geringerer Auflösung.

Weiterhin sehen Sie im unteren Bereich des App-Store-Fensters die *Highlights*, *Topcharts* und auch die Einträge *Entdecken*, *Käufe* und *Updates*.

> **!** Eine pfiffige Sache im App Store sind die Apps, die Sie unter **Entdecken** finden. Dort bestimmt das iPad über die Ortungsdienste Ihren aktuellen Standort und gibt Ihnen die Apps aus, die an diesem Ort besonders beliebt sind. Ein Beispiel könnte ein Reiseführer sein, der am Flughafen oder Bahnhof der Stadt besonders oft geladen wurde. Damit Sie diese Funktion nutzen können, muss bei **Einstellungen** –> **Datenschutz** –> **Ortungsdienste** die Option **App Store** aktiviert sein.

Wollen wir uns einige Details etwas genauer ansehen. Klicken Sie beispielsweise auf *Topcharts*, bekommen Sie eine mehrspaltige Darstellung, in der Sie die meistgekauften, die meistgeladenen und die umsatzstärksten Apps in einer Übersicht sehen.

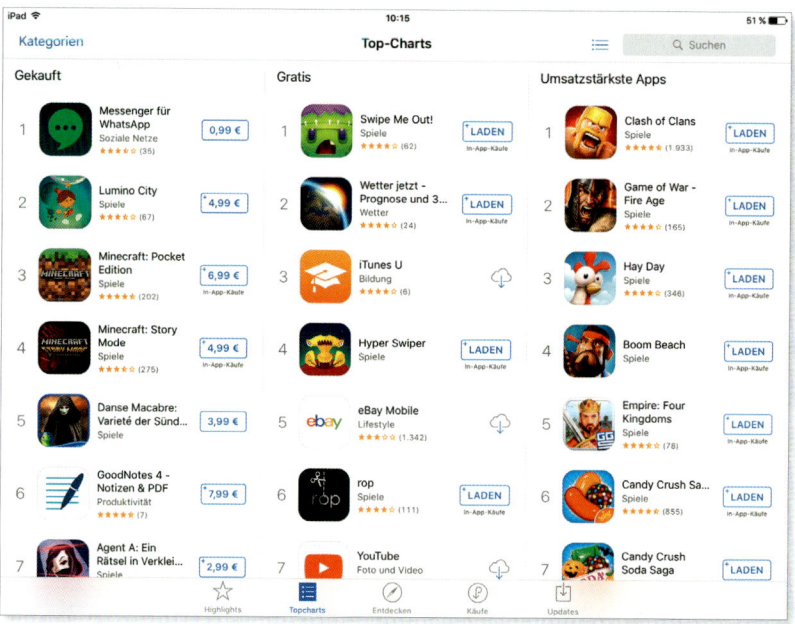

Die Charts geben einen guten Überblick über die aktuellen Topseller.

Apps installieren

Sofern Sie noch nie eine App geladen und installiert haben, sollten Sie den Vorgang anhand einer Gratis-App einmal ausprobieren. Tippen Sie dazu auf den Begriff *Laden*. Und sogleich wird aus dem Begriff *Laden* der Begriff *Installieren*. Klicken Sie erneut darauf und geben Sie, falls abgefragt, Ihr Apple-ID-Kennwort ein. Und schon beginnt der Download Ihrer App. Je nach Größe der App und der Internetverbindung (WLAN oder 3G/LTE) kann es ein wenig dauern, bis sie auf Ihrem iPad angekommen ist.

Ist die App größer als 100 MB, muss der Download über WLAN erfolgen und kann nicht über das 3G-Netzwerk stattfinden.

Nach Abschluss des Downloads finden Sie auf Ihrem Home-Bildschirm das Icon der heruntergeladenen App. Sie sehen also, das Herunterladen und Installieren eines neuen Programms auf Ihrem iPad ist sehr, sehr einfach. Hätten Sie im Gegensatz zu einer Gratis-App eine kostenpflichtige App geladen, so wäre auch dies problemlos vonstattengegangen, denn im Regelfall haben Sie Ihrer -Apple-ID ja eine Zahlungsmethode zugeordnet (beispielsweise eine Kreditkarte). Die Zahlungsmethode können Sie überprüfen bzw. ändern, wenn Sie über die *Einstellungen* zu *iTunes & App Store* gehen, auf die *Apple-ID* tippen und dort den Eintrag *Apple-ID anzeigen* wählen. Tippen Sie anschließend auf *Zahlungsmethode* und geben Sie dort die notwendigen Informationen ein.

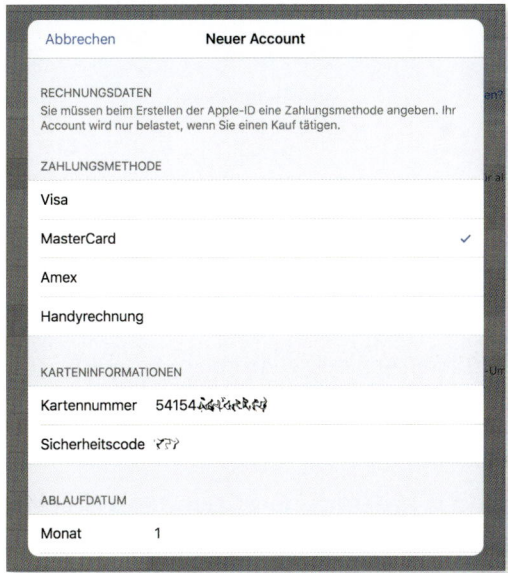

Einer Apple-ID kann eine Zahlungsmethode, wie z. B. eine Kreditkarte, direkt zugeordnet werden, was den Einkauf in den Stores erleichtert.

Gutscheincode einlösen

Bevorzugen Sie hingegen das Einlösen von Gutscheincodes, die Sie ja mittlerweile in Supermärkten, Tankstellen etc. erwerben können, so bewerkstelligen Sie dies über das Programm *App Store*. Starten Sie dieses, wählen Sie die *Highlights* aus und scrollen Sie ganz nach unten, um auf den Begriff *Einlösen* zu tippen und dort Ihren Gutscheincode zu hinterlegen.

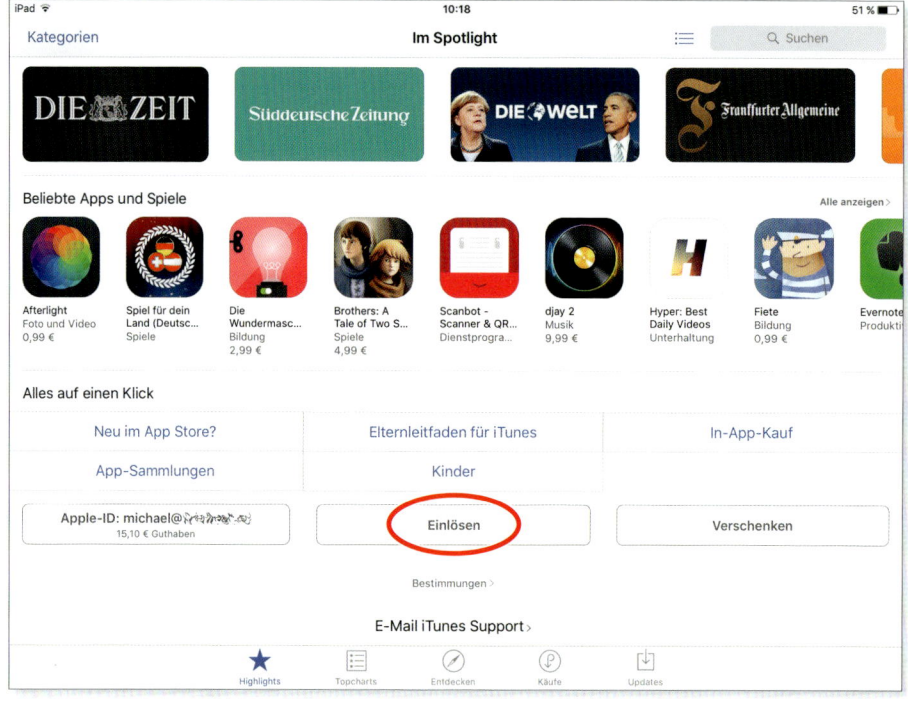

Via „Einlösen" können Sie die Gutscheine Ihrem Konto hinzufügen.

Jeder Kauf, den Sie nun tätigen, wird mit diesem Gutschein verrechnet.

> **!** Der Gutschein ist Ihrer Apple-ID zugeordnet. Das heißt, er ist neben Apps auch für Bücher, Musik, Filme etc. einsetzbar.

> **!** Wenn Sie es mit dem Kauf eines iTunes-Gutscheins nicht eilig haben, dann lohnt es sich, die Angebote von Discounter, Tankstellen etc. im Auge zu behalten. Es gibt alle paar Tage Angebote, bei denen Sie bis zu 20% sparen können. Dann kostet eine 50 Euro-Gutscheinkarte nur 40 Euro und Sie sparen bei jedem App-Kauf bares Geld.

Apps erneut laden

Kommen wir noch einmal zurück zum Stöbern im *App Store*. Dort finden Sie den Punkt *Käufe* in der Menüleiste. Dort bringen sich alle Apps ein, die Sie unter Ihrer Apple-ID auf eines Ihrer Geräte (iPhone, iPad etc.) geladen haben.

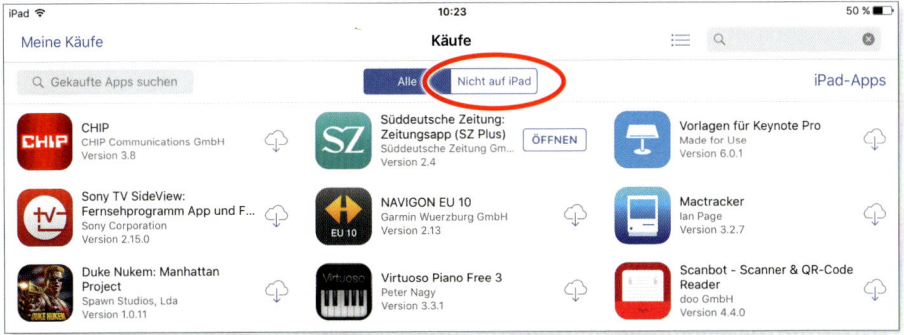

Gekaufte Artikel befinden sich alle in der iCloud.

Und Sie sehen, dass all die geladenen Apps rechts daneben ein kleines Wolkensymbol zeigen. Das bedeutet, die Apps sind für Sie unter Ihrer Apple-ID bei Apple in der iCloud abgelegt worden und können jederzeit erneut ohne Kennwortabfrage geladen werden.

> **!** Benötigen Sie eine der angezeigten Apps künftig nicht mehr, so können Sie sie ausblenden. Wischen Sie dazu den Eintrag nach links weg und Sie erhalten die entsprechende Taste. Um diese erneut sehen zu können, benötigen Sie iTunes am Computer. Dort gehen Sie zu **Store –> Account anzeigen** und wählen den Eintrag **Ausgeblendete gekaufte Artikel**.

Blenden Sie Apps aus, damit Sie sie künftig nicht mehr angezeigt bekommen.

133

Sicher haben Sie im oberen Teil des Fensters den Button *Nicht auf diesem iPad* schon gesehen. Dort erhalten Sie eine Liste von allen Programmen, die sich derzeit nicht auf Ihrem iPad befinden, aber bereits mit Ihrer Apple-ID bezogen wurden.

 Wir haben vorhin ja schon geschrieben, dass von den etwa 1,5 Mio. Apps circa ein Drittel für das iPad entwickelt wurde. Die restlichen sind auf das iPhone zugeschnitten. Wenn Sie rechts oben auf den Begriff **iPad-Apps** tippen, sehen Sie diese Unterscheidung.

In der Cloud von Apple sammeln sich alle Apps, die entweder auf dem iPad oder auf dem iPhone mit Ihrer Apple-ID installiert wurden.

Wenn Sie Apps in diesem umfangreichen Store ausfindig machen möchten, können Sie selbstverständlich rechts oben die *Suchen*-Funktion verwenden. *Gekaufte Apps suchen* durchsucht dagegen nur die Liste der bereits mit Ihrer Apple-ID verbundenen Apps.

Und vergessen Sie nicht, durch die Installation der Apps bekommen Sie immer mehr Icons auf Ihren Home-Bildschirm, die Sie durch das Erstellen von Ordnern sinnvoll zusammenfassen sollten, um Ihre Apps schneller finden zu können. Erinnern Sie sich dabei auch an **Siri** sowie an **Spotlight**, die beiden schnellsten Möglichkeiten, um Apps rasch starten zu können.

App-Updates

Und zu guter Letzt werden diese Programme bisweilen aktualisiert. Es ist dazu nicht notwendig, immer wieder auf das App-Store-Icon zu tippen und bei Updates nach Neuerungen zu suchen. Sobald Updates verfügbar sind, wird das Icon des

Programms *App Store* dies mit einer Ziffer auch anzeigen. Diese Ziffer sagt aus, wie viele Apps derzeit in einer neuen Version vorliegen. Durch Antippen des *App Store*-Buttons und des Eintrags *Updates* werden diese auf Ihr Gerät heruntergeladen. Damit haben Sie die Kontrolle darüber, welche Updates installiert werden.

Das App-Store-Icon zeigt verfügbare Updates für vorhandene Apps an.

Falls Sie das manuelle Updaten der Apps zu aufwendig finden, bietet Ihnen iOS seit Version 7 auch die automatische Installation von App-Updates. Dazu müssen Sie in den *Einstellungen* bei *iTunes & App Store* im Bereich *Automatische Downloads* die Funktion *Updates* einschalten. Damit werden App-Updates automatisch im Hintergrund heruntergeladen und installiert.

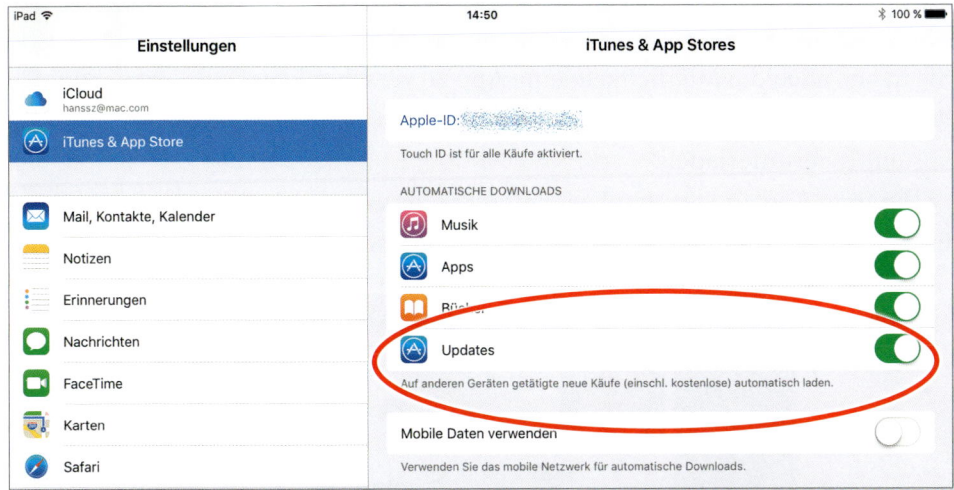

Updates für Apps können automatisch geladen und installiert werden.

Jede Update-Installation wird natürlich dokumentiert und ist kurzfristig in der Mitteilungszentrale aufgelistet. Eine genaue Übersicht finden Sie im *App Store* bei *Updates*. Dort sind die installierten Updates nach Datum sortiert. Zudem finden Sie rechts oben eine Suchfunktion.

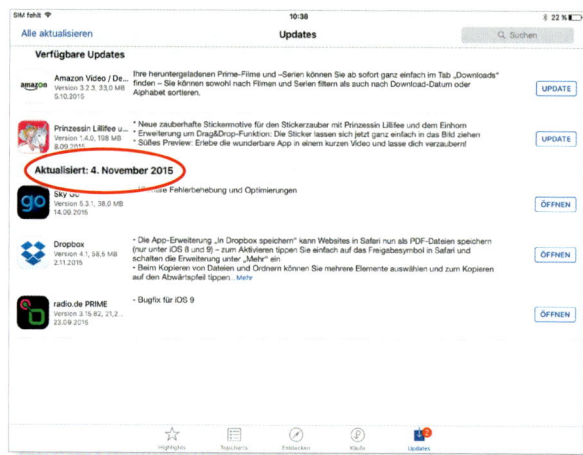

Die Installation der Updates wird im „App Store" dokumentiert.

Aktualisierte Apps erkennen Sie an einem kleinen blauen Punkt neben dem App-Namen.

Apps verschenken

Sie haben auch die Möglichkeit, eine App zu verschenken. Dann entrichten Sie den Kaufpreis, und der Beschenkte erhält eine Nachricht und kann die App kostenlos herunterladen.

Um eine App zu verschenken, rufen Sie die entsprechende Anwendung auf und tippen auf das Symbol rechts oben.

Tippen Sie auf das Symbol rechts oben und dann auf „Geschenk", um eine App zu verschenken.

Im nächsten Schritt geben Sie an, wer die App bekommen soll. Hier ist auch Platz für eine kurze Nachricht mit maximal 200 Zeichen. Handelt es sich um ein Geburtstagsgeschenk, das erst später zu einem bestimmten Datum „ausgeliefert" werden soll, wählen Sie das Datum ganz unten im Bereich *Verschenken* aus. Tippen Sie anschließend auf *Weiter*.

Kostenfreie Apps von Apple

Mit iOS 7 hat Apple eine Reihe wichtiger Apps kostenfrei fürs iPad verfügbar gemacht. Zum einen sind das die iWork-Apps *Numbers*, *Pages* und *Keynote* sowie *iMovie* und *Fotos*. Diese können Sie bequem über den App Store gratis herunterladen. Verwenden Sie dazu die Suchfunktion, um diese Apps rasch ausfindig zu machen.

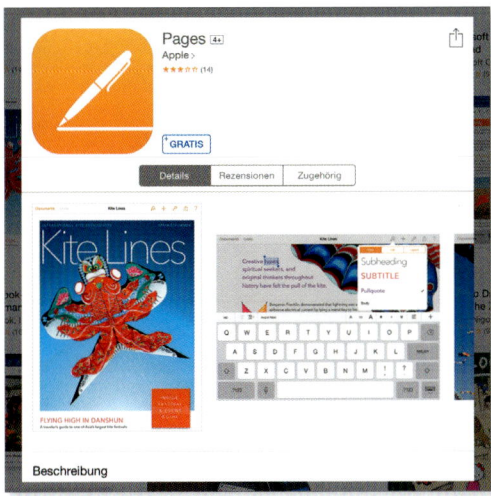

Eine Reihe hochwertiger Apple-Apps fürs iPad bietet Apple gänzlich gratis an.

Hintergrundaktualisierung und Mobile Daten verwenden

Viele Apps, die Sie über den App Store erwerben, können im Hintergrund ihre Informationen aktualisieren. Dazu muss das iPad eine Verbindung zum Internet haben. Dies kann per WLAN oder mobil geschehen. Eine Übersicht über alle Apps, die sich selbstständig mit Daten versorgen können, finden Sie unter *Einstellungen –> Allgemein –> Hintergrundaktualisierung*.

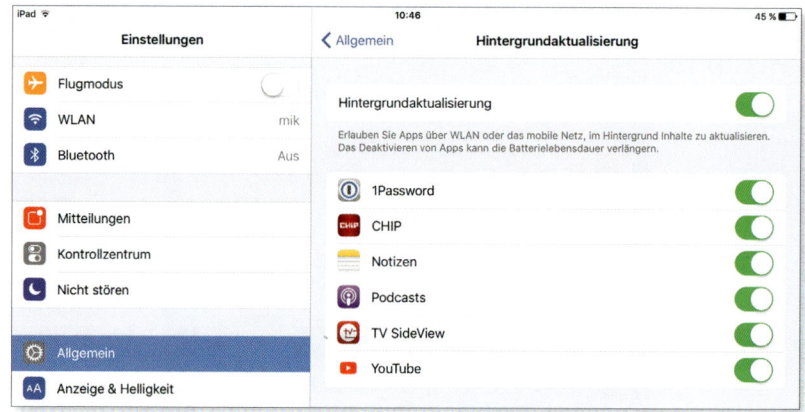

Viele Apps können sich im Hintergrund mit neuen Informationen versorgen.

Klar, dass die Hintergrundaktualisierung auf Kosten der Akkulaufzeit geht und zudem Ihr mobiles Datenkontingent belastet. Sie könnten nun entweder die Hintergrundaktualisierung komplett deaktivieren oder eben nur einzelne Apps ausschalten.

Um Ihr mobiles Datenvolumen einsehen zu können, sollten Sie zu *Einstellungen –> Mobile Daten* navigieren.

Dort sehen Sie bei *Mobile Datennutzung*, wie viele MBytes oder GBytes Sie bereits verbraucht haben. Ebenso wird dort Ihr verbrauchtes Roaming-Kontingent angezeigt. Unterhalb der App-Liste finden Sie zudem den Button *Statistiken zurücksetzen*.

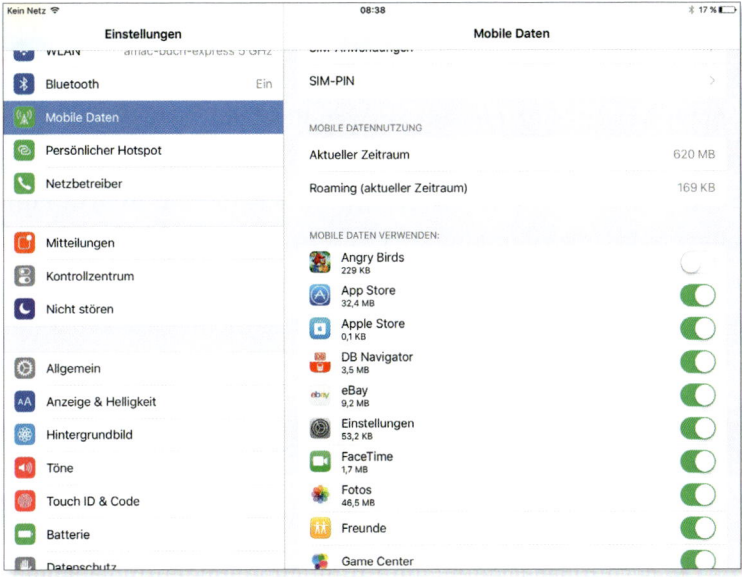

„Mobile Daten" zeigt Ihnen Ihr verbrauchtes Datenvolumen an.

Weiterhin können Sie in der Liste detailliert festlegen, welche Apps über das mobile Datennetz (3G oder LTE) kommunizieren dürfen. Schalten Sie hierbei wenig benutzte oder sehr hungrige Apps einfach aus. Sinnvoll ist in jedem Fall, *FaceTime*, *Erinnerungen*, *Kalender*, *Karten*, *Safari*, *Notizen* und *Kontakte* aktiv zu belassen. So können Sie z. B. via *FaceTime* dann auch unterwegs per Audio- oder Videochat erreichbar sein. Die anderen Einträge gewährleisten den Abgleich der iCloud-Informationen, während Sie im mobilen Datennetz unterwegs sind.

> **!** Leider können die Systemdienste für die mobile Datennutzung nicht im Detail ein- bzw. ausgeschaltet werden. Sie können jedoch die Nutzung der mobilen Daten unterwegs auch komplett deaktivieren.

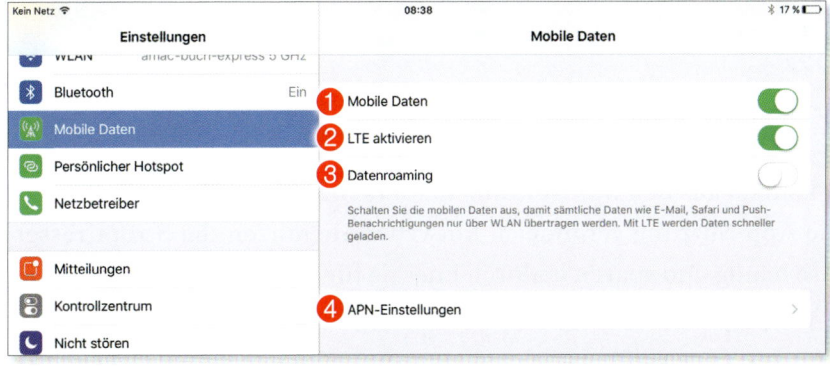

Die mobile Datennutzung kann im Detail konfiguriert werden.

Wollen Sie unterwegs das mobile Datennetz nicht nutzen, deaktivieren Sie es einfach komplett ❶. Wer über LTE ❷ verfügt, kann sich ebenfalls entscheiden, ob dies genutzt werden soll. Dessen Verwendung beschleunigt den Internetzugriff enorm, benötigt aber etwas mehr Akku und kann eventuell Ihr begrenztes mobiles Datenvolumen schnell ausschöpfen. Das mobile Internet im Ausland (*Datenroaming* ❸) kann zu hohen Kosten führen. Erkundigen Sie sich vor dem Reiseantritt über die Vertragskonditionen, um keine bösen Überraschungen zu erleben. Will unterwegs die Internetverbindung nicht klappen, sollten Sie die Einstellungen ❹ diesbezüglich prüfen.

Energiefresser erkennen

Apps können je nach Typ mehr oder weniger Strom verbrauchen. Manche verbrauchen mehr Strom, weil Sie beispielsweise sehr ausschweifend auf Ortungsdienste zugreifen (z. B. Navigations-Apps). Andere wären an sich sehr stromsparend, würde man sie nicht ständig offen haben und nutzen.

Wenn Sie sich dafür interessieren, wie viel Strom Ihre Apps verbrauchen, dann statten Sie den *Systemeinstellungen –> Batterie* einen Besuch ab. Sehen sie dort im Bereich Batterienutzung nach. Dort sehen Sie dann auf den ersten Blick, welche Apps in der Vergangenheit viel Strom verbraucht haben.

In diesem Beispiel hat der App Store den mit Abstand größten Teil der Batterie verbraucht.

Sie können aus den nun gewonnenen Erkenntnissen Ihr Verhalten in Bezug auf die App-Nutzung verändern. Entweder Sie nutzen die Stromfresser nicht mehr so häufig und sparen dadurch Energie für andere Dinge. Oder Sie löschen Apps komplett, wenn Sie sie eigentlich gar nicht benötigen.

iTunes Store

Ähnlich im Aufbau ist der iTunes Store. Darin finden Sie folgende Inhalte:

- Musik
- Filme
- TV-Sendungen
- Hörbücher

Und ähnlich wie beim App Store haben Sie sowohl im oberen als auch im unteren Bereich der Darstellung verschiedene Navigationsmöglichkeiten. Unten sehen Sie die verschiedenen Kategorien. Dort gibt es übrigens den *Genius*, der Ihre Wünsche analysiert und entsprechende Vorschläge unterbreitet. Auch hier gibt es wieder die Topcharts mit den meistgekauften Musiktiteln und Filmen etc.

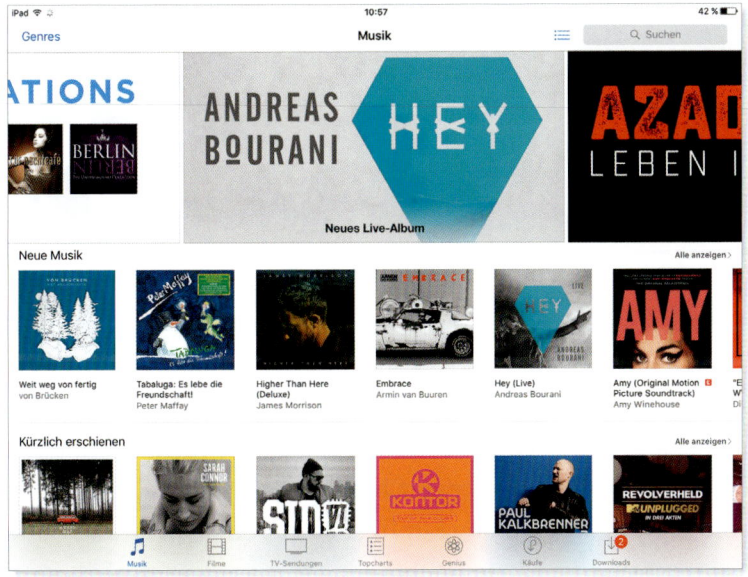

Der iTunes Store lässt sich ähnlich wie der App Store bedienen. Sie können horizontal und vertikal scrollen, um weitere Inhalte einzusehen.

Und sicher haben Sie auch in der rechten oberen Ecke bereits die *Suchen*-Funktion gesehen, bei der Sie beliebige Suchbegriffe eingeben können, für die in der jeweiligen Sparte dann die Inhalte erscheinen. Und auch das ist ähnlich zum App Store: In jeder Kategorie können Sie nach unten scrollen und erhalten dort den Button *Einlösen*, um Ihren Account mit Gutscheinen aufzuladen.

Regeln für den Filmverleih

Wenn Sie übers iPad im iTunes Store einen Film ausleihen, gelten ein paar Regeln, die Sie kennen sollten:

Wenn Sie einen Film leihen, haben Sie 30 Tage Zeit, den Film anzusehen. Sobald Sie die Wiedergabe gestartet haben, bleiben Ihnen 48 Stunden, um den Film zu sehen. Danach verschwindet er aus Ihrer Bibliothek. Innerhalb dieser 48 Stunden können Sie den Film aber so oft ansehen, wie Sie möchten.

> Vor allem für Filme oder TV-Serien ist es besonders nützlich, wenn Sie über ein Apple-TV-Gerät verfügen. Über die Eigenschaft **AirPlay** können Sie Ihren iPad-Bildschirm über das Apple-TV an ein HD-TV-Gerät übertragen und so TV-Serien oder Filme ganz komfortabel sehen (siehe Kapitel 9). Weiterhin gibt es zum Anhören von Musik AirPlay-fähige Lautsprecher oder AV-Receiver, sodass die Musik an diese Geräte übertragen und in voller Soundqualität angehört werden kann.

iTunes Match

iTunes Match ist auf den ersten Blick ein Service, der zwar 25 Euro pro Jahr kostet, aber keinen wirklichen Mehrwert zu bieten scheint. Sieht man aber genauer hin, so ergeben sich mit iTunes Match durchaus Vorteile.

Haben Sie diesen Service abonniert, werden alle Musiktitel, die sich in Ihrer iTunes-Mediathek befinden, mit der iCloud abgeglichen. Alle Titel, die Apple im iTunes Store vorrätig hat, werden künftig aus diesem Pool geladen, alle anderen laden Sie einmalig in die Cloud hoch.

> iTunes Match aktivieren Sie am Computer mit dem Programm **iTunes**. Dort finden Sie im Menüpunkt **Store** den Eintrag **iTunes Match**. Danach können Sie diese Funktion ebenso am iPad starten: **Einstellungen –> Musik –> iCloud-Musikmediathek**.

Ist der Abgleich erfolgt und haben Sie alle unbekannten Titel hochgeladen, können Sie von diesem Zeitpunkt an auf allen Ihren Geräten über das Internet auf Ihre Musik zugreifen und alle Titel laden, solange Sie Platz auf dem iPad und eine

Internetverbindung haben. Ist ein Titel einmal geladen, so benötigen Sie künftig dafür keine Onlineverbindung mehr, weil das Musikstück abgespeichert wird.

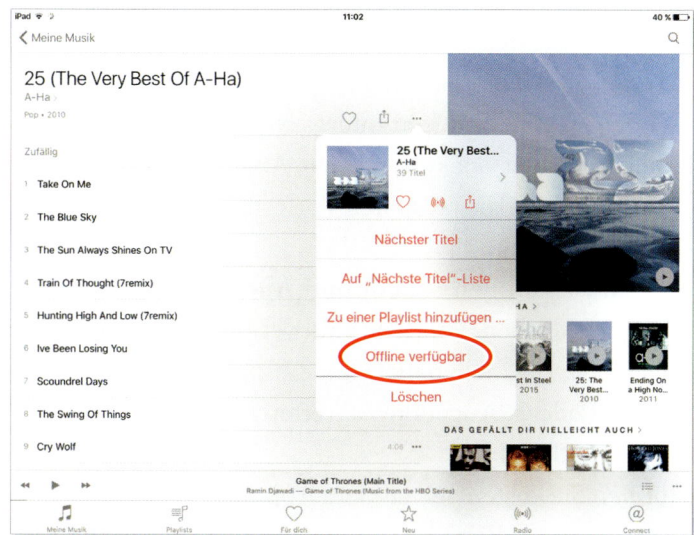

Alle Titel Ihrer iTunes-Mediathek stehen auch am iPad zum Download bereit. Musik von iTunes Match laden Sie über den Punkt „Offline verfügbar".

Ein weiterer Vorteil: Haben Sie ein Musikstück in geringerer Qualität als die des iTunes Store (AAC mit 256 Kbit/Sekunde ohne DRM), so können Sie das Lied in besserer Qualität laden, als Sie es selbst besitzen. Das ist legal und ohne Probleme möglich, weil sich Apple ja aus dem eigenen Shop bedient.

Tipps für iTunes Match

- Laden Sie Musik, so oft es geht, aus dem WLAN. Das geht schneller und belastet nicht Ihr Datenvolumen über das Mobilfunknetz.
- Möchten Sie Musik nicht unterwegs laden, sondern nur über ein WLAN, deaktivieren Sie in den *Einstellungen –> Mobiles Netz* den Punkt *Mobile Daten*. Dann können Sie zwar immer noch eine Ausnahme machen, werden aber vorher gefragt.
- Musiktitel werden – sofern dort vorhanden – aus dem iTunes Store geladen. Das bedeutet, dass Sie die Musik auch immer in der besseren Qualität laden können. Selbst dann, wenn Sie das Lied ursprünglich in schlechterer Qualität hatten.

iTunes U und Podcasts

Neben dem iTunes Store, in dem Sie Filme, Musik, TV-Serien und Hörbücher finden, gibt es noch zwei weitere sehr interessante Angebote. Das eine nennt sich *iTunes U*. Hierbei handelt es sich um spezielle Angebote für den Bildungsbereich. Dort haben beispielsweise Universitäten Vorlesungen aufgezeichnet, die sie hier gratis zur Verfügung stellen.

Im Bereich *Podcasts* können Video- und Audiosendungen, ähnlich wie bei YouTube, angesehen werden. Podcasts sind vergleichbar mit Radio- oder Fernsehsendungen, die Sie zu einem beliebigen Zeitpunkt konsumieren können. Um auf iTunes-U- bzw. Podcast-Angebote zugreifen zu können, müssen Sie die dazugehörigen Apps installieren.

iTunes U können Sie kostenfrei aus dem App Store laden, die Podcasts-App ist unter iOS 9 bereits vorinstalliert. Beide sind kostenfrei und selbstverständlich im App Store zu finden. Tippen Sie im App Store auf das Suchfeld rechts oben und geben Sie *iTunes U* ein, wenig später werden Sie die dazugehörige App finden.

Die App „iTunes U" ist gratis, stammt von Apple und kann auf Ihr Gerät übernommen werden.

Sie werden staunen, wie viele neue Inhalte über diese beiden Gratis-Apps für Sie zugänglich sind. Die App, die wir jetzt gleich intensiver besprechen werden, ist bereits auf Ihrem iPad installiert und muss nicht erst über den App Store geladen werden. Die App heißt *iBooks* und ist dafür zuständig, dass Sie aus Ihrem iPad einen perfekten E-Book-Reader machen können.

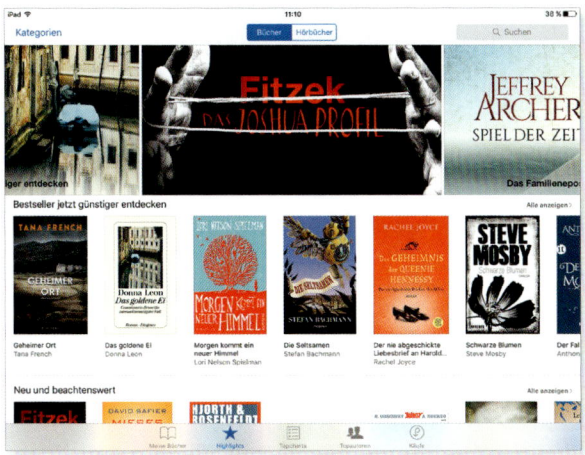

Die App „iBooks" mit dem hier gezeigten iBooks Store macht aus Ihrem iPad einen perfekten E-Book-Reader.

Der iBooks Store und iBooks

E-Book laden

Apple weist Sie sofort darauf hin, dass ebenso wie gekaufte Apps sich auch E-Books in der iCloud befinden können. Sollten Sie also mit einem anderen Gerät bereits im iBooks Store eingekauft haben, finden Sie Ihre Einkäufe in der iCloud und können diese nun in das aktuell leere Programm *iBooks* laden.

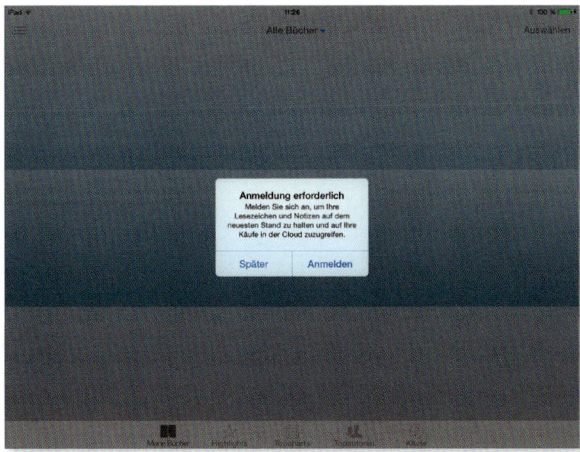

Sobald Sie „iBooks" auf Ihrem iPad starten, sehen Sie zunächst ein leeres Buchregal.

Haben Sie noch keine Einkäufe getätigt, können Sie über die Store-Buttons *Highlights, Topcharts* und *Topautoren* in den iBooks-Laden eintreten und ähnlich wie beim App Store oder beim iTunes Store nach Herzenslaune stöbern.

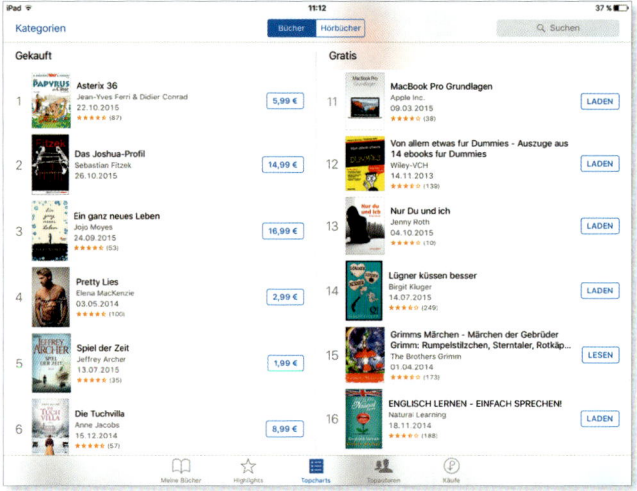

Der iBooks Store präsentiert sich ähnlich wie der App Store und der iTunes Store und bietet vielfältige Inhalte wie die „Topcharts".

Sicher haben Sie auch schon bemerkt, dass Ihnen in den *Highlights*, sobald Sie nach unten scrollen, auch dort über *Einlösen* wieder die Möglichkeit der Gutscheineinlösung zur Verfügung steht. Wenn Sie beispielsweise die *Topautoren* auswählen, können Sie hier nach Ihren Lieblingsautoren suchen und sehen zugleich die im iBooks Store erhältlichen E-Books.

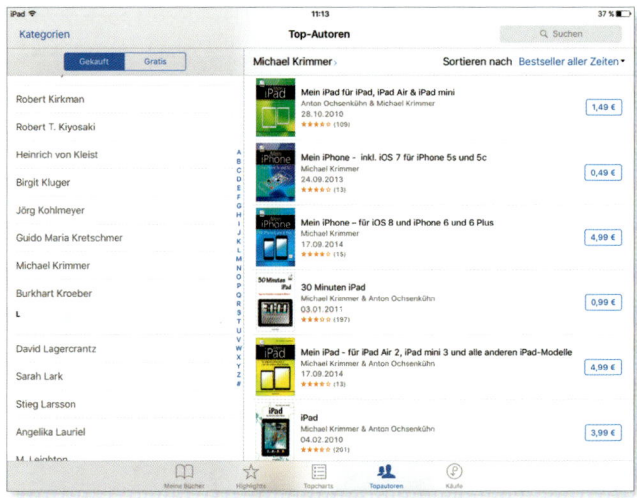

An dieser Stelle sehen Sie die von Michael Krimmer im iBooks Store erhältlichen Bücher.

Sobald Sie einen Titel anklicken, bekommen Sie eine detaillierte Vorschau mit Kundenbewertungen und der Möglichkeit, einen kostenlosen Auszug zu laden.

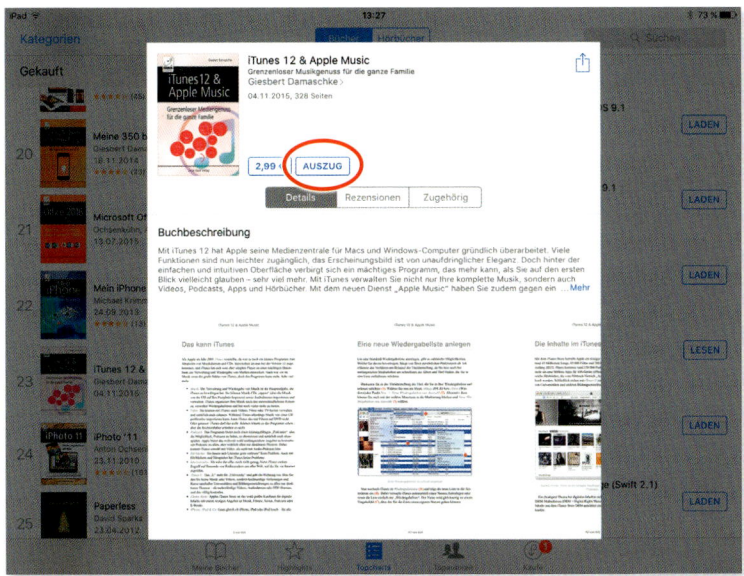

Zu jedem E-Book im iBooks Store steht die Funktion „Auszug" zur Verfügung, womit Sie sich einen Eindruck verschaffen können, bevor Sie das E-Book tatsächlich kaufen.

> **!** Nutzen Sie auch hier die Chance, mit einem kostenlosen Gratis-E-Book die ersten Schritte in der Handhabung des Programms **iBooks** zu gehen. Tippen Sie dazu auf **Gratis**, anschließend auf **Buch laden**, geben Sie Ihre Apple-ID ein, und schon wird das E-Book in Ihr Bücherregal heruntergeladen.

Ein E-Book wird soeben aus dem iBooks Store auf Ihr iPad heruntergeladen.

Ist der Download erfolgreich abgeschlossen, tippen Sie auf das Buchcover, und sofort wird sich dieses öffnen und steht für das Lesen auf dem iPad zur Verfügung.

Wichtige Funktionen von iBooks

Das Programm *iBooks* ist also der E-Book-Reader, der sich auf Ihrem iPad befindet.

 Haben Sie schon bemerkt, dass sich die Darstellung Ihres E-Books ändert, wenn Sie vom Hoch- ins Querformat wechseln?

Und wie bei einem herkömmlichen Buch können Sie nun durch Ihr E-Book blättern. Dabei sind grundsätzlich vier Methoden denkbar:

- Tippen Sie auf den rechten Rand Ihres E-Books, um eine Seite nach vorne zu blättern. Entsprechendes Tippen auf den linken Rand Ihres E-Books bringt Sie eine Seite zurück. Das funktioniert sowohl im Hoch- als auch im Querformat.
- Oder Sie handhaben es wie bei einem echten Buch. Nehmen Sie die rechte untere Blattecke und blättern Sie einfach nach vorne.

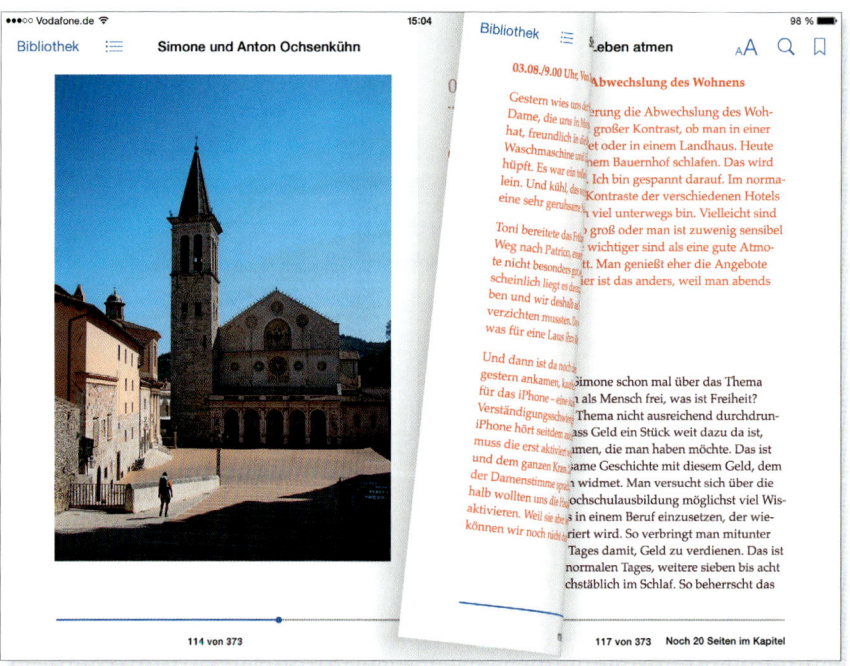

Fühlt sich fast an wie ein richtiges Buch – das Umblättern im Programm „iBooks". Ein Doppeltipp auf ein Bild stellt es bildschirmfüllend dar.

- Schnelles Blättern: Sicher haben Sie am unteren Rand Ihres E-Books bereits die kleinen Pünktchen erkannt. Die Seite, die Sie lesen, wird durch ein kleines Quadrat dargestellt. Sie können auch sehr schnell navigieren, indem Sie dieses Icon an eine andere Stelle ziehen.

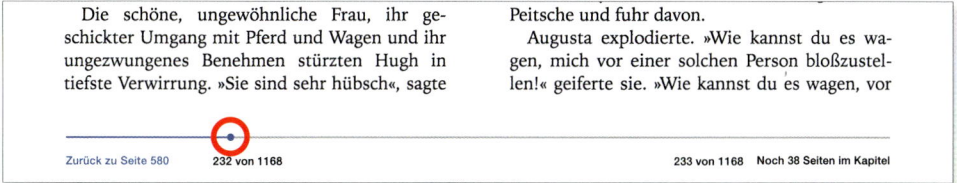

Schnelles Navigieren durch Ziehen des Sliders

Es ist auch möglich, dass Sie das Buch ohne Umblättern einfach durch Scrollen nach unten bequem lesen. Tippen Sie dazu auf das Icon und schalten Sie die *Rollansicht* ❶ ein.

Via „Rollansicht" können Sie das Buch fortlaufend lesen, ohne umblättern zu müssen.

- Aktivieren Sie den *Autom. Nachtmodus* ❷, so schaltet iBooks je nach Umgebungshelligkeit vom Tag- in den Nachtmodus.
- Und auch das ist möglich: Neben der Darstellung der schwarzen Schrift auf weißem Hintergrund können Sie die Nachteinstellung ❸ verwenden, um eine weiße Schrift auf dunklem Hintergrund zu erhalten. Und mit der *Sepia*-Einstellung gehen Sie einen Mittelweg mit einem leicht abgedunkelten Hintergrund und schwarzer Schrift.
- Ein E-Book ist im Gegensatz zu einem richtigen gedruckten Buch in der Lage, verschiedene Darstellungen anzunehmen. Tippen Sie auf den Begriff *Schriften* ❹, um dort eine Schriftenliste zu bekommen, aus der Sie eine beliebige Schrift auswählen können. Sogleich wird Ihr E-Book

mit dieser Schrift neu dargestellt und anders umgebrochen. Die beiden Schaltflächen mit einem kleinen und großen A ❺ sind zum Ändern der Schriftgröße gedacht. Ein Fingertipp auf die jeweilige Schaltfläche macht die Schrift größer bzw. kleiner.

Sie können das E-Book in der Schriftdarstellung und der Schriftgröße nach Ihren Wünschen anpassen.

- Einige der Schriften müssen aus der iCloud geladen werden, bevor Sie sie auswählen können. Sie erkennen diese Schriften am iCloud-Symbol rechts.
- Kennen Sie noch die Eselsohren, die man in Bücher einbringt, um wichtige Seiten schnell aufzufinden? Auch iBooks kennt Eselsohren, nennt das aber Lesezeichen. Tippen Sie dazu auf das *Lesezeichen*-Icon ganz rechts oben.

Auch „iBooks" kennt das Anbringen von Eselsohren und nennt sie Lesezeichen.

- Eine Übersicht über alle Lesezeichen erhalten Sie, wenn Sie auf das Inhaltsverzeichnis tippen. Neben dem regulären Inhaltsverzeichnis des E-Books finden Sie dort im Bereich *Lesezeichen* Ihre „Eselsohren".

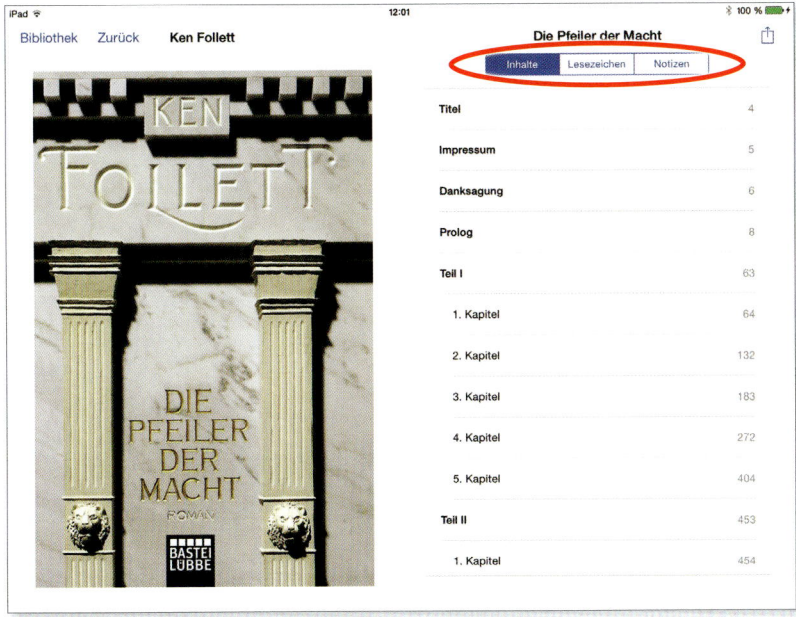

Neben dem regulären „Inhalte"-Verzeichnis bekommen Sie auch ein „Lesezeichen"- und ein „Notizen"-Verzeichnis dargestellt.

Was sind Notizen? Sie können sich an einer beliebigen Stelle in Ihrem E-Book eine Notiz machen. Dazu markieren Sie den gewünschten Text in einem E-Book und wählen die Eigenschaft *Notiz* aus.

Auch das Anbringen von Notizen in einem E-Book ist möglich.

Neben dem Erstellen von Notizen ist hier eine Reihe weiterer sehr nützlicher Funktionen verfügbar.

- *Kopieren:* Wie bereits erwähnt, ist das iPad ein Computer. Via *Kopieren* wird ein Teil des E-Books in die Zwischenablage gelegt und kann an anderer Stelle weiterverwendet werden.
- *Definition:* Via *Definition* rufen Sie das interne Lexikon auf, das aber zunächst geladen werden muss.

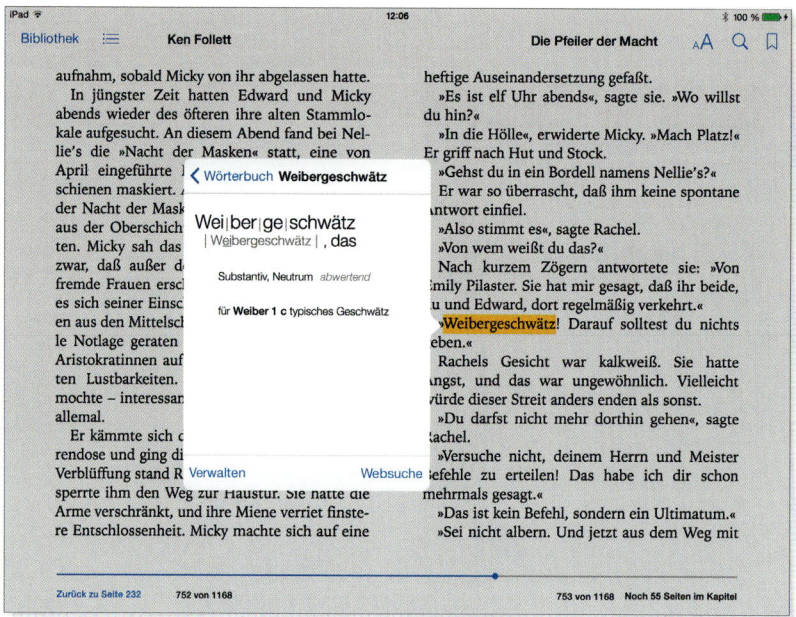

Über „Definition" können Begriffe in einem Lexikon nachgeschlagen werden. Via „Websuche" wird der Suchbegriff an das Internet weitergegeben. Und via „Verwalten" können Sie weitere Lexika nachladen.

■ *Markieren:* Markieren ist besonders nützlich, um bestimmte Textstellen hervorzuheben. Sobald Sie die *Markieren*-Funktion ausgewählt haben, können Sie sich auch für eine Markierungsvariante entscheiden.

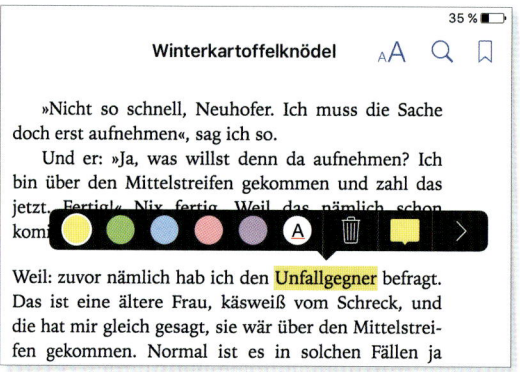

Neben der Farbauswahl können Sie auch Textstellen durchstreichen bzw. mit Notizen hinterlegen.

> **!** Die farblichen Markierungen bzw. die Notizzettel sind natürlich über das Notizen-Verzeichnis einsehbar. Dort können diese durch Wischen von links nach rechts wieder entfernt werden.

- Über *Bereitstellen* können Textpassagen z. B. per E-Mail oder per Facebook weitergegeben werden.

Mit „Bereitstellen" können E-Book-Informationen weitergereicht werden.

- *Suchen:* Wie nicht anders zu erwarten, bekommen Sie über die *Suchen*-Funktion die Möglichkeit, in Ihrem gesamten E-Book nach einem Begriff suchen und die Fundstellen auflisten zu lassen.

Wir haben ja bereits die Funktion *Siri* kennengelernt, mit der es möglich ist, dem iPad Texte und Befehle einzugeben. Ist es nun auch andersherum möglich, dass uns das iPad im Bereich E-Books Texte vorliest? Selbstverständlich! Nur muss diese Funktion erst aktiviert werden. Sie aktivieren sie über *Einstellungen –> Allgemein –> Bedienungshilfen –> Sprachausgabe –> Auswahl sprechen*.

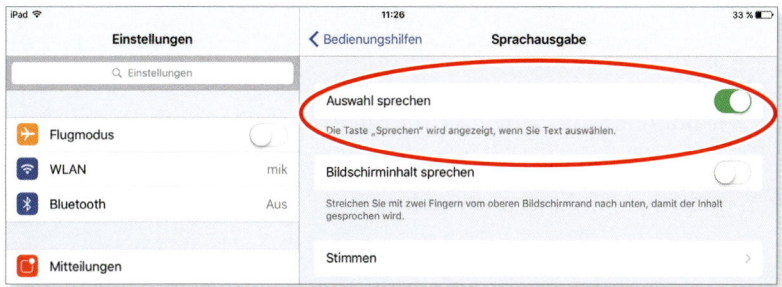

Das iPad kann auch Texte vorlesen, sobald diese Funktion aktiviert ist.

Stellen Sie nun noch das Sprechtempobzw. eine der zur Auswahl stehenden Stimmen ein und wechseln Sie zurück in das Programm *iBooks*.

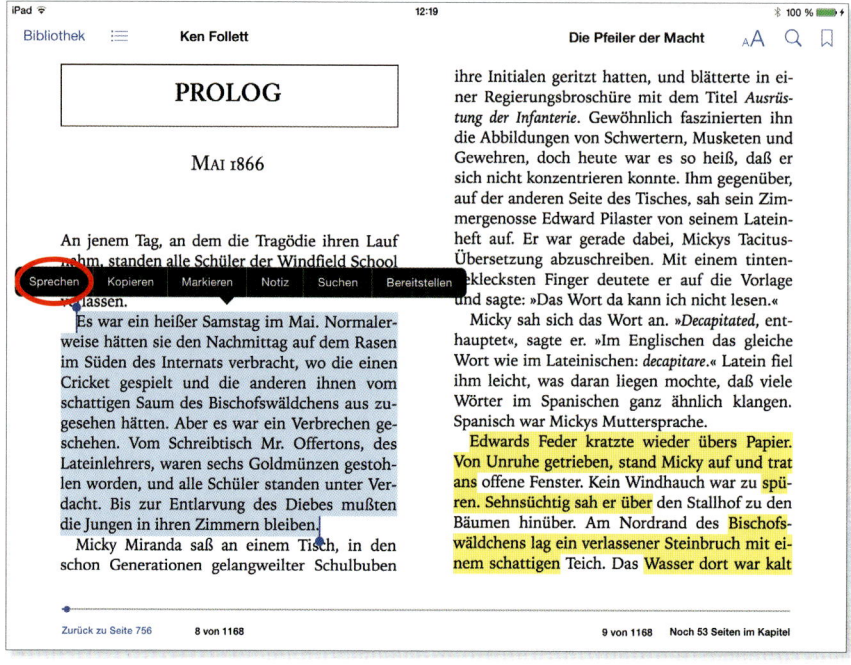

Markieren Sie einen Text in Ihrem E-Book und wählen Sie „Sprechen", um sich den Text vorlesen zu lassen.

Sie haben also gesehen, dass Sie mit dem Programm *iBooks* einen sehr bequemen und gut zu nutzenden E-Book-Reader bekommen.

 Wenn Sie bereits E-Books im Kindle-Format erworben haben, können Sie auf Ihrem iPad die dazugehörige kostenfreie Kindle-App installieren und diese E-Books dann damit bequem lesen.

Sammlungen

Kommen wir noch einmal zurück zum Buchregal. Damit Sie bei vielen gekauften E-Books die Übersicht behalten, haben Sie die Möglichkeit, *Sammlungen* anzulegen und Ihre Bücher zu verwalten.

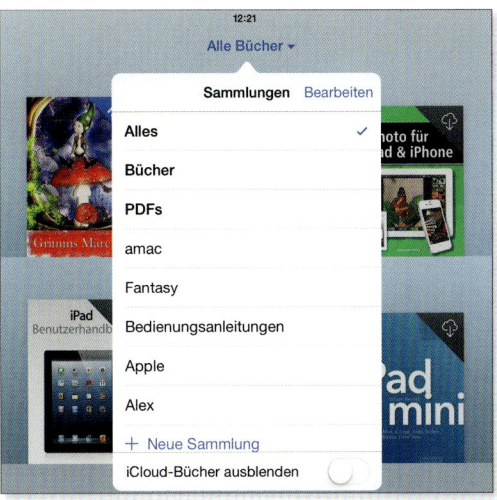

Über „Sammlungen" (zu erreichen, wenn Sie auf „Alle Bücher" tippen) können Sie umfangreiche E-Book-Bibliotheken Ihren Bedürfnissen entsprechend kategorisieren.

Tippen Sie auf den Begriff *+ Neue Sammlung*, um eine neue Sammlung zu erstellen. Über *Bearbeiten* können Sie bestehende Sammlungen löschen, umbenennen oder deren Position in der Liste verändern. Mit *Fertig* beenden Sie die Bearbeitung wieder.

iCloud-Bücher ausblenden hat zur Folge, dass Ihnen bereits in der iCloud vorliegende Bücher nicht mehr zum einfachen Herunterladen angezeigt werden. Dann sehen Sie nur noch Bücher, die sich auch tatsächlich auf dem iPad befinden.

Um ein E-Book, das sich bereits jetzt in Ihrem Buchregal befindet, in eine andere Sammlung zu verschieben, wählen Sie in der Bibliothek ganz rechts oben den Begriff *Auswählen* aus. Markieren Sie das Buch (oder auch mehrere) und tippen Sie auf *Bewegen*. Im Anschluss daran können Sie die gewünschte Sammlung auswählen. Übrigens: Hier lässt sich ein Buch auch löschen.

> **!** Apples Betriebssystem OS X ab Version Mavericks (10.9), verfügt ebenfalls über eine **iBooks**-Anwendung. Und wenn Sie dort mit derselben Apple-ID angemeldet sind wie am iPad, erhalten Sie auf beiden Geräten immer auch die Sammlungen, die Sie im jeweils anderen Gerät angelegt oder bearbeitet haben. Voraussetzung hierfür ist, dass Sie in den **Einstellungen –> iBooks** die Synchronisation der Sammlungen aktivieren.

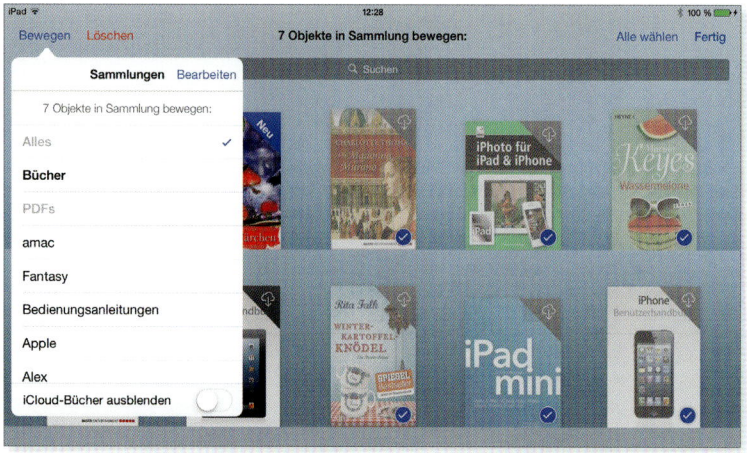

Mehrere E-Books werden von der Standardsammlung „Bücher" in eine andere Sammlung bewegt.

Dies können Sie mit mehreren E-Books gemeinsam erledigen. Und sicher haben Sie auch schon bemerkt, dass Sie sich die Inhalte einer Sammlung sowohl in der Listen- als auch in der Icon-Darstellung anzeigen lassen können. Tippen Sie dazu zunächst auf das Symbol ☰ und wählen Sie dann in der Leiste oben eine der angebotenen Ansichten aus. Zurück kommen Sie wieder über das Symbol links oben.

Umfangreiche E-Book-Sammlungen sind in der Listendarstellung übersichtlicher als in der Symboldarstellung. Im Fußbereich finden Sie weitere Sortierkriterien wie „Titel", „Autoren", „Kategorien" etc.

Bei vielen Titeln in der Sammlung *Gekaufte Bücher* sehen Sie auch hier rechts das iCloud-Symbol. Das heißt, diese E-Books wurden über die Apple-ID bereits geladen, befinden sich aber aktuell nicht auf dem iPad. Durch einmaliges Anklicken des Cloud-Symbols wird das E-Book auf Ihr Gerät heruntergeladen.

PDF und EPUB

Es gibt verschiedene Dateiformate eines E-Books. Das derzeit gängige, das Apple im Rahmen des iBooks Store verwendet, ist das sogenannte EPUB-Format. Wie wir vorhin gesehen haben, ermöglicht das EPUB-Format eine auf das Ausgabe-gerät angepasste Darstellung. Das heißt, über die Änderung der Schriftgröße, der Schriftart etc. und die Änderung der Ausrichtung vom Hoch- in das Quer-format wird das Layout des digitalen Buches ständig Ihrem Gerät angepasst.

Viele haben jedoch bereits digitale Bücher im sogenannten PDF-Format vor-liegen. Das Programm *iBooks* kann auch PDF-Dateien hervorragend darstellen. Wie aber gelangen PDF-Dateien oder generell E-Books eigentlich in das Pro-gramm *iBooks*? Hier gibt es im Wesentlichen drei Möglichkeiten.

1. Wie eben gesehen, können E-Books bequem über den iBooks Store in das Programm heruntergeladen werden. Apple verwendet dafür das EPUB-Format.
2. *Per E-Mail-Anhang:* Haben Sie z. B. bereits PDF-E-Books oder auch EPUB-E-Books aus anderen Stores erworben, können Sie diese per E-Mail an Ihr iPad senden. Tippen Sie auf den E-Mail-Anhang und übertragen Sie diesen zum Programm *iBooks*.
   Tippen Sie mit Ihrem Finger auf den E-Mail-Anhang, belassen Sie den Finger kurz auf dem Display und wählen Sie *Nach iBooks kopieren* aus. Dar-aufhin wird aus dem E-Mail-Programm das PDF-E-Book zum Programm *iBooks* übertragen.

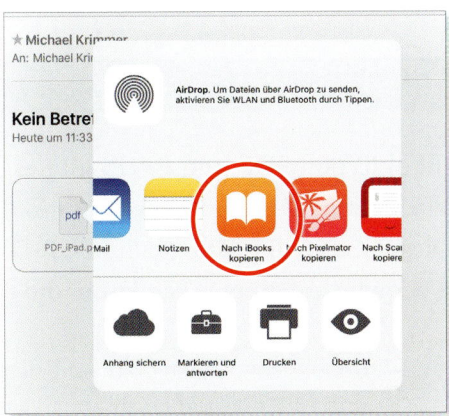

In diesem Fall enthält die E-Mail als Anhang eine PDF-Datei.

Im Gegensatz zu einer EPUB-Datei haben Sie nun keinerlei Möglichkeit, die Schriftgröße, Schriftart etc. zu ändern, denn das PDF ist starr in seinem Design und Layout. Aber am unteren Rand sehen Sie eine Übersicht über alle PDF-Seiten, die dieses Dokument enthält.

Eine PDF-Datei fühlt sich in „iBooks" sehr wohl.

3. Darüber hinaus können E-Books über andere Wege wie AirDrop, iTunes, Dropbox, Air Sharing, GoodReader etc. von einem Computer auf das iPad übertragen werden. Wie das im Detail funktioniert, werden wir uns in Kapitel 8 noch genauer ansehen.

iBooks Author Textbooks

Neben den beiden E-Book-Typen PDF und EPUB gibt es einen neuen E-Book-Typ, den Apple eingeführt hat. Mit dem Programm *iBooks Author* kann man Textbooks erstellen. Diese sind weder PDF- noch EPUB-Dateien und lassen sich sehr komfortabel und bequem auf einem iPad lesen und darstellen.

Diese iBooks-Author-Textbooks können lediglich auf einem iPad dargestellt werden, wohingegen PDF- und EPUB-Dateien auch auf anderen Geräten wie Computern oder iPhones bequem gelesen werden können.

Besonders toll an diesen Textbooks ist, dass dort neben einem wunderschönen Layout interaktive Elemente in die E-Book-Datei integriert werden können.

In den „iBooks Author"-Textbooks wird das Lesen durch interaktive Elemente besonders spannend.

Sie sehen anhand des Bildschirmfotos ein interaktives Bild. Das heißt, das Bild enthält mehrere Bestandteile, und durch Antippen eines Bestandteils wird der entsprechende Eintrag dargestellt und hervorgehoben. Auch Video- und Audioinformationen können in derartige Textbooks integriert werden. Mit dem Programm *iBooks Author*, das es kostenlos für Apple-Computer im Mac App Store gibt, kann man also ganz wunderschöne Bucherlebnisse auf das iPad bringen. Sie sollten einmal im iBooks Store stöbern, denn dort gibt es bereits eine ganze Fülle sehr interessanter Textbooks.

 Leider sieht man im iBooks Store nicht auf den ersten Blick, ob es sich um ein reguläres EPUB oder um ein multimedial angereichertes Textbook handelt.

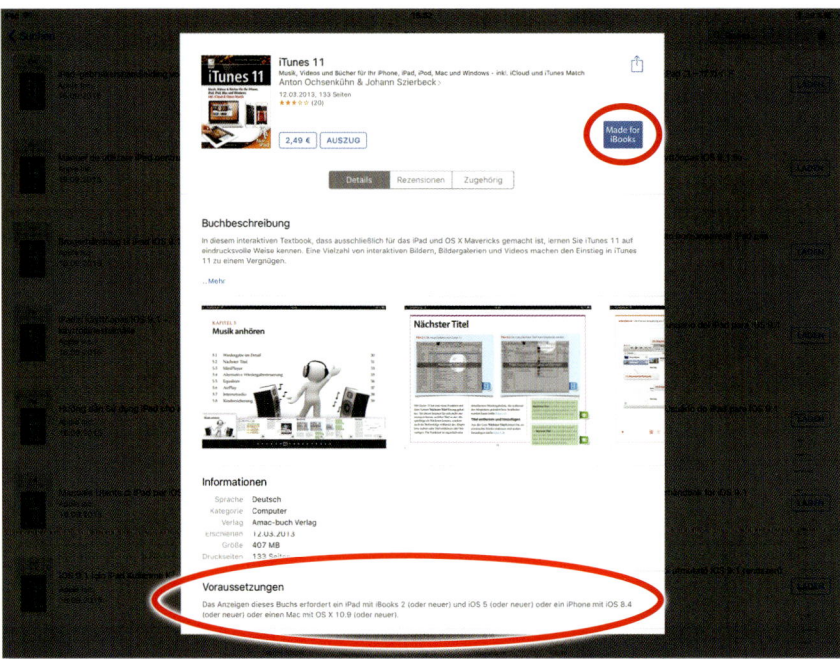

Mit „iBooks Author" erstellte Textbooks erkennt man im iBooks Store erst auf den zweiten Blick.

Sie sehen hier in den Detailinformationen des E-Books die Voraussetzung zum Lesen des Titels: Dieses E-Book kann nur auf einem iPad oder einem Mac ab OS X 10.9 in iBooks angezeigt werden. Das ist ein deutlicher Hinweis dafür, dass es sich um ein multimedial angereichertes Textbook handelt.

Automatische Downloads

Sie haben nun gesehen, dass Sie über den iTunes Store, über den iBooks Store etc. sehr bequem in den verschiedenen Apple Stores einkaufen können. Noch deutlich bequemer macht es Ihnen Apple, wenn Sie in den *Einstellungen* bei *-iTunes & App Stores* die automatischen Downloads aktivieren.

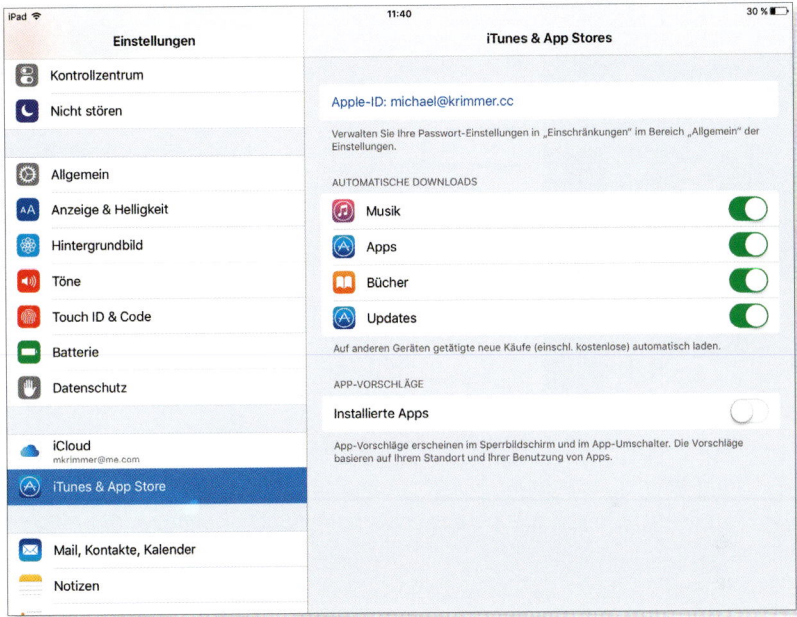

Automatische Downloads bringen Inhalte automatisch auf Ihr iPad.

Diese Funktion ist dann besonders nützlich, wenn Sie mehrere tragbare Apple-Geräte besitzen. Über automatische Downloads werden also auf einem anderen Gerät erworbene Musiktitel, Apps und E-Books sogleich auf dieses Gerät heruntergeladen, wenn die entsprechende Funktion aktiviert ist.

Aktivieren Sie zusätzlich unter *Einstellungen* die Funktion *Mobile Daten verwenden*, wenn Sie diesen automatischen Abgleich nicht nur per WLAN, sondern auch per 3G/LTE-Netzwerk verwenden möchten.

> **!** In der Schweiz und in Österreich haben Sie noch zusätzlich die Möglichkeit, Filme automatisch herunterladen zu lassen. Für Nutzer des deutschen iTunes- und App Store ist dies aus rechtlichen Gründen leider nicht möglich.

Noch einmal kurz zum Programm *iBooks*: Sollten Sie dort die auf einem anderen Gerät bereits verwendeten E-Books nicht dargestellt bekommen, so könnte es daran liegen, dass Sie in der Übersicht über alle Sammlungen die Funktion *iCloud-Bücher ausblenden* aktiviert haben.

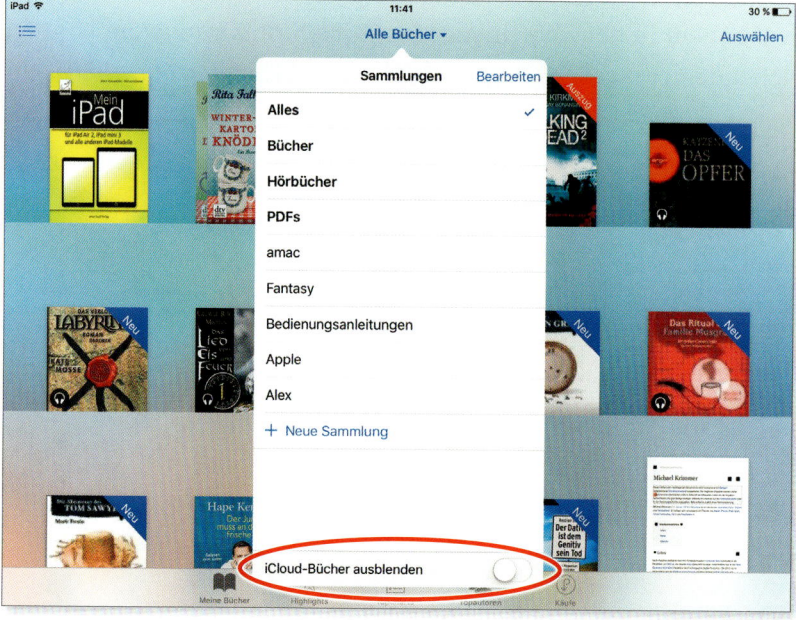

Wenn Sie „iCloud-Bücher ausblenden" nicht einschalten, sehen Sie innerhalb des Programms „iBooks" im Bereich „Alles" alle bereits erworbenen Bücher mit dem Cloud-Symbol.

> **!** Auch in **Einstellungen –> Musik** bzw. **Videos** sollte diese Option aktiviert sein. Bei Musik ist die Funktion **Alle Musikdateien** zu aktivieren und bei Videos **Alle Videos einblenden**.

Safari

Safari ist der Standardbrowser, der auf dem iPad hinterlegt ist, und er ist sehr einfach über Gesten zu bedienen. Doch der Browser hat noch einige sehr raffinierte Funktionen an Bord, um effektiv mit Internetseiten umgehen zu können.

Safari kennt keine Plug-Ins

Sollten Sie bisher mit einem Windows-Computer oder am Mac gearbeitet haben, werden Sie rasch erkennen, dass nicht jede Internetseite auf einem iPad dargestellt wird. Das liegt daran, dass das iPad keine Installation sogenannter Plug-Ins zulässt. Das bekannteste Plug-In kommt von Adobe und ist für Flash-Inhalte zuständig. Safari auf dem iPad kennt jedoch keinerlei Plug-Ins, deshalb sind bestimmte Informationen auf Internetseiten auf dem iPad auch nicht darstellbar. Und dafür gibt es keine Abhilfe und keinen Workaround.

Was auf den ersten Blick wie ein reiner Nachteil aussieht, hat einen durchaus sinnvollen Hintergrund: Apple ist der Meinung, dass ein Internetbrowser ohne Flash weniger Strom verbraucht und zudem stabiler läuft. Das war der Grund, warum seit jeher auf dem iPad (und dem iPhone übrigens auch) kein Flash läuft. Außerdem gibt es heutzutage durchaus auch andere Technologien, mit denen man Videos und andere Inhalte auf Webseiten anbieten kann. Und die laufen dann auch auf dem iPad.

Tabs

Der Safari-Browser kann mehrere Internetseiten gleichzeitig darstellen und zwar mit Hilfe von Tabs.

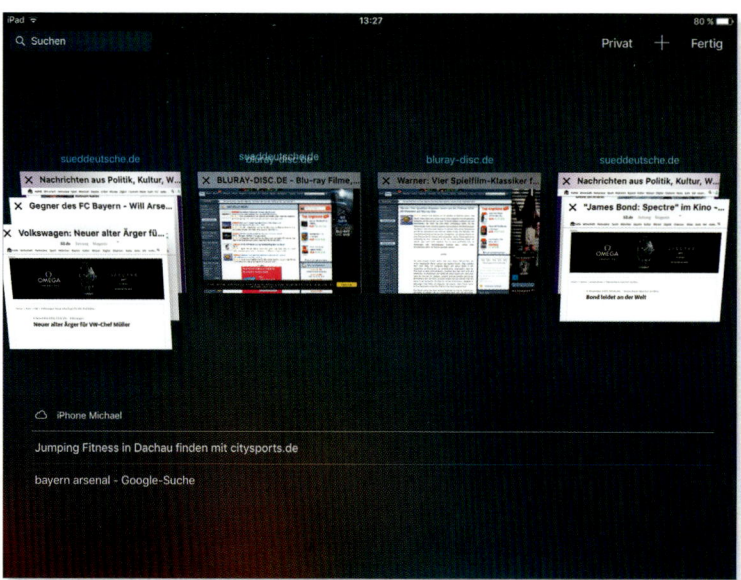

Haben Sie von einer Webseite mehrere Tabs geöffnet, werden diese gruppiert dargestellt.

! Haben Sie mehrere Tabs geöffnet, können Sie deren Reihenfolge ganz einfach ändern: Tippen Sie auf den Tab Ihrer Wahl, halten Sie einen Finger darauf und ziehen Sie diesen nach links oder rechts.

Alle Ihre aktuell geöffneten Tabs erreichen Sie, indem Sie auf das Zeichen rechts neben dem + tippen. Dabei werden Tabs, die von derselben Internetseite stammen, gruppiert angezeigt. Und via Vor- und Zurückblättern können Sie wie bei jedem Browser bequem navigieren. Sofern Sie den Finger etwas länger auf einem der Buttons verweilen lassen, bekommen Sie eine Liste der zuletzt besuchten Internetseiten.

Das Vorwärts- und Rückwärtsblättern ist sehr pfiffig gelöst.

Und das ist ein Prinzip von Safari: Bleiben Sie mit einem Finger etwas länger auf einem Element, werden dabei meist Zusatzfunktionen dargestellt. Tippen Sie beispielsweise länger auf das +-Icon rechts oben, so erscheint eine Liste der zuletzt geschlossenen Tabs.

Die Safari-Oberfläche im Überblick

Wenn Sie Safari starten und sich eine Seite anzeigen lassen, dann erwartet Sie ein Bild, das abgesehen vom Inhalt der Webseite so aussieht:

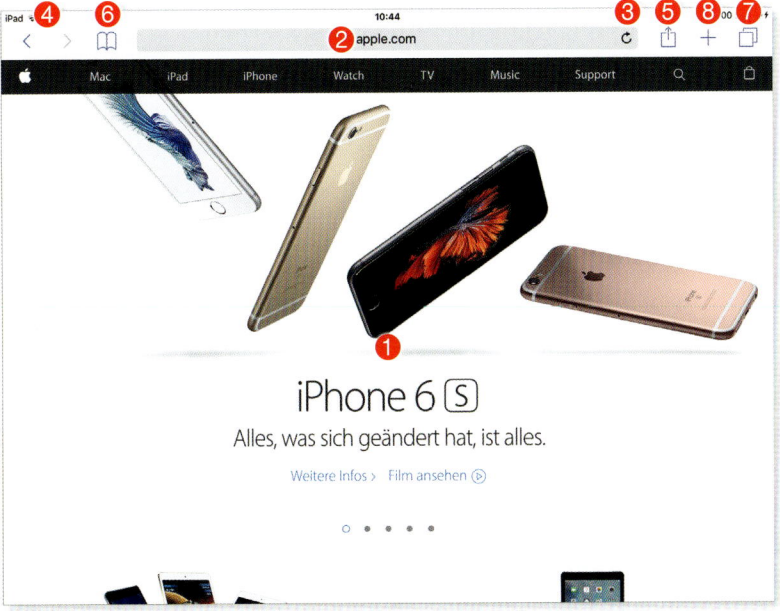

So sieht Safari, der Internetbrowser, auf dem iPad aus.

❶ Im Hauptbereich des Safari-Fensters wird die Webseite angezeigt.

❷ In diese Zeile geben Sie die Internetadresse einer Webseite oder die Begriffe für die Internetsuche ein.

❸ Darüber laden Sie die angezeigte Seite neu (runder Pfeil) oder brechen einen Ladevorgang (mit *x*) ab.

> **!** Tipp: Wenn Sie den runden Reload-Knopf gedrückt halten, können Sie eine mobile Seitenansicht in eine Desktop-Ansicht umwandeln. Tippen Sie anschließend einfach auf **Desktop-Site anfordern** und Sie erhalten die Seite so, wie Sie sie auch am Computer sehen würden.

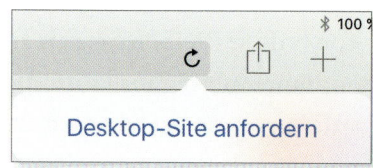

④ Über die Pfeile nach links und rechts rufen Sie die vorherige oder nächste Seite auf, auf der Sie bereits waren. Hält man den Finger etwas länger auf die Icons, so kommt die Verlaufsliste zum Vorschein.

⑤ Das *Weiterverwenden*-Menü in Safari

⑥ Die *Lesezeichen*, der *Verlauf* und die *Leseliste*

⑦ Surfen mit mehreren Webseiten und iCloud-Seiten

⑧ Sie brauchen eine neue Safari-Seite? Tippen Sie dazu auf das +.

> **!** Bedienfelder einblenden: Wenn Sie auf einer Webseite nach unten scrollen, werden die Bedienfelder ausgeblendet, damit die Seite mehr Platz hat. Schieben Sie die Seite wieder ein Stück nach oben, blendet Safari die Tasten wieder ein. Möchten Sie im Hochformat die oben genannten Bedienfelder manuell einblenden, so tippen Sie auf die **WLAN-** oder **Telefonsignalstärke**.

Apropos Bedienfelder: In iOS werden Ihnen die Schaltflächen je nach Ausrichtung oben oder unten angezeigt. Im Hochformat finden Sie sie am unteren Bildschirmrand, im Querformat oben.

Surfen im Web

Um eine beliebige Webseite aufzurufen, tippen Sie in das Adressfeld ganz oben. Wird Ihnen das Adressfeld in der aktuellen Ansicht nicht angeboten, tippen Sie ganz oben in das Display. Daraufhin wechselt die Anzeige und sieht so aus:

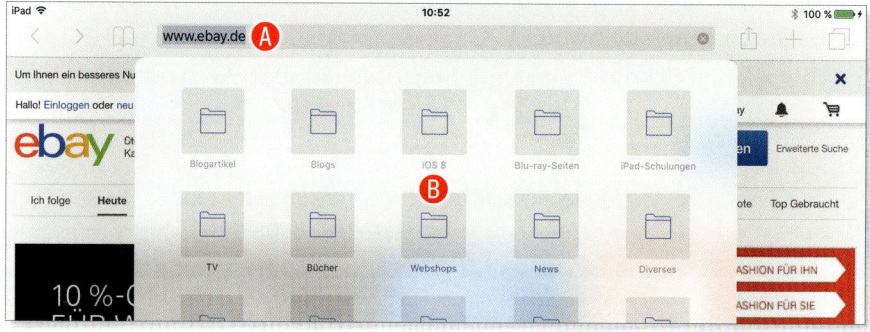

So sieht Safari aus, wenn es die Eingabe einer Adresse oder Suche erwartet.

Ganz oben wird – sofern vorhanden – die aktuelle Adresse markiert **A**. Sie können also einfach lostippen und die markierte Adresse überschreiben. Oder Sie tippen in die Adresse und ändern sie ab.

Gleich darunter blendet Safari Ihre Lesezeichen ein **B**. Das ist sinnvoll, schließlich kann es durchaus sein, dass Sie eine Ihrer favorisierten Seiten aufrufen möchten.

Während Sie tippen, sieht Safari nach, ob bereits in der Vergangenheit eine Seite aufgerufen wurde, die zu dieser Adresse passt. Ist das der Fall, ergänzt Safari die Eingabe. Gleich darunter bekommen Sie automatisch Suchergebnisse angeboten. Passt eine der Suchen, tippen Sie darauf und Sie kommen auf die entsprechende Ergebnisseite.

Weiter unten könnten Sie noch Lesezeichen oder Seiten aus Ihrem persönlichen Verlauf angeboten bekommen. Und am Ende der Liste finden Sie dann zusätzlich die Seiten, die Sie häufig besucht haben. So erhalten Sie ganz einfach Zugriff auf Ihre wichtigsten Webseiten.

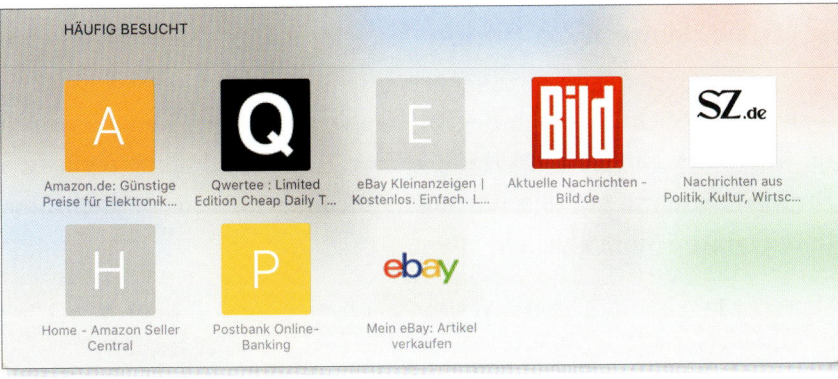

Seiten, die Sie in der Vergangenheit oft aufgerufen haben, finden Sie gleich unter Ihren Lesezeichen.

Suchen im Web

Das Eingabefeld für die Adresse hat noch eine weitere Funktion: Sie können dort anstelle einer Webadresse auch Suchbegriffe eintragen. Geben Sie den Suchbegriff ein und tippen Sie auf *Öffnen*, um die Anfrage zu starten.

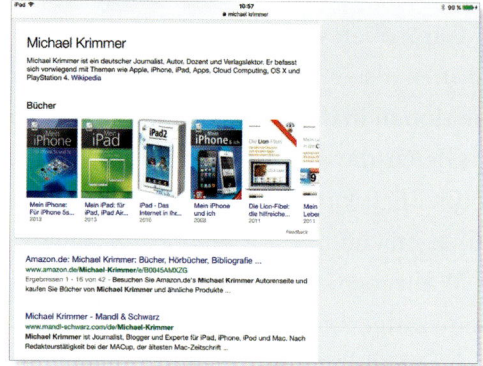

Geben Sie die zu suchenden Begriffe in die Adresszeile ein (links) und schicken Sie die Anfrage ab. Daraufhin erhalten Sie die entsprechenden Google-Ergebnisse (rechts).

 Im Bild links ist zu sehen, dass beispielsweise ein Treffer im iBooks Store mit eigener Überschrift und ersten Infos bereits in den Vorschlägen gesondert hervorgehoben wird.

Apps, Musik, Filme & Co finden

Wenn Sie in das Suchfeld einen Begriff eingeben, zu dem es eine iPad/iPhone-App im App Store gibt, so wird Ihnen dieser Treffer auch entsprechend angezeigt. Tippen Sie dann auf den Eintrag in der Liste und Sie werden sofort zur Detailseite im App Store geleitet.

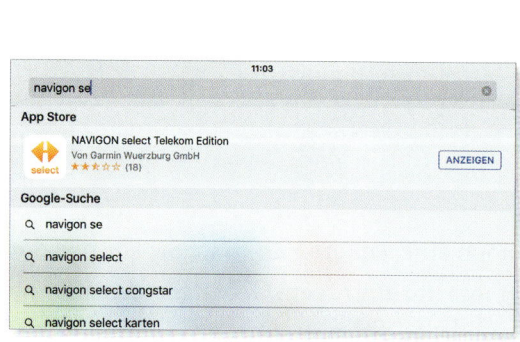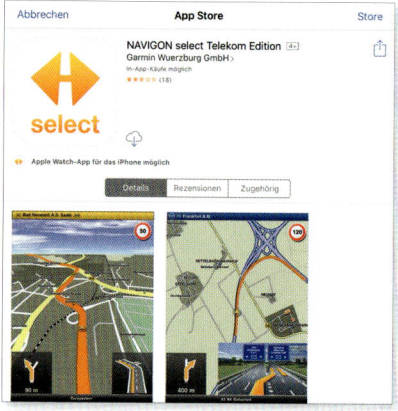

Gibt es zu einem Suchbegriff eine App, so wird Ihnen das direkt in der Trefferliste von Safari angezeigt. Tippen Sie darauf, um zu den Details zu gelangen.

Mit anderen Inhalten verhält es sich ähnlich. So sieht es aus, wenn es zur Suche Musik, einen Film, ein Sportergebnis oder einen Webseitenvorschlag gibt:

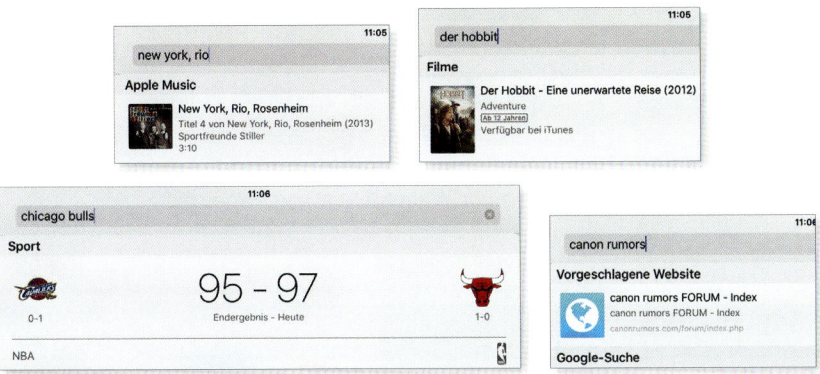

Suchen auf einer Webseite

Ebenfalls über die Suche können Sie die gerade aufgerufene Webseite nach diesen Begriffen durchsuchen. Scrollen Sie dazu einfach in der Liste nach unten, bis Sie die Stelle *Auf dieser Seite (xx Treffer)* antippen können.

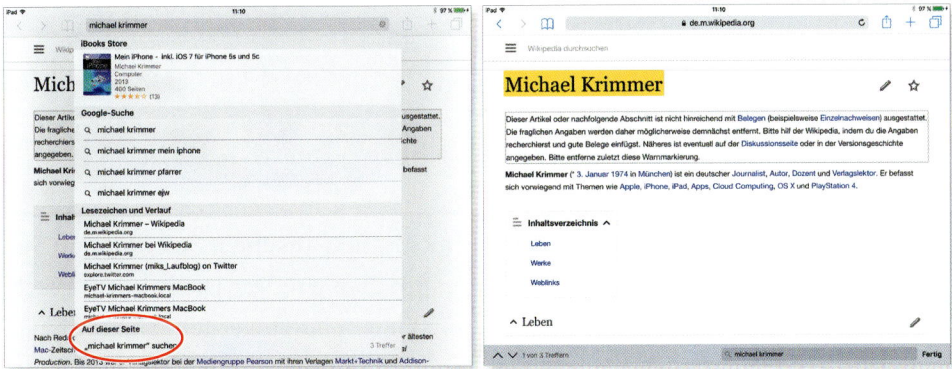

Auch der Text einer bereits aufgerufenen Webseite lässt sich gezielt durchsuchen.

Diese Option markiert Ihnen dann alle gefundenen Stellen. Über die beiden Pfeile links unten springen Sie direkt vor oder zurück zu den einzelnen Fundstellen. Dort sehen Sie dann auch noch einmal, wie viele Treffer es gibt und an welcher Stelle Sie sich gerade befinden.

Fotos von Webseiten verwenden

Wenn Sie ein Bild von einer Webseite speichern möchten, können Sie das sehr einfach erledigen. Tippen Sie auf das Bild und lassen Sie den Finger auf dem Display. Es erscheint ein Menü, in dem Sie *Bild sichern* auswählen. Daraufhin landet das Bild im Fotospeicher Ihres iPads.

*Sie können das Bild einer Webseite entweder speichern oder
in die Zwischenablage kopieren.*

Links weiterverwenden

Ganz ähnlich verhält es sich mit Links. Wenn Sie darauf tippen und den Finger
auf dem Display behalten, bekommen Sie ebenfalls weitere Optionen angezeigt:

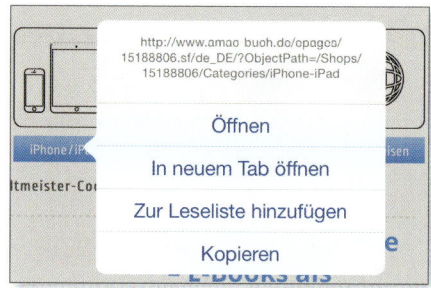

Halten Sie einen Link gedrückt, um weitere Möglichkeiten zu erhalten.

Ganz oben können Sie zunächst den Link als Text ansehen. So erkennen Sie,
ob der Link auch das hält, was die Seite versprochen hat. Das ist ein gutes Werkzeug, um Phishing-Mails (die zum Identitätsklau benutzt werden) zu erkennen.

Wenn der Link okay ist, können Sie ihn *Öffnen*, *In einem neuen Tab öffnen*, *Zur
Leseliste hinzufügen* oder die Adresse in die Zwischenablage *Kopieren*. Um das
Menü wieder zu schließen, tippen Sie an eine andere Stelle auf dem Display.

Reader

Sie kennen das sicher: Es gibt eine Menge interessanter Internetseiten, doch
meist gibt es mehr Werbung als sinnhaften Text auf der Seite zu sehen. Dieser
Sache hat sich Apple angenommen und bietet über die *Reader*-Funktion eine
sehr komfortabel zu bedienende Möglichkeit, um sich auf den Artikel einer
Internetseite zu konzentrieren.

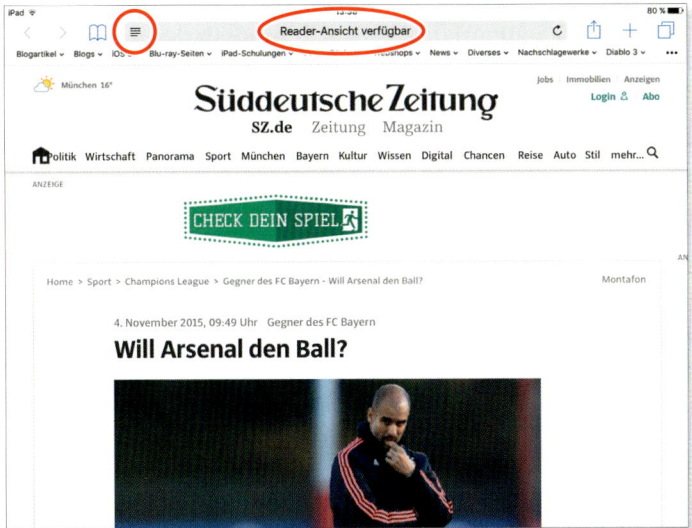

Sobald in der Adressleiste der Internetseite links das Reader-Symbol (und der Hinweis „Reader-Ansicht verfügbar") erscheint, kann diese Seite in einer modifizierten Darstellung betrachtet werden.

Tippen Sie auf das Reader-Symbol ☰, um sogleich eine völlig neue Darstellung der Internetseite zu bekommen.

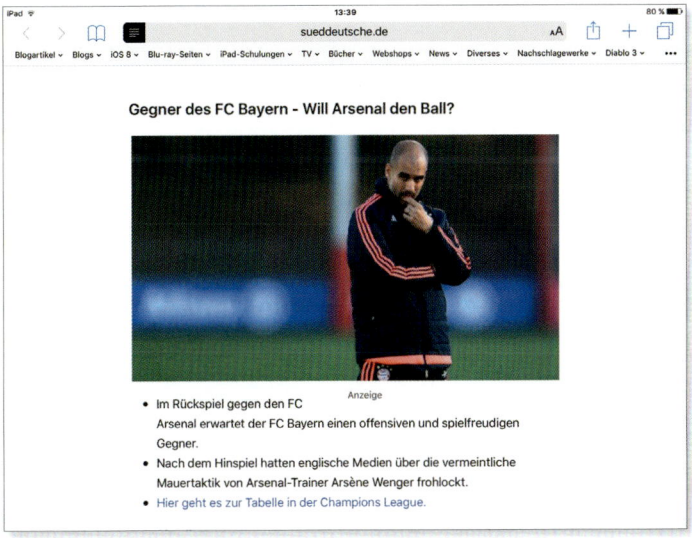

Die Reader-Darstellung erlaubt das bequeme Lesen einer Internetseite.

Sie sehen, dass Sie nun ohne lästige Werbeeinblendungen den für Sie interessanten Text in Ruhe lesen können. Und über die beiden -Symbole können Sie die Schrift auch vergrößern oder verkleinern. Um die Reader-Darstellung zu verlassen, tippen Sie erneut auf das *Reader*-Symbol in der Adresszeile. Daraufhin kehren Sie zur regulären Darstellung der Internetseite zurück.

 Den Internetbrowser **Safari** gibt es nicht nur für das iPad, sondern auch für das iPhone und für Mac sowie Windows. Auf all diesen Geräten ist ebenfalls die **Reader**-Darstellung möglich.

Wie gesehen, erscheint das Reader-Symbol in der Adressleiste automatisch. Sie können es nicht erzwingen. Das heißt, Apple liest die Struktur der Internetseite aus, und nur wenn die Reader-Darstellung möglich ist, wird der entsprechende Button auch eingeblendet.

 Safari kennt noch zwei weitere sehr effektive Möglichkeiten, um mit Internetseiten gut umgehen zu können. Zum einen bringt das doppelte Antippen eines Artikels einer Webseite den Vorteil, dass dieser bildschirmfüllend dargestellt wird. Erneutes Doppeltippen bringt wieder die vorherige Ansicht. Und möchten Sie ganz schnell an den Anfang der Webseite gelangen, tippen Sie einfach in der Menüleiste ganz oben auf die Uhrzeit, und schwupps, saust die Anzeige an den Anfang zurück. Dieses superschnelle Scrollen funktioniert auch in anderen Programmen wie **Mail**, **Erinnerungen** etc.

Suchmaschine

Keine Frage, manchmal müssen Sie im Internet nach etwas suchen. Auf dem iPad ist in der Regel *Google* als Suchmaschine eingerichtet. Sie können diese Einstellung überprüfen, indem Sie in den *Einstellungen* bei *Safari* den Eintrag *Suchmaschine* aufrufen.

Das iPad hat neben Google auch „Yahoo", „Bing" und „DuckDuckGo" als Suchmaschinen an Bord.

Sobald Sie die gewünschte Einstellung vorgenommen haben, können Sie in die Adressleiste des Browsers tippen und dort den zu suchenden Begriff eingeben. Wenn Sie nun genauer hinsehen, werden Sie erkennen, dass neben den Suchmaschinen-Vorschlägen (z. B. von Google) auch Fundstellen von aktuellen Internetseite dargestellt sind.

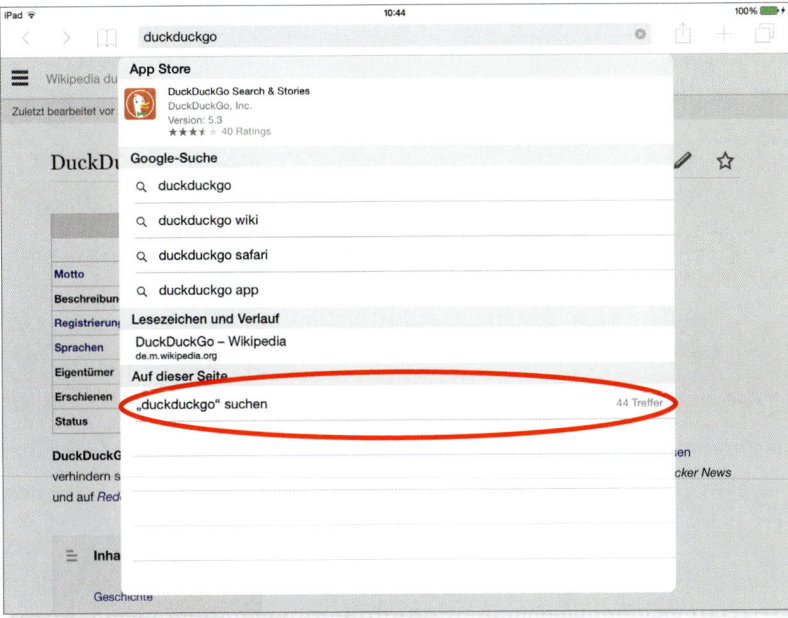

Über das Adressfeld ist sowohl die Suche mit der Internetsuchmaschine als auch die Suche auf der aktuell geladenen Webseite möglich.

Darüber hinaus sehen Sie, dass auch der Eintrag *Auf dieser Seite* (suchen) existiert, womit Sie ebenfalls auf der aktuellen Internetseite eine Suche durchführen können.

Leseliste, Lesezeichen und mehr

Lesezeichen

Wenn Sie eine interessante Internetseite gefunden haben, möchten Sie diese auch im Zugriff behalten. Die gängige Möglichkeit ist hierzu das *Lesezeichen*. Um ein Lesezeichen zu erzeugen, wählen Sie links neben der Adressleiste das *Teilen*- oder *Bereitstellen*-Feld aus und dort den Eintrag *Lesezeichen*.

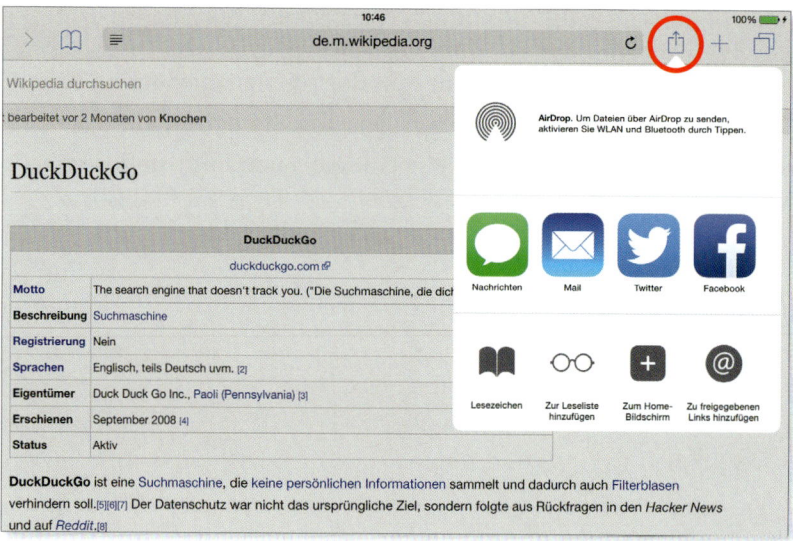

Via „Teilen"-Feld stehen umfangreiche Funktionen zur Verfügung.

Sogleich wird diese Internetseite zu einem Lesezeichen umgewandelt. Geben Sie noch einen griffigen Text ein und spezifizieren Sie, in welchen Lesezeichen-Ordner dieses Lesezeichen abgelegt werden soll. Das Lesezeichen-Icon selbst finden Sie links neben der Adressleiste.

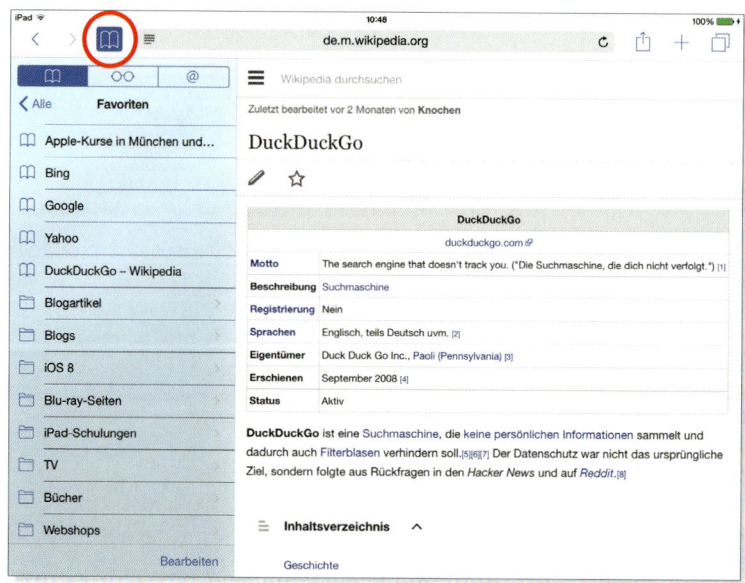

Das iPad bietet eine komfortable Lesezeichen-Verwaltung.

Hier können Sie Ordner erstellen (*Bearbeiten –> Neuer Ordner*) und damit die Lesezeichen sinnvoll verwalten. Auch das Umbenennen, Verschieben oder

Löschen ist möglich. Um die Lesezeichen wieder zu schließen, tippen Sie erneut auf das Buchsymbol.

Lesezeichen sind also die gängigste Möglichkeit, öfter benötigte Internetseiten zu speichern. Aber Apple wäre nicht Apple, wenn es nicht weitere, deutlich elegantere Möglichkeiten gäbe, wichtige Internetseiten abzulegen. Wenn Sie erneut auf das *Teilen*-Feld klicken, erhalten Sie die Eigenschaft *Zum Home-Bildschirm*. Damit wird ein Lesezeichen zu einem Icon auf Ihrem Home-Bildschirm. Probieren Sie das einfach einmal aus.

In dem Bildschirmfoto erkennen Sie, dass die Spiegel-Online-Internetseite nun ein Icon bzw. eine Verknüpfung auf dem Home-Bildschirm geworden ist.

Und dieses verhält sich wie ein reguläres Lesezeichen, quasi wie eine App. Sobald Sie einmal auf dieses Icon tippen, wird der Safari-Browser gestartet und die dazugehörige Internetseite geladen.

> **!** Sie erinnern sich, dass man App-Icons in Ordner zusammenfassen kann. Das gilt natürlich genauso für Internetadressen, die Sie so als Icons auf dem Home-Bildschirm abgelegt haben. Erzeugen Sie Ordner, in denen Sie wichtige Internetadressen für Telebanking, für Ihren Verein, für private Hobbys etc. zusammenfassen, um schnell darauf zugreifen zu können.

Leseliste

Aber auch damit hat sich Apple noch nicht zufriedengegeben und noch eine weitere sehr pfiffige Eigenschaft eingebaut. Vielleicht kennen Sie diese Situation: Sie sitzen zu Hause an Ihrem iPad und studieren eine Internetseite. Sie werden aber unterbrochen und müssen sich rasch auf den Weg machen, haben die Seite aber noch nicht ganz gelesen. Über die Funktion *Zur Leseliste hinzufügen*, die Sie ebenfalls über das *Teilen*-Menü erreichen können, wird die Internetseite komplett heruntergeladen und steht auch dann zum Lesen zur Verfügung, wenn Sie keine aktive Internetverbindung haben.

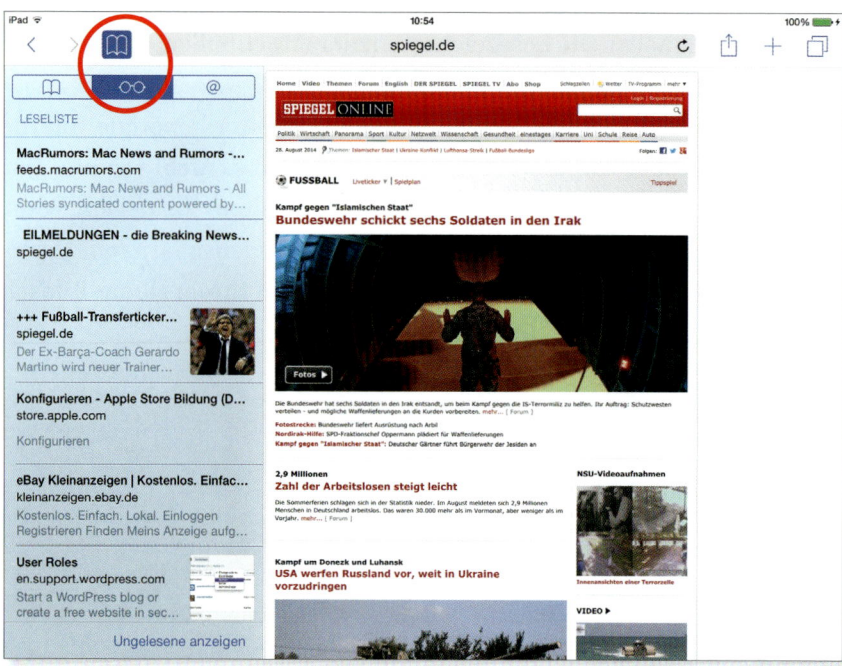

Die Leseliste ist Bestandteil der Lesezeichen.

Der Vorteil liegt klar auf der Hand: Sie können nun die Internetseite in aller Ruhe weiterlesen, obwohl Sie vielleicht unterwegs gar keine Internetverbindung haben. Und noch raffinierter ist es, wenn Sie über mehrere Geräte verfügen, denn diese Internetseite wird auf allen Geräten heruntergeladen, die über dieselbe Apple-ID verfügen. Dies ermöglicht der iCloud-Account. Damit diese Eigenschaften wie Leselisten- oder Lesezeichen-Einträge auch synchronisiert werden, sollten Sie dies in den *Einstellungen* zu iCloud aktivieren. Notwendig ist, den Schiebeschalter *Safari* auf *Ein* zu stellen.

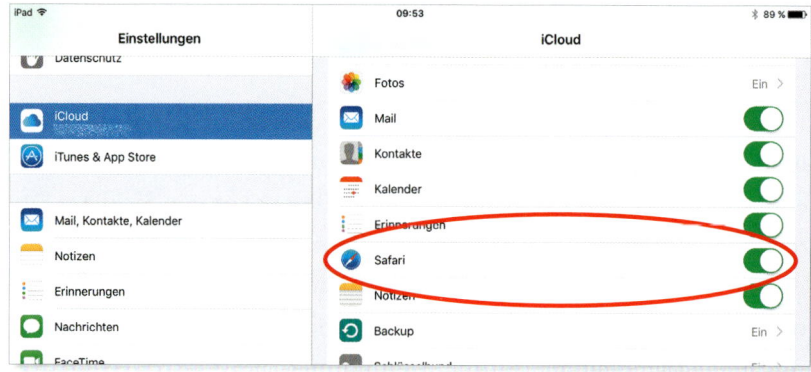

Wenn Sie die Safari-Synchronisation in den iCloud-Einstellungen einschalten, werden Lesezeichen, Leselisten und weitere Einstellungen automatisch synchronisiert.

Übrigens verschwindet ein Eintrag der Leseliste wieder automatisch, sobald an einem Gerät der Artikel aufgerufen und gelesen wurde. Durch Tippen auf *Alle anzeigen* sehen Sie dann die gelesenen Artikel erneut und über *Ungelesene anzeigen* eben die offenen. Sie können einen Artikel ebenfalls durch Wischen von links nach rechts aus der Liste nehmen und somit löschen.

Freigegebene Links

Und auch das ist möglich: Haben Sie in den *Einstellungen –> Twitter* Ihre Zugangs-daten hinterlegt, wird neben den Lesezeichen und der Leseliste der Eintrag *Freigegebene Links* eingeblendet. Dieser zeigt Hyperlinks von Twitter-Einträgen an.

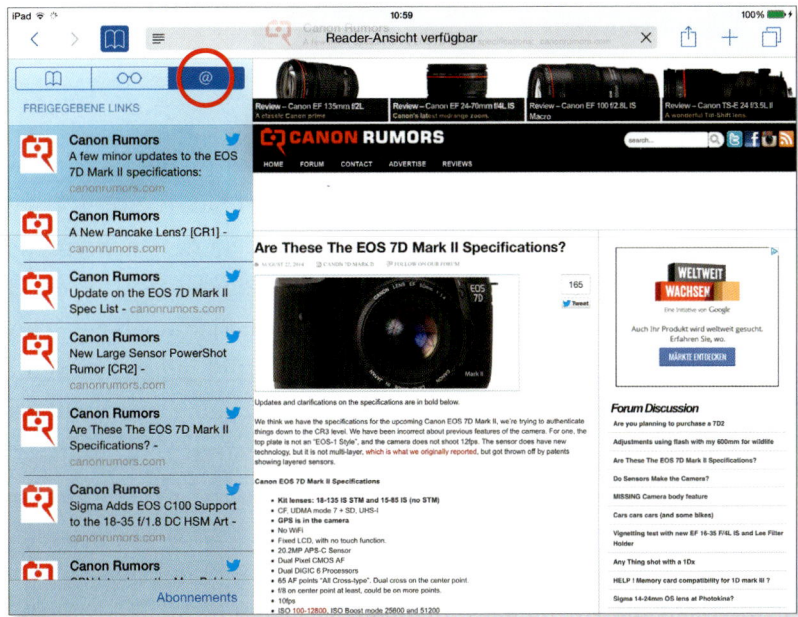

„Freigegebene Links" steht nur zur Verfügung, wenn ein Twitter-Account in den Einstellungen konfiguriert wurde.

iCloud-Tabs

Und noch eine Eigenschaft wird so über verschiedene Geräte hinweg synchro-nisiert, nämlich die *iCloud-Tabs*. Wenn Sie Safari aufrufen und dort das Symbol ganz rechts antippen, bekommen Sie neben den Tabs am iPad auch eine Liste Ihrer Geräte mit den dort geöffneten Internetseiten.

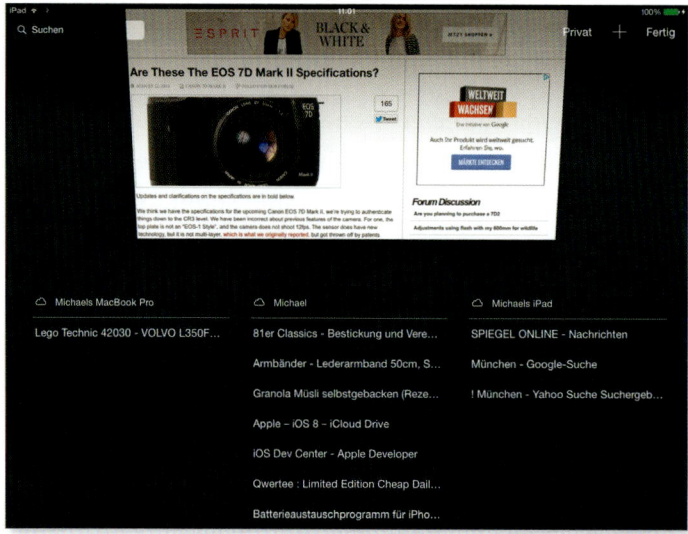

Via „iCloud-Tabs" sehen Sie, welche Internetseiten Sie aktuell auf Ihren anderen Geräten geöffnet haben.

Das heißt, wenn Sie auch einen Mac besitzen, dort Safari einsetzen und dieselbe Apple-ID in den iCloud-Einstellungen hinterlegt haben, werden die bei geöffnetem Safari dort aufgerufenen Internetseiten auch auf Ihrem iPad dargestellt. Und genauso verhält es sich, wenn Sie zusätzlich noch ein iPhone verwenden. Alle Geräte verwenden dieselbe Apple-ID und müssen in den iCloud-Einstellungen die Safari-Synchronisation aktiviert haben. Drahtlos über Apples iCloud werden also diverse Einstellungen synchronisiert.

Sie erkennen immer mehr, dass die Verwendung von iCloud äußerst nützlich ist. Nicht nur in Zusammenhang mit Safari, sondern auch mit vielen anderen Programmen im iPad, wie z. B. Kontakte, Kalender, Erinnerungen etc., werden dabei die Inhalte drahtlos und für Sie als Anwender nutzbringend synchronisiert.

>  Sie gelangen auch zur Übersicht über Ihre geöffneten Tabs und die iCloud-Tabs, indem Sie vier oder fünf Finger auf eine in Safari angezeigte Webseite legen und sie zusammenziehen (**Verkleinern-Geste**).

Privates Surfen

Vielleicht kennen Sie diese Situation: Sie haben Besuch, und dieser möchte kurzfristig Ihr iPad verwenden. Sie möchten aber nicht, dass die dort besuchten Internetseiten vom iPad gespeichert werden. Privates Surfen ist eine sehr einfache Eigenschaft, damit eine andere Person Ihr iPad und das Programm Safari verwenden kann, ohne Spuren auf Ihrem iPad zu hinterlassen.

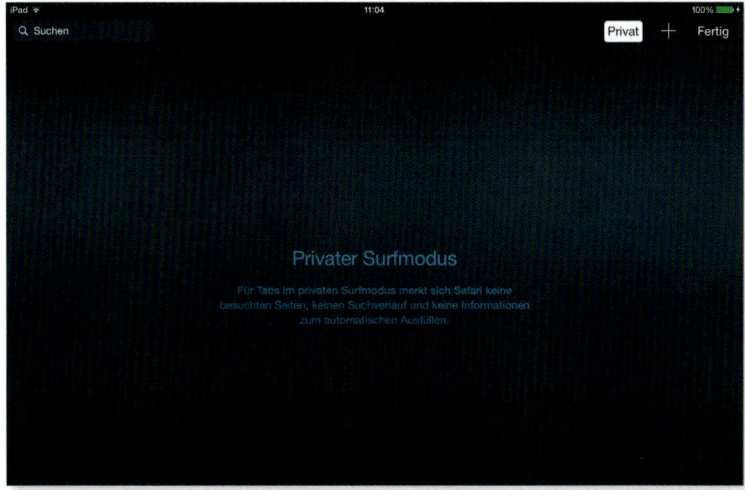

Der „Private Surfmodus" von Safari auf dem iPad.

Die Funktion *Privat* finden Sie direkt in Safari in der gerade gezeigten Tab-Ansicht. Tippen Sie dort auf *Privat*, öffnen Sie mit + einen neuen Tab und schon werden keine mehr Spuren aufgezeichnet. Sobald das private Surfen aktiviert ist, erscheint Safari in dunklem Gewand.

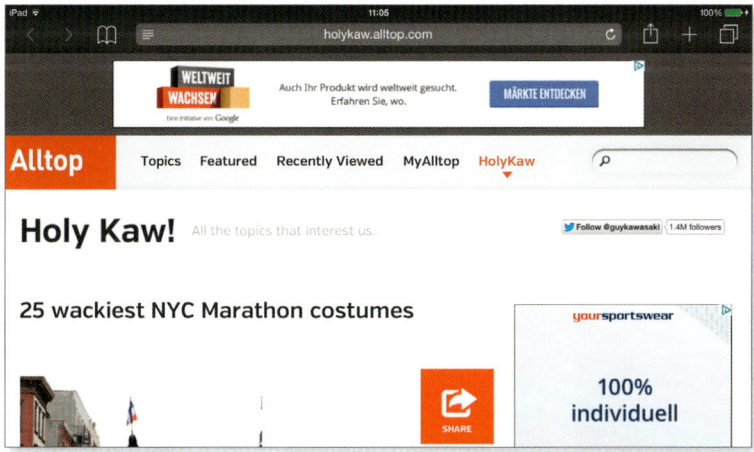

Das private Surfen ist aktiv, und Sie hinterlassen keine Spuren auf dem iPad. Sie erkennen die Funktion an der dunklen Safari-Leiste.

Webseiten in PDFs umwandeln

In iOS 9 gibt es eine sehr praktische Funktion für die Archivierung von Webseiten. Darum gehen wir kurz noch einmal zurück zum *Weiterverwenden*-Menü. Wenn Sie auf das kleine Quadrat mit dem Pfeil tippen und im nächsten Schritt *PDF in iBooks sichern* auswählen, dann erstellt Safari ein PDF und legt es ab.

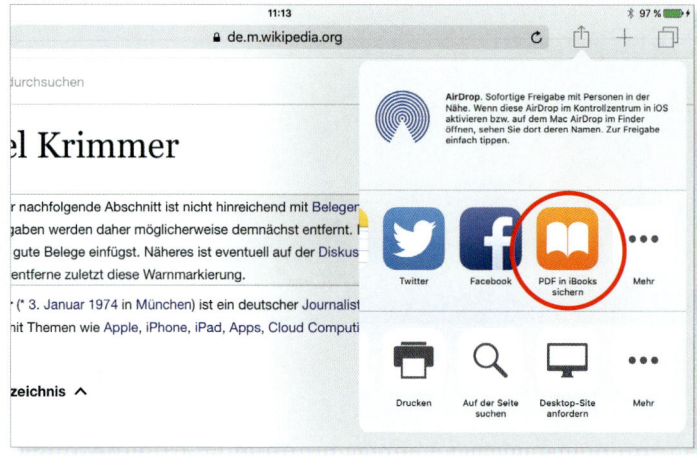

Am Symbol des Menüpunkts ist bereits zu erkennen, wo das erstellte PDF landen wird.

Nach einer kurzen Zeit der Umwandlung öffnet sich automatisch iBooks und zeigt das neue PDF an.

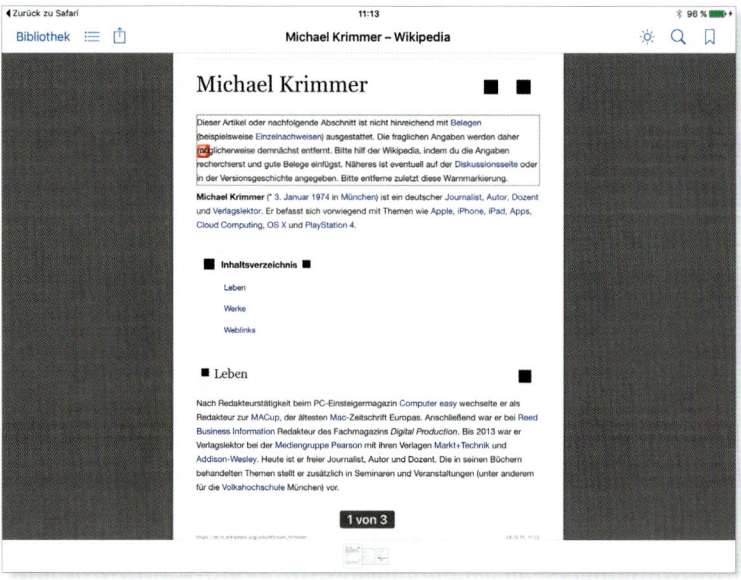

Das PDF ist erstellt und in iBooks abgelegt.

Safari-Einstellungen

In den *Einstellungen* bei *Safari* gibt es noch zwei sehr nützliche und deshalb erwähnenswerte Funktionen, die Sie unbedingt testen sollten.

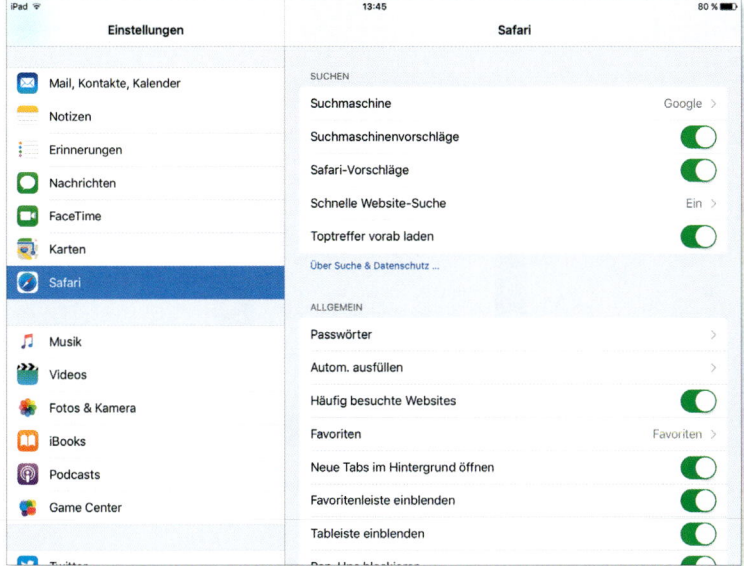

In den Safari-Einstellungen finden sich einige sehr interessante Perlen.

- *Passwörter und Autom. ausfüllen:* Diese Funktionen unter *Autom. ausfüllen* sollten Sie unbedingt aktivieren, denn damit können Sie Safari erlauben, Namen, Kennwörter und Kreditkarteninformationen zu speichern.

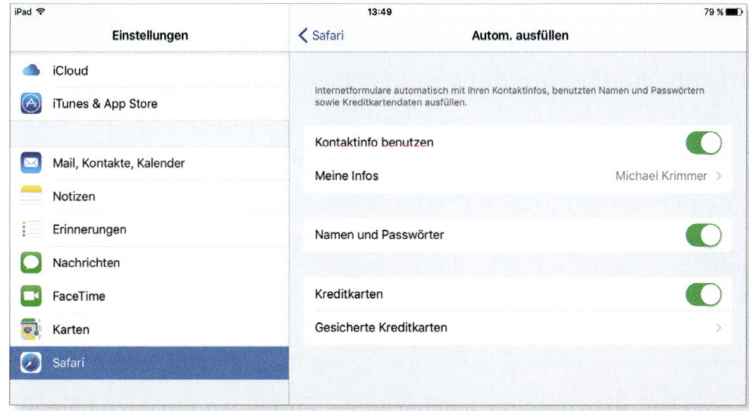

Über „Autom. ausfüllen" kann sich Safari Namen, Passwörter und Kreditkartendaten merken.

Welche Zugangsdaten Sie gespeichert haben, können Sie unter **Passwörter** einsehen.

Wenn Sie nun beispielsweise eine Internetseite aufrufen, auf der Sie Ihre Zugangsdaten eintragen müssen, kann der Browser bei Safari anfragen, ob er sich diese merken soll.

Safari kann sich Login-Daten von Internetseiten für Sie merken.

Sofern Sie hier mit *Passwort sichern* antworten, brauchen Sie bei einem erneuten Besuch der Internetseite Ihre Zugangsdaten nicht mehr einzugeben. Das ist natürlich eine sehr praktische Funktion, aber – sofern noch weitere Personen Zugriff auf Ihr iPad haben – ein Sicherheitsrisiko. Weiterhin können diese Passwort- und Kreditkarteninformationen über Apples iCloud zu Ihren anderen iOS-Geräten übertragen werden. Wie dies im Detail funktioniert, können Sie im nächsten Abschnitt nachlesen.

- *Favoritenleiste einblenden:* Wie Sie vorhin gesehen haben, können Sie mit Safari auf dem iPad wichtige Internetseiten als Lesezeichen (Favoriten) ablegen. Innerhalb der Lesezeichen-Verwaltung gibt es eine Kategorie mit dem Namen *Favoriten*. All die darin abgelegten Internetadressen können Sie permanent unterhalb der Adresszeile Ihres Browsers darstellen lassen. So haben Sie die für Sie wichtigen Internetseiten stets mit einem Fingertipp im Zugriff.

 Genauso wie ein Browser auf einem Computer merkt sich natürlich auch Safari auf dem iPad die besuchten Internetseiten, erstellt also einen Verlauf. Am unteren Rand der Lesezeichenverwaltung finden Sie ein Icon mit einer Uhr, über das Sie die besuchten Internetseiten, also den **Verlauf**, einsehen können.

Kapitel 6 Kommunikation

Keine Frage, das iPad ist kein iPhone. Deswegen kann mit dem iPad auch nicht so einfach telefoniert werden. Zumindest nicht auf den ersten Blick. Auf den zweiten Blick funktioniert das aber schon, und es gibt eine Reihe weiterer Möglichkeiten, wie Sie mit Ihren Freunden, Bekannten und Liebsten in Kontakt treten können. Freuen wir uns also, alle Möglichkeiten der Kommunikation im Rahmen dieses Kapitels eingehender zu begutachten.

Twitter, Facebook, Flickr und Vimeo

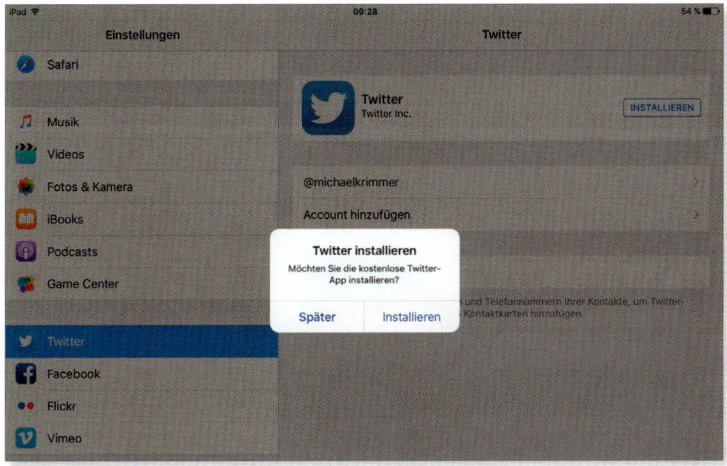

In den „Einstellungen" können zentral die Zugangsdaten für Ihre Twitter-, Facebook-, Flickr- und Vimeo-Accounts hinterlegt werden.

Tragen Sie beispielsweise Ihre Twitter-Daten in den *Einstellungen* ein, können Sie sogleich die kostenlose *Twitter*-App aus dem App Store herunterladen, um Ihre Twitter-Aktivitäten fortzuführen.

Etwas anders verhält es sich bei Facebook. Auch bei den Facebook-Einstellungen sind zunächst die Daten zu hinterlegen.

Facebook-Anmeldedaten wurden erfolgreich auf dem iPad hinterlegt.

Sie sehen, dass nun nicht sofort die Aufforderung folgt, die *Facebook*-App herunterzuladen, sondern auf Ihrem iPad befinden sich bereits einige Programme, die mit Facebook-Daten gefüllt werden können, wie z. B. Ihre *Kontakte*-App. Wenn Sie dies zulassen, wird in Ihrer *Kontakte*-App eine neue Gruppe namens *Facebook* angelegt, wo Sie all Ihre Facebook-Freunde wiederfinden. Von dort aus können Sie z. B. per E-Mail mit diesen Personen in Kontakt treten. Erst im zweiten Schritt bietet Ihnen Ihr iPad an, die *Facebook*-App auf Ihrem iPad zu installieren.

> **!** Neben der **Kontakte**-App kann auch die **Kalender**-App mit Daten aus Facebook versorgt werden. Das sind im Regelfall die von Ihren Facebook-Mitgliedern hinterlegten Geburtstagstermine oder Veranstaltungen, die sich dann automatisch in Ihrem Kalender befinden.

Wenn Sie nun per Twitter oder Facebook etwas mitteilen möchten, ist dies auf dem iPad sehr einfach möglich. Wir stellen Ihnen hier zwei nützliche Wege vor, um neue Twitter- oder Facebook-Einträge zu erstellen:

1. *Siri:* Verwenden Sie *Siri*, um per Twitter oder Facebook eine neue Nachricht zu erstellen. Für Twitter sprechen Sie beispielsweise: „Erstelle einen

Tweet." Für Facebook sagen Sie: „Poste an meine Pinnwand" und geben dann die Information ein.

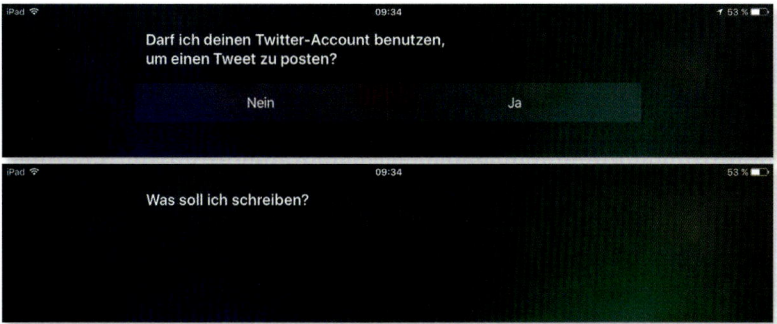

Nachdem Sie Siri erlaubt haben, Ihren Twitter-Account zu benutzen (oben), können Sie Tweets auch diktieren (unten). Das geht analog auch mit Facebook.

> **!** Über **Siri** erhalten Sie somit eine genial einfach zu bedienende und extrem rasche Möglichkeit, um neue Informationen in **Facebook** oder **Twitter** weiterzugeben.

2. Kommen wir noch einmal zurück zu *Safari*. Sie erinnern sich an die *Teilen*-Funktionalität neben der Adressleiste. Dort finden Sie die Begriffe *Twitter* und *Facebook* wieder.

Über das „Teilen"-Feld in diversen Applikationen können Informationen direkt an Twitter oder Facebook übermittelt werden.

Diese Funktionalität ist an sehr vielen Stellen möglich, nicht nur innerhalb von Safari. Auch *iBooks* kann Informationen von E-Books an diese Sozialen Netzwerke weitergeben. Und in den Stores (App Store, iTunes Store etc.) gibt es ebenfalls Verlinkungen zu Facebook.

Und wie verhält es sich umgekehrt? Wie werden Sie also informiert, sobald via Facebook oder Twitter von anderen neue Informationen eingetragen wurden? Ganz einfach: über die Mitteilungszentrale!

 Notwendig ist hierzu, dass Sie die Facebook- bzw. Twitter-App installiert und schon einmal gestartet haben.

Beim ersten Start der „Facebook"- bzw. „Twitter"-App werden Sie gefragt, ob Sie Push-Mitteilungen erlauben möchten.

Falls Sie dies akzeptieren, bedeutet das nichts anderes, als dass sich *Twitter* bzw. *Facebook* in die Mitteilungszentrale einklinken. Je nachdem, wie Sie es speziell für diese Apps konfigurieren, werden neue Informationen per *Banner*, per *Hinweis*, per *Töne* oder wie auch immer auf Ihrem Bildschirm erscheinen.

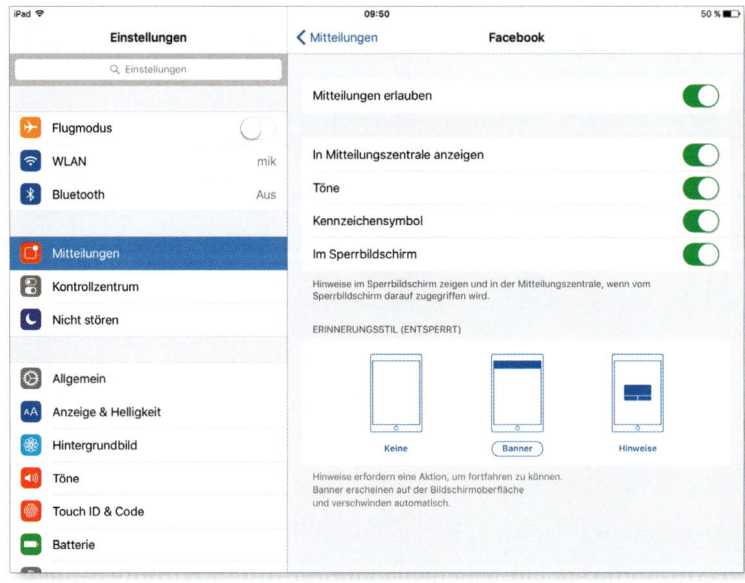

„Facebook" ist nun Bestandteil der Mitteilungszentrale. Neue Informationen werden per Banner auf Ihrem Display dargestellt.

Sie sehen an dieser Stelle wieder sehr schön, wie die verschiedenen Elemente eines iPads ineinandergreifen, wie die zentrale Konfiguration der Twitter- und Facebook-Accounts an die Apps weitergereicht wird und wie die Apps ihrerseits dann über die Mitteilungszentrale mit dem Betriebssystem kommunizieren. Also eine sehr enge und für Sie als Anwender nützliche Verzahnung.

 Auch das Betriebssystem OS X, das auf Apple-Computern läuft, kennt diese Funktionen.

Nachrichten

Wir haben eingangs geschrieben, dass über das iPad – anders als über das iPhone – nicht so ohne weiteres telefoniert werden kann. Dennoch können Sie von Ihrem iPad kostenlose SMS- bzw. MMS-Nachrichten an andere Apple-Anwender versenden. Notwendig hierzu ist das Aktivieren von *iMessage* in den *Einstellungen* bei *Nachrichten*.

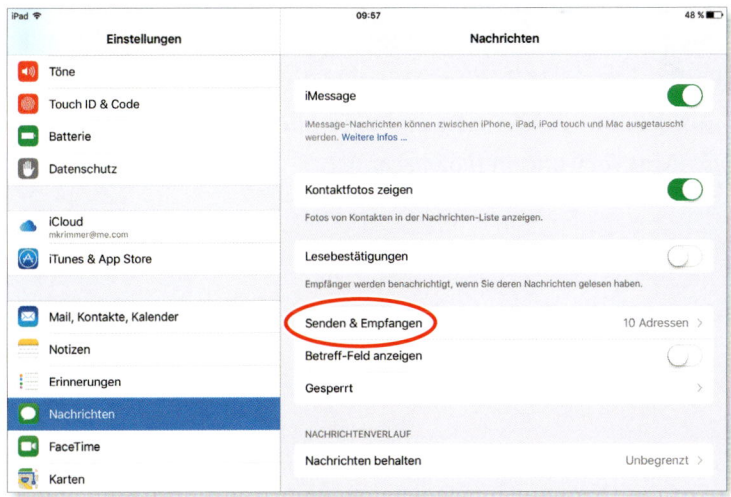

Die Apple-ID wird für die Verwendung von „iMessage" unter „Senden & Empfangen" eingetragen.

Schon ist Ihr iPad bereit, um Nachrichten mit anderen iOS-Geräten kostenfrei auszutauschen, die ebenfalls *iMessage* eingeschaltet haben.

Erste Einstellungen der Nachrichten-App

An dieser Stelle können Sie auch gleich die erste hilfreiche Einstellung vornehmen: Aktivieren Sie *Lesebestätigungen*, damit die Absender von Nachrichten an Sie erkennen können, ob Sie eine Nachricht erhalten bzw. gelesen haben. Möchten Sie das nicht, dann deaktivieren Sie diesen Punkt.

Es gibt noch weitere Einstellungen, die wir Ihnen am Ende des „Nachrichten"-Kapitels ausführlich erklären werden.

Das Programm *Nachrichten* selbst ist sehr einfach in der Bedienung.

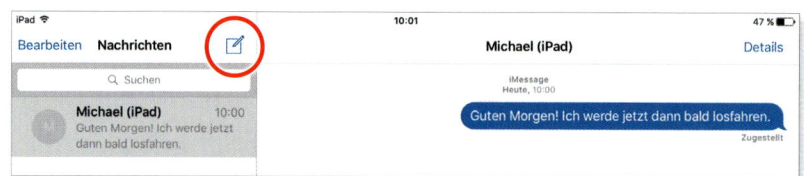

Tippen Sie links oben auf den „Erstellen"-Button und geben Sie dort die E-Mail-Adresse eines oder mehrerer Empfänger an.

> **!** Alternativ können Sie natürlich auch auf Adressen Ihres **Kontakte**-Programms zurückgreifen.

Tippen Sie dann den Nachrichtentext ein. Wenn Sie möchten, können Sie noch ein Foto oder ein Video an diese Nachricht hängen. Dieses können Sie entweder unmittelbar über die Kamera erstellen (*Foto od. Video aufnehmen*) oder aus der *Fotos*-App verwenden (*Fotoarchiv*).

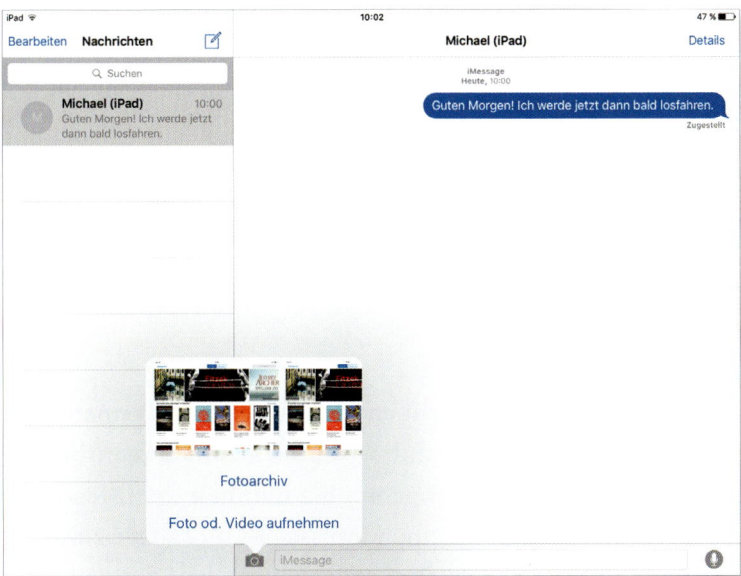

Eine neue Nachricht wird erstellt.

> **!** Das Versenden von Nachrichten mit Text-, Bild- und Videoinformationen wird von Apple über die kostenfreie Apple-ID abgewickelt und funktioniert nur, wenn die Empfänger ebenfalls eine Apple-ID auf ihren Geräten eingestellt haben. Das sind Anwender, die einen Mac, ein iPad oder ein iPhone verwenden. Das heißt, es verhält sich anders als bei SMS- oder MMS-Nachrichten, wo Sie geräteübergreifend Informationen senden können. Für diesen Nachrichtendienst sind Sie auf Geräte der Firma Apple angewiesen.

Adressen und Telefonnummer (bzw. die dazugehörigen Namen), die mit einer Apple-ID verknüpft sind, werden in Blau dargestellt. Das bedeutet konkret: Wann immer Sie einen „blauen Empfänger" in der Nachrichten-App sehen, können Sie iMessage-Nachrichten dorthin versenden. Ist die Farbe dagegen grün, so versucht iOS 9 stattdessen eine SMS-Nachricht zu versenden. Wenn das nicht klappt, dann ist die Nachricht schlicht nicht zuzustellen.

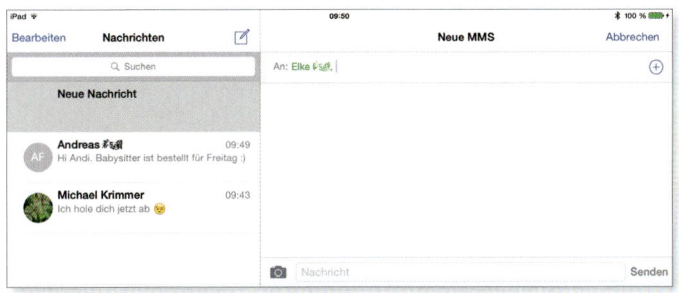

Dieser Empfänger besitzt keine aktive Apple-ID.

Sie sehen bereits am grünen Text (und am Wort „Nachrichten" im Textfeld), dass Sie die Nachricht an diesen Empfänger nicht per *iMessage* versenden können, da dieser keine Apple-ID hat bzw. Sie diese nicht kennen.

> **!** Um zu einem späteren Zeitpunkt komplette Konversationen zu löschen, tippen Sie links oben auf **Bearbeiten**. Und noch ein Tipp: Schieben Sie den rechten Teil des **Nachrichten**-Fensters nach links, um die exakten Uhrzeiten der Meldungen zu sehen.

Und noch etwas ist an diesem „grünen Empfänger" zu erkennen: Rechts neben dem Textfeld für die Nachricht fehlt im Vergleich zum Screenshot weiter oben das Mikrofonsymbol. Darüber erreichen Sie nämlich die iMessage-exklusive Funktion, Sprachnachrichten an einen iMessage-Empfänger zu versenden. Da die grüne Adresse aber zeigt, dass am anderen Ende der Leitung kein iOS-Gerät hängt, das die Nachricht auch korrekt ausgeben könnte, ist diese Funktion deaktiviert. Geht die Nachricht aber an einen iMessage-Empfänger, erscheint das Mikrofon wieder. Und dann haben Sie diese Möglichkeiten:

Sprach- und Videonachrichten senden

Vermutlich haben Sie rechts neben dem Eingabefeld für Nachrichtentexte bereits das Mikrofonsymbol gesehen. Darüber lassen sich sehr einfach Sprachnachrichten verschicken.

Dieses Mikrofon ist nicht zu verwechseln mit dem auf der Tastatur. Über das hier lassen sich Sprachnachrichten aufnehmen und verschicken.

Um eine Sprachnachricht aufzuzeichnen, tippen Sie auf das Mikrofon und lassen während der Aufnahme den Finger darauf.

Die Aufnahme läuft. Im Bereich links sehen Sie, wie laut die einzelnen Passagen aufgenommen wurden.

Um die Nachricht direkt zu verschicken, schieben Sie den Finger nach oben in Richtung des Pfeils und nehmen dann den Finger vom Display. Darauf geht die Nachricht sofort raus. Nehmen Sie den Finger vom Display, ohne ihn nach oben zu schieben, stoppt die Aufnahme und Sie erhalten weitere Möglichkeiten.

Die Aufnahme wurde beendet. Sie können sie nun anhören, löschen oder versenden.

Wenn Sie nun auf das Wiedergabesymbol tippen, hören Sie Ihre Nachricht. Der Pfeil nach oben verschickt die Datei, und das *x* löscht sie.

So zeigt beispielsweise iOS 9 am iPad den Eingang einer Sprachnachricht an.

> **!** Um Platz zu sparen, löscht iOS 9 eine bereits abgehörte Sprachnachricht nach zwei Minuten automatisch. Möchten Sie die Datei darüber hinaus speichern, tippen Sie auf **Behalten**. Das können Sie in den **Einstellungen –> Nachrichten** auch deaktivieren.

Wenn Sie hier nicht auf „Behalten" tippen, wird die Nachricht zwei Minuten nach dem Abhören gelöscht.

Möchten Sie den Zeitraum bis zum Löschen der Dateien ändern, rufen Sie die *Einstellungen -> Nachrichten* auf und passen Sie die Einträge unter *Audionachrichten* und *Videonachrichten* an.

> ! Möchten Sie statt einer Audio- eine Videonachricht versenden, so können Sie das fast genauso machen wie gerade beschrieben. Halten Sie dazu die Kamerataste links neben dem Eingabefeld gedrückt und tippen Sie dann auf den roten Aufnahmeknopf, um die Aufnahme zu starten. Sie stoppen die Aufnahme durch erneutes Drücken auf den Knopf. Danach lässt sich die Videobotschaft ansehen, versenden oder löschen. Übrigens: Über den weißen Aufnahmeknopf nehmen Sie ein Foto auf und verschicken es.

SMS-Empfang und -Versand

Mit iOS 9 und einem iPhone können Sie auf dem iPad auch „normale" SMS- bzw. MMS-Nachrichten versenden und empfangen. Nötig hierfür ist die einmalige Verbindungsherstellung zwischen dem iPad und dem iPhone sowie die gleiche Apple-ID für iCloud. Sind diese Voraussetzungen erfüllt sind, kommt die Verbindungsanfrage, sobald Sie am iPad die App *Nachrichten* starten.

Nach der Eingabe des Codes ist die Verbindung hergestellt.

Nun können Sie am iPad an beliebige Mobilfunknummern SMS-Nachrichten versenden. Dabei werden diese über das iPhone versendet.

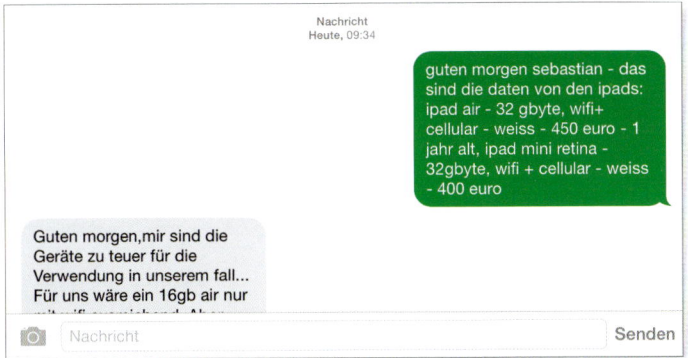

Die Nachrichten-App kann SMS- und MMS-Nachrichten senden und empfangen.

Möchten Sie zu einem späteren Zeitpunkt die Kopplung iPhone–iPad wieder aufheben, so sollten Sie am iPhone in den *Einstellungen* den Eintrag *Nachrichten* aufrufen. Tippen Sie dort auf *SMS-Weiterleitung* und deaktivieren Sie das entsprechende Gerät.

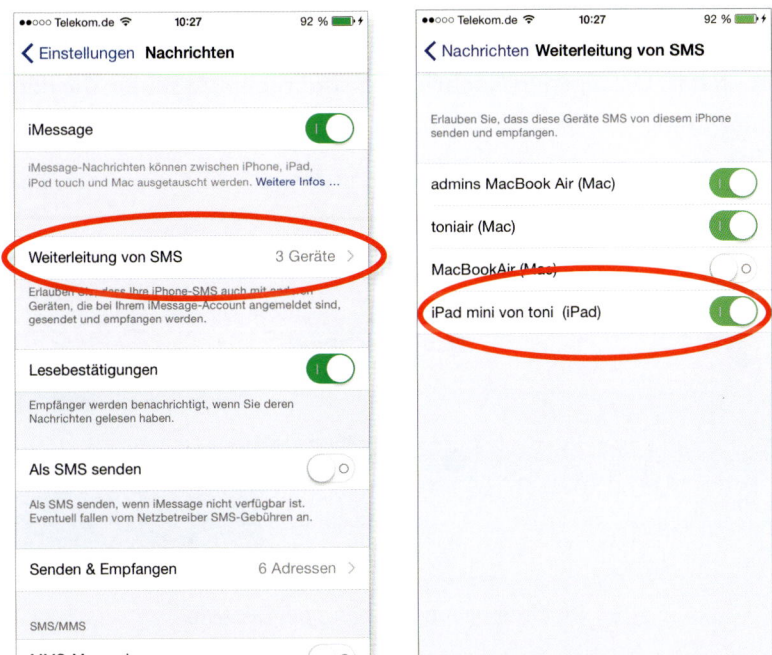

Am iPhone kann die Verbindung zum iPad wieder unterbrochen werden.

Gruppennachrichten

Möchten Sie eine Unterhaltung mit mehreren Personen führen, geben Sie einfach mehr als einen Empfänger in das *An*-Feld ein. Dann gehen alle Nachrichten, die Sie in dieser Unterhaltung schreiben, auch an alle Teilnehmer.

In der Übersicht erkennen Sie Gruppennachrichten an den Empfängern und rechts am Hinweis „Gruppe". Zum Vergleich: Die Nachricht darüber ging nur an eine Person.

Innerhalb der Unterhaltung steht dann bei jeder Nachricht zu lesen, wer sie geschrieben hat. Die eigenen Nachrichten sind rechts zu sehen, die der anderen Teilnehmer links.

Die Unterhaltung der Gruppe füllt sich.

Optionen während der Unterhaltung

Wenn Sie rechts oben auf *Details* tippen, kommen Sie zu den Optionen der Unterhaltung.

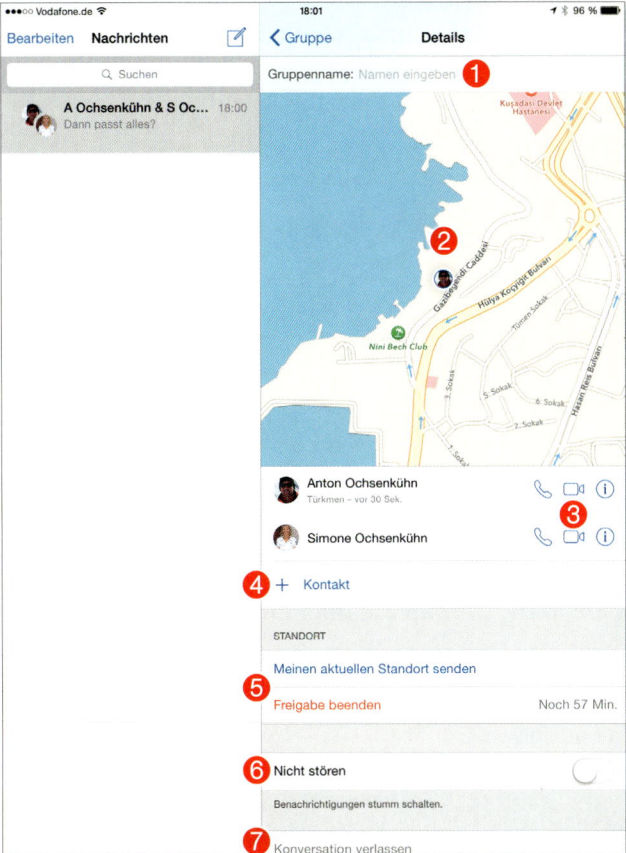

Zunächst erhalten Sie Infos zum Standort und den Kontaktdaten der Teilnehmer. Scrollen Sie weiter nach unten, sehen Sie weitere Möglichkeiten.

❶ Hier können Sie der Gruppe einen Namen geben. Über eine Änderung wird die Gruppe informiert. Sollten Sie das Feld für den Gruppennamen nicht sehen, schieben Sie das Fenster etwas nach unten weg.

❷ Auf der Karte sehen Sie, wo sich die Teilnehmer befinden. Tippen Sie auf die Karte, um zur Großansicht zu wechseln.

❸ Rechts neben den Namen gibt es die Tasten zur schnellen Kontaktaufnahme per *Telefon* und *FaceTime*. Das eingekreiste *i* bringt Sie zur Visitenkarte.

❹ Über diese Schaltfläche fügen Sie der Unterhaltung eine neue Person hinzu.

195

❺ Geben Sie hier Ihren Standort als Information für die anderen Teilnehmer frei. Die erste Option gibt den Standort für den aktuellen Zeitpunkt frei.

Die zweite kann *1 Stunde*, *Bis zum Ende des Tages* oder *Unbegrenzt* freigeben. Sie haben aber jederzeit die Möglichkeit, die Freigabe wieder zu beenden.

❻ Ist *Nicht stören* aktiv, werden Sie über eingehende Nachrichten nicht informiert, solange das iPad gesperrt ist. Perfekt für Besprechungen.

❼ Via *Konversation verlassen* können Sie sich als Gruppennachrichten-Empfänger verabschieden.

Anhänge an einem zentralen Ort

Wurden in einer Unterhaltung Fotos und Videos geteilt, so können Sie alle zentral ebenfalls in den *Details* ansehen und aufrufen.

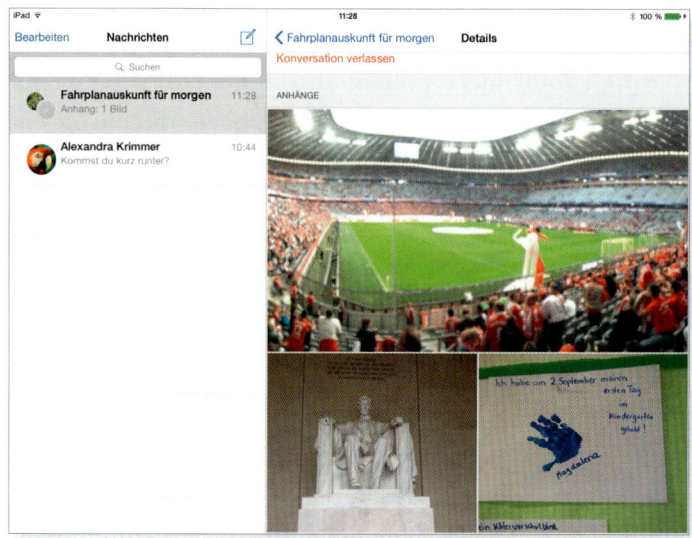

Die zentral angezeigten Dateien können auch vergrößert und weiterverwendet werden.

Einstellungen für Nachrichten

Für die *Nachrichten*-App im iPad gibt es ein paar wenige Konfigurationsmöglichkeiten, die aber sehr interessant sind. Sie finden sie unter *Einstellungen –>*
Nachrichten.

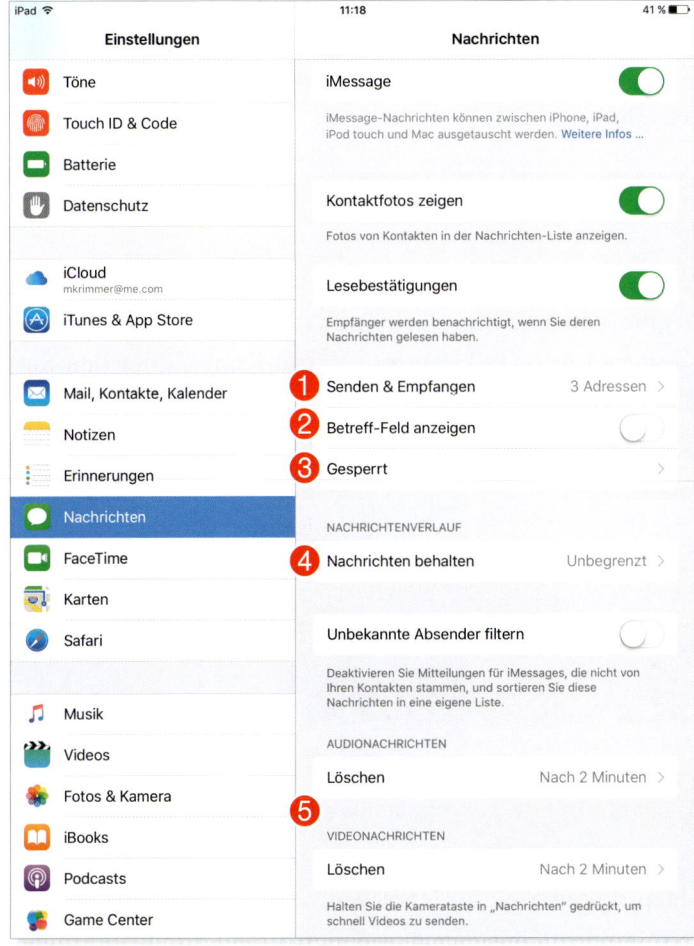

Die „Nachrichten"-App bietet zwar nur wenige, aber dennoch hilfreiche Einstellungen.

❶ Die Einstellungen zu *iMessage*, den *Lesebestätigungen* und *Senden & Empfangen* haben Sie bereits kennengelernt.

❷ Haben Sie diese Option aktiviert, bekommen Sie beim Verfassen von iMessage-Nachrichten neben dem eigentlichen Feld für die Nachricht noch ein Betreff-Feld. Damit können Sie wie bei einer E-Mail der Nachricht ein Thema mitgeben.

❸ Möchten Sie von einem bestimmten Empfänger keine Nachrichten mehr empfangen, können Sie ihn der *Gesperrt*-Liste hinzufügen. Diese Liste blockiert diese Person dann auch bei *FaceTime*.

❹ Legen Sie hier fest, wie lange Sie Ihre Nachrichten archivieren möchten. Neben *Unbegrenzt* gibt es noch die Wahlmöglichkeiten *30 Tage* und *1 Jahr*.

❺ Und hier definieren Sie, ob Ihre Audio- und Videonachrichten bereits *Nach 2 Minuten* gelöscht werden sollen, um Speicherplatz auf dem iPad zu sparen. Hier können Sie aber auch *Nie* auswählen, dann bleiben die Nachrichten erhalten.

Unterhaltungen und Nachrichten löschen

Eine komplette Unterhaltung löschen Sie dadurch, dass Sie in der Übersicht der Nachrichten eine Konversation nach links wegschieben. Dann erhalten Sie den bereits aus anderen Apps bekannten *Löschen*-Knopf, über den Sie die Aktion ausführen.

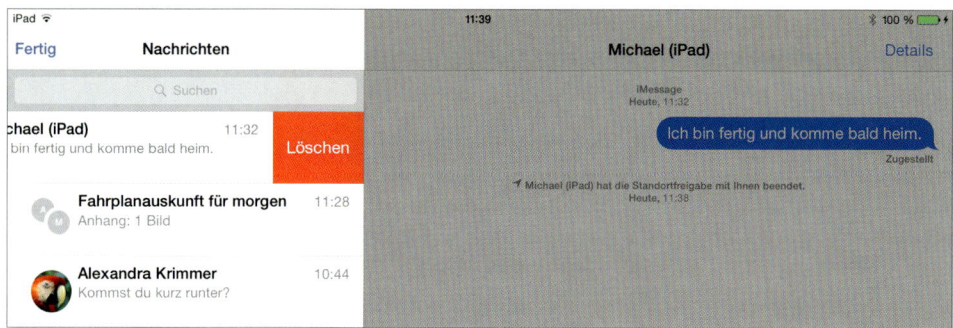

Das Löschen von ganzen Konversationen klappt über die bekannte Wischgeste.

Alternativ dazu tippen Sie auf *Bearbeiten*, wählen eine oder mehrere Einträge aus, indem Sie auf den Kreis davor tippen, und wählen dann *Löschen*.

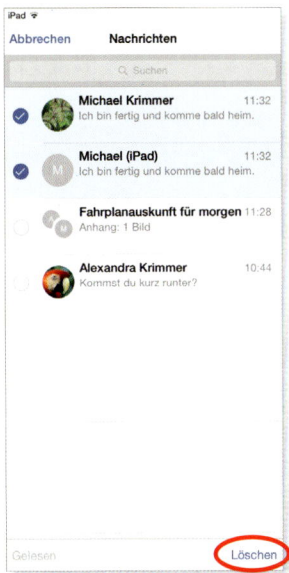

Wenn Sie Konversationen markieren und dann löschen, können Sie bequem auch mehrere Einträge auf einmal löschen.

Möchten Sie innerhalb einer Unterhaltung eine bestimmte Nachricht löschen, so funktioniert auch das. Es ist nur auf Anhieb nicht zu sehen. Tippen Sie dazu auf die Nachricht und belassen Sie den Finger kurz auf dem Display. Im daraufhin erscheinenden Menü wählen Sie *Mehr* aus. Und nun können Sie über das Papierkorbsymbol links unten alle ausgewählten Nachrichten löschen.

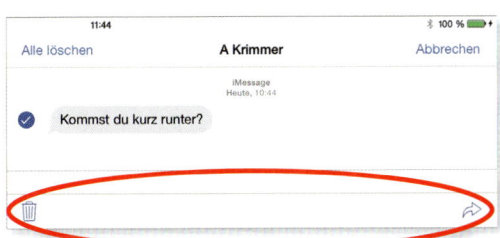

Über das Papierkorbsymbol löschen Sie die markierte(n) Nachricht(en). Der Pfeil leitet sie weiter.

> **!** Zum Abschluss noch ein Tipp: Oft kommt es vor, dass man den Eingang einer Nachricht beim ersten Hinweis nicht zur Kenntnis nimmt. Wenn Sie gerne noch weitere Hinweise hätten, dann können Sie das in den **Einstellungen** –> **Nachrichten** festlegen. Rufen Sie den Punkt **Hinweise wiederholen** auf und dort eine der verfügbaren Optionen (**1-mal** bis **10-mal**). Dann werden Sie künftig so oft erinnert, bis Sie die Nachrichten ansehen.

FaceTime

Na gut, Sie haben recht, über *iMessage* (Nachrichten) können wir nicht telefonieren, aber zumindest per Text, Foto und Video kommunizieren. Soll die Verbindungsaufnahme noch direkter sein, können Sie *FaceTime* verwenden. *FaceTime* ist Bildtelefonie – seit iOS 7 auch Audiotelefonie, und seit iOS 8 können Sie in Zusammenarbeit mit einem iPhone auch ganz normal telefonieren. Sie haben längst erraten, was notwendig ist, um mit *FaceTime* zu arbeiten. Richtig, Sie müssen die Apple-ID hinterlegen! Wo? Natürlich in den *Einstellungen* und dort wiederum bei *FaceTime*.

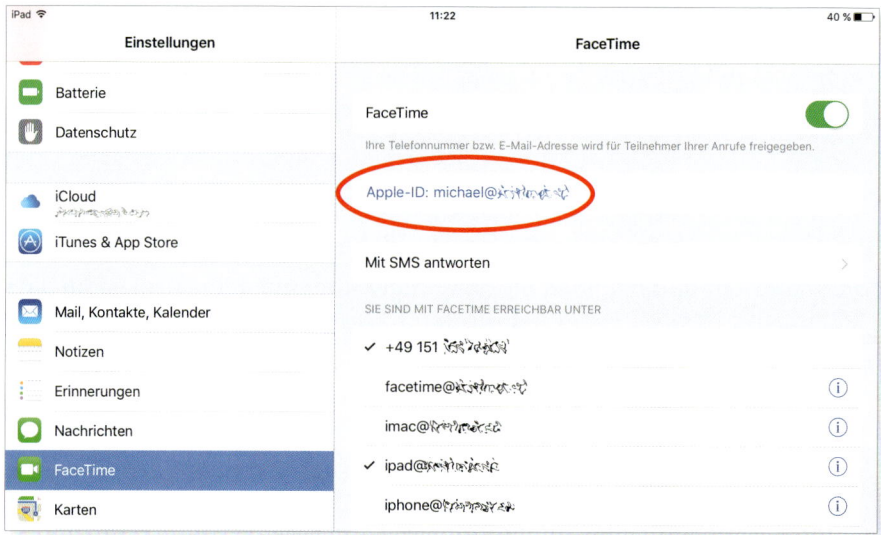

„FaceTime" kann nur aktiv werden, wenn auch hier die Apple-ID eingetragen ist.

Und wie Sie am Bildschirmfoto sehen, können Sie hier auch weitere E-Mail-Adressen eintragen, unter denen Sie dann per *FaceTime* erreichbar sind.

> **!** Sie haben ja vorhin beim Programm **Nachrichten** gesehen, dass nicht alle Anwender über eine Apple-ID verfügen. Es könnte also sein, dass Sie von einem anderen Anwender eine E-Mail-Adresse haben, die keine Apple-ID ist. Würde dieser aber seine E-Mail-Adresse seiner Apple-ID zuordnen, wäre er sowohl per **Nachrichten** als auch über **FaceTime** erreichbar. Ergo: Sie selbst sollten Ihre E-Mail-Adressen an die Apple-ID andocken, damit Sie von potenziellen Kommunikationspartnern über **Nachrichten** oder auch **FaceTime** erreicht werden können.

Wenn Sie zusätzlich zum iPad ein iPhone haben, kann an dieser Stelle auch eine Telefonnummer stehen. Da das iPhone eine Telefonnummer hat, trägt sich diese automatisch in die FaceTime-, aber auch in die Nachrichtenkontakte ein. Das heißt, sendet jemand an diese Telefonnummer eine Nachricht oder versucht, per Videotelefonie Kontakt aufzunehmen, wird der Anruf auf das iPad weitergeleitet.

Über FaceTime können Video- und Audiotelefonate gestartet werden.

In dieser Abbildung sehen Sie, dass auf der linken Seite die bereits bekannten Kontakte eingeblendet werden. Tippen Sie also auf eine Adresse, um die Verbindung herzustellen. Gleich darüber können Sie zwischen *Video-* und *Audio-*Verbindungen wählen.

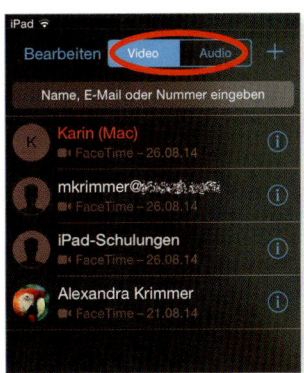

Soll ein Video- oder ein Audiotelefonat geführt werden?

Sie können auch in das Suchfeld unter *Video/Audio* einen Namen, eine E-Mail-Adresse oder eine Nummer eintragen. Daraufhin erhalten Sie auch alle Treffer aus Ihren Kontakten. Wenn bei einem Treffer eine Kontaktmöglichkeit für Face-Time-Video und FaceTime-Audio vorhanden ist, wählen Sie das dadurch aus, dass Sie auf das Kamera- (Video) oder das Telefonhörersymbol (Audio) tippen.

Noch drei letzte Anmerkungen zu *FaceTime*: Die iPad- und iPhone-Modelle ab 2012 sind in der Lage, nicht nur per WLAN, sondern auch per 3G/LTE-Netzwerk eine Bild- oder Audiotelefonieverbindung aufzubauen. Damit das funktioniert, muss dies in den *Einstellungen* bei *Mobile Daten* auch konfiguriert werden.

Wenn Sie unterwegs FaceTime-Anrufe bekommen und senden wollen, aktivieren Sie „FaceTime" in den dazugehörigen Einstellungen.

Und auch das ist möglich: Während Sie einen FaceTime-Anruf führen, können Sie durch Tippen auf die Home-Taste die App verlassen und eine andere App starten, um z. B. den Kalender zu prüfen oder in den Erinnerungen einen Eintrag vorzunehmen.

Während eines FaceTime-Anrufs können andere Apps gestartet und verwendet werden.
Über die Menüleiste kommt man wieder zu FaceTime zurück.

Übrigens: Während eines Videocalls können Sie zwischen Front- und Rück-
kamera wechseln. Und Sie können weitere Personen per FaceTime kontaktieren
und so ganz einfach eine Konferenz einberufen.

Telefonieren mit dem iPad

Wenn Sie an einem iPhone in den *Einstellungen* zum *Telefon* den Punkt *Auf anderen Geräten* aktiviert haben, dann kann sich Ihr iPad die Telefonverbindung des
iPhones ausleihen und darüber eine Telefonverbindung aufbauen. Ganz so, als
würden Sie den Anruf vom iPhone aus starten. Dazu ist es erforderlich, dass Sie
sich an iPhone und iPad sowohl bei FaceTime als auch der iCloud mit derselben
Apple-ID anmelden. Am iPad aktivieren Sie zusätzlich die Option *Anrufe vom
iPhone*, die Sie in den *Einstellungen* von *FaceTime* finden.

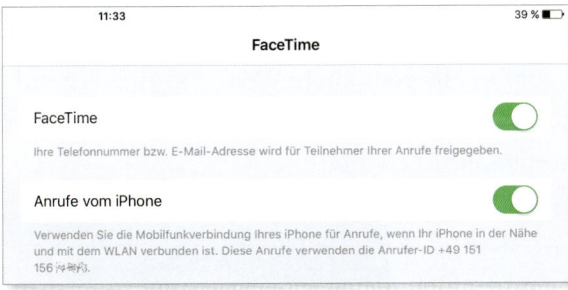

Aktivieren Sie „Anrufe vom iPhone", um am iPad über das iPhone telefonieren zu können.

Um einen Anruf zu starten, wählen Sie z. B. den entsprechenden Kontakt
aus und tippen auf die gewünschte Telefonnummer. Und schon baut das iPad
die Verbindung auf und informiert im Display darüber, dass das Telefonat „mit
Ihrem iPhone" geführt wird.

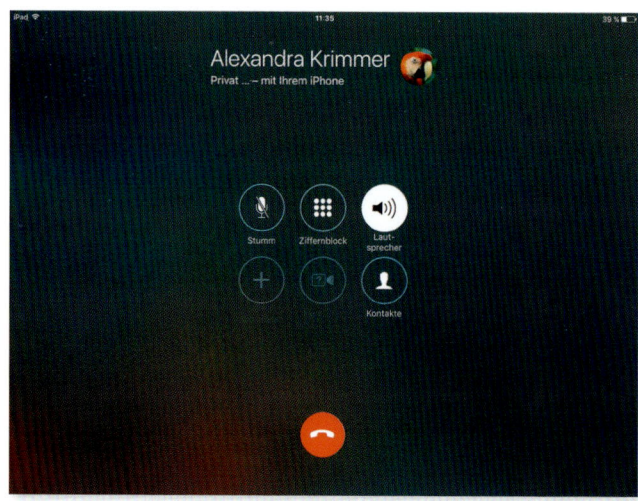

Die Verbindung wird aufgebaut. Das iPad nutzt die Telefonfunktion des iPhones, um den Anruf durchzuführen.

Sie können aber auch jede beliebige Telefonnummer auf einer Webseite in Safari antippen und von dort aus den Anruf über das iPhone starten.

Andersherum geht es übrigens auch: Wenn Sie einen Anruf am iPhone empfangen, können Sie diesen Anruf auch am iPad annehmen. Und in Kombination mit dem Mac funktioniert es ebenfalls.

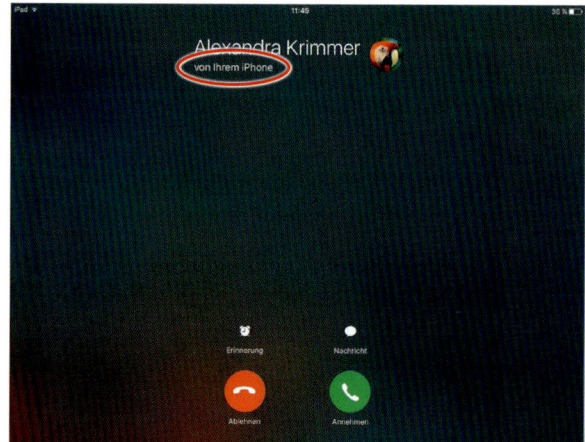

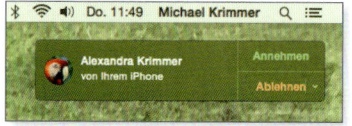

Auch der Mac ist in der Lage, Anrufe über das iPhone zu starten oder anzunehmen.

Notwendig hierfür ist der Einsatz des Betriebssystems OS X ab Version 10.10 (Yosemite) und die Aktivierung in der App *FaceTime* und dort in den *Einstellungen*. Die Option heißt am Mac *Anrufe vom iPhone*.

 Um diese Funktion nutzen zu können, muss sowohl am iPad als auch am iPhone in den FaceTime-Einstellungen dieselbe Apple-ID eingetragen sein. Außerdem müssen sich beide Geräte im gleichen WLAN befinden.

E-Mail

Die immer noch gängigste Kommunikationsmöglichkeit über das Internet ist das Senden und Empfangen von E-Mails. Und keine Frage, auch das iPad versteht sich ganz hervorragend auf das Mailen. Bevor Sie das erste Mal das Programm *Mail* starten und zu arbeiten beginnen, sollten Sie in den *Einstellungen* die notwendigen Konfigurationen vornehmen.

 Sie erinnern sich: Bei der Installation Ihres iPads konnten Sie eine Apple-ID eintragen und iCloud spezifizieren. Haben Sie dies während der Installation getan, sind in den Einstellungen bei **Mail, Kontakte, Kalender** sowie bei **Nachrichten** und auch bei **FaceTime** bereits Ihre Apple-ID-Daten hinterlegt. Ebenso haben iTunes und App Store die Apple-ID bekommen. Wenn Sie das während der Installation nicht getan haben, müssen Sie eben nachträglich Ihre Apple-ID-Daten samt dazugehörigem Passwort in den jeweiligen Kategorien eintragen.

Aber kommen wir zurück zu der Möglichkeit des E-Mail-Sendens und -Empfangens. Haben Sie in den iCloud-Einstellungen die Apple-ID eingetragen und den Schiebeschalter bei *Mail* aktiviert, erhalten Sie einen E-Mail-Account, der im Bereich *Mail, Kontakte, Kalender* fertig eingerichtet ist.

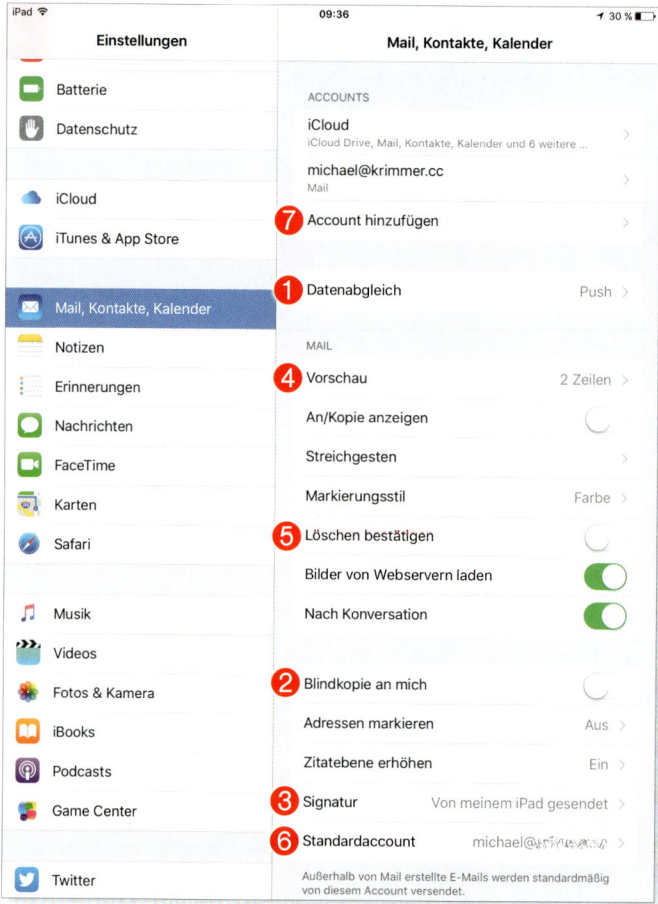

Der iCloud-Account hat sich als Mail-Account sofort eingetragen.

Achten Sie darauf, dass Sie einige wichtige Grundeinstellungen des Programms *Mail* vorgenommen haben:

❶ *Datenabgleich:* Via Datenabgleich regeln Sie, ob Ihr E-Mail-Programm die E-Mails automatisch (*Push*) oder zu bestimmten Zeiten laden soll (*Alle 15 Minuten*, *Alle 30 Minuten*, *Stündlich*, *Manuell*). Wenn Sie den automatischen Mail-Abruf aktivieren, kostet das bisweilen etwas Akkulaufzeit. Das Zeitraster bzw. manuelle Laden ist zu empfehlen, wenn Sie weniger häufig Mails bekommen und diese weniger dringend sind. Weiterhin können Sie das Laden der E-Mails manuell starten, wenn Sie die Liste aller Nachrichten nach unten ziehen.

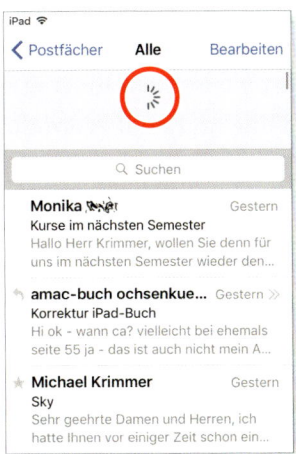

Durch Ziehen der Liste nach unten werden neue E-Mails geladen.

❷ *Blindkopie an mich:* Es gibt viele Anwender, die diese Funktion aktivieren. Jede gesendete E-Mail wird daraufhin per *Bcc* automatisch auch an Sie gesendet.

> **!** Jede E-Mail, die das iPad verlässt, wird zudem innerhalb des E-Mail-Accounts im **Gesendet**-Ordner abgelegt. Deshalb ist es meist nicht notwendig, die Blindkopie zu verwenden.

❸ *Signatur:* Wenn Sie von Ihrem iPad auch E-Mails versenden, wäre es sinnvoll, dass Sie hier eine individuelle Signatur eingeben und den Eintrag *Von meinem iPad gesendet* durch Ihren Textbeitrag ersetzen. Haben Sie mehrere E-Mail-Accounts eingerichtet, können die Signaturen *Pro Account* eingetragen werden.

❹ Stellen Sie hier ein, ob die *Vorschau* auf den Mailtext zwischen *1 Zeile* und *5 Zeilen* groß sein soll. Auch *Keine* ist als Option verfügbar.

❺ *Löschen bestätigen* kann das irrtümliche Löschen von Mails verhindern. Ist diese Funktion aktiviert, müssen Sie den Löschauftrag noch einmal gesondert bestätigen.

❻ Und hier legen Sie noch fest, welcher Ihrer Mail-Accounts der *Standardaccount* ist. Der wird dann automatisch gewählt, wenn Sie eine neue Nachricht im gemeinsamen Posteingang erstellen oder beispielsweise ein Bild per E-Mail versenden. Antworten Sie auf eine Nachricht, wird dagegen die Adresse verwendet, an die die Mail ursprünglich adressiert war. Ebenso wird der Standardaccount nicht verwendet, wenn Sie im Posteingang eines anderen Accounts eine Nachricht erstellen.

7 Und natürlich können Sie weitere E-Mail-Konten anlegen. Wählen Sie hierzu bei *Mail, Kontakte, Kalender* den Eintrag *Account hinzufügen*. Sogleich erhalten Sie eine ganze Fülle an bereits vordefinierten E-Mail-Konten zur Auswahl. Dort genügt die Angabe Ihrer E-Mail-Adresse und des Passworts. Alles andere wird automatisch für Sie hinterlegt.

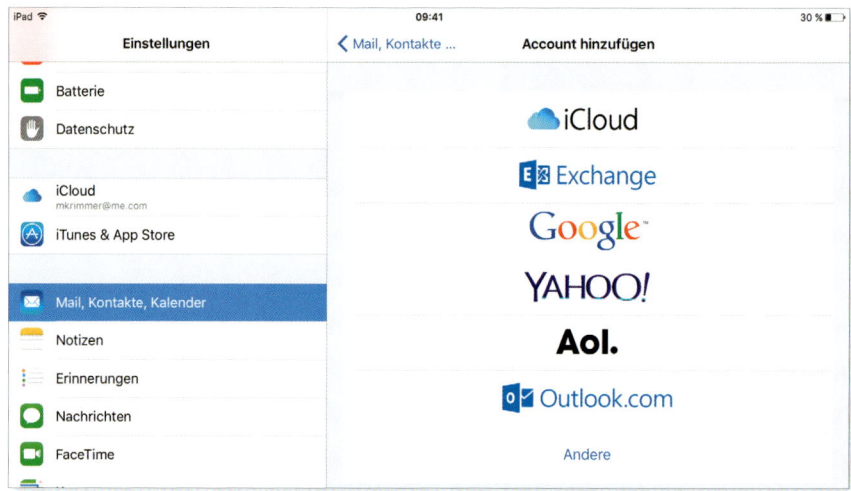

Sie können weitere E-Mail-Konten auf Ihrem iPad hinterlegen.

Via *Andere* können Sie einen *Mail-Account hinzufügen*, der nicht im oberen Bereich namentlich gelistet ist.

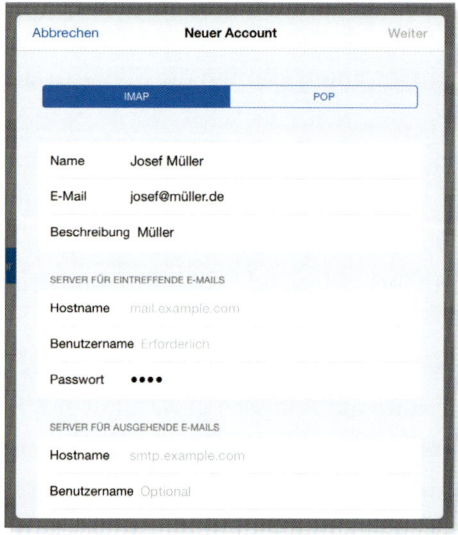

Sofern Sie andere E-Mail-Konten hinzufügen, müssen Sie die jeweiligen Einstellungen selbst vornehmen, damit die Erstellung auch vonstattengehen kann.

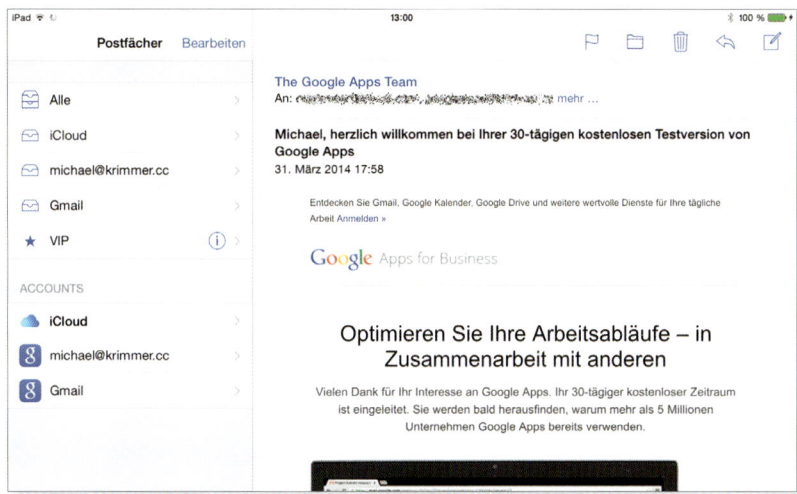

Je mehr E-Mail-Postfächer Sie eingerichtet haben, desto mehr Accounts bzw. Posteingänge finden Sie im Programm „Mail".

Für jedes E-Mail-Konto, das eingerichtet wird, erhalten Sie einen neuen Eintrag bei *Accounts*. In den Posteingängen sehen Sie ebenfalls die E-Mail-Konten getrennt voneinander. Wählen Sie *Alle* aus, sehen Sie alle empfangenen E-Mails, unabhängig davon, an welche E-Mail-Adresse diese gesendet wurden.

Im iPad eingetragene Mail-Accounts können Sie natürlich auch wieder löschen. Rufen Sie dazu die *Einstellungen* auf und wählen Sie den Bereich *Mail, Kontakte, Kalender*. Tippen Sie dann auf den zu löschenden Eintrag im Abschnitt *Accounts*. Mit *Account löschen* entfernen Sie den Eintrag.

Wenn Sie nun neue E-Mails erstellen, können Sie wählen, von welchem Account aus die Mail versendet wird. Den *Standardaccount* definieren Sie in *Einstellungen –> Mail, Kontakte, Kalender*.

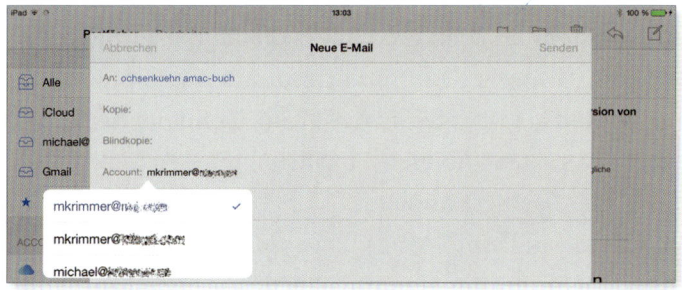

Tippen Sie auf „Account", um den Absender der E-Mail festlegen zu können.

Verwenden Sie den Bereich *Accounts*, um dort die Details eines E-Mail-Accounts aufzurufen, wie z. B. die angelegten Ordner.

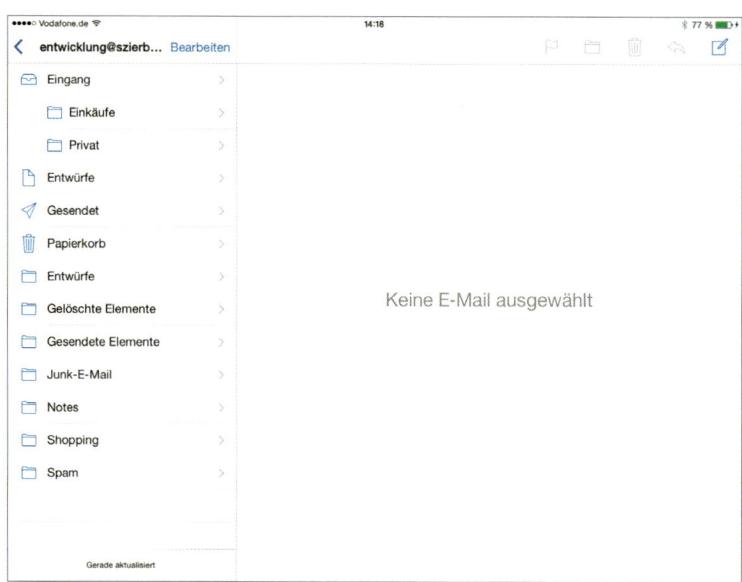

Über die „Accounts" kommen Sie zur Detaildarstellung der Postfächer.
Dort sehen Sie z. B. Ordner, die in den E-Mail-Konten angelegt sind.

Via *Bearbeiten* können Sie neue Ordner erstellen bzw. existierende Ordner löschen oder Ordnernamen umbenennen.

Sicher haben Sie bereits an einem Computer mit E-Mails zu tun gehabt. Nicht sehr viel anders verhält essich auch auf dem iPad. Deshalb werden wir Ihnen an dieser Stelle einige Toptipps geben, was Sie im iPad mit E-Mails alles tun können.

Der Unterschied zwischen POP, IMAP und Exchange

Wenn Sie ein E-Mail-Konto einrichten und die Wahl haben zwischen POP, IMAP und Exchange, sollten Sie auch die Unterschiede dieser Servertypen kennen. Zunächst aber ein Hinweis: Der Server muss den entsprechenden Typ auch unterstützen. Sie sind also nur frei in der Wahl, wenn der Server mehr als einen der genannten Serverarten anbietet. Ansonsten müssen Sie eh das nehmen, was der Betreiber des Mailservers anbietet.

- *POP:* Bei einem Mailkonto per POP werden die zugestellten Mails nicht weiter auf dem Server gespeichert. Wurde eine Mail abgerufen und gelöscht, ist sie auch wirklich weg und kann nicht noch einmal herunter-geladen werden.
- *IMAP:* Das IMAP-Protokoll synchronisiert den Inhalt eines Mailpostfachs auf mehreren Geräten. Sie können die E-Mail-Nachricht dann beispiels-

weise am Mac lesen und unterwegs am iPad noch einmal herunterladen. Dort wird sie dann aber auch als bereits gelesen markiert. Das geht so lange und mit so vielen Geräten, bis Sie die Nachricht löschen und sie dadurch auch auf dem Server entfernt wird. Dann wird sie aber auch an allen anderen Geräten gelöscht. Der Vorteil: Sie haben an allen Geräten einen identischen Nachrichtenbestand.

- *Exchange:* Der Exchange-Server verhält sich wie ein IMAP-Server. Er hat aber den weiteren Vorteil, dass er den Push-Service unterstützt. Das bedeutet, dass nicht das Mailprogramm (beispielsweise auf dem iPad) nach neuen Nachrichten fragen muss. Sobald eine Nachricht auf dem Server eingeht, schickt der Server eine entsprechende Mitteilung an das Endgerät und informiert Sie darüber, dass es Neuigkeiten gibt.

Bei POP und IMAP können Sie festlegen, in welchen Intervallen neue Nachrichten automatisch abgerufen werden. Sie haben aber auch die Möglichkeit, manuell nachzusehen. Wie Ihre eingetragenen Mail-Accounts abgerufen werden sollen, legen Sie unter *Einstellungen –> Mail, Kontakte, Kalender* im Bereich *Datenabgleich* fest.

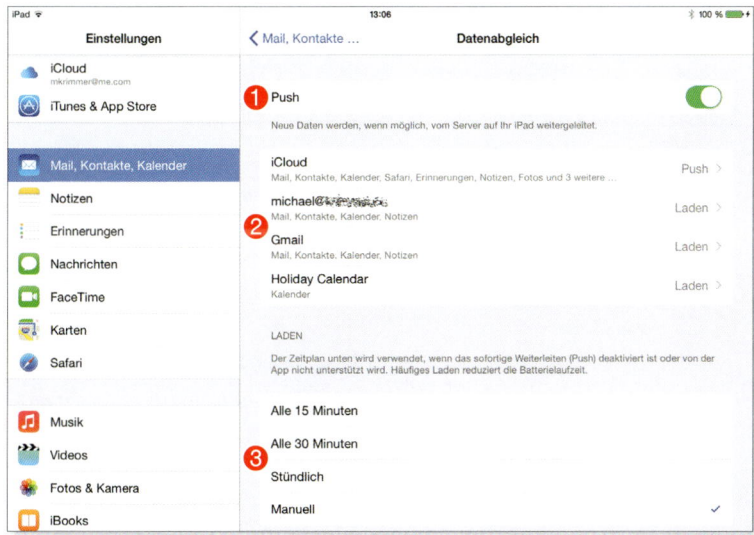

Legen Sie in den „Einstellungen" fest, in welchen Zeiträumen neue Mails abgerufen werden sollen und ob Sie Push nutzen möchten.

❶ Schalten Sie hier *Push* ein oder aus.

❷ Legen Sie hier für jeden Mail-Account einzeln fest, ob die neuen Nachrichten per *Push*-Funktion, *Manuell* oder über *Laden* auf das iPad kommen sollen.

❸ Wenn Sie *Laden* eintragen, legen Sie hier fest, in welchem Zeitraum die neuen Nachrichten automatisch geladen werden sollen. Sie können aber auch *Manuell* einstellen.

Eine E-Mail erstellen

Um eine neue E-Mail zu schreiben, tippen Sie rechts oben auf das entsprechende Symbol.

Dieses Symbol kennen Sie vermutlich bereits aus anderen iPad-Apps. Damit erstellen Sie eine neue E-Mail.

Daraufhin erstellt iOS eine neue Nachricht, die Sie dann mit den relevanten Daten füllen können. Das sollte mindestens ein Empfänger, ein Betreff und ein Nachrichtentext sein.

So sieht eine leere E-Mail aus. Tragen Sie alle benötigten Informationen in die passenden Felder ein.

❶ Geben Sie hier den Empfänger der E-Mail ein. Sie können die Mailadresse oder den Namen einfach eintippen. Oder Sie rufen über das +-Symbol rechts Ihr Adressbuch auf und wählen dort den Empfänger aus.

 Möchten Sie mehr als eine Person eintragen, so tippen Sie entweder auf einen passenden Vorschlag oder bestätigen Sie eine Eingabe mit Return. Dann können Sie die nächste Person eintragen. Die Empfänger werden dann per Komma getrennt.

❷ In dieses Feld tragen Sie den Betreff ein.

❸ Und im größten Feld ist ausreichend Platz für die eigentliche Nachricht der E-Mail.

Übrigens: Die Grußformel wurde in unserem Beispiel automatisch eingefügt. Das liegt daran, dass es sich dabei um eine Signatur handelt, die – sofern definiert – automatisch an das Ende jeder Mail gehängt wird. Darauf kommen wir gleich noch zurück.

Mailkonto auswählen und Blindkopie verschicken

Im gerade gesehenen Screenshot gibt es noch eine weitere Zeile, die wir noch nicht besprochen haben. Es handelt sich dabei um den Eintrag „Kopie/Blindkopie" und „Von:". Wenn Sie auf diese Zeile tippen, erhalten Sie noch weitere sehr hilfreiche Optionen.

Hier können Sie nun den Empfänger einer (Blind-)Kopie einstellen und das gewünschte Mailkonto auswählen.

❶ Der Unterschied zwischen „Kopie" und „Blindkopie" ist folgender: Alle Empfänger eine Mail können sehen, wer eine Kopie erhalten hat. Wurde ein Empfänger aber in das Blindkopie-Feld eingetragen, so bekommt er ebenfalls die Mail. Er erscheint aber nicht als Empfänger.

❷ Haben Sie mehr als einen Mailaccount eingerichtet, können Sie hier auswählen, unter welcher Adresse Sie die Nachricht verschicken möchten. Tippen Sie auf diese Zeile, um die Auswahl angezeigt zu bekommen.

Wählen Sie hier den Mailaccount aus, über den Sie die Nachricht verschicken möchten.

Formatieren von E-Mails

Mail auf dem iPad ist in der Lage, HTML-Mails, also formatierte E-Mails, zu senden. Tippen Sie auf *Neue E-Mail erstellen* und geben Sie eine Empfängeradresse ein.

E-Mails können mit verschiedenen Formatierungen versehen werden.

Markieren Sie einen Text innerhalb Ihrer E-Mail und tippen Sie auf den Button , um Texte z. B. fett, kursiv oder auch unterstrichen zu formatieren.

> **!** Bitte vergessen Sie beim Schreiben eines E-Mail-Textes **Siri** nicht. **Siri** bzw. die Diktierfunktion finden Sie unten auf der Tastatur. Bevor Sie sich also abmühen und mit der Tastatur den E-Mail-Text erfassen, wählen Sie doch besser die Diktierfunktion und sprechen einfach den gewünschten Text. Das geht im Regelfall deutlich schneller.

Aber wieder zurück zu den Formatierungen. Neben der Möglichkeit, Texte zu gestalten, können Sie sehr einfach Bilder, Videos oder Anhänge aus Ihrem iCloud Drive direkt in die E-Mail einfügen.

Auch das direkte Einfügen von Fotos oder Videos in eine E-Mail gelingt im Handumdrehen.

Tippen Sie den entsprechenden Button an: Sie erhalten sofort eine Übersicht über all die Fotos und Bilder, die sich innerhalb Ihrer *Fotos*-App befinden. Schneller und einfacher kann man Foto- und Videodaten in eine E-Mail kaum einbinden. *Anhang hinzufügen* bedient sich Ihres iCloud Drives und bindet Dateien ein, die Sie dort abgelegt haben.

E-Mails markieren

Vielleicht geht es Ihnen so wie mir. Ich arbeite sehr intensiv mit der E-Mail-Funktion. Sehr viele, auch geschäftliche Dinge werden dabei zur Sprache gebracht und wollen geregelt werden. Damit ich diese Mails nicht aus den Augen verliere, bietet die *Mail*-App die Eigenschaft, wichtige E-Mails zu markieren, sprich: mit einem Etikett zu versehen.

E-Mails können mit einem Etikett versehen werden.

> **!** Wenn Sie hier **Mitteilung** auswählen, dann werden Sie extra informiert, wenn es auf diese Konversation eine neue Antwort gibt.

Dabei können E-Mails entweder im Posteingangs- oder im Postausgangsbereich etikettiert werden. Alle etikettierten E-Mails finden sich dann in der Kategorie *Markiert* im Bereich des Posteingangs.

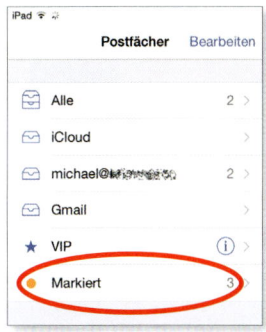

Alle markierten E-Mails versammeln sich in dem neuen Posteingangskorb „Markiert".

 Wenn Sie in der Übersicht über alle Server den Punkt **Markiert** nicht finden, dann tippen Sie rechts oben auf **Bearbeiten** und aktivieren Sie den Punkt vor **Markiert** (oder einem anderen für Sie interessanten Ordner). Nachdem Sie mit **Fertig** bestätigt haben, ist der neue Eintrag auch sichtbar.

Sobald Sie einer E-Mail die Eigenschaft *Nicht markieren* vergeben, ist das Etikett verschwunden und die E-Mail wird nicht mehr im Posteingangsbereich *Markiert* dargestellt.

 E-Mails, die ein Etikett erhalten, werden nicht aus dem Posteingangsordner heraus- und in den Bereich **Markiert** hineinbewegt, sondern erscheinen an einer zweiten Stelle erneut. Sie können via **Einstellungen –> Mail, Kontakte, Kalender –> Markierungsstil** die Art der Markierung Ihren Wünschen anpassen.

 Sie haben bereits gesehen, dass Sie über die Markierung auch schon einmal gelesene E-Mails erneut als **ungelesen** markieren können.

Wischfunktionen im Posteingang

Bereits im Posteingang können Sie viele Dinge mit einer E-Mail anstellen, indem Sie die Nachricht nach links oder rechts wischen. Wischen Sie nach links, so erhalten Sie Zugang zu den Optionen *Löschen*, *Markieren* und *Mehr*. Nach rechts können Sie die Nachricht *Als gelesen markieren*.

Handelt es sich bei der Nachricht um eine Unterhaltung, so wird Ihnen unter dem Papierkorb-Symbol in Klammern die Anzahl der Nachrichten angezeigt, die Sie durch die Aktion löschen würden.

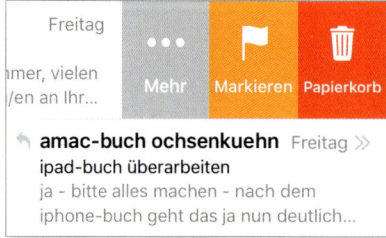 

Nur durch das Wischen nach links oder rechts erhalten Sie die wichtigen Mail-Funktionen.

Tippen Sie auf *Mehr*, so öffnet sich ein Menü mit weiteren Möglichkeiten. Hier können Sie die E-Mail *Markieren, sich bei neuen Nachrichten zu dieser Unterhaltung per Mitteilung informieren lassen* oder die *E-Mails bewegen* (in einen anderen Ordner). Gibt es zu dieser Unterhaltung weitere Nachrichten, so können Sie diese mit *Zugehörige E-Mails einblenden* auch dann anzeigen lassen, wenn sie sich nicht in der markierten Konversation befinden.

Handelt es sich um eine einzelne Nachricht, so gibt es zusätzlich die Punkte *Antworten* und *Weiterleiten*. Weitere Informationen zu E-Mail-Verläufen bekommen Sie in den Tipps zur Mail-App am Ende dieses Kapitels.

Abhängig davon, ob es sich um eine Einzelmail oder einen E-Mail-Verlauf handelt, verfügt „Mehr" über unterschiedliche Optionen.

> **!** Was bei welchem Wischen passieren soll, das können Sie in den **Einstellungen –> Mail, Kontakte, Kalender** im Bereich **Streichgesten** festlegen. Sie haben dort zwar keine übermäßig große Auswahl an Möglichkeiten, können beide Gesten aber doch anpassen.

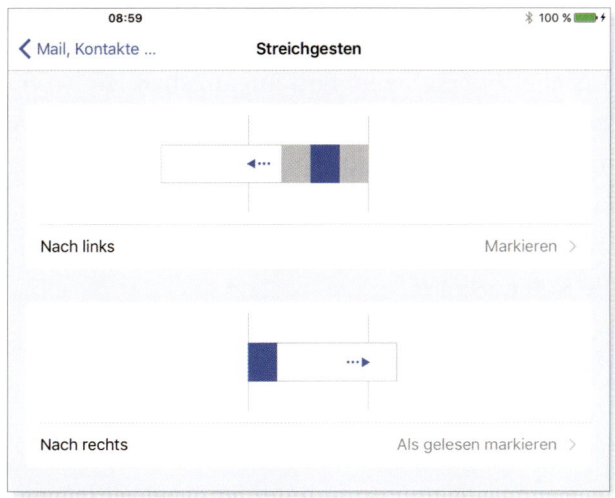

Legen Sie in den „Einstellungen" fest, was bei welchen „Wischgesten" passieren soll.

VIPs

VIP steht für Very Important Person. Bei E-Mails bedeutet das nichts anderes, als dass Sie bestimmte E-Mail-Adressen als VIP-E-Mail-Adressen einstufen und damit aus der Masse herausnehmen. Gehen Sie hierzu in die Übersicht über die Postfächer und tippen Sie auf das blaue Infosymbol neben dem Begriff *VIP*. Verwenden Sie dann die Funktion *VIP hinzufügen*, um eine neue Person in diese Kategorie aufzunehmen.

Über „VIP hinzufügen" können weitere E-Mail-Adressen als VIP-E-Mails gekennzeichnet werden.

Weiterhin können Sie über *Bearbeiten* E-Mail-Adressen wieder aus der VIP-Liste entfernen. Sicher haben Sie im Posteingangsbereich bereits die Kategorie *VIP* gesehen. Ähnlich wie bei der Markierung landen E-Mails von VIPs zusätzlich in dem Eingangskorb *VIP*. Somit haben Sie sehr schnell Zugriff auf wichtige E-Mails. Besonders elegant ist die Kombination mit der Mitteilungszentrale. Wenn Sie in den *Einstellungen* bei *Mitteilungen* den Bereich *Mail* öffnen, finden Sie auch dort die Kategorie *VIP*.

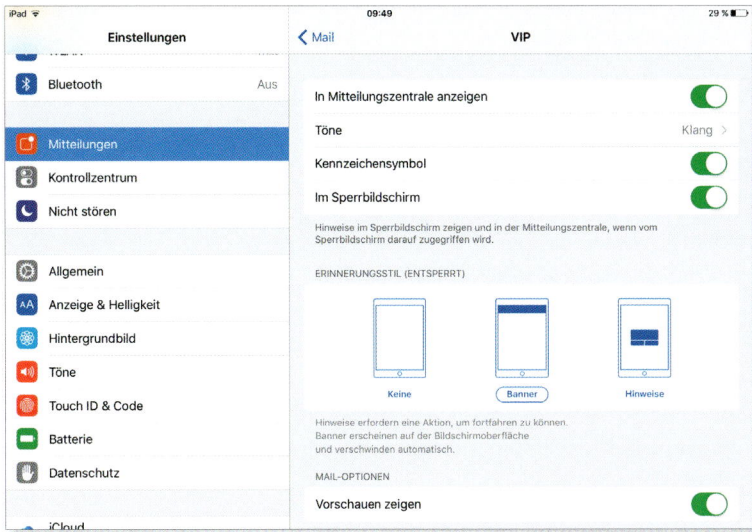

Sie können die VIP-E-Mails in der Mitteilungszentrale deutlich hervorheben, indem Sie definieren, dass nur E-Mails von VIPs als Banner oder Hinweis auf Ihrem iPad erscheinen.

Entwürfe

Wollen oder können Sie eine E-Mail nicht fertigstellen, können Sie via *Abbrechen* links oben reagieren. Sichern Sie diese Nachricht als *Entwurf*. Dann können Sie zu einem späteren Zeitpunkt daran weiterarbeiten.

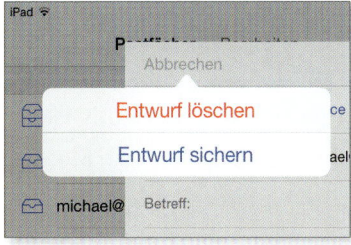

E-Mails können als Entwürfe abgelegt und später weiterbearbeitet werden.

Die Entwürfe finden Sie im Ordner *Entwürfe* in den entsprechenden Accounts.

Konversation

Kommen wir noch einmal ganz kurz auf die Einstellungen des Programms *Mail* zurück (*Einstellungen –> Mail, Kontakte, Kalender*). Dort finden Sie die Eigenschaft *Nach Konversation*. Wenn Sie bereits eine frühere Version von iOS im Einsatz hatten, kennen Sie das vielleicht als *Nach E-Mail-Verlauf*.

Wenn Sie die Eigenschaft „Nach Konversation" aktivieren, werden E-Mails nach Konversationen gruppiert.

Das bedeutet, dass thematisch zusammengehörige E-Mails einer Person automatisch in Ihrem E-Mail-Programm gruppiert werden. Sie erkennen das an den zwei Pfeilen neben der E-Mail.

Sie sehen hier, dass es sich beim obersten Eintrag um eine Konversation mit mehreren zusammengehörigen Nachrichten handelt. Die restlichen Einträge haben keinen Pfeil und sind somit Einzelnachrichten.

Durch Tippen auf die angezeigte E-Mail erscheint der komplette E-Mail-Verkehr mit der betreffenden Person. Und das ist, wenn Sie genauer darüber nachdenken, eine sehr praktische Eigenschaft. Sie kennen das sicher: Sie senden eine E-Mail, bekommen eine Antwort, reagieren erneut, es erfolgt wieder eine Antwort etc. – und so entsteht ein reger Dialog. Nur sind die einzelnen E-Mails über Ihren ganzen Posteingang verstreut. Über diese Gruppierung erscheinen sie jedoch geballt an einer Stelle, und Sie können sehr entspannt die Konversation nachverfolgen.

E-Mails durchsuchen

Sie können Ihre E-Mails einfach anhand eines Suchbegriffs durchforsten. Dazu tippen Sie auf das Suchfeld, geben den Begriff ein und tippen dann auf *Nach „Suchbegriff" suchen* oder auf die *Suchen*-Taste der Tastatur. Und schon wird danach gesucht und Sie erhalten die Treffer angezeigt.

Die Mails wurden nach dem Suchbegriff durchforstet und es gab einen Treffer.

 Wenn Sie kein Suchfeld sehen, schieben Sie die Liste Ihrer E-Mails etwas nach unten und schon erscheint ganz oben das Suchfeld.

Was auffällt: Der Suchbegriff steht nicht mehr einfach so im Suchfeld. Es wurde eine Art Schaltfläche daraus gemacht, ein „Tag". Und diese Tag-Funktion lässt sich wie folgt nutzen.

Suche mit Tags

In iOS 9 lassen sich Mails sehr komfortabel mit Tags durchsuchen. Jeder Tag ist dabei eine eigene Suchanweisung, die sich aber auch kombinieren lassen. Immer wenn Sie in die Suchmaske von Mail etwas eingeben und die App das einer Person oder einer anderen Art von Info zuordnen kann, dann wird Ihnen das grafisch angezeigt. Wir zeigen Ihnen exemplarisch drei Infos, die als Tags angeboten werden:

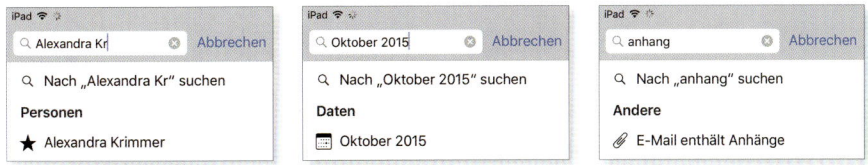

Hier sehen Sie Tags für eine Person, ein Datum und das Vorhandensein von Anhängen (v.l.n.r.).

Und wenn Sie nun diese Tags miteinander kombinieren, können Sie deutlich zielgenauer nach Mails suchen als mit reinen Textsuchen.

> **!** Ein Tag kann aber natürlich auch einfach nur ein Suchbegriff sein, den Sie frei
> festlegen können. Ganz so, wie wir das oben im Falle von „Ochsenkühn" gezeigt
> haben. Und Tags lassen sich auch wieder einzeln oder gesamt löschen.

Eine Suche mit mehreren Tags könnte dann so aussehen:

*Eine derart genaue Suche mit mehreren Tags und/oder Suchbegriffen ergibt in der Regel
exakt das Ergebnis, das man möchte.*

In diesem Fall wurde nach allen Nachrichten gesucht, die Anhänge haben
und von gestern waren. Je mehr Infos gesucht werden, desto genauer ist das
Ergebnis und desto kürzer die Liste.

Signaturen

Eine Signatur ist immer am Ende einer E-Mail angehängt. Sie können jedem
E-Mail-Account eine eigene Signatur zuweisen. Dazu wählen Sie in *Einstellun-
gen –> Mail, Kontakte, Kalender* den Eintrag *Signatur* und schalten dort auf *Pro
Account* um.

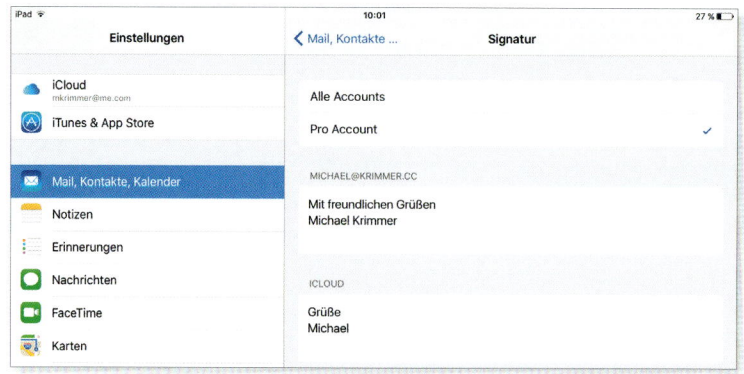

Jedes E-Mail-Konto kann eine eigene Signatur bekommen.

Und das ist auch gut so, denn Sie wollen beispielsweise auf Ihrem iPad berufliche und private E-Mails trennen. Deswegen soll für jeden Account eine unterschiedliche Signatur zur Anwendung kommen.

E-Mail-Postfächer erstellen

Wir haben es vorhin bereits gezeigt: Auch das Erstellen eigener Ordner bzw. Postfächer ist mit *Mail* auf dem iPad möglich.

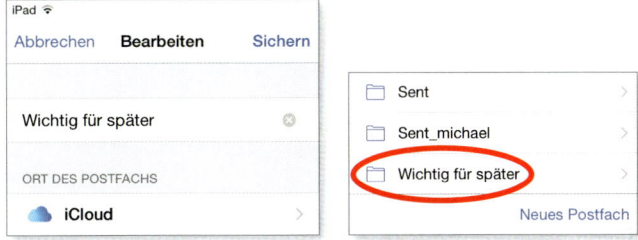

Ihre E-Mail-Postfächer können durch weitere Unterordner gegliedert werden (links). Das neue Postfach ist erfolgreich angelegt worden (recchts).

Gehen Sie dazu zunächst auf die Übersicht über die Postfächer und wählen Sie den Account aus. Via *Bearbeiten* und anschließend *Neues Postfach* erscheint der im Bildschirmfoto zu sehende Dialog. Sogleich reiht sich der neue Ordner (das neue Postfach) in Ihren E-Mail-Account ein. Wollen Sie selbsterzeugte Postfächer wieder löschen, tippen Sie auf *Bearbeiten* und anschließend auf das Postfach, das gelöscht werden soll.

Selbstverständlich ist auch das Löschen oder Umbenennen von eigenen Postfächern möglich.

Wenn Sie die Übersicht über alle Postfächer ansteuern, können Sie eine ganze Fülle weiterer nützlicher Funktionen aufrufen:

1. Wischen Sie von links nach rechts, bis Sie *Postfächer* erreicht haben.

2. Tippen Sie nun auf *Bearbeiten*.

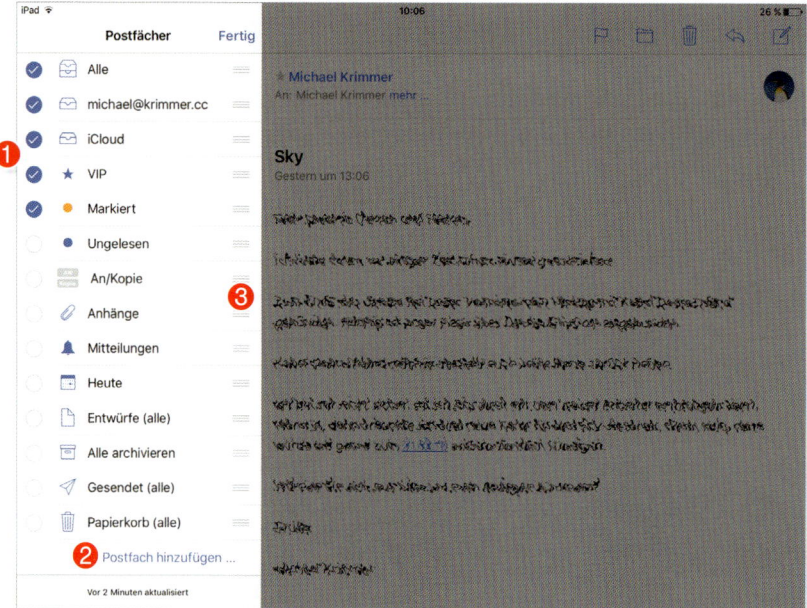

Sie können die Darstellung der Postfächer erweitern und Ihren Bedürfnissen anpassen.

3. Möchten Sie so nützliche Postfächer wie *Ungelesen*, *Anhänge*, *Entwürfe (Alle)* oder *Gesendet (Alle)* etc. einblenden, tippen Sie den entsprechenden Eintrag an ❶.

4. Via ❸ kann die Reihenfolge der Postfächer beliebig sortiert werden.

5. Sie können ebenso Postfächer (Ordner) bestimmter Mail-Accounts in die Liste mit aufnehmen, um schnellen Zugriff darauf zu haben ❷

E-Mails verschieben

Nachdem Sie gesehen haben, dass es ganz einfach ist, neue Postfächer zu erstellen, könnte in Ihnen der Wunsch aufgekommen sein, E-Mails aus dem Posteingangsordner auf verschiedene Ordner aufzuteilen. Dazu gehen Sie in den Posteingang, wählen die Funktion *Bearbeiten* aus und markieren die E-Mails, die Sie bewegen wollen.

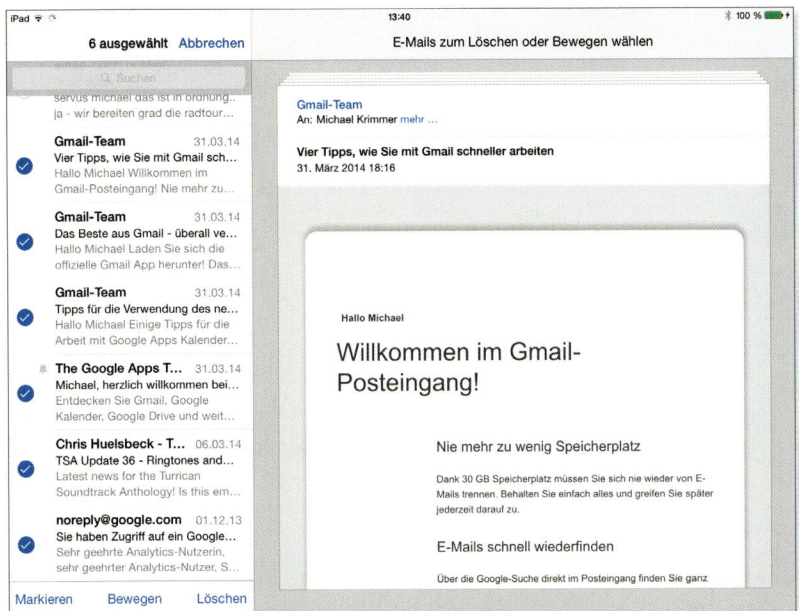

Im Posteingang wurden einige E-Mails markiert. Über den Button „Bewegen" kommen Sie in die Übersicht des aktuellen Postfachs.

> **!** Achten Sie darauf, dass Sie links oben auf **Accounts** tippen können. Das heißt, Sie können auch E-Mails von einem E-Mail-Postfach auf ein anderes Mail-Konto übertragen und dort einen Ordner auswählen.

Soll nur eine E-Mail bewegt werden, verwenden Sie den *Ordner*-Button im rechten oberen Bereich des E-Mail-Fensters.

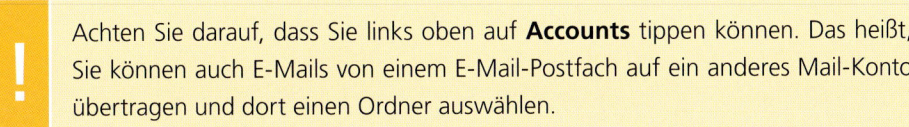

Über das „Ordner"-Icon kann eine E-Mail rasch in einen anderen Ordner bewegt werden.

> **!** Wie Sie vorhin gesehen haben, ist das Markieren mehrerer E-Mails rasch erledigt. Dabei ist **Bewegen** nur eine der möglichen Optionen, auch **Löschen** und **Markieren** stehen zur Auswahl.

E-Mail-Anhang

Keine Sorge, auch mit Anhängen kann die Mail-App umgehen. Wenn Ihnen andere Anwender eine Datei an eine E-Mail angehängt haben, so wird diese auf dem iPad natürlich empfangen. Doch ab einer gewissen Größe kann es sein, dass Sie die Datei erneut antippen müssen, um sie auf Ihr iPad herunterzuladen.

Dieser Anhang ist zu groß und muss deswegen noch komplett aus dem Internet geladen werden. Dazu reicht es, dass Sie auf den Platzhalter tippen.

Ist der Mailanhang dann komplett auf dem iPad angekommen, können Sie ihn im Regelfall sofort öffnen. *Mail* verfügt über eine integrierte Vorschau. Diese ist in der Lage, z. B. Office-Dokumente (Word, Excel, PowerPoint), PDFs und auch Bilddateien (JPEG, PMG, TIFF) etc. direkt anzuzeigen. Dazu tippen Sie auf das Icon: Sie sehen sofort den Inhalt der Datei. Deutlich interessanter ist es, etwa eine Sekunde lang auf den Dateianhang zu drücken.

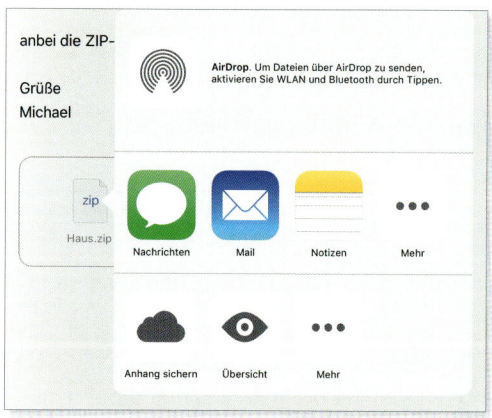

Ein E-Mail-Anhang kann ganz einfach an andere Apps weitergereicht werden. So können z. B. Bildanhänge zur Notizen- oder Fotos-App übertragen werden.

Die Anzahl der Apps, die sich hier einklinkt, hängt davon ab, welche Sie auf Ihrem iPad installiert haben. *Übersicht* ist, wie Sie vorhin gesehen haben, die in Mail integrierte Vorschau. Die anderen Programme sind in der Lage, mit dieser Word-Datei umzugehen, sie zu öffnen und weiterzubearbeiten. Nur solche Apps werden im Dialog angezeigt.

Wenn Sie auf Anhang sichern tippen, wird diese Datei in Ihrem iCloud Drive gespeichert. Wählen Sie dann auf Wunsch noch den passenden Unterordner aus und tippen Sie auf An diesen Ort bewegen.

Vielleicht kennen Sie die Funktion, Office-Dateien mit einem Passwort zu sperren. Auch PDF-Dateien können einen Passwortschutz erhalten. **Mail** bietet Ihnen bei solch passwortgeschützten Dateien die Option, das Passwort einzutragen, um in der Übersicht die Datei einsehen zu können.

Markierungen in PDF-Dateien und Bildern

Wenn Sie eine PDF-Datei zugeschickt bekommen, können Sie den Inhalt nicht nur ansehen. Es lassen sich auch Markierungen anbringen, die Sie dann aber auch nur wieder per Mail verschicken können. Rufen Sie dazu die PDF-Datei auf und tippen Sie rechts oben auf das *Werkzeugkasten*-Symbol.

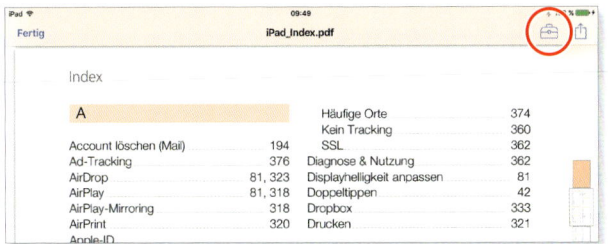

Tippen Sie auf das „Werkzeugkasten"-Symbol, um das PDF zu markieren (links). Haben Sie ein Bild in eine E-Mail eingefügt, dann tippen Sie es an und wählen „Markierungen" aus (rechts).

Daraufhin gelangen Sie in den Markieren-Modus, der Ihnen einige praktische Werkzeuge bietet. Wenn Sie genau hinsehen, werden Sie erkennen, dass die neue Mail bereits angelegt wird.

Mit diesen Werkzeugen lässt sich die PDF-Datei markieren.

Zeichnen

❶ Aktivieren Sie diese Taste, um einen Zeichenstift zu bekommen. Sie können auswählen, welche Farbe der Stift haben soll ❺. Über das Menü rechts neben den Farben legen ❻ Sie die Stärke des Stifts fest. Das Zeichnen klappt nicht nur bei der Verwendung eines Apple Pencil, sondern kann auch prima mit den Fingern ausgeführt werden.

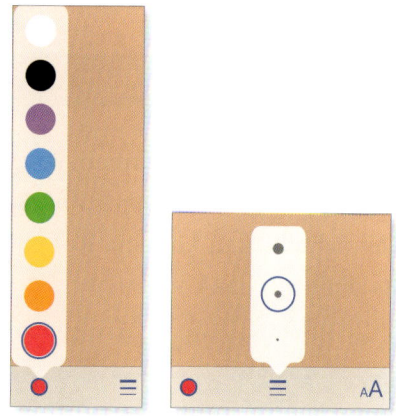

Neben der Stiftfarbe lässt sich auch die Stärke auswählen.

Beim Zeichnen geht es nicht so ganz genau. Wenn Sie ungefähr einen Kreis zeichnen oder in etwa einen Pfeil, dann bietet Ihnen iOS 9 die Umwandlung in eben jene Form an.

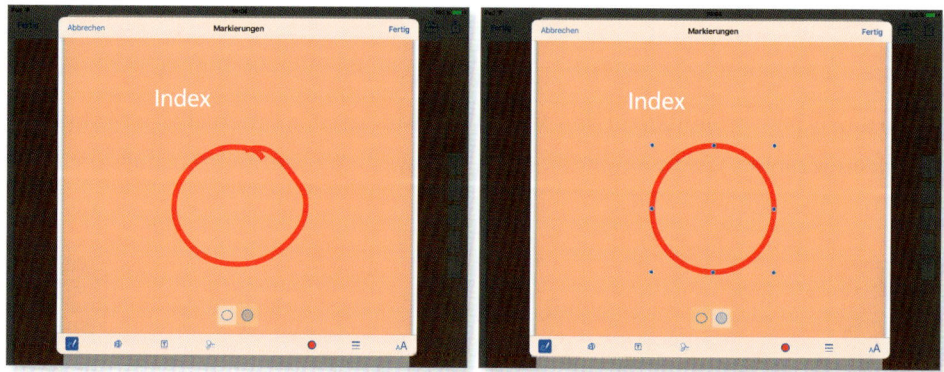

Wenn Sie in etwa einen Kreis zeichnen, bietet das iPad die Umwandlung in eine exakte Form an.

Tippen Sie im Menü auf das (ungenaue) Symbol links, bleibt Ihre Zeichnung so, wie sie ist. Rechts daneben bekommen Sie einen besseren Kreis angeboten.

Probieren Sie das mit anderen Formen wie einem Quadrat, Pfeil oder Rechteck. Da klappt das analog.

Wann immer Sie wie im Bild rechts blaue Punkte sehen, können Sie eine Form damit verändern. Greifen Sie einen der Punkte und verschieben Sie ihn, um die Veränderung hervorzurufen.

Elemente bearbeiten

Tippen Sie eines der Elemente an, beispielsweise unseren Pfeil, und Sie erhalten ein Menü angezeigt. Außerdem können Sie in dieser Phase das Element auch einfach mit dem Finger an eine neue Position verschieben.

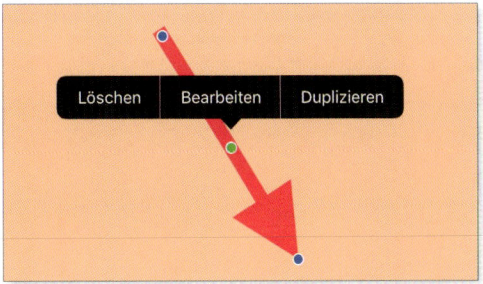

Tippen Sie auf eines der erstellten Elemente, erscheint ein Menü.

Per Menü können Sie das Element *Löschen*, es *Bearbeiten* oder *Duplizieren*. Während Löschen und Duplizieren klar ausdrücken, was passiert, wenn man draufdrückt, ist „Bearbeiten" etwas unklar. „Beschriften" hätte es besser getroffen. Wenn Sie darauf tippen, bekommen Sie eine Tastatur eingeblendet und können Text einfügen. Das bringt uns zu letzten Schaltfläche in der Menüleiste: der Schriftart ❼.

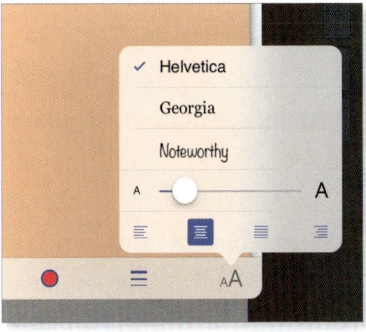

Die neue Schrift ist für den Punkt „Bearbeiten" wichtig. Neben der Schriftart stellen Sie hier auch die Größe und die Ausrichtung des Textes ein.

Wenn Sie also auf *Bearbeiten* tippen, bekommen Sie ein Eingabefeld und können den gewünschten Text eingeben. Sie werden zwar gleich noch sehen, wie man Textfelder direkt anlegt. Aber die Textfelder, die Sie über Bearbeiten anlegen, werden mit dem dazugehörigen Element verbunden und sind dann quasi eins. Wenn Sie dann den Pfeil mit dem Finger verschieben, wandert die Schrift automatisch mit.

Lupen einfügen

❷ Tippen Sie auf diese Schaltfläche: Es wird eine Lupe eingefügt. Wenn Sie nochmal drücken, bekommen Sie eine zusätzliche Lupe usw.

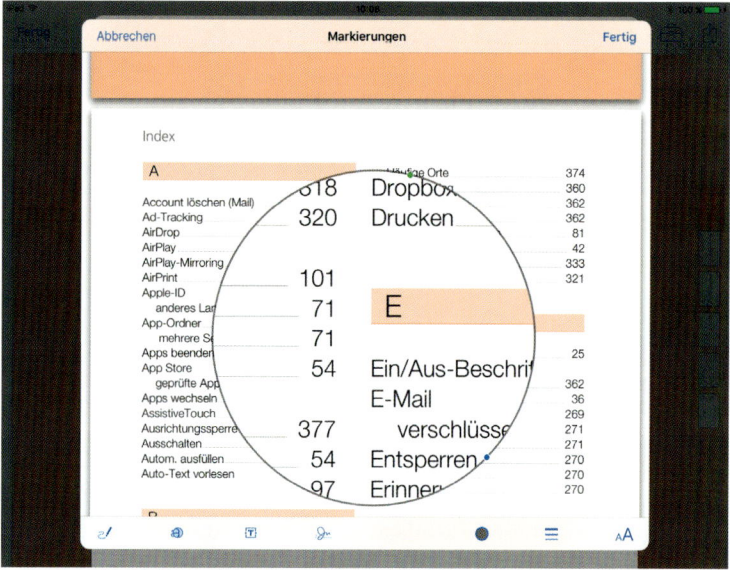

Mit der Lupe lassen sich feste Vergrößerungen einbauen, und sie lässt sich mit mehr oder weniger Zoom einstellen.

Die Lupe hat zwei Punkte: einen grünen und einen blauen. Wenn Sie den grünen greifen und dem Kreis entlang (oder nach oben bzw. unten) verschieben, verändern Sie den Zoomfaktor.

Im Uhrzeigersinn wird die Vergrößerung stärker, gegen den Uhrzeigersinn wieder schwächer. Greifen Sie den blauen Punkt und verschieben Sie ihn entlang des Kreises, so verändern Sie die Größe des Lupenglases. Im Uhrzeigersinn wird die Lupe größer, gegen den Uhrzeigersinn wieder kleiner.

Auch hier bekommen Sie ein Menü, wenn Sie auf die Lupe tippen. Sie können sie dann *Löschen* oder *Duplizieren*.

Beschriftungen

❸ Tippen Sie auf das Textsymbol, bekommen Sie ein eigenständiges Textfeld. Das können Sie dann mit Text füllen und auch hier die Schriftart verändern. Das funktioniert im Grunde so wie das Bearbeiten von Elementen weiter oben. Und auch hier gibt es das Menü, wenn Sie auf ein Textfeld tippen.

Unterschriften

❹ *Unterschrift:* Möchten Sie einem PDF Ihre Unterschrift hinzufügen, können Sie das ebenfalls tun. Tippen Sie dazu auf die Schaltfläche rechts. Wenn es schon eine Unterschrift gibt, wird die gleich angezeigt. Sie können aber auch eine *Signatur hinzufügen oder entfernen*.

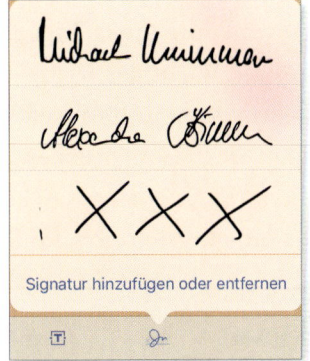

Diese Unterschriften sind bereits hinterlegt und können eingefügt werden.

Möchten Sie eine bestehende Unterschrift löschen oder eine neue hinzufügen, dann tippen Sie auf die genannte Schaltfläche. Sie gelangen dann in dieses Menü:

Hier lassen sich bestehende Unterschriften löschen oder neue hinzufügen.

Um eine Unterschrift zu löschen, klicken Sie auf das – im roten Kreis davor. Nach einer kurzen Bestätigung (*Löschen*) ist der Eintrag weg. Möchten Sie eine neue Unterschrift hinzufügen, klicken Sie auf das + links oben.

Leeren bereinigt das Unterschriftenfeld, wenn Sie sich verschrieben haben. Mit *Abbrechen* kommen Sie zurück. Sind Sie zufrieden mit der Unterschrift, speichern Sie sie mit *Fertig*. Die neue Unterschrift wird dann übrigens auch gleich eingefügt.

Wenn Sie mit all Ihren Bearbeitungen bzw. Markierungen fertig sind, sichern Sie sie mit *Fertig*. Möchten Sie die Änderungen verwerfen, tippen Sie auf *Abbrechen*. Danach müssen Sie lediglich noch die Mail absenden

An/Kopie zeigen

Vor allem wenn Sie das iPad auch beruflich nutzen, ist diese Funktion ein Segen. Denn Sie bekommen im Laufe eines Tages sicherlich eine ganze Fülle an E-Mails. Und nun wäre es ein wichtiges Kriterium herauszufinden, welche E-Mails an Sie direkt adressiert waren und in welche Sie lediglich in *Kopie* aufgenommen wurden. Aktivieren Sie die entsprechende Funktion bei *Einstellungen –> Mail, Kontakte, Kalender –> An/Kopie anzeigen*. Wechseln Sie anschließend zur *Mail-App*, so wird sich im Posteingangsbereich die Darstellung geändert haben.

Sie sehen bei der ersten E-Mail, dass sie als Kopie geschickt wurde. Bei der anderen war ich direkter Empfänger.

E-Mails, die dieses ▉ Etikett tragen, sind direkt an Sie gesendet worden. Fehlt dieses Etikett, dann handelt es sich um E-Mails, bei denen der Absender Sie auf *Cc* bzw. *Bcc* gesetzt hat. Im Regelfall sind Cc- bzw. Bcc-E-Mails nachrangiger in ihrer Wichtigkeit.

Mail im Hoch- und Querformat

Wie die meisten Apps können Sie auch *Mail* im Hoch- oder Querformat benutzen. Da im Hochformat naturgemäß weniger Platz in der Breite zur Verfügung steht, bedient sich *Mail* eines kleinen Tricks, um doch alles darstellen zu können.

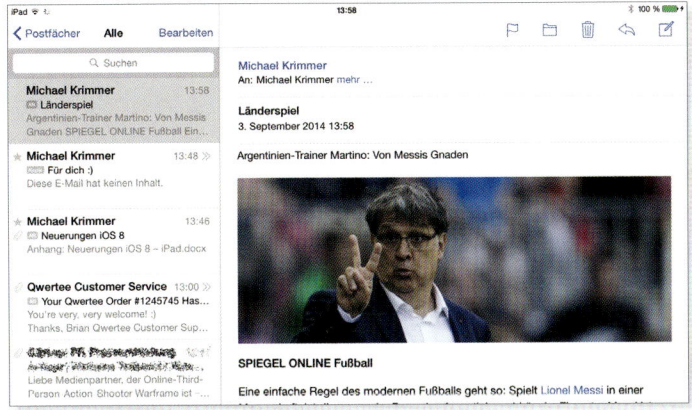

„Mail" im Querformat kann Ordner und Mails gleichzeitig nebeneinander anzeigen.

Drehen Sie nun das iPad in das Hochformat, räumt *Mail* den Nachrichten in der Höhe mehr Platz ein. Über die beiden Pfeile können Sie zu anderen E-Mail-Nachrichten weiterblättern. Die Ordner lassen sich dennoch anzeigen, wenn Sie auf *Alle* oder das entsprechende Postfach tippen.

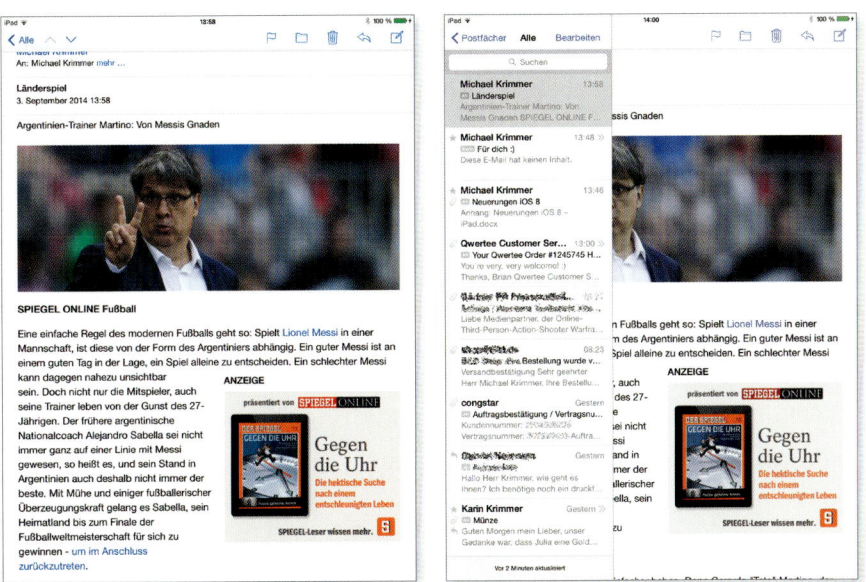

Im Hochformat werden die Ordner nur bei Bedarf angezeigt.

Tipps zur Mail-App

- Zur Übersicht Ihrer Postfächer kommen Sie auch mit einer Wischgeste. Wenn Sie sich in einem der Posteingänge befinden, legen Sie den Finger auf den linken Rand des Displays (nicht nur ganz links an den Rand, sondern noch ein Stück weiter). Schieben Sie dann das gewünschte Fenster nach rechts in das Display rein.

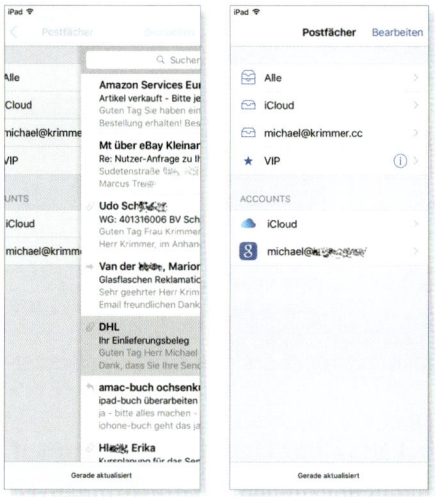

Die Postfächer lassen sich auch von außerhalb des Displays nach rechts reinschieben.

- *Nachrichten kurzfristig wegschieben:* Sie möchten in der Mail-App etwas nachsehen, schreiben aber gerade an einer neuen Nachricht? In iOS 9 ist es nicht mehr erforderlich, dass Sie das Verfassen der Nachricht abbrechen und anschließend von vorn beginnen. Greifen Sie die E-Mail einfach an der oberen Leiste (*Neue E-Mail*) und schieben Sie sie nach unten weg. Möchten Sie sie nur ein wenig zur Seite schieben, um das Fenster dahinter zu sehen, lassen Sie die Mail nicht los, bevor Sie sie wieder nach oben gebracht haben. Schieben Sie sie ganz weg, können Sie den Finger vom Display nehmen und die Mail-App wie gewohnt bedienen. Möchten Sie wieder weiterschreiben, so tippen Sie auf die Mail an der Unterseite des Bildschirms. Haben Sie mehrere Mails nach unten weggeschoben, so können Sie die gewünschte auswählen.

  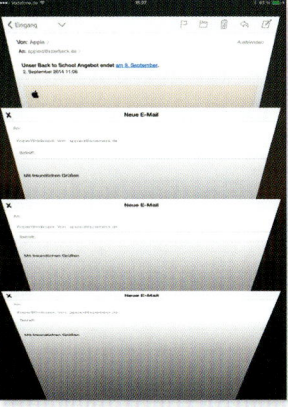

Sie können die Mail entweder nur ein Stück nach unten verschieben (links) oder ganz (Mitte). Tippen Sie auf eines der „X" (Abb. rechts), um unbenötigte Entwürfe zu löschen.

- *Kontakte bzw. Termine direkt aus einer Mail hinzufügen:* **Wenn Sie eine E-Mail öffnen und iOS 9 erkennt darin Kontakt- und Termindaten, so wird Ihnen das an der Oberseite der Nachricht anhand einer Art Visitenkarte angezeigt. Dort kann eine Telefonnummer oder eine Adresse zu sehen sein. Sie können diese Infos** *Zu Kontakten hinzufügen* **oder künftig** *Ignorieren*. **Genauso funktioniert es mit einem Termin: Tippen Sie darauf, um diesen direkt an die Kalender-App weiter zu geben.**

- **Wenn es diesen Kontakt bereits in Ihrem Adressbuch gibt, Mail aber neue Infos (Telefonnummer, Mailadresse etc.) erkannt hat, dann erhalten Sie eine entsprechende Meldung mit der Möglichkeit, die neuen Infos dem bestehenden Kontakt hinzuzufügen.**

- *Domain-Typen auswählen:* **Wenn Sie eine Mailadresse schreiben und alles vor dem Punkt bereits getippt haben, dann gibt es eine Abkürzung zu den gängigen Domaintypen wie .com oder .de. Halten Sie dazu den Punkt auf**

der Tastatur gedrückt und wählen Sie eine der angebotenen Möglichkeiten aus, um die Mailadresse zu komplettieren.

Über den Punkt auf der Tastatur erhalten Sie schnellen Zugriff auf gängige Domain-Endungen.

- *ZIP-Archive entpacken:* Wenn Sie ein ZIP-Archiv erhalten, dann ist iOS 9 in der Lage, die darin enthaltene Datei anzuzeigen – sofern es den Dateityp unterstützt. Wenn Sie beispielsweise eine gezippte Word-Datei erhalten, dann lädt iOS die zunächst herunter.

Zunächst wird die ZIP-Datei wie jede andere geladen. Ist dieser Vorgang abgeschlossen, tippen Sie auf die Datei.

Tippen Sie dann darauf, wird sie entpackt und angezeigt.

- *Flugnummern prüfen:* Wenn Sie eine E-Mail bekommen, die eine Flugnummer als Text enthält, dann können Sie direkt aus der Mail heraus die Fluginfos überprüfen. Tippen Sie dazu auf die Flugnummer und dann auf *Fluginfos prüfen*.

- *Mehrere E-Mails als gelesen oder ungelesen markieren:* Möchten Sie in einem Arbeitsschritt eine ganze Reihe von E-Mails neu kennzeichnen, so wählen Sie oberhalb der E-Mail-Liste *Bearbeiten* aus und markieren die entsprechenden E-Mails. Tippen Sie nun auf *Markieren* und wählen die gewünschte Funktion aus.

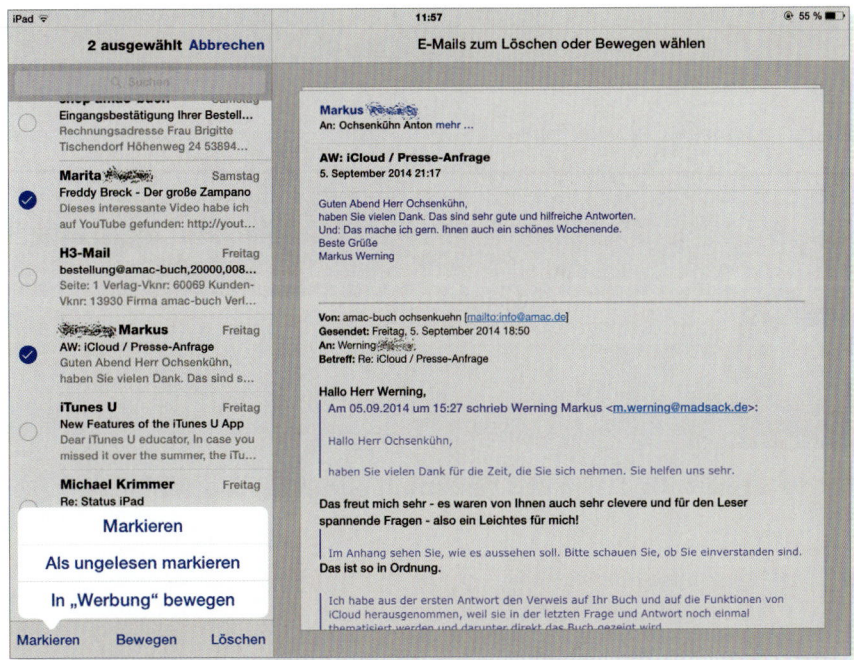

Sofern mehrere E-Mails markiert sind, können diese rasch als gelesen/ungelesen gekennzeichnet oder als Werbung deklariert werden. Über „Abbrechen" stoppen Sie den Vorgang.

Sonstige Kommunikationswege

Sie sehen also, dass das iPad in Sachen Kommunikation erwachsen ist. Über *FaceTime* oder die Nachrichtenfunktion können Sie direkt und kostenfrei andere Anwender erreichen. Und natürlich versteht sich das iPad auch auf E-Mails.

Aber damit nicht genug. Es gibt eine Fülle weiterer Apps im *App Store*, die Ihnen neue Möglichkeiten der Kommunikation anbieten. In diesem Zusammenhang soll das Programm *Skype* erwähnt werden, das Sie möglicherweise bereits vom Einsatz am Computer kennen.

Über *Skype* kann das iPad mit anderen Anwendern, die sich an einem PC, an einem Mac oder einem anderen Tablet befinden, direkt kommunizieren.

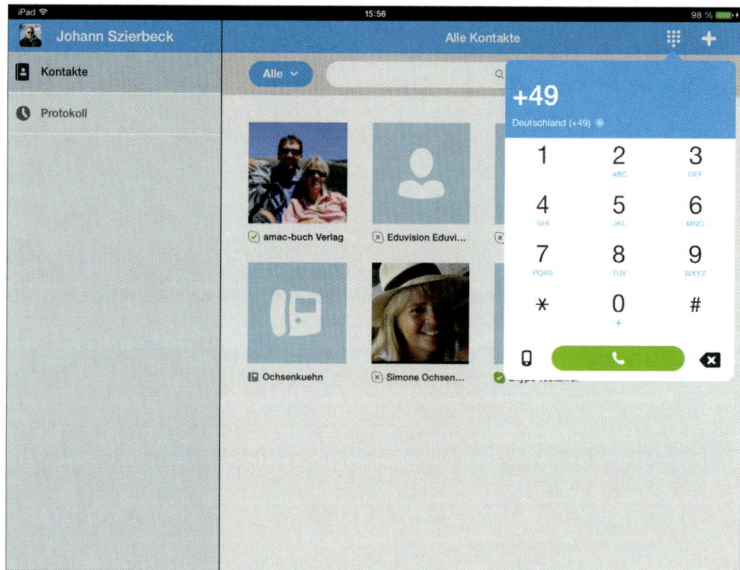

„Skype" ist kostenlos. Sie erhalten die App im „App Store", und sie ist mit wenigen Fingertipps eingerichtet.

Kapitel 7 Apps

Wir haben uns in den vorigen Kapiteln Funktionen der Programme *Safari, Mail, Nachrichten, Einstellungen* etc. schon näher angesehen. In diesem Kapitel sollen die weiteren bereits standardmäßig auf dem iPad integrierten Apps zur Sprache kommen.

 Sie können die Standard-Apps von optional nachgeladenen Apps aus dem App Store dadurch unterscheiden, dass die Standard-Apps im Wackelmodus kein **X** zum Entfernen bzw. Löschen der App erhalten.

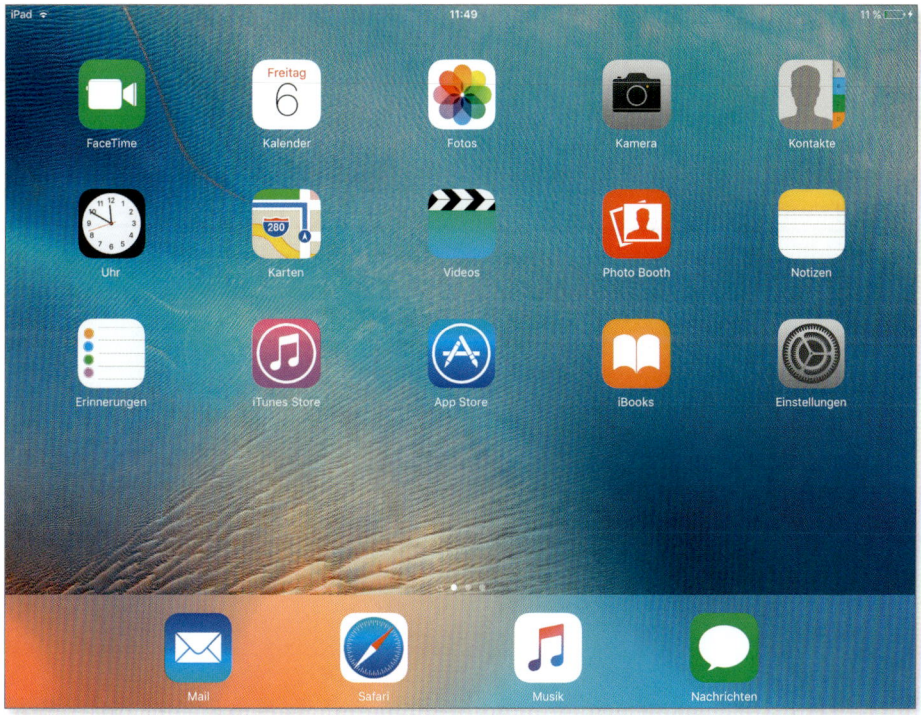

Dieser Screen zeigt einige der Standard-Apps an, die bei Auslieferung des iPads mitinstalliert wurden.

Diese Apps können nicht von Ihrem iPad gelöscht werden.

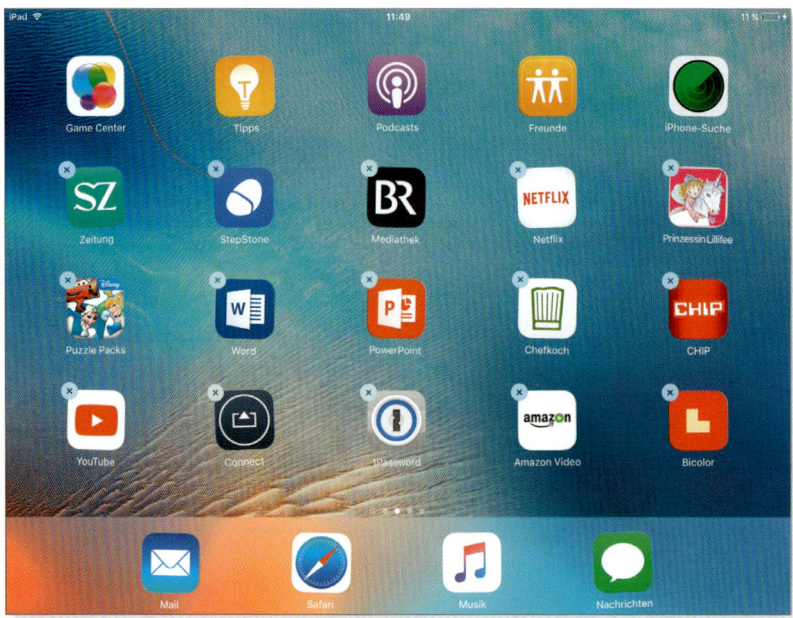

Optionale Apps, die über den App Store auf das iPad gekommen sind, können über den Wackelmodus wieder gelöscht werden. Beim Löschen einer App werden alle in der App erstellten Daten und Informationen ebenfalls entfernt.

Zur Erinnerung: Den Wackelmodus erreichen Sie, indem Sie eine App antippen und den Finger kurz auf dem Display belassen. Durch einfaches Antippen des *X*-Symbols links oben in der Ecke wird die App von Ihrem iPad entfernt. Da die Apps aber mit Ihrer Apple-ID verbunden sind, befinden sie sich nach wie vor in Ihrer Cloud und können über den *App Store* und den Eintrag *Käufe* rasch erneut installiert werden.

Karten

Die *Karten*-App ist nicht nur dazu geeignet, eine Landkarte oder einen Stadt-plan anzuzeigen. Damit lässt sich auch gut navigieren (inklusive Öffentlicher Verkehrsmittel), und Sie finden außerdem interessante Orte in Ihrer Nähe, die sogenannten Points of Interest (POI).

Starten Sie die *Karten*-App: Sie sehen Ihren aktuellen Standort auf der Karte.

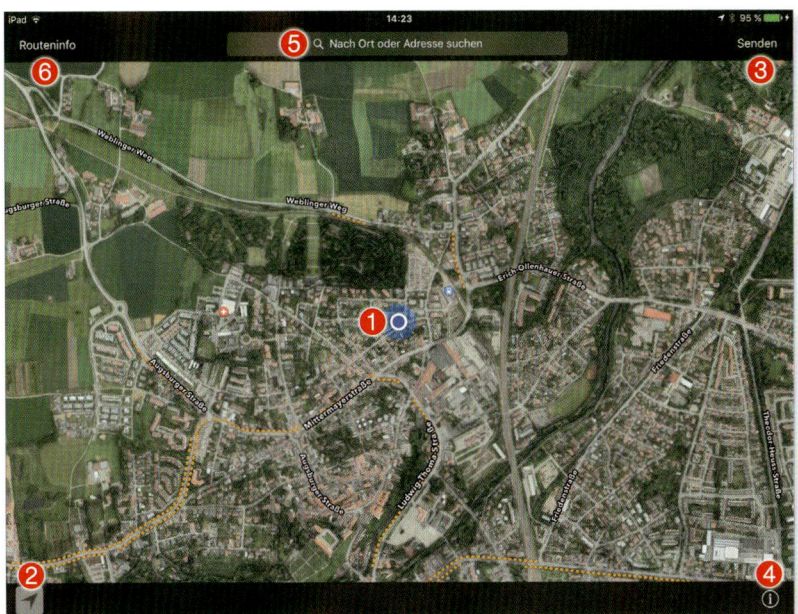

Die „Karten"-App zeigt gleich mal Ihren derzeitigen Standort an. Allerdings müssen dazu die Ortungsdienste aktiv sein.

> **!** Tippen Sie einmal auf das Display, um die Menüs ein- oder auszublenden.

❶ Ihr momentaner Standort wird in der Karte markiert.

❷ Wenn Sie die Karte verschoben und Ihren Standort nicht mehr im Blick haben, bringt Sie der Pfeil wieder zurück.

❸ Geben Sie Ihren aktuellen Standort per *AirDrop*, *Nachrichten*, *Mail*, *Twitter oder Facebook* frei. Sie können ihn auch *Als Favorit sichern* oder *Drucken*. Selbst die Weitergabe an die *Erinnerungen* und *Notizen* ist hier möglich,

❹ Die Einstellungen der Karten: Als Kartentyp lassen sich *Karte* (Stadtplan), *Satellit* (Landkarte) und *ÖPNV* (Öffentlicher Personennahverkehr) auswählen. Sie können *Beschriftungen aus-* oder *einblenden*, eine *Stecknadel* setzen und so einen Ort markieren oder den Kartenausschnitt in 3D betrachten (*3D-Karte*). Der Punkt *Verkehr einblenden* blendet – sofern an diesem Ort verfügbar – die aktuelle Verkehrslage ein.

Die 3D-Ansicht sieht insbesondere in Innenstädten fantastisch aus. Möglich macht das die „Flyover"-Funktion.

❺ Suchen Sie nach Kontakten, Orten, Restaurants oder anderen interessanten Dingen, die Sie gerne auf der Karte sehen möchten.

❻ Diese Taste öffnet die Routenplanung der *Karten*-App.

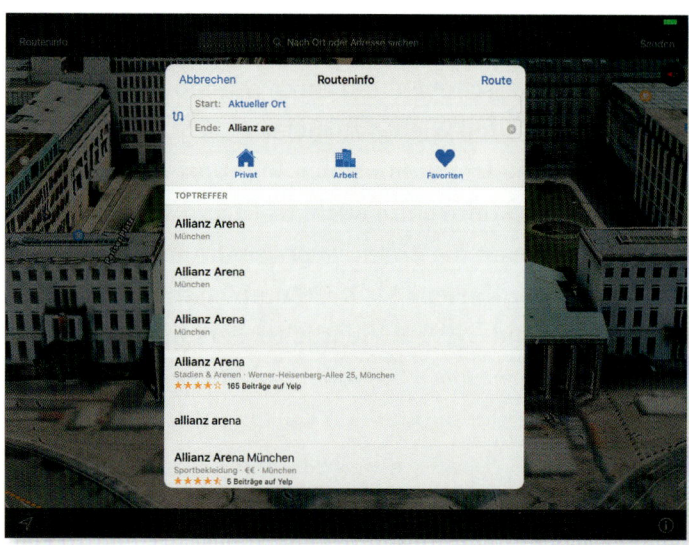

Im ersten Schritt legen Sie die Eckdaten der Route fest.

Geben Sie hier an, wo der *Start* und das *Ende* der Route sein sollen. Gleich darunter erhalten Sie bereits bei der Eingabe passende Vorschläge. Sofern Sie in

Ihren Kontaktdaten eine Privat- oder Arbeitsadresse eingetragen haben, können Sie diese Infos hier nutzen, indem Sie auf die entsprechende Taste drücken.

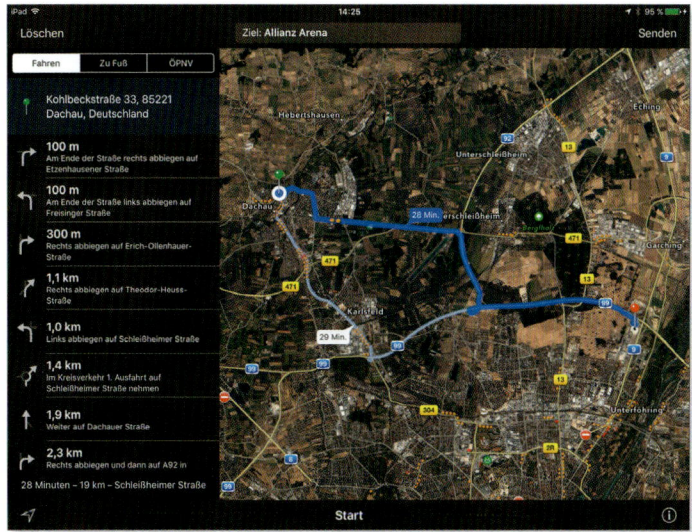

Und schon erhalten Sie die passende Route, unter Umständen mit Alternativen.

> **!** Tippen Sie im Bereich links oben auf **Fahren** oder **Zu Fuß**, um entsprechend angepasste Routenvorschläge zu erhalten. **ÖPNV** zeigt Ihnen den Weg zum Ziel mit Hilfe von öffentlichen Verkehrsmitteln. Das klappt aber nur, wenn diese Infos am ausgewählten Ort verfügbar sind. Im September 2015 war das beispielsweise in München nicht der Fall, in Berlin dagegen schon.

Per ÖPNV ist es nicht immer der direkte Weg. Aber es klappt!

Zurück zur Ursprungsroute: In diesem Fall gibt es drei Routen mit einer Fahrtzeit von 13 und 14 Minuten. Gleich unter der Karte erhalten Sie weitere Infos zum Fahrtweg. Links sehen Sie die einzelnen Stationen der Strecke. Tippen Sie auf eine der Routen, um sie auszuwählen. Die gerade dunkelblau markierte Route starten Sie über die *Start*-Taste.

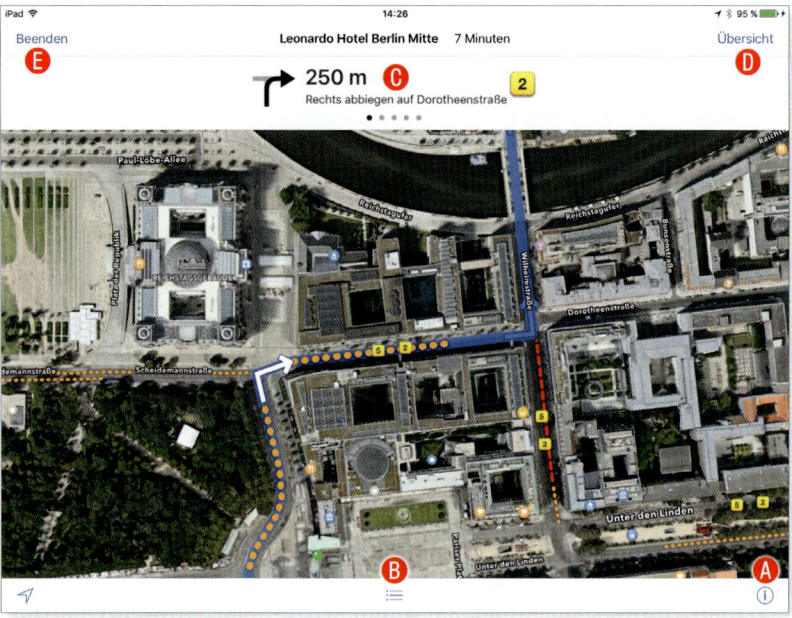

Sie werden Schritt für Schritt zum Ziel geleitet. Kommen Sie einmal von der Route ab, erhalten Sie automatisch eine angepasste Route.

Neben der Kartenansicht gibt es noch weitere Funktionen, auf die Sie während der Navigation zugreifen können: So können Sie bei Ⓐ die Kartenansicht anpassen (2D, 3D, Karte, Satellit), eine Liste der Etappen aufrufen Ⓑ oder oben auch die einzelnen Etappen nach links und rechts „durchwischen" Ⓒ. *Übersicht* Ⓓ bringt Sie zur normalen Kartenansicht (und *Fortsetzen* wieder zurück). *Beenden* Ⓔ stoppt die Navigation.

Städtetouren von zu Hause aus

Apple hat seiner Karten-App eine weitere Funktion spendiert, die derzeit aber noch im Ausbaustadium ist: Städtetouren. Sobald Sie nach einer Stadt suchen, zu der es eine Tour gibt, erhalten Sie am oberen Rand einen entsprechenden Hinweis.

Wenn Sie einen solchen Hinweis erhalten, ist die Städtetour an diesem Ort verfügbar.

Tippen Sie nun auf *Start*, um mit der Tour zu beginnen. Daraufhin fliegen Sie über die Stadt und halten an den bekannten Sehenswürdigkeiten der Stadt.

 Die **Flyover-Tour** ist auch in den Stadtdetails verfügbar, wenn Sie auf das Schildchen mit dem Städtenamen tippen.

Mit *Flyover-Tour beenden* ist dann auch wieder Schluss mit der Tour. Wenn Sie diesen Punkt nicht sehen, tippen Sie einmal auf das Display. Neben Paris sind Städtetouren auch für folgende Städte verfügbar: München, Berlin, Venedig, New York, San Francisco, San Jose und Glasgow. Hier ist aber mit einem Ausbau des Angebots in den kommenden Wochen und Monaten zu rechnen.

Suchen in der Nähe

Sie können über die Karten-App auch bequem nach interessanten Orten in der Näche suchen. Sobald Sie in das Suchfeld tippen, erhalten Sie im oberen Bereich entsprechende Rubriken angezeigt.

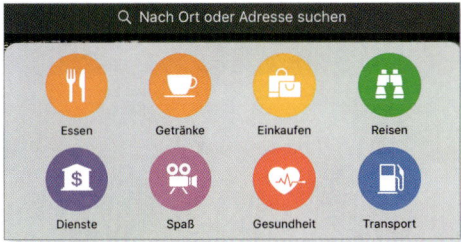

Aus diesen Rubriken können Sie wichtige Orte in der Nähe aussuchen.

Tippen Sie dann beispielsweise auf *Essen*, erhalten Sie entsprechende Treffer angezeigt.

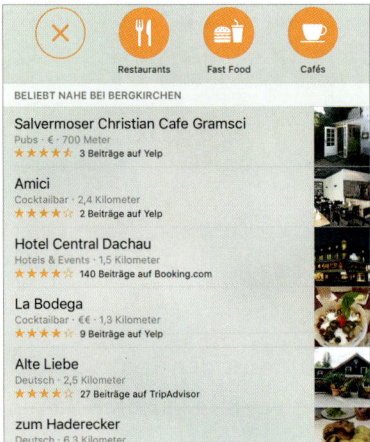

Über die orangefarbenen Schaltflächen lässt sich die Ergebnisliste weiter anpassen.

Und zum Abschluss noch ein Beispiel: *Gesundheit*, speziell „Krankenhäuser":

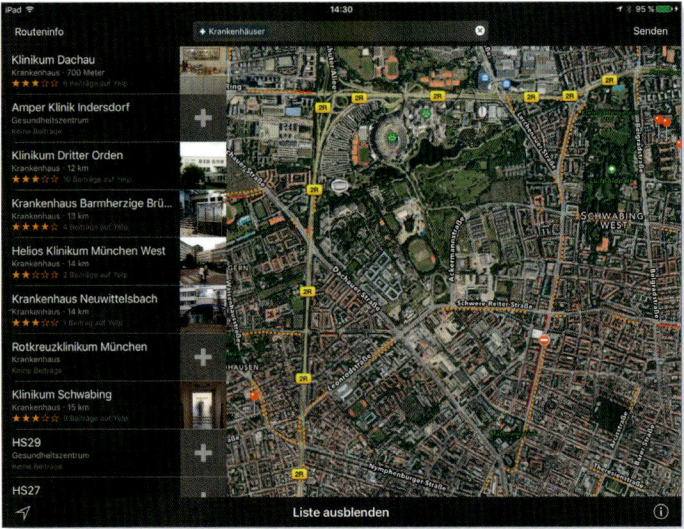

Tipps zur Karten-App

- Für die *Karten*-App gelten viele der bekannten Gesten wie Verschieben, Vergrößern, Verkleinern, Tippen, Doppeltippen.
- Beim Drehen des iPads wird der Kompass angepasst.
- Wenn Sie nach einem POI suchen, erhalten Sie den Treffer als Schild auf der Karte. Tippen Sie auf das Fahrzeugsymbol, starten Sie eine Routenplanung dorthin. Der Pfeil rechts bringt Sie zu weiteren Optionen, etwa dem Speichern als Lesezeichen oder Kontakt.

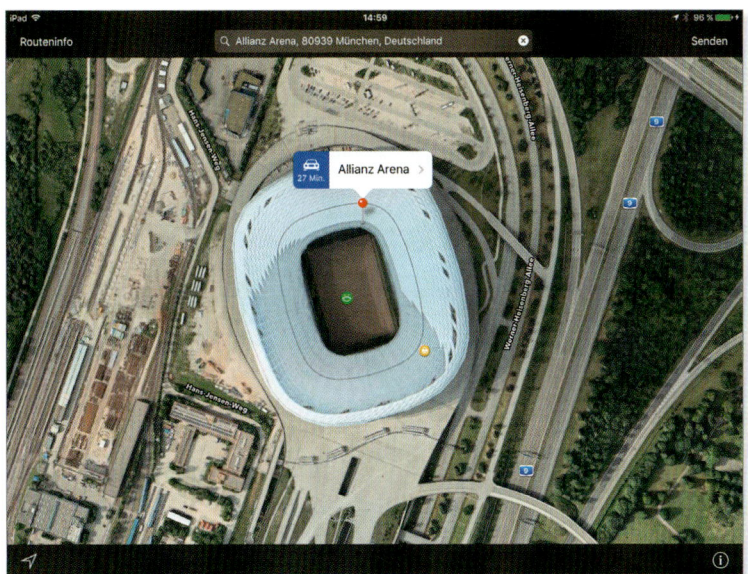

Tippen Sie auf das Fahrzeugsymbol, starten Sie direkt eine Routenplanung zum gefundenen Ort. Gibt es noch weitere Infos wie Telefonnummern, bringt Sie der Pfeil rechts zur Infoseite.

- Sollten Sie eine Route haben, die Sie ins Ausland führt und ist Datenroaming (*Einstellungen –> Mobiles Netz –> Datenroaming*) deaktiviert, so werden Sie dennoch treffsicher Ihren Zielort erreichen. Allerdings wird die Live-Kartenansicht dann nicht mehr möglich sein.

Photo Booth und Kamera

Sie wissen ja, dass Ihr iPad über eine Kamera auf der Vorder- und eine weitere auf der Rückseite verfügt. Die Kamera auf der Rückseite macht Fotos in der Qualität von 5 Megapixeln (bei den iPad-Modellen Pro, Air 2 und mini 4 sind es sogar 8 Megapixel), während die Kamera auf der Frontseite lediglich 1,2 Megapixel mitbringt. Das heißt, die rückwärtige Kamera kann deutlich bessere Fotos schießen als die auf der Vorderseite. Verwenden Sie beispielsweise das Programm *Photo Booth*, um ganz einfach Spaßbilder mit der Frontkamera zu erzeugen.

Mit Hilfe von „Photo Booth" lassen sich in kurzer Zeit originelle Spaßfotos schießen.

Sie können in der App *Photo Booth* auch auf die rückseitige Kamera umschalten, indem Sie den Button auf der rechten unteren Seite verwenden. Tippen Sie auf den Auslöser in der Mitte der Funktionsleiste, um das Foto aufzunehmen, oder verwenden Sie die Lautstärketasten an der Seite des iPads.

 Die mit Photo Booth geschossenen Bilder werden an die App **Fotos** übergeben. Diese App werden wir uns gleich ein wenig genauer ansehen.

Möchten Sie keine Spaß-, sondern in der Tat normale Fotos machen, so verwenden Sie die *Kamera*-App. Möglicherweise fragt die *Kamera*-App beim ersten Start an, ob sie Ihren aktuellen Ort verwenden darf.

Die „Kamera"-App fragt an, ob die Ortungsinformationen in die Bilder mit aufgenommen werden sollen.

Sofern Sie dies akzeptieren, werden in Zukunft alle Fotos und Videos mit GPS-Daten (Positionsdaten) versehen, und Sie können innerhalb der *Fotos*-App später auch erkennen, an welchen Orten Ihre Bilder aufgenommen wurden. Haben Sie beim ersten Start diese Funktion deaktiviert, möchten später aber nicht darauf verzichten, können Sie sie über *Einstellungen –> Datenschutz –> Ortungsdienste* wieder aktivieren.

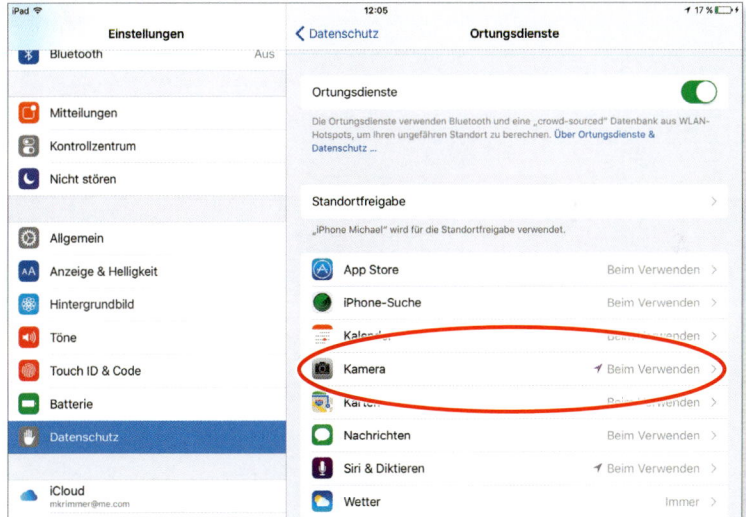

Die Kamera-App darf die Ortungsdienste Ihres iPads nutzen. Dabei verfügen die Cellular-iPads über eine eingebaute GPS-Funktion und so wird die Ortung sehr exakt sein.

Aber zurück zur *Kamera*-App. Ebenso wie in der App *Photo Booth* haben Sie auch hier in der rechten unteren Ecke die Wahlmöglichkeit zwischen vorderer und rückwärtiger Kamera. Zur besseren Auswahl des Aufnahmebereichs können Sie in den *Einstellungen* bei *Fotos & Kamera* das *Raster* aktivieren. Damit wird ein 3x3-Raster in der *Kamera*-App eingeblendet, das Ihnen dabei hilft, die Kamera sauber auszurichten.

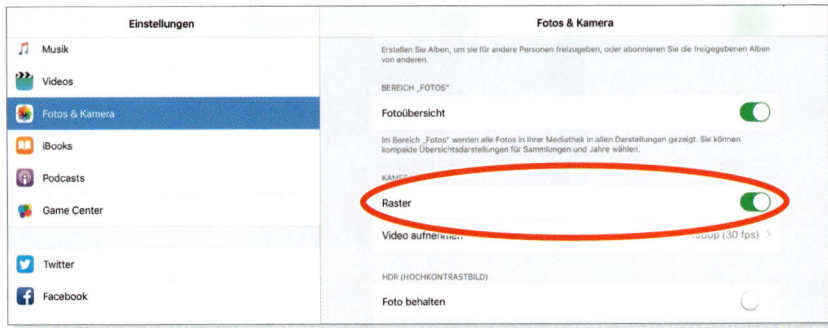

Zum Fotografieren kann in der Kamera-App ein Raster eingeblendet werden, …

… das beim Aufnehmen sehr hilfreich ist.

Neben einem normalen Foto können Sie auch eine HDR-Aufnahme machen, wenn Sie die Option *HDR AUS* auf *HDR EIN* schalten. HDR steht für „High Dynamic Range". HDR-Bilder lösen das Problem, dass dunkle Bereiche des Motivs eine andere Belichtung brauchen als helle. Wenn Sie z. B. gegen das Licht fotografieren, wird die Kamera in der Regel sehr dunkel belichten, damit das einfallende Sonnenlicht das Bild nicht gleißend hell macht. Allerdings werden dann andere Bereiche im Bild meistens deutlich zu dunkel aufgenommen. Machen Sie nun ein HDR-Bild, nimmt die Kamera das Motiv einmal hell und einmal dunkel auf. Die Kombination dieser Aufnahmen – das HDR-Bild – ergibt dann ein Foto, in dem jeder Bereich optimal belichtet wurde.

Im Bild links („HDR AUS") sind viele Bereiche deutlich dunkler als rechts („HDR EIN").
Allerdings ist durch die Mehrfachaufnahme auch die Gefahr des Verwackelns sehr hoch.

 Aufnahmen mit HDR können sehr leicht verwackeln. Am besten legen Sie das iPad auf festem Untergrund ab.

In den *Einstellungen –> Fotos & Kamera* können Sie im Bereich *HDR (Hochkontrastbild)* zudem entscheiden, ob die Einzelbilder ebenfalls gespeichert werden sollen oder eben nur das optimale HDR-Bild.

Mit der *Kamera*-App können Sie bei der Aufnahme von normalen Hoch- bzw. Querformatfotos auf *Quadrat* wechseln. Beim Quadrat ist es egal, wie Sie das iPad halten. Die Länge des Fotos ist immer identisch mit der Breite. Am Ende erhalten Sie in jedem Fall ein quadratisches Foto.

Weitere Aufnahmemodi der Kamera

- *Panorama:* Mit dem iPhone funktioniert das schon eine Weile, beim iPad hat die Panoramafunktion erst mit iOS 8 Einzug gehalten. Um ein Panorama aufzuzeichnen, wählen Sie *Pano*, halten das iPad im Hochformat und starten die Aufnahme.

Bei „Pano(rama)" ist es wichtig, dass der Pfeil möglichst genau auf der Linie bleibt.

Erfassen Sie dann die gewünschte Ansicht von links nach rechts. Die Aufnahme stoppt automatisch, wenn Sie etwa 180° aufgenommen haben. Oder Sie stoppen selbst, indem Sie wieder auf den Aufnahmeknopf drücken.

Achten Sie während der Aufnahme auf den Pfeil, der immer möglichst exakt auf die gelbe Linie ausgerichtet werden soll. Ist das einmal nicht der Fall, korrigieren Sie die Ausrichtung, indem Sie das iPad nach oben oder unten kippen.

Mit der Kamera-App gelingen sehr einfach ansprechende Panoramaaufnahmen.

- *Zeitraffer:* Und auch Zeitrafferaufnahmen sind mit Ihrem iPad ab iOS 8 möglich. Stellen Sie die Funktion ein und starten Sie die Aufnahme. Drücken Sie erneut, um die Aufnahme zu stoppen.
- *Serienfotos aufnehmen (nur iPad Air 2/Pro/mini 4):* Das iPad Air 2/Pro/mini 4 kann mit der Kamera-App auch Serienbilder aufnehmen. Dazu müssen Sie nur den Auslöser gedrückt halten, und schon rattert das iPad los und nimmt in schneller Folge die Bilder auf. Das iPad Air 2/Pro kann bis zu zehn Bilder pro Sekunde aufnehmen und sucht automatisch die beste Aufnahme aus, die dann zu iCloud bzw. Fotostream übertragen wird, falls Sie diese Funktionen nutzen. Aus den Fotos der Serienaufnahme können Sie dann in der Fotos-App beliebige Bilder extrahieren und weiterverwenden. Zudem sollten Sie in den *Einstellungen –> Fotos & Kamera* die Funktion *Serienfotos hochladen* deaktivieren, um nicht automatisch unnötig viele Serienbilder in den Fotostream bzw. in die Fotomediathek hochzuladen.
- *Slo-Mo (nur iPad Air 2/Pro/mini 4):* Das iPad Air 2/Pro/mini 4 bietet eine zusätzliche Funktion für die Aufnahme von Videos. Sie können nämlich Videos mit 120 Bildern pro Sekunde aufzeichnen. Das Ganze nennt sich *Slo-Mo* – zu Deutsch: Zeitlupenaufnahme. Für eine Zeitlupe müssen Sie in der Kamera-App auf *Slo-Mo* (Slow Motion) wechseln. Eine Slo-Mo-Aufnahme erkennen Sie am gestrichelten Kreis um den Aufnahme-Button.

- *Video:* Sicher haben Sie bereits die Auswahlmöglichkeit für die Video-Funktion gesehen. Entsprechend wechselt der Aufnahme-Button zu einem Record-Button.

Der „Record"-Button (links) zeigt an, dass jetzt eine Videoaufnahme gestartet werden kann, wohingegen der „Aufnahme"-Button (rechts) darauf hinweist, dass ein Fotoschnappschuss geschossen wird.

Sie können beide Kameras in Ihrem iPad für Videoaufnahmen verwenden. Denken Sie daran, dass die rückwärtige Kamera Videoaufnahmen bis 1080p (*Einstellungen –> Fotos & Kamera –> Video aufnehmen*), also Full-HD-Videoaufnahmen ermöglicht, wohingegen die Frontkamera lediglich 720p-Videos erlaubt. Beide Kameras sind mit einer Gesichtserkennung ausgestattet, was sehr praktisch ist, wenn Sie Personen filmen. Weiterhin sorgt das iPad dafür, dass die Video- und Fotoaufnahmen stabilisiert werden.

 Auch die Videoaufnahmen landen anschließend in der **Fotos**-App im Album **Videos**. Außerdem liegt der Clip mit all Ihren Fotos im Album **Zuletzt hinzugefügt** vor. Sie können Bilder später von Videos dadurch unterscheiden, dass Videos in der unteren linken Ecke ein kleines Videosymbol aufweisen. Innerhalb der **Fotos**-App können Videos abgespielt werden.

Übrigens können Sie das aufgenommene Video direkt in der *Fotos*-App noch trimmen. Tippen Sie dazu auf die Vorschau des gewünschten Videos und verwenden Sie dann unten im Filmstreifen die beiden Anfasser für die Trimmfunktion.

Über die Trimmfunktion können Videos noch optimiert werden.

Kommen wir noch einmal kurz zur Kamerafunktion zurück. Vielleicht haben Sie es schon ausprobiert: Sie können mit zwei Fingern digital zoomen. Sie können dann auch den Punkt auf dem Strich an der Unterseite des Bildes verschieben und so zoomen. Die Kamera zeigt durch einen gelben Rahmen an, auf welchen Bereich gerade scharfgestellt wird. Das sind in der Regel Gesichter oder Elemente in der Mitte des Bildes.

Die Kamera-App erlaubt das Zoomen (links) bzw. das Scharfstellen (rechts) auf ein Objekt.

Wenn Sie mit einem Finger an einer bestimmten Stelle auf das Motiv tippen, erscheint wieder der Rahmen, und die Kamera versucht, diese Stelle scharfzustellen und die Belichtung darauf zu optimieren. So bekommen Sie auch dunkle Bereiche des Fotos hell, wenn es auf diesen Bereich ankommt. Entsprechend verändert sich dann aber auch die Belichtung der anderen Bildinhalte.

Am Lampensymbol erkennen Sie die manuelle Belichtung auf einem bestimmten Bereich.

Sobald sich das Bild in der *Fotos*-App befindet, können noch einige Funktionen zum Einsatz kommen. Dazu gibt es wenig später noch weitere Informationen.

Tipps zur Kamera-App

- *Timer verwenden:* Sie möchten selbst Teil des Gruppenfotos werden, haben aber keinen Fotografen dabei? Kein Problem! Stellen Sie das iPad auf einen geeigneten Untergrund, visieren Sie die Gruppe an und tippen Sie dann auf das Symbol für den Selbstauslöser. Je nachdem, wie schnell Sie laufen können, lässt sich dieser Timer auf 3 Sekunden (*3 s*) oder 10 Sekunden (*10 s*) einstellen. In beiden Fällen löst die Kamera nach Ablauf der Zeit selbsttätig aus. Im Optimalfall mit Ihnen im Kreise der anderen.
- *Belichtung manuell bestimmen:* Tippen Sie auf einen Bereich in der Anzeige, auf den Sie die Belichtungseinstellungen optimieren möchten. Sie erhalten ein gelbes Quadrat mit einem Sonnensymbol. Lösen Sie nun die Aufnahme aus, wird für den markierten Ort belichtet.
- *Auslösen per Lautstärketasten:* Um einen Schnappschuss zu machen, können Sie neben dem Auslöser auf dem iPad-Bildschirm die Lautstärketasten an Ihrem Gerät verwenden. Diese sind meist besser im Zugriff.
- *Schnellzugriff im Sperrbildschirm:* Sie können die Kamera schnell erreichen, indem Sie im Sperrbildschirm das Kamerasymbol rechts unten nach oben wegschieben. So müssen Sie nicht erst den Bildschirm entsperren, die Kamera-App starten und das Bild machen.

Rechts unten im Sperrbildschirm erreichen Sie umgehend die Kamera des iPads.

Fotos

Die *Fotos*-App ist Ihre Bildverwaltung auf dem iPad. Sie eignet sich zum Ansehen Ihrer Fotos ebenso wie zum Teilen der Bilder mit Freunden, Bekannten und Kollegen. Außerdem können Sie Fotos bearbeiten und so noch mehr aus Ihren digitalen Schnappschüssen herausholen.

Die Fotos-App im Überblick

Wenn Sie die *Fotos*-App starten, erwartet Sie ein vergleichbarer Anblick wie der in unserem Beispiel.

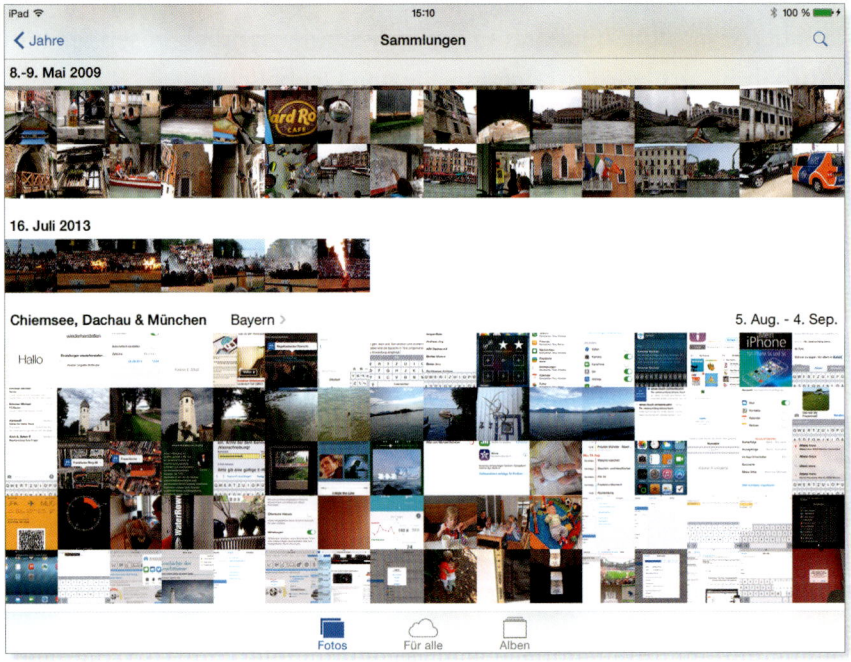

Die „Fotos"-App erlaubt auch bei einer Vielzahl von Bildern die übersichtliche Sortierung.

Wenn Sie die Jahresansicht (*Jahre* links oben) auswählen, können Sie mit einem Finger über die Fotos streichen und vergrößern damit das gerade ausgewählte Foto. Nehmen Sie den Finger vom Display, rufen Sie dieses Bild im Großformat auf.

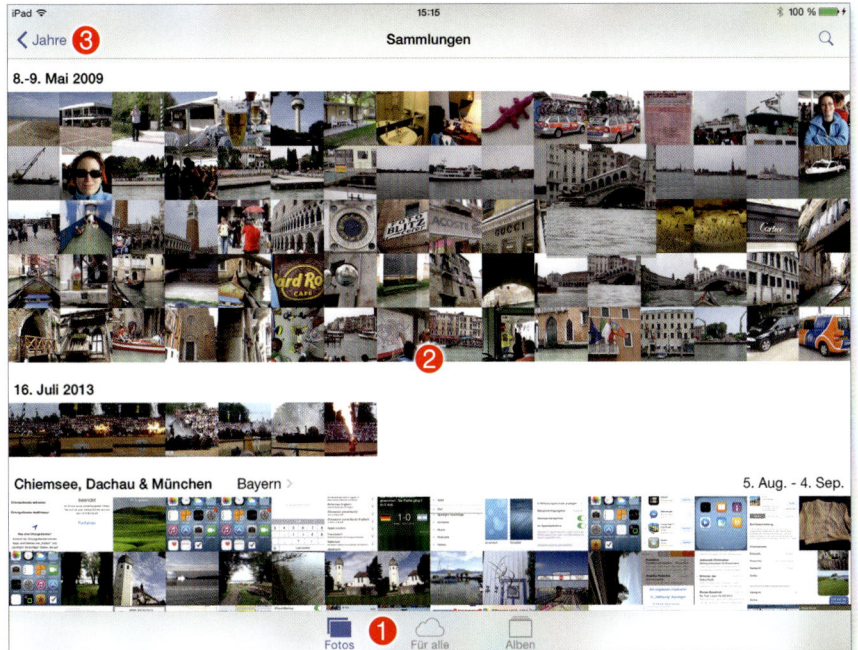

In der Jahresansicht streichen Sie mit einem Finger über die Vorschau, um einzelne Fotos vergrößert darzustellen.

❶ In der Funktionsleiste unten geben Sie an, welche Inhalte Sie sehen möchten. *Fotos* bringt Sie zu Ihren Sammlungen, *Für alle* zu den freigegebenen Fotostreams, und ganz rechts finden Sie Ihre *Alben*.

❷ Im Hauptbereich werden die Bilder angezeigt. Die Sammlungen sind nach Aufnahmeorten sortiert und tragen auch das Datum oder den Zeitraum der Aufnahmen. Um die Fotos einer Sammlung anzuzeigen, tippen Sie darauf. Sie gelangen daraufhin zu einer *Momente* genannten Detailansicht. Innerhalb eines Moments finden Sie alle Fotos eines Tages bzw. eines Ortes übersichtlich dargestellt.

❸ *Jahre* bringt Sie zur Jahresübersicht. Dort finden Sie die Bilder nach Jahren sortiert.

Momente

Haben Sie in den *Sammlungen* auf ein Ereignis getippt, wird Ihnen das als *Momente* angezeigt.

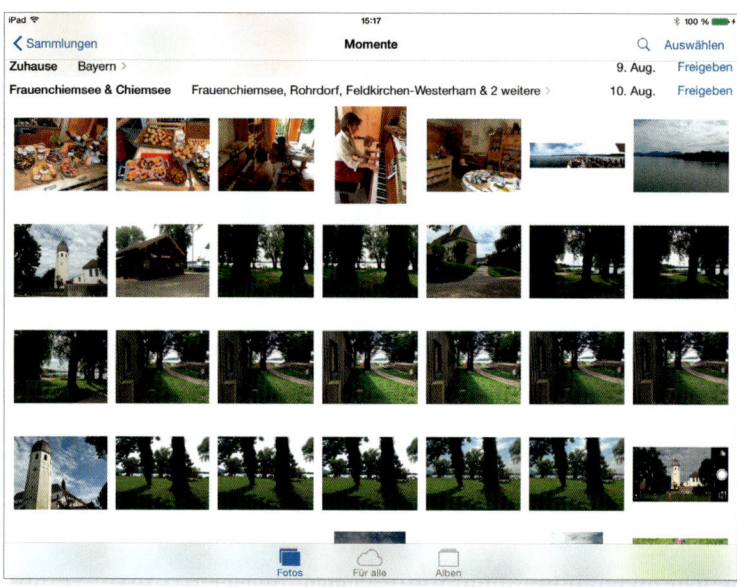

Waren bei den „Sammlungen" lediglich die Orte genannt, ist bei „Momente" auch eine genauere Angabe möglich.

Wenn Sie hier auf *Freigeben* tippen, können Sie entweder den gesamten *Moment freigeben* oder einzelne *Fotos freigeben*.

Der Moment landet dann entweder per *AirDrop* auf einem anderen iPad, iPhone oder Mac oder per *iCloud-Fotofreigabe* in einem Ihrer freigegebenen Alben.

 An dieser Stelle können Sie entweder ein vorhandenes Album verwenden, indem Sie es im Bereich **Freigegebenes Album** auswählen. Oder Sie legen ein **Neues freigeg. Album** an.

Die freigegebenen Alben werden meist auch als Fotostream bezeichnet. Und auch Sie selbst haben einen eigenen Fotostream. Wir zeigen Ihnen nun, was das alles ist, wo Sie die Fotostreams finden und wie Sie sie aktivieren und deaktivieren können.

Einen Fotostream auswählen oder einen neuen anlegen

1. Nachdem Sie *iCloud-Fotofreigabe* ausgewählt haben, gelangen Sie in das Fenster zur Freigabe der Bilder per Fotostream. Hier wird Ihnen – sofern vorhanden – ein freigegebener Fotostream angeboten. Geben Sie optional einen Kommentar zu den Bildern an und tippen Sie auf *Posten*.

2. Um einen anderen Fotostream auszuwählen oder einen neuen anzulegen, tippen Sie auf die Zeile *Freigegebenes Album*.

3. Jetzt wählen Sie entweder einen vorhandenen Stream aus oder tippen auf *Neues freigeg. Album.*

4. Bei einem bestehenden Album geben Sie einen *Kommentar* ein und tippen auf *Posten*.

5. Ein neues Album verlangt nach einem Namen. Haben Sie einen angegeben, tippen Sie auf *Weiter*. Danach tragen Sie die Kontakte oder Mailadressen der Personen ein, die eine Einladung zu diesem Stream erhalten sollen.

6. Tippen Sie auf *Weiter*. Geben Sie auf Wunsch einen Kommentar ein und tippen Sie auf *Posten*.

7. Daraufhin wird der Fotostream angelegt, und die eingeladenen Personen werden darüber informiert.

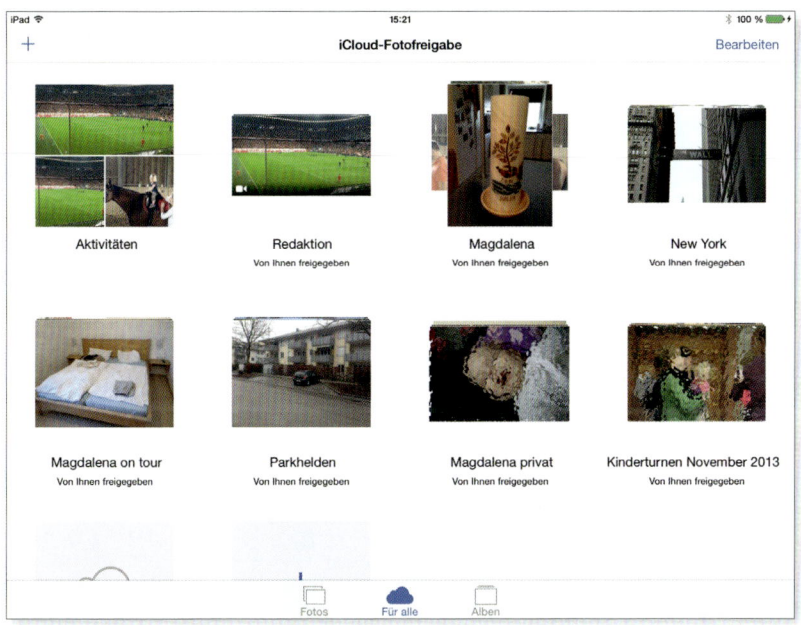

Das neue freigegebene Album befindet sich nun in der Rubrik „Für alle".
Über das „+" links oben oder „Neues freigeg. Album" ganz unten legen Sie auch direkt hier ein neues Album an.

 Innerhalb eines freigegebenen Albums können Sie (und alle eingeladenen Personen) einzelne Fotos kommentieren oder mit einem **Gefällt mir**-Smiley versehen.

Auch einzelne Fotos innerhalb eines Fotostreams können kommentiert werden.

Außerdem haben Sie über den *Weiterverwenden*-Knopf links unten alle bekannten Optionen, die Fotos weiterzuverwenden.

Optionen innerhalb der freigegebenen Alben

Wenn Sie sich innerhalb eines freigegebenen Albums befinden, können Sie über das +-Symbol weitere Bilder hinzufügen. Zudem haben Sie die Möglichkeit, im Bereich *Personen* nachzusehen, wer aktuell für den Stream freigeschaltet ist, und können bei Bedarf weitere Personen *Einladen*.

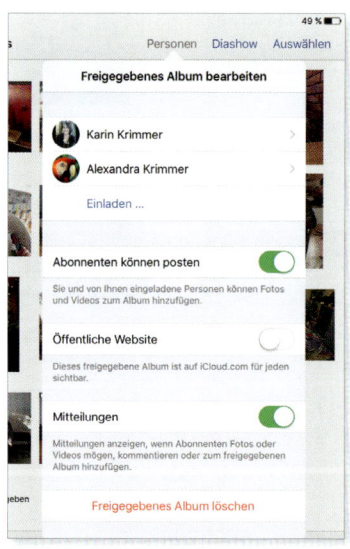

Und es lässt sich noch mehr in Bezug auf dieses freigegebene Album festlegen.

Abonnenten können posten: Ist dieser Schalter aktiv, können Sie und die zum Stream eingeladenen Personen auch Bilder und Videos hinzufügen.

 Apropos Videos: In iOS 9 können zu einem Album auch Videos hinzugefügt werden. Tippen Sie dazu im Stream auf das Plussymbol und wählen Sie die Videos aus, die Sie einbinden möchten. Bestätigen Sie mit **Fertig**.

Öffentliche Webseite: Diese Einstellung ist wichtig, wenn Sie Personen den Zugriff auf dieses Album ermöglichen möchten, die kein kompatibles Gerät (iPhone, iPad, Mac ...) haben. Damit generieren Sie eine Webseite, über die die Inhalte abgerufen werden können. Da der generierte Link ein wenig kryptisch ist, empfiehlt sich hier die Funktion *Link freigeben*.

Aktivieren Sie *Mitteilungen*, werden Sie darüber informiert, wenn Abonnenten Ihres Fotostreams Kommentare abgeben, Fotos oder Videos dem Stream hinzufügen oder Bilder einfach nur mögen und entsprechend auf *Gefällt mir* tippen. Ist dieser Punkt deaktiviert, müssen Sie selbst nachsehen, ob sich im Stream etwas getan hat.

Alles synchron mit der iCloud-Fotomediathek

Wenn Sie den Abschnitt zum Fotostream bereits gelesen haben, kennen Sie schon eine Art, wie man Bilder mit mehreren Geräten abgleichen kann. Über den Fotostream gelangen alle neu aufgenommenen Fotos an alle Geräte, die über Ihre Apple-ID verfügen und bei denen der Fotostream ebenfalls aktiviert ist. So haben Sie das Foto, das Sie am iPad gemacht haben, auch am iPhone bzw. Mac oder unter Windows.

Seit iOS 8 gibt es die *iCloud-Fotomediathek*. Ist die einmal aktiviert, so wird Ihre gesamte Mediathek in die iCloud geladen und ist dann ebenfalls an allen Ihren iCloud-Geräten verfügbar. Das gilt für bereits in der Mediathek vorhandene Inhalte und für künftig hinzugefügte. Dazu gehören dann aber auch wirklich alle Medien: alte, neue Bilder, Videos, aufgenommene und importierte Medien.

Und wenn Sie beispielsweise ein Foto bearbeiten, dann ist es nicht nur auf diesem Gerät in der neuen Version verfügbar. Es wird über die iCloud-Fotomediathek ebenfalls auf alle anderen Geräte kopiert.

iCloud-Fotomediathek kann Mehrkosten verursachen

Bevor wir Ihnen jetzt zeigen, wie Sie die iCloud-Fotomediathek aktivieren und was sich ändert, ein Hinweis: Während der Fotostream nicht in Ihrer iCloud-Statistik auftaucht, was das Freivolumen angeht, tut es die Fotomediathek sehr wohl. Alle Daten, die in diesem Rahmen hochgeladen werden, belegen also einen Teil Ihrer 5 GByte, die Apple jedem iCloud-Nutzer kostenfrei zur Verfügung stellt. 5 GByte sind eine Menge an Speicherplatz – keine Frage. Wer aber viele Fotos und Videos hat, kann durchaus flott an diese Grenze stoßen. Und dann ist es schnell vorbei mit künftigen Aktualisierungen Ihrer iCloud-Fotomediathek. Außer, Sie buchen kostenpflichtig weiteren Speicherplatz dazu.

iCloud-Fotomediathek aktivieren

Los geht's in den *Einstellungen –> Fotos & Kamera*. Dort finden Sie den entsprechenden Punkt ganz oben.

Legen Sie den Schalter um, um die „iCloud-Fotomediathek" zu aktivieren.

Wenn Sie in der Vergangenheit Bilder oder Alben über iTunes auf das iPad kopiert haben, erhalten Sie eine Meldung, dass diese Fotos gelöscht werden. Im nächsten Schritt sehen Sie in den *Einstellungen* einen zusätzlichen Punkt: Hier legen Sie fest, ob Sie die Bilder *Laden und Originale behalten* möchten (was sehr viel Platz auf dem iPad beanspruchen wird). Die zweite Option (*iPad-Speicher optimieren*) behält zwar auch die Daten in hoher Auflösung in der Cloud, kopiert sie aber in geringerer – auf das iPad optimierter – Qualität auf das Gerät. Das kann wertvollen Speicherplatz einsparen, wenn Ihr iPad eh schon fast randvoll ist.

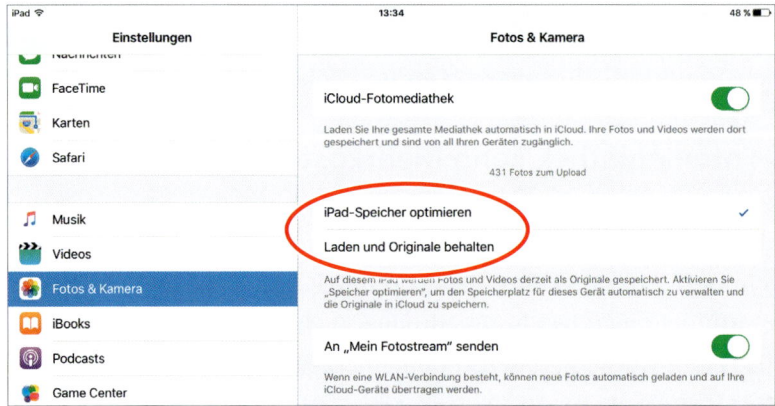

Entscheiden Sie hier, in welcher Qualität die Bilder auf das iPad geladen werden sollen. Gleich darüber ist zu sehen, dass die Aktualisierung bereits läuft.

Wenn Sie Ihre Bilder lieber manuell auf das iPad kopieren, dann geht das natürlich auch. Beachten Sie aber, dass Sie nicht beides haben können. Entweder Sie machen das über die iCloud oder über iTunes.

Fotos und Videos auf das iPad kopieren

Der Abgleich von Bildern vom Mac oder Windows-Rechner auf das iPad läuft wieder über iTunes. Wählen Sie das iPad aus und rufen Sie den Punkt *Fotos* auf. Nun können Sie am Mac entweder *Alben*, *Ereignisse* oder *Gesichter* aus *Fotos* oder *Aperture* auswählen. Oder Sie bestimmen einen *Ordner*, über den der Abgleich laufen soll.

 Das Kopieren von Fotos läuft ganz so, wie es in Kapitel 9 ab Seite 370 beschrieben ist.

Unter Windows haben Sie ebenfalls die Möglichkeit, einen Ordner auszuwählen. Alternativ dazu kopieren Sie Bilder aus *Adobe Photoshop Elements* oder *Photoshop Album* heraus auf das iPad. Der Vorgang funktioniert dann so wie am Mac: Sie wählen die gewünschten Bilder aus und starten den Abgleich.

Fotos und Videos auf dem Rechner sichern

Der Abgleich der Daten funktioniert auch in die andere Richtung. Stecken Sie das iPad an den Mac an, und es wird wie eine Digitalkamera behandelt. Das bedeutet, Sie können in den Appa *Fotos* (bzw. *iPhoto*), *Aperture* oder *Digitale Bilder* die Bilder auf den Rechner kopieren.

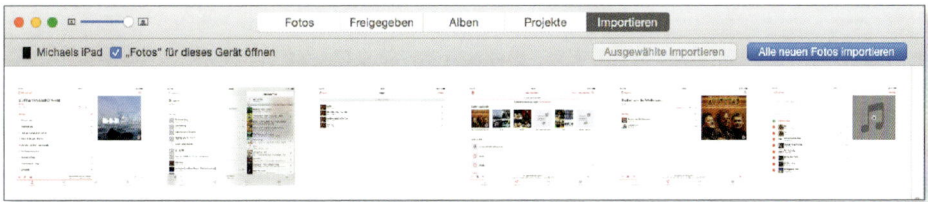

Das iPad wird wie eine Digitalkamera behandelt, hier am Beispiel der App „Fotos" am Mac.

Unter Windows erhalten Sie nach dem Anstecken des iPads eine Meldung, mit der Sie das System darüber informiert, dass ein Datenspeicher angeschlossen wurde. Die Bilder lassen sich dann mit einer passenden Software importieren. Oder Sie lassen sich unter Windows den Bildspeicher des iPads als Ordner im

Windows-Explorer anzeigen und kopieren die Daten manuell (*Gerät zum Anzeigen der Dateien öffnen*).

Wenn Sie das iPad unter Windows anschließen, können Sie die Bilder wie von jedem anderen Datenträger aus kopieren.

Am einfachsten binden Sie Ihren Fotostream allerdings am Mac unter OS X ein. Fotos ermöglicht eine nahtlose Integration Ihres persönlichen und aller freigegebenen Fotostreams.

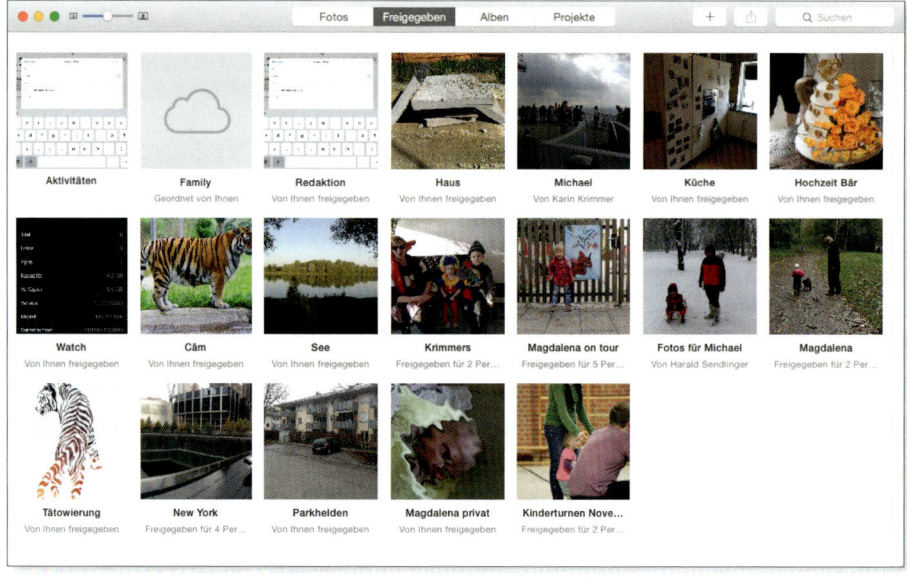

Alle Fotostreams finden Sie am Mac in „Fotos" im Bereich „Freigegeben".

Mit Alben arbeiten

Ein gute Möglichkeit, wie man seine Bilder im iPad organisiert, sind Alben. Sie erreichen diese Darstellungsart, indem Sie ganz unten in der Funktionsleiste der *Fotos*-App auf *Alben* tippen.

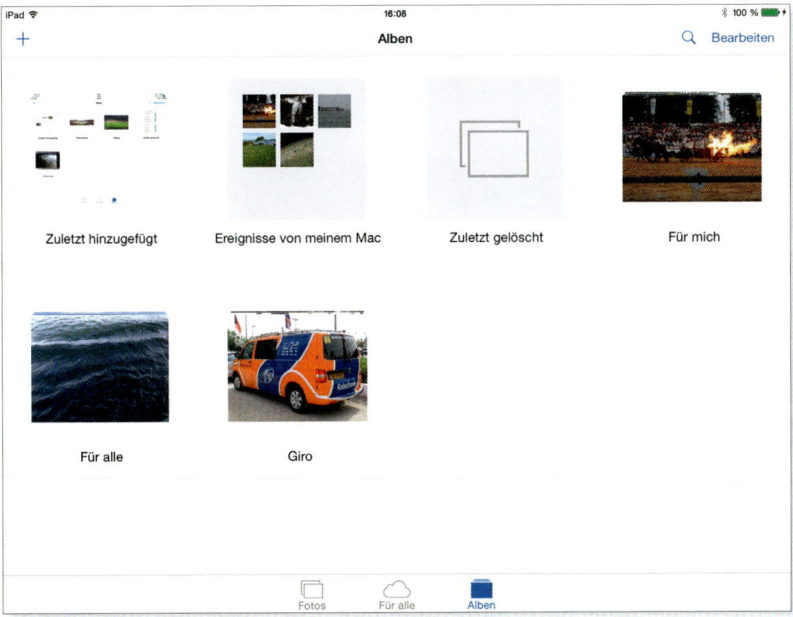

Die Alben Ihrer Fotos-App: Einige legt das iPad an, einige wurden auf das iPad kopiert („Von meinem Mac").

Einige der Alben waren bereits auf dem iPad vorhanden. *Zuletzt hinzugefügt* ist zum einen der Ort, an dem die Fotos gespeichert werden, die Sie mit dem iPad aufnehmen. Zum anderen landen hier alle Aufnahmen aus Ihrem persönlichen Fotostream. Und hier gibt es dann auch die Alben *Panoramen* und *Videos, sofern Sie Aufnahmen dieser Art gemacht haben*.

 An dieser Stelle noch einmal zur Erinnerung: In den **Einstellungen –> iCloud** im Bereich **Fotos** können Sie Ihren persönlichen Fotostream (**Mein Fotostream**) sowie die freigegebenen Alben (**iCloud-Fotofreigabe**) aktivieren und auch deaktivieren.

Gleich daneben (*Ereignisse von meinem Mac*) stehen nun die Alben, die per Abgleich mit dem Rechner eingegangen sind oder die Sie mit dem iPad manuell erstellt haben.

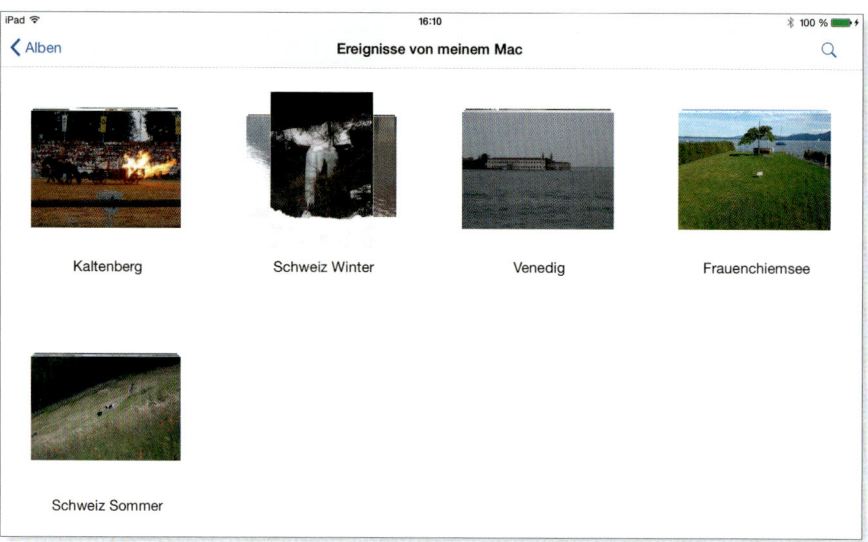

Diese Bilder wurden vom Mac auf das iPad kopiert.

Ein neues Album erstellen

Um ein neues Album anzulegen, tippen Sie in der *Alben*-Übersicht links oben auf das +. (Das geht allerdings nicht aus dem *Ereignisse*-Ordner heraus.) Vergeben Sie dann einen Namen und tippen Sie auf *Sichern*.

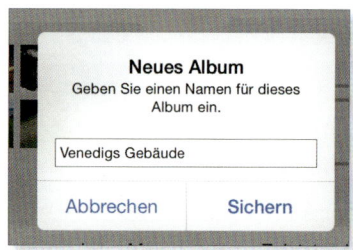

Geben Sie dem neuen Album einen aussagekräftigen Namen.

Nun werden Sie aufgefordert, das neue Album zu befüllen. Wählen Sie die gewünschten Fotos aus und tippen Sie auf *Fertig*. Daraufhin werden die Fotos einsortiert, und das Album wird angelegt. Wollen Sie zu einem späteren Zeitpunkt die Namen der Alben ändern, so klicken Sie rechts oben auf *Bearbeiten*. Dabei kann auch die Reihenfolge geändert werden.

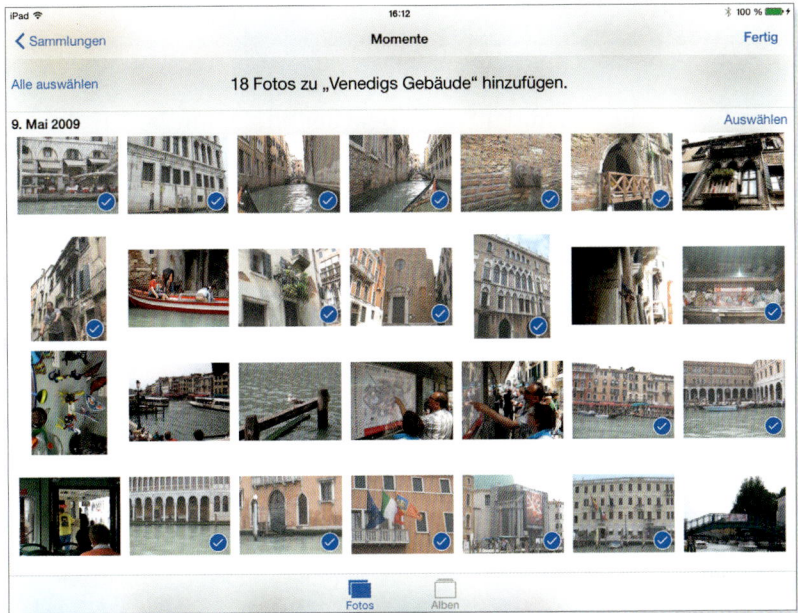

Wählen Sie hier die gewünschten Fotos aus.

Fotos innerhalb eines Albums ansehen und verwalten

Um das neue Album oder jedes andere anzusehen, tippen Sie im Bereich *Alben* auf das gewünschte Album. So lässt sich auch überprüfen, ob alles geklappt hat mit dem neuen Album.

Das Album wurde angelegt und wie gewünscht befüllt.

Über die Taste *Auswählen* können Sie weitere Fotos *Hinzufügen*, Bilder weiterverwenden oder löschen. *Diashow* startet selbige. *Alben* bringt Sie wieder zurück zur Übersicht.

Fotos bearbeiten

Sie können Bilder auf Ihrem iPad auch bearbeiten. Damit lassen sich Bilder in die richtige Ausrichtung drehen, verbessern, Effekte hinzufügen, rote Augen entfernen oder Ausschnitte wählen.

Rufen Sie das zu bearbeitende Foto auf und tippen Sie auf *Bearbeiten*.

Die integrierte Bildbearbeitung bietet zahlreiche Möglichkeiten.

❶ Am schnellsten geht es, wenn Sie den Zauberstift benutzen. Damit verbessern Sie Farbe, Kontrast und Helligkeit des Fotos automatisch. Als Bestätigung, dass die Funktion ausgeführt wurde, finden Sie neben den Verbesserungen im Foto einen blauen Zauberstift. Drücken Sie noch einmal auf den Zauberstift, können Sie den Vorgang rückgängig machen.

❷ Über diesen Punkt lässt sich das Bild drehen und beschneiden.

❸ Das kleine *x* und die Tatsache, dass der Pfeil nicht exakt auf der 0 steht, bedeutet: Hier hat die Fotos-App eine automatische Begradigung vorgenommen. Das Ergebnis ist gut, kann aber auch manuell korrigiert werden.

❹ Tippen Sie dazu auf das *x* und verschieben Sie den Regler, bis die gewünschte Drehung erreicht ist. *AUTO* dreht dann wieder automatisch.

❺ Tippen Sie auf diesen Schalter, um das Bild entgegen dem Uhrzeigersinn zu drehen.

❻ Hier erhalten Sie eine Auswahl an festen Bildformaten (z. B. Quadrat oder 3 : 2), mit denen Sie das Foto beschneiden können.

❼ Möchten Sie das Foto in ein beliebiges anderes Format bringen, greifen Sie den weißen Rahmen an einer der Ecken oder Seiten und verschieben ihn wie gewünscht.

❽ Hier können Sie ein Foto mit verschiedenen Effekten verändern. Tippen Sie auf diese Taste und danach auf den gewünschten Effekt, um die Änderung zu sehen.

Auch mit den Effekten erzielen Sie gute Ergebnisse.

! **Achtung!** Sie überschreiben damit das Originalbild. Sie können diese Änderungen aber rückgängig machen, indem Sie in den Effekten **Ohne** auswählen. Dann erhalten Sie wieder das Original.

❾ Über diese Taste erhalten Sie die umfangreichsten Bearbeitungsmöglichkeiten. Tippen Sie darauf, sehen Sie zunächst die drei Punkte *Licht*, *Farbe* und *S/W*. Treffen Sie hier eine Auswahl, gibt es noch viele Unterpunkte, die Sie dann einzeln und unabhängig voneinander einsetzen können.

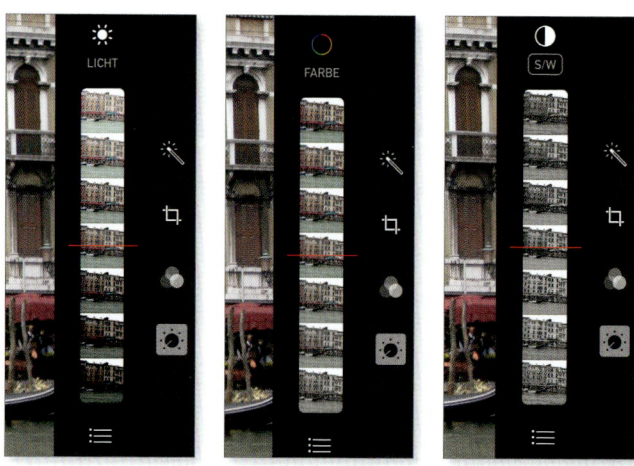

Die „Bearbeiten"-Funktionen für Licht, Farbe und Schwarz-Weiß geben Ihnen umfangreiche Möglichkeiten zur Bildoptimierung.

An dieser Stelle können Sie nun die Markierung entlang der Vorschaubildchen verschieben, um zu den entsprechenden Ergebnissen zu kommen. Möchten Sie dagegen die Werte sehen, die Sie einzeln verändern können, so tippen Sie auf das Symbol . Daraufhin erhalten Sie bei allen drei Gruppen diese Ansicht:

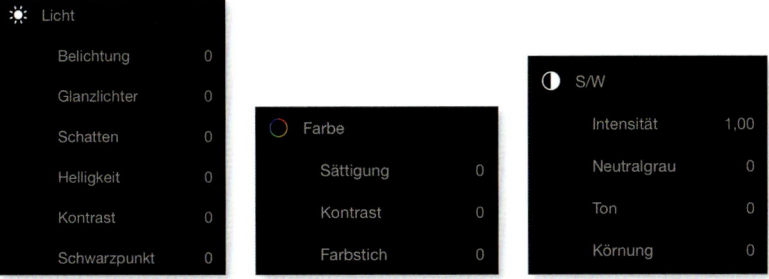

Auf Wunsch können Sie auch die Werte für Belichtung, Sättigung, Intensität usw. einzeln verändern.

Schließen bringt Sie wieder zurück. Über das Häkchen (das sich gelb färbt, sobald Sie etwas am Foto verändert haben) speichern Sie das Ergebnis ❿. Möchten Sie die Änderungen rückgängig machen und wieder zum Ausgangsbild zurück, so drücken Sie auf das *x* ⓫. Wollen Sie zwischendurch – also während der Bearbeitung – Ihr Ergebnis mit dem Original vergleichen, so halten Sie den Finger zirka eine Sekunde lang auf dem Foto.

Favoriten definieren

Es gibt in der Bildansicht noch eine interessante Schaltfläche, die wir bisher nicht besprochen haben. Links neben dem *Bearbeiten*-Knopf befindet sich ein Herzsymbol. Damit können Sie beim Betrachten Ihrer Bilder Favoriten markieren. Wenn Sie darauf tippen, wird das Herz blau ausgefüllt und somit Ihr Bild als *Favorit* markiert.

Das Herz über dem Foto ist blau, das Bild damit einer Ihrer Favoriten.

Sobald Sie mindestens ein Foto als Favorit markiert haben, erhalten Sie in der Übersicht Ihrer Alben einen neuen Eintrag: *Favoriten*. Und dort finden Sie dann künftig alle Bilder, die Sie auf diesem Wege markiert und für gut befunden haben.

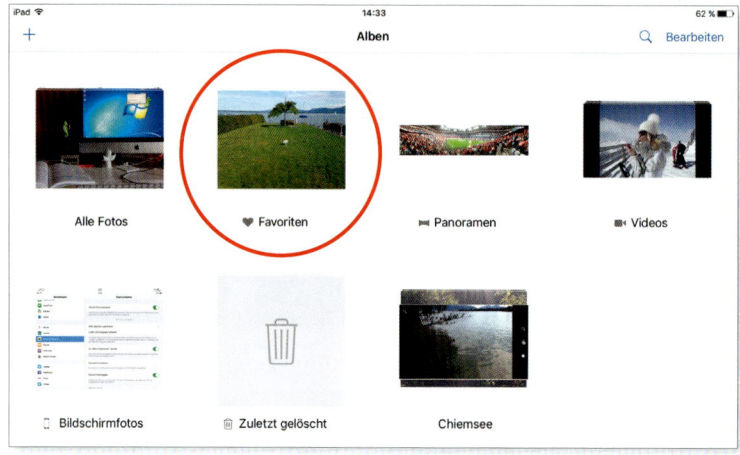

In dieses Album werden alle die Fotos einsortiert, die Sie per blauem Herz als Favorit gekennzeichnet haben.

Um das Foto wieder aus dem erlauchten Kreis Ihrer Favoriten zu entfernen, tippen Sie einfach noch einmal auf das Herz. Dann wird es aus dem Ordner *Favoriten* entfernt. Sobald der Ordner leer ist, verschwindet er wieder. So lange, bis Sie wieder ein Bild als Favorit markieren. Das Ganze funktioniert übrigens auch mit Videos.

Fotos durchsuchen

Befinden Sie sich in der *Fotos*-App in den Bereichen *Fotos* oder *Alben*, so haben Sie am oberen Rand eine Lupe, mit der Sie nach Bildern suchen können. Tippen Sie darauf, um zur Suchmaske zu gelangen.

Noch bevor Sie auch nur ein Zeichen in das Suchfeld eingeben, bietet die Fotos-App bereits mögliche Suchanfragen an.

Jetzt können Sie gleich auf die geografischen Treffer *In der Nähe* oder *Zuhause* beziehungsweise auf die angezeigten Monate tippen. Suchen Sie nach etwas anderem, so geben Sie das in das Suchfeld ein. Sobald Sie das erste Zeichen getippt haben, ändert sich die Trefferliste entsprechend.

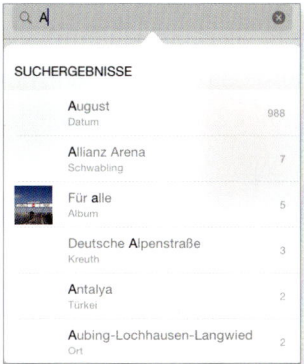

Bereits ein Zeichen reicht, und die Liste ändert sich entsprechend.

Tippen Sie dann auf den gewünschten Treffer, um sich die Bilder anzeigen zu lassen. Die Zahl rechts neben dem Treffer gibt die Anzahl der passenden Bilder an.

Wichtige Einstellungen für die Fotos-App

Die Einstellungen der *Fotos*-App finden Sie zusammen mit denen für die *Kamera* unter *Einstellungen –> Fotos & Kamera*.

Hier legen Sie fest, ob Sie Ihren eigenen Fotostream aktivieren möchten (*Mein Fotostream*) und ob es freigegebene Fotostreams geben soll (*iCloud-Fotofreigabe*).

Interessant sind auch die Einstellungen zur *Diashow*: Dort legen Sie fest, wie lange jedes Bild angezeigt werden soll (*Anzeigezeit pro Dia*), bis das nächste erscheint, ob sich die Bilder *Wiederholen* sollen, nachdem alle gezeigt wurden, und ob die Wiedergabe *Zufällig* oder in der vorhandenen Reihenfolge stattfinden soll.

Tipps zur Fotos-App

- Familienfreigabe in der *Fotos*-App: Haben Sie die *Familienfreigabe* aktiviert, so erhalten Sie im Bereich *Für alle* auch einen entsprechenden Fotostream mit dem Namen *Family*. Alle dort geteilten Bilder sind dann automatisch auf allen iOS-Geräten aller Familienmitglieder verfügbar.

- Möchten Sie Fotos per Mail versenden, gibt es eine Begrenzung von fünf Fotos. Mehr gehen nicht in eine einzelne Mail. Lesen Sie dazu aber unbedingt den nächsten Tipp.
- So ganz richtig ist die Begrenzung auf fünf Fotos pro Mail nicht. Über einen Umweg geht auch mehr: Markieren Sie mehr als fünf Fotos, wählen Sie *Kopieren* und erstellen Sie manuell eine neue Mail. Tippen Sie dann doppelt in den Hauptbereich der Mail und wählen Sie *Einsetzen*. Und schon landen alle Fotos per Zwischenablage in der E-Mail-Nachricht.

Notizen

Die *Notizen*-App eignet sich gut, um schnell und einfach Gedanken auf das digitale Papier zu bringen. Sie ist nicht so umfangreich wie beispielsweise *Evernote*. Aber sie erfüllt ihren Zweck gut.

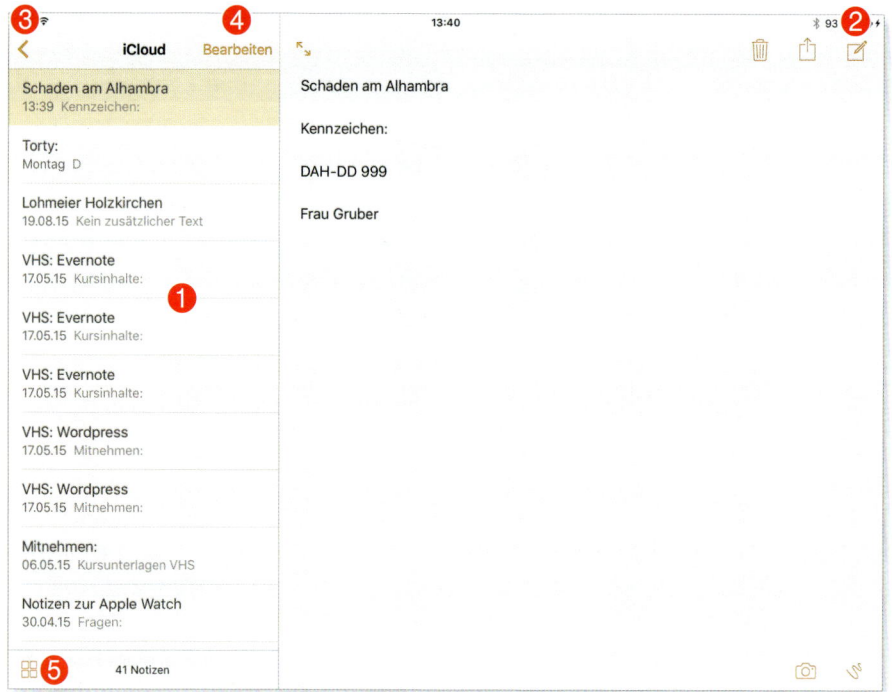

Hier gibt es schon einige Notizen. Oben rechts sehen Sie den Papierkorb zum Löschen einer Notiz sowie das „Teilen"-Menü.

❶ In der Randspalte finden Sie die vorhandenen Notizen. Tippen Sie auf einen Eintrag, wird die Notiz im Hauptbereich angezeigt. Unten links sehen Sie die Gesamtanzahl Ihrer Notizen.

❷ Über dieses Symbol legen Sie eine neue Notiz an.

❸ Synchronisieren Sie Notizen, so finden Sie hier die entsprechenden Quellen.

❹ Über das *Bearbeiten*-Menü lassen sich einzelne oder mehrere Notizen in einen anderen Notizblock verschieben (*Bewegen*) oder löschen.

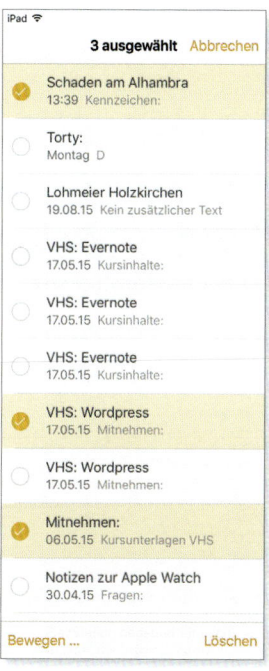

Markieren Sie die gewünschten Notizen und wählen Sie unten eine der beiden Optionen aus.

Abbrechen bringt Sie auf Wunsch auch ohne Aktion wieder zurück zur Übersicht.

❺ Das *Raster*-Symbol bringt Sie zur Übersicht aller Anhänge Ihrer Notizen.

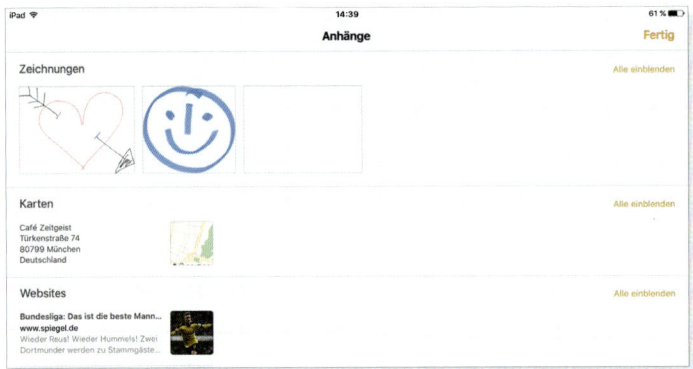

Anhänge können Bilder, Zeichnungen, Karten und Websites sein.

Wie Sie Fotos, Zeichnungen, Kartenausschnitte und Websites in Ihre Notizen einbinden, das erfahren Sie gleich noch. Aber hier sehen Sie schon mal, dass Sie sich das alles auch zentral an einem Ort anzeigen lassen können. Wenn Sie auf *Alle einblenden tippen*, bekommen Sie die entsprechenden Anhänge angezeigt.

Um eine Notiz anzuzeigen, tippen Sie in der Spalte links auf ihren Titel.

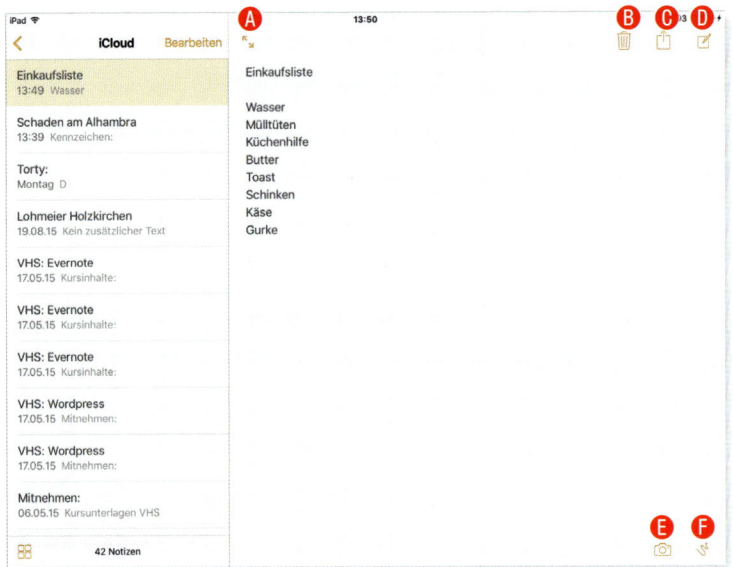

Eine Notiz mit den weiteren Optionen.

Ⓐ Über die beiden Pfeile lässt sich die Notiz im Vollbild anzeigen. Das blendet die Spalte links aus und bietet mehr Platz für den Notizinhalt. Zurück kommen Sie, indem Sie auf die Schaltfläche links oben tippen.

Ⓑ Über den *Papierkorb* löschen Sie die Notiz. Jede gelöschte Notiz wird für die Dauer von 30 Tagen im Papierkorb aufgehoben. Sie finden in der Über-

sicht Ihrer Notizen-Ordner einen Eintrag mit dem Namen *Zuletzt gelöscht*: Dort können Sie die gelöschten Notizen ansehen und über den *Bearbeiten*-Dialog auch wieder zurückholen.

C Hier haben Sie die Möglichkeit, die Notiz per *AirDrop*, *Nachrichten* oder *Mail* weiterzuleiten. Außerdem können Sie hier *Kopieren* und *Drucken*.

D Ganz rechts legen Sie eine neue Notiz an.

E Wenn Sie auf das Kamerasymbol tippen, können Sie Bilder hinzufügen. Wählen Sie dann im nächsten Schritt aus, ob Sie ein Bild aus der *Fotomediathek* wählen oder ein *Foto od. Video aufnehmen* möchten.

F Die Wellenlinie bringt Sie zu einem Bereich, in dem Sie innerhalb der Notiz zeichnen und malen können. Mit einem Apple Pencil gelingt das besonders gut, geht aber auch ohne.

Zeichnen

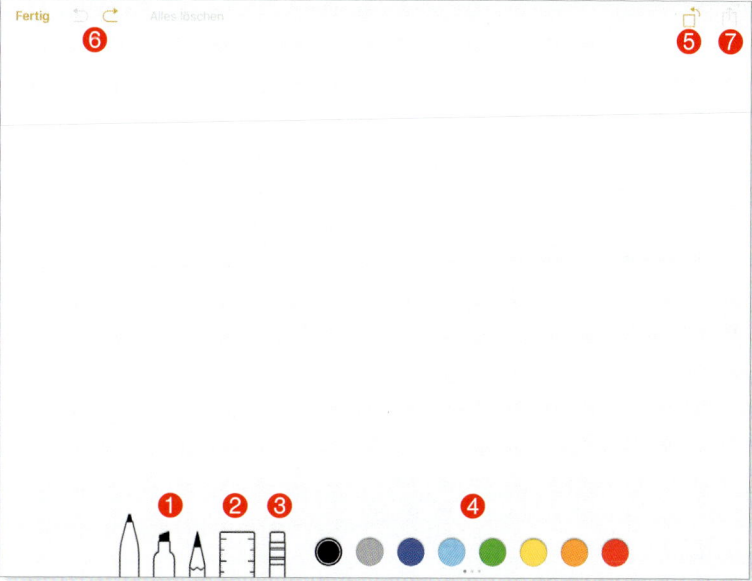

Der „Zeichnen"-Modus bietet eine Vielzahl an Möglichkeiten, mit denen Sie Ihre Notizen handschriftlich ergänzen können.

1 Im Bereich links haben Sie drei Stifte mit unterschiedlicher Zeichenstärke zur Auswahl.

2 Über diese Taste blenden Sie ein Lineal ein. Das können Sie dann mit einem Finger verschieben und mit zwei Fingern drehen. Dabei wird Ihnen in der Mitte der aktuelle Winkel angezeigt.

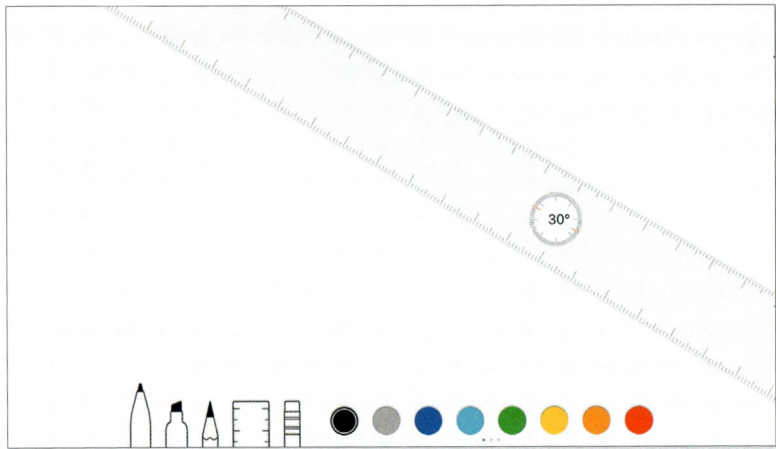

Beim Drehen des Lineals mit zwei Fingern wird die Neigung angezeigt.

> **!** Das Lineal verhält sich übrigens ganz so, als würde es tatsächlich auf Ihrem Notiz-
> block liegen. Sie können darunter also nicht zeichnen oder radieren.

❸ Radieren: Hier erhalten Sie den Radiergummi, mit dem Sie Gezeichnetes
oder Gemaltes auch wieder entfernen können.

❹ Und in der Farbpalette können Sie insgesamt 24 Farben auswählen. Die
ersten acht werden Ihnen gleich angezeigt. Die beiden anderen 8er-Palet-
ten erreichen Sie, indem Sie die sichtbare Palette nach links verschieben.

> **!** Von der Palette ganz rechts zu der ersten ganz links kommen Sie auch, indem Sie
> einfach noch einmal nach links wischen. So können Sie direkt von 3 auf 1 springen
> und müssen nicht erst den Umweg über 2 gehen.

❺ Möchten Sie das Bild einmal gegen den Uhrzeigersinn drehen, dann
tippen Sie auf diese Taste. Ein zweites Mal Tippen bringt somit eine
180-Grad-Drehung usw.

❻ Über die beiden Pfeile lassen sich Aktionen widerrufen und wiederholen.
Auch die Funktion *Alles löschen* finden Sie hier.

❼ Das *Weiterverwenden*-Menü hat hier noch weitere Optionen erhalten.
So können Sie das *Bild sichern* oder es einem *Kontakt zuweisen*.

> **!** Die gezeichneten Bilder werden übrigens pro Zeichenvorgang einzeln behandelt.
> Wenn Sie also mehrfach zeichnen und dann später in der Notiz auf eine Zeichnung
> tippen, dann können Sie auch nur die Dinge ändern oder ergänzen, die Bestandteil
> dieser Zeichnung waren.

Text bearbeiten

Wenn Sie innerhalb einer Notiz Text markieren, können Sie über die beiden Tasten links an der Oberseite der Tastatur Text formatieren oder Checkboxen erstellen.

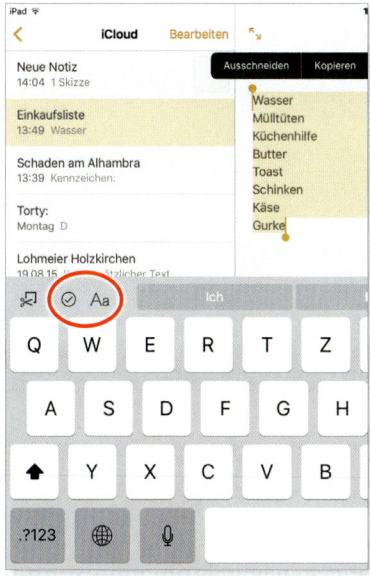

Diese beiden Punkte über der Tastatur bringen Sie zu Sonderfunktionen der Notizen-App.

Kamera- und Zeichnen-Menü rechts auf der Tastatur kennen Sie bereits. Neu sind aber die beiden Punkte ganz links: Darüber lassen sich Auswahlboxen (Checkboxen) erstellen und Texte formatieren.

Checkboxen eignen sich hervorragend für Einkaufslisten.

Checkboxen sind dann hilfreich, wenn man erledigte Dinge abstreichen will. Dann sieht man sofort, was schon erledigt ist und was noch getan werden muss.

So lässt sich Text bequem formatieren.

Die Möglichkeiten der Textformatierung sind nicht dramatisch umfangreich. Aber dennoch helfen sie dabei, dem Text eine gewisse Struktur zu verleihen.

Kartenausschnitt zu einer Notiz hinzufügen

Über einen kleinen Trick können Sie einer Notiz auch einen Kartenausschnitt hinzufügen. Öffnen Sie dazu die *Karten*-App und tippen Sie auf den *Weiterverwenden*-Button.

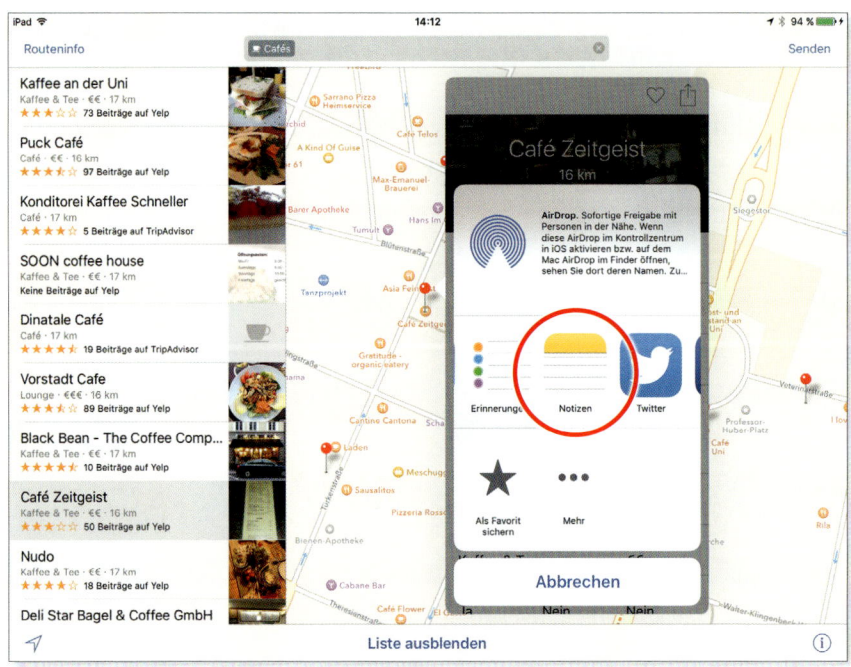

Über den „Weiterverwenden"-Button (rechts oben) können Sie auch Notizen auswählen (Mitte).

Wenn Sie nun auf *Notizen* tippen, können Sie im nächsten Schritt einen *Text zur Notiz hinzufügen* und eine bestehende oder neue *Notiz auswählen*. *Sichern* speichert die Eingaben.

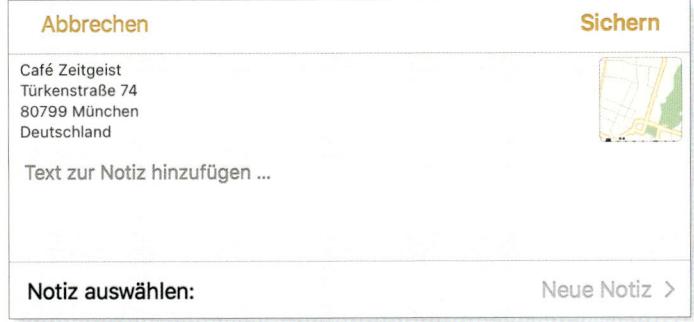

Geben Sie optional einen Text ein und wählen Sie die passende Notiz.

Wenn Sie dann die Notizen-App aufrufen, können Sie die Änderung auch gleich ansehen. Wir haben in unserem Beispiel eine neue Notiz gewählt, und so sieht das Ergebnis aus:

Der Kartenausschnitt hat den Weg in die neue Notiz gefunden.

Und das Beste: Dieser Weg geht in beide Richtungen. Wenn Sie also innerhalb der Notiz auf den Kartenausschnitt tippen, wird Ihnen der Ort auch wieder in der Karten-App angezeigt und kann beispielsweise zur Routenplanung weiterverwendet werden.

Webadresse zu einer Notiz hinzufügen

So wie wir das mit dem Kartenausschnitt gesehen haben, funktioniert das auch mit Webseiten. Rufen Sie die Adresse auf und öffnen Sie das *Weiterverwenden*-Menü. Nach einem Klick auf *Notizen* geben Sie wieder einen Text und die gewünschte Notiz ein. Und schon haben Sie die Webseite eingebunden.

Auch Webseiten lassen sich in Notizen einbinden.

Und auch hier klappt die Verlinkung mit der Ursprungs-App. Tippen Sie auf den Link: Die Seite wird in Safari geöffnet.

Tipps zur Notizen-App

- Nutzen Sie die Notizen-spezifischen Tasten an der Oberseite der Tastatur. So lassen sich sehr einfach Checkboxen hinzufügen und Text formatieren (linke Seite) oder Fotos und Skizzen einfügen (rechte Seite)
- Sie können Notizen über die iCloud oder andere Server synchronisieren. Aktivieren Sie *Notizen* in den *Einstellungen –> Mail, Kontakte, Kalender* im jeweiligen Account.
- Die erste Zeile einer Notiz legt den Namen fest. Schreiben Sie also einen Einkaufszettel, beginnen Sie nicht gleich mit „Butter", sondern schreiben Sie „Einkaufszettel" in die erste Zeile.

Kalender

 Auch hier ist zu empfehlen, bevor Sie mit dem **Kalender** arbeiten, in den **Einstellungen –> iCloud** die Synchronisation des Kalenders zu aktivieren.

Damit ist gewährleistet, dass alle auf dem iPad eingetragenen Kalenderinformationen sogleich in die Internetwolke übertragen werden und auch auf anderen Geräten (Computer, iPhone, andere iPads) zur Verfügung stehen.

Sobald Sie das Programm „Kalender" gestartet haben, tippen Sie unten in der Mitte auf „Kalender". Ist die iCloud-Synchronisierung aktiv, erscheinen dort sofort alle Kalender, die sich im Zugriff Ihrer iCloud befinden.

Wenn Sie der *Facebook*-App erlaubt haben, *Kalender* zu nutzen, dann stehen hier auch die Einträge für Facebook-Ereignisse. Sie erinnern sich an die Einstellungen von *Facebook* in Kapitel 6: Haben Sie in den *Einstellungen* in *Facebook* Ihre Daten hinterlegt, können die Applikationen *Kontakte* und *Kalender* mit den Facebook-Informationen gefüttert werden. Dies ist hier der Fall. Möchten Sie weitere Kalender definieren, tippen Sie auf *Bearbeiten* und anschließend auf *Hinzufügen*.

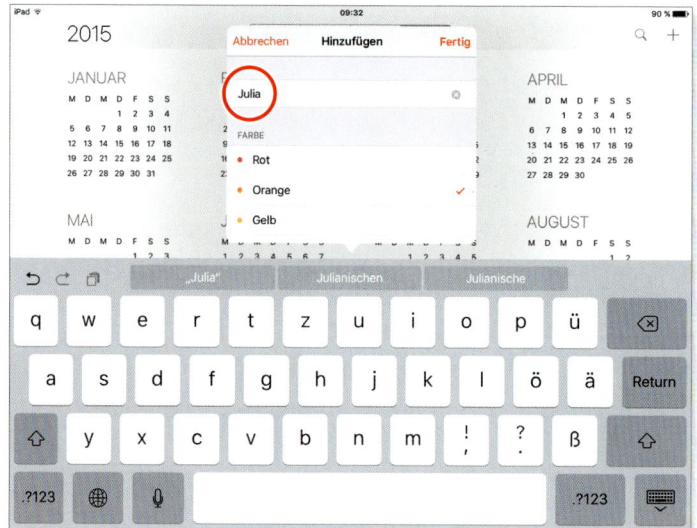

Geben Sie dem Kalender einen Namen und eine Farbe.

Via *Fertig* wird der Kalender angelegt. Die weiteren Funktionen der *Kalender*-App sind sehr schnell erklärt. Sie sehen oben die verschiedenen Darstellungen in Form von *Tag, Woche, Monat, Jahr* und *Liste*. Der Button *Heute* ganz links unten bringt Sie stets zurück zum aktuellen Datum. Schlussendlich können Sie über die *Suchen*-Funktion rechts oben nach Kalendereinträgen suchen.

 Als Nebeneffekt werden alle anstehenden Termine in einer Liste übersichtlich dargestellt. Darin können Sie bequem nach oben und unten scrollen.

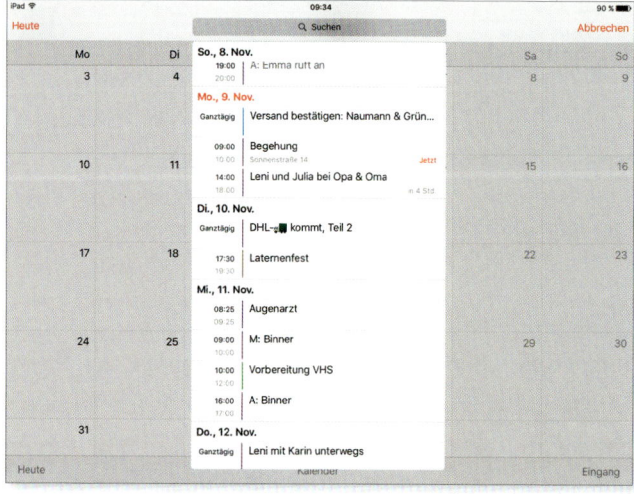

Die „Listenansicht" ist äußerst praktisch. Tippen Sie auf die Suchlupe,
um in diese Ansicht zu wechseln.

Neuer Kalendereintrag

Tippen Sie auf das +-Icon rechts oben in der App, um einen neuen Kalendereintrag vorzunehmen.

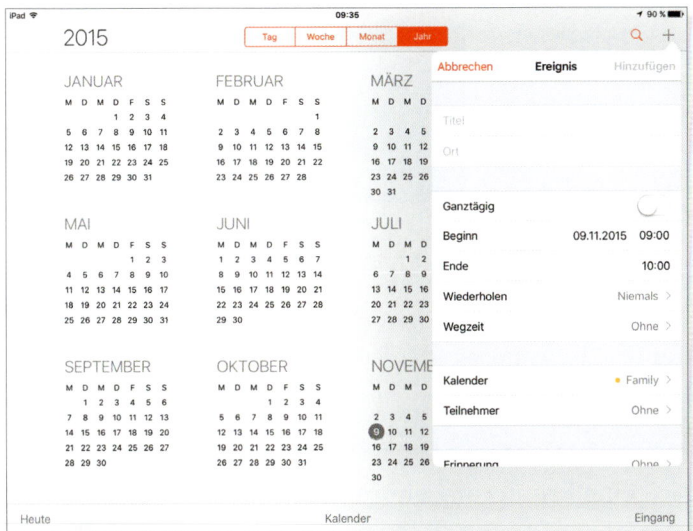

Ein neuer Kalendereintrag wird angelegt.

Neben dem *Titel* und dem *Ort* definieren Sie selbstverständlich *Beginn* und *Ende* des Ereignisses. Aber auch die anderen Parameter sind durchaus interessant:

- *Wiederholen:* Bei *Wiederholen* können Sie definieren, ob der Termin mehrmals wiederkehrt. Sie haben die Möglichkeit, tägliche, wöchentliche oder auch monatliche oder jährliche Rhythmen festzulegen. *Eigene* bietet Ihnen noch weitere Möglichkeiten der Wiederholung an.
- *Wegzeit:* Hier tragen Sie ein, ob die Fahrt zum Termin berücksichtigt werden soll. Dann wird auch die Zeit für die Anreise im Kalender geblockt.
- *Kalender:* Wie Sie vorhin gesehen haben, besteht die Option, mehrere Kalender anzulegen. Wählen Sie hier aus, in welchem Kalender der Termin dargestellt werden soll.
- *Teilnehmer:* Das ist eine sehr interessante Option, denn Sie können weitere Teilnehmer zu diesem Termin einladen. Um einen Teilnehmer einzuladen, tragen Sie hier seine E-Mail-Adresse ein. Ihr Gegenüber erhält dann Ihre Einladung und kann diesen Termin annehmen oder ablehnen. Selbstverständlich können Sie zu einem Termin auch mehrere Teilnehmer einladen.

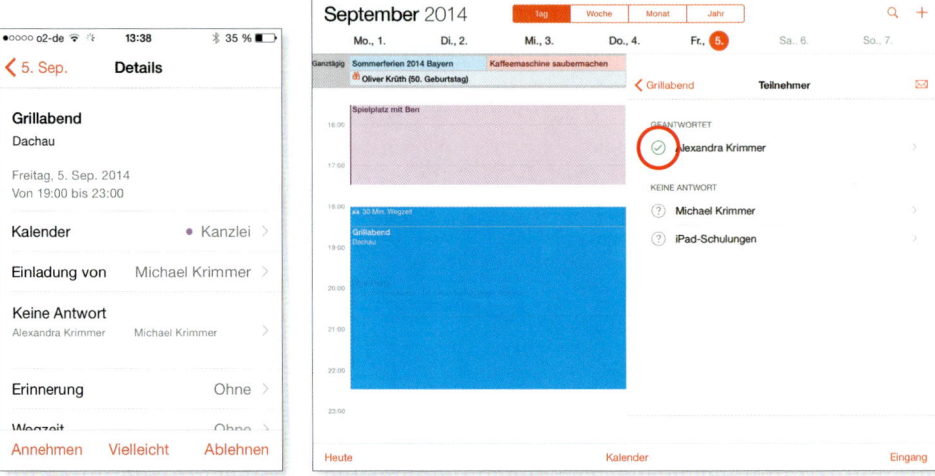

Nimmt Ihr Gegenüber die Einladung mit „Annehmen" an (links), können Sie dies an dem grünen Häkchen erkennen (rechts).

Erinnerung bzw. *2. Erinnerung:* Um wichtige Termine keinesfalls zu versäumen, sollten Sie sich eine Erinnerung eintragen. Diese Erinnerung wird zum vorgegebenen Zeitpunkt auf Ihrem iPad erscheinen. Definieren Sie auch hier über *Einstellungen –> Mitteilungen –> Kalender*, wie diese Benachrichtigung auf Ihrem Gerät erfolgen soll. Zu empfehlen ist hierbei, die Eigenschaft *Hinweis* und die Zusatzfunktion *Im Sperrbildschirm* zu aktivieren.

Zeigen als: Bei dieser Option können Sie für diesen Termin hinterlegen, ob Sie *beschäftigt* sind bzw. *frei* zur Verfügung stehen. Diese Information ist vor allem für andere Anwender interessant, die Ihre Kalenderinformationen einsehen können. Aber dazu gleich mehr.

Sie sehen also, dass jeder Kalendereintrag mit sehr vielen Zusatzinformationen angereichert werden kann.

> **!** Wenn Sie bereits einen Termin definiert haben und diesen schnell und einfach auf einen anderen Tag oder einen anderen Zeitpunkt innerhalb des Tages verschieben möchten, tippen Sie auf das Ereignis und bewegen es an die gewünschte Position.

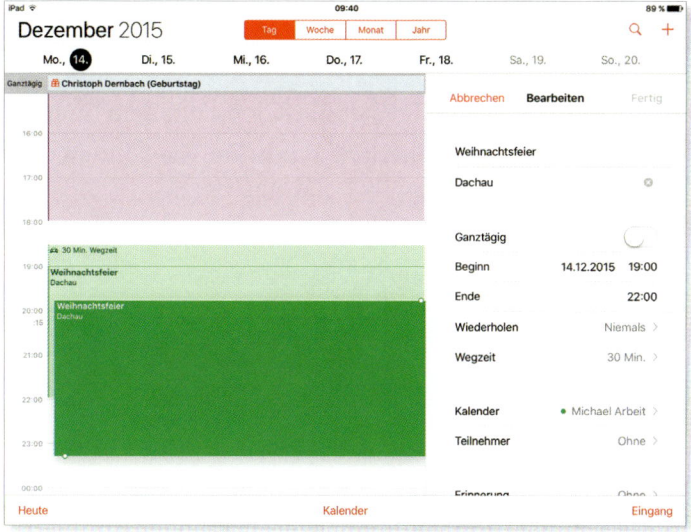

Ein Ereignis kann per Drag & Drop auf eine andere Uhrzeit oder einen anderen Tag verlegt werden.

Ereignis löschen

Um ein Ereignis aus dem Kalender zu löschen, rufen Sie es auf und Sie sehen ganz unten den entsprechenden Knopf. *Ereignis löschen* finden Sie auch vor, wenn Sie den Termin bearbeiten. Egal wo, tippen Sie darauf, wenn Sie den Termin löschen möchten.

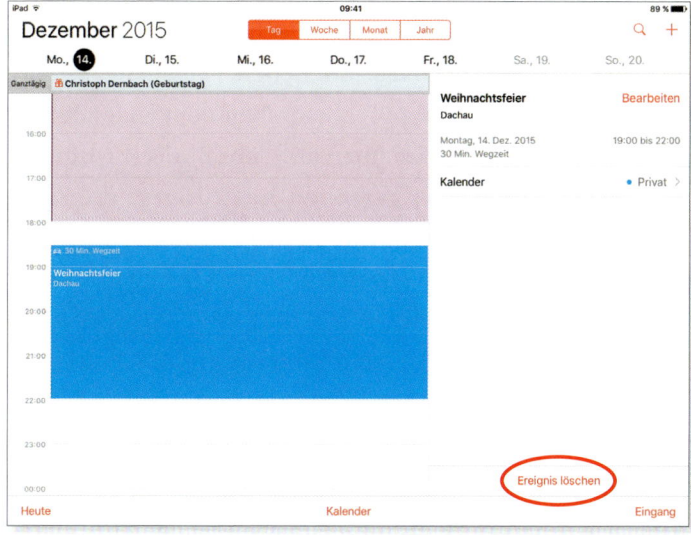

Ein Ereignis lässt sich schnell und einfach löschen. Diese Schaltfläche finden Sie auch im „Bearbeiten"-Modus.

Kalender freigeben

Die *Kalender*-App hat, sofern Sie sie über die iCloud mit dem Internet synchronisieren lassen, eine weitere sehr nützliche Funktion: Sie können nämlich Kalender für andere Personen freigeben.

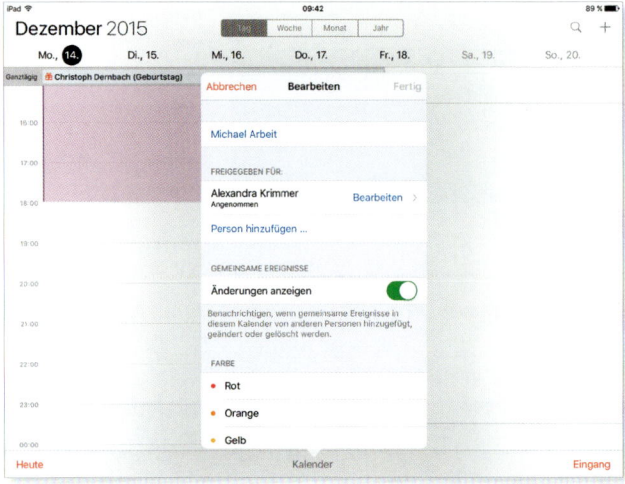

Ein Kalender kann über das Internet anderen Personen zugänglich gemacht werden.

Dazu gibt es grundsätzlich zwei verschiedene Möglichkeiten: Entweder wird der Kalender als Internetseite dargestellt (*Öffentlicher Kalender*), oder er wird bei anderen Anwendern, die ebenfalls über eine Apple-ID, eine iCloud und das entsprechende Gerät verfügen, in deren Kalenderliste eingeblendet (*Freigeben für*).

Um die Freigabe grundsätzlich zu ermöglichen, tippen Sie erneut auf *Kalender* und danach auf das rote Infosymbol rechts neben dem Kalendernamen, um zu der Einstellung zu gelangen, die Sie oben auf dem Bildschirmfoto sehen.

Bei *Freigegeben für* können Sie Personen hinzufügen, die sich den Kalender anzeigen lassen und bearbeiten dürfen. Bearbeiten bedeutet natürlich, dass andere Personen Termine in Ihren Kalender eintragen können. Auch das Löschen von Terminen ist möglich.

Ein *öffentlicher Kalender* ist ein Kalenderabo für andere Anwender. Sie finden diese Option etwas weiter unten im Fenster. Andere Personen verwenden dazu z. B. einen Mac und das Programm *Kalender* oder ein iPad oder iPhone und erhalten ihn dann als schreibgeschützten abonnierten Kalender. Deshalb erscheint nach der Aktivierung direkt darunter auch die Eigenschaft *Link freigeben*, wo Sie ganz einfach per E-Mail oder per Nachricht die Internetadresse anderen Personen zusenden können.

Sie sehen also, mit der *Freigabe*-Funktion haben Sie eine sehr elegante Mög-lichkeit, Kalenderinformationen mit anderen Personengruppen im privaten oder im beruflichen Bereich zu teilen.

Kalender abonnieren

Ein Kalenderabo kann entweder die Freigabe eines privaten oder eines geschäft-lichen Kalenders sein. Es gibt aber auch Kalenderfreigaben, die für die breite Öffentlichkeit gedacht sind. Beispiele hierfür sind die Anzeige von Kalenderwo-chen oder Ereignisse des Lieblingsvereins.

Mal angenommen, Sie möchten die Spiele Ihres Lieblingsclubs im Kalender angezeigt bekommen. Dann ist das problemlos über ein Kalenderabo möglich. Alles, was Sie dazu brauchen, ist bereit im Internet kostenfrei vorhanden.

Am besten eignet sich dazu eine Google-Suche nach „kalenderabo fc bayern münchen ical". Der Zusatz „ical" sorgt dafür, dass Sie Treffer für das passende Format bekommen.

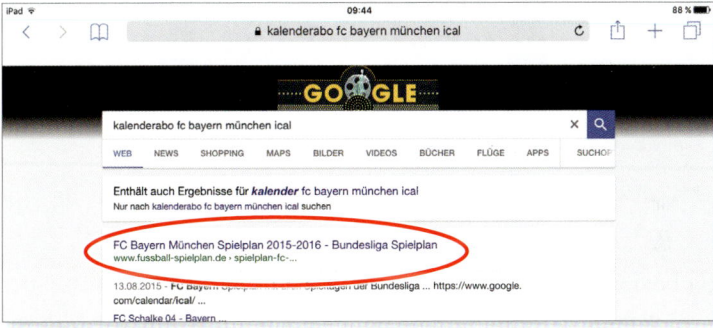

Die Google-Suche hat genau das gefunden, was wir suchen.

Sie würden vermutlich mit jedem der Treffer ans Ziel kommen. Wir nehmen exemplarisch den ersten Treffer. Suchen Sie dann auf der Seite die Stelle, wo der gesuchte Kalender als Link angegeben wird.

Und nun müssen Sie nur noch darauf tippen, um den Kalender zu abonnieren.

Sie sehen, dass es für so gut wie jeden Fall das passende Abo gibt. Wir wählen das Abo für „iPhone/iPad/Mac". Tippen Sie auf den gewünschten Kalender, und Sie erhalten diese Rückmeldung:

Zur Sicherheit werden Sie noch einmal gefragt, ob Sie den Kalender auch wirklich abonnieren möchten.

Tippen Sie entsprechend Ihres Wunsches auf *Abonnieren* oder *Abbrechen*. Wenn das Kalenderabo den Weg in Ihren Kalender gefunden hat, bekommen Sie abschließend eine kurze Bestätigung.

Der Kalender wurde abonniert. Sie können ihn auch gleich in Ihrer Kalender-App ansehen.

Mit *Fertig* bestätigen Sie die Meldung. Tippen Sie auf *Ereignisse*, um das neue Abo auch gleich im Kalender anzusehen. Bei einem gut gepflegten Abo bekommen Sie nicht nur die geplanten Spieltage angezeigt. Sobald ein Spiel vorüber ist, wird gleich auch das Ergebnis eingetragen.

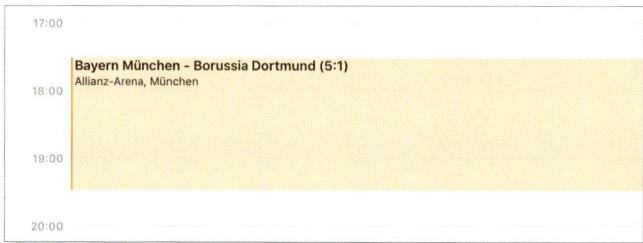

Alles gut!

Tipps zu Kalender

- *Kalenderwochen anzeigen:* Um Kalenderwochen angezeigt zu bekommen, ist kein Kalenderabo nötig. iOS 9 kann das nun auch von Haus aus. Schalten Sie die *Kalenderwochen* in den *Einstellungen –> Mail, Kontakte, Kalender* ein, und sie werden angezeigt.

Kalenderwochen zeigt der Kalender in iOS 9 auf Wunsch automatisch an.

- *In Mail gefundene Ereignisse:* Aktivieren Sie diese Funktion in *Einstellungen –> Mail, Kontakte, Kalender* im Bereich *Kalender,* um Termine direkt aus der Mail-App in die Kalender-App zu übertragen. Ebenso könnten Kontaktinformationen direkt in die Kontakte-App weitergegeben werden (*In Mail gefundene Kontakte*).
- *Familienfreigabe im Kalender:* Sie haben die Familienfreigabe konfiguriert? Dann bekommen Sie auch einen Kalender angezeigt, auf den nur die eingetragenen Familienmitglieder Zugriff haben.

Ist die „Familienfreigabe" aktiviert, so finden Sie den entsprechenden Kalender in der iCloud.

Erinnerungen

Während sich die App *Kalender* um Termine kümmert, ist die Applikation *Erinnerungen* für Ihre To-dos und Aufgaben zuständig. To-dos und Aufgaben haben ja die Eigenschaft, dass diese, solange sie nicht erledigt sind, in Listen bestehen bleiben und so von Tag zu Tag weitergereicht werden. Mit dem Programm *Erinnerungen* können Sie eine ganze Reihe von verschiedenen Listen führen.

 Bevor Sie das Programm verwenden, sollten Sie in den **Einstellungen –> iCloud** sicherstellen, dass die Daten des Programms **Erinnerungen** mit Ihrer iCloud synchronisiert werden.

Wenn Sie dann die App *Erinnerungen* starten, sehen Sie auf der linken Seite den Eintrag *iCloud* und die dort bereits existierenden Erinnerungslisten.

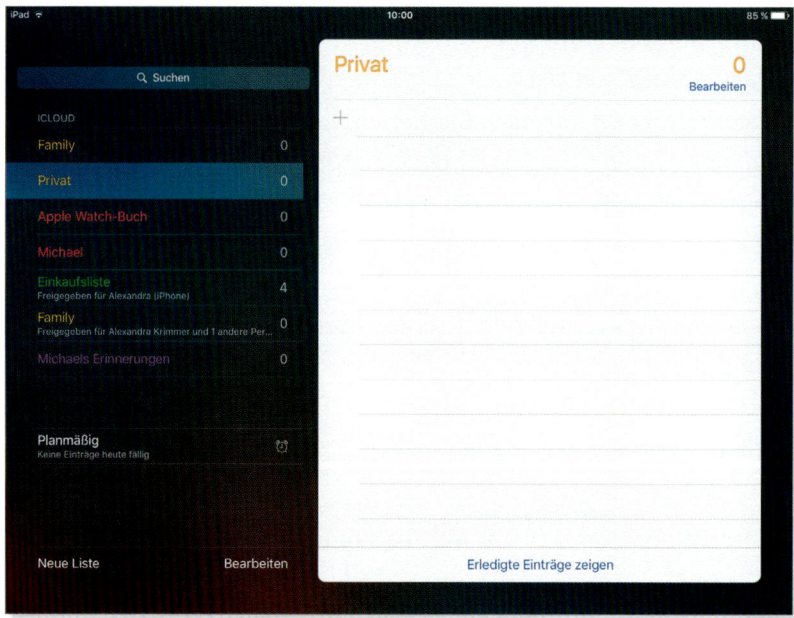

In der iCloud befinden sich aktuell sechs Listen.

Um eine neue Liste zu erstellen, tippen Sie auf *Neue Liste* links unten und geben der Liste einen Namen. Die neue Liste ist zunächst leer. Tippen Sie auf ein freies Feld in der Liste (dort, wo das + zu sehen ist), um sie mit Inhalten zu füllen bzw. einen neuen Eintrag zu erstellen.

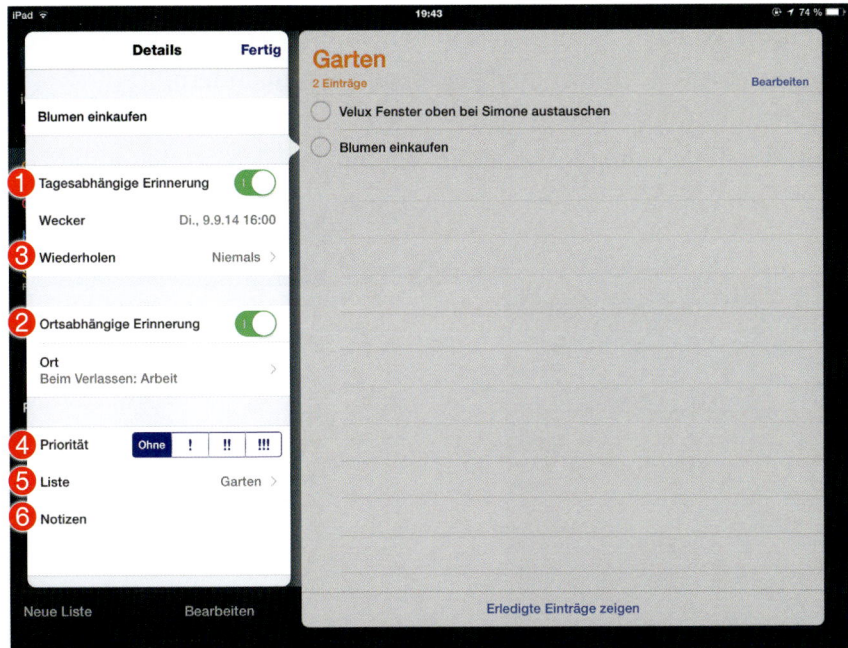

Jeder Eintrag in der Liste kann eine Reihe weiterer Optionen erhalten.

Sie können jeden Eintrag in der Liste mit einigen sehr interessanten Parametern versehen. Dazu tippen Sie auf das *i*-Symbol .

❶ *Tagesabhängige Erinnerung:* Manche Aufgaben müssen bis zu einem bestimmten Stichtag erledigt sein. Aktivieren Sie dazu diese Funktion, und Ihr iPad wird Sie über die Mitteilungszentrale daran erinnern.

❷ *Ortsabhängige Informationen:* Sie können sich zudem an etwas erinnern lassen, wenn Sie an einen Ort ankommen (*Bei der Ankunft*) oder einen Ort verlassen (*Beim Verlassen*).

❸ *Wiederholen:* Wie bereits beim Kalender gibt es möglicherweise auch Aufgaben, die in einem bestimmten Zyklus immer wiederkehren. Haben Sie eine Wiederholung definiert, so gibt es auch den Punkt *Beenden:* Dort geben Sie an, wie oft eine Wiederholung stattfinden soll.

❹ *Priorität:* Es stehen drei Prioritätsstufen zur Verfügung – *gering, mittel* und *hoch*. Sie können nach diesen Prioritätsstufen auch sortieren.

❺ *Liste:* Wie bereits gezeigt, können Sie verschiedene Listen anlegen. Über *Liste* definieren Sie, in welcher Liste dieser Eintrag erstellt wird. Die Standardliste geben Sie via *Einstellungen –> Erinnerungen* vor.

❻ *Notizen:* Bei *Notizen* können Sie einen beliebigen Zusatztext zu Ihrem To-do hinterlegen. Mit *Fertig* quittieren Sie die Eigenschaften, und Ihr neues To-do wird in die Liste aufgenommen.

Sie können jederzeit nachträglich auf einen Eintrag in der Liste klicken, um dessen Parameter einzusehen und gegebenenfalls zu ändern.

Um einen Eintrag aus der Liste zu löschen, ziehen Sie ganz einfach mit dem Finger in der Zeile von rechts nach links, und sogleich erscheint die *Löschen*-Funktion **Ⓐ**.

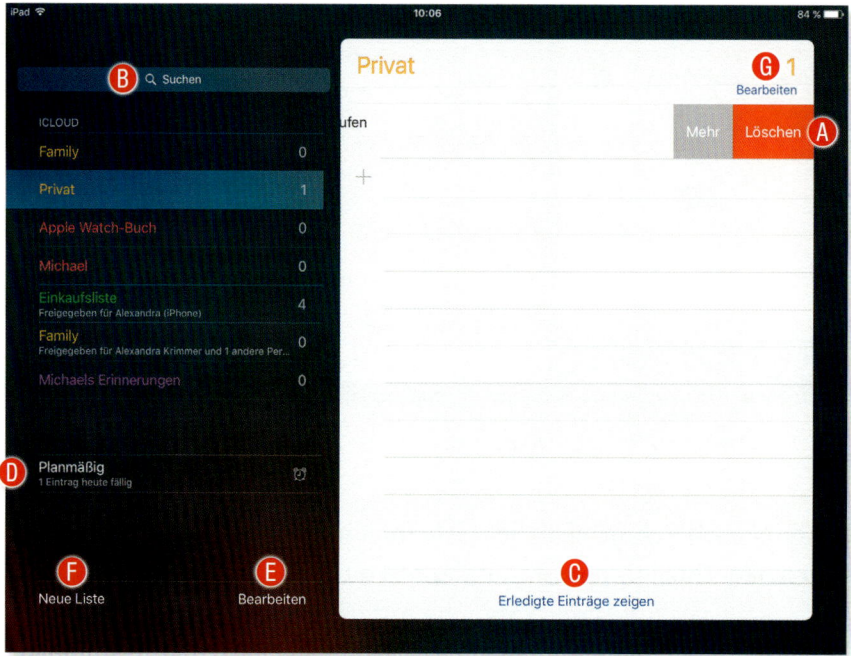

Auch das Löschen von Einträgen ist rasch erledigt.

In der linken oberen Ecke finden Sie die Suchfunktion **Ⓑ** und rechts unten *Erledigte Einträge anzeigen* **Ⓒ**.

Klare Sache: Alle Einträge bei *Erledigte Einträge anzeigen* enthalten alle Aufgaben der ausgewählten Liste, die Sie bereits abgehakt und damit in den *Erledigt*-Zustand überführt haben. *Planmäßig* **Ⓓ** fasst alle To-dos zusammen, die sich in den verschiedenen Listen befinden und die als tagesabhängiges Datum bis zum heutigen Tag zu erledigen waren. Links unten über *Bearbeiten* **Ⓔ** können Sie die Reihenfolge der Listen ändern oder diese samt Inhalt entfernen.

Und via **Ⓕ** können Sie eine neue Liste erzeugen. Dazu kann der Liste ein aussagekräftiger Name gegeben und eine Farbe zugeordnet werden.

 Übrigens: Die Zahl rechts oben gibt an, wie viele Erinnerungen sich in der betreffenden Liste befinden.

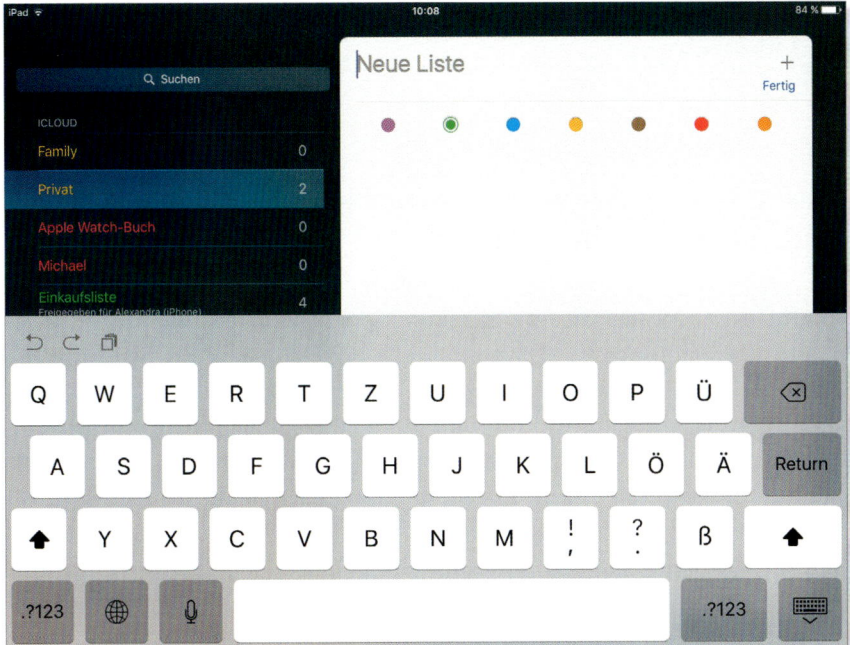

Die neue Liste bekommt einen Namen und eine Farbe.

Sollen diese Eigenschaften zu einem späteren Zeitpunkt geändert werden, benötigen Sie *Bearbeiten*  im rechten oberen Bereich der App. Hierüber können zudem Einträge der Liste entfernt bzw. ihre Reihenfolge geändert werden.

Kontakte

Die *Kontakte*-App ist ja bereits mehrmals zur Sprache gekommen. Sie beherbergt Kontaktdaten von Personen und Firmen.

 Achten Sie auch hier wieder darauf, dass Sie in den **Einstellungen** bei **iCloud** die **Synchronisation** aktiviert haben. Sie erkennen dies daran, dass in der **Kontakte**-App links oben der Begriff **Gruppen** erscheint.

 Möchten Sie weitere Gruppen erstellen oder Personen zu Gruppen hinzufügen, können Sie dies online via **icloud.com** tun (siehe Seite 348). Oder aber Sie verwenden einen Computer, der ebenfalls mit der iCloud verbunden ist. Sofern Sie einen Mac besitzen, können Sie das Programm **Kontakte** unter OS X nehmen, bei einem Windows-Rechner sollten Sie das mit **Microsoft Outlook** erledigen.

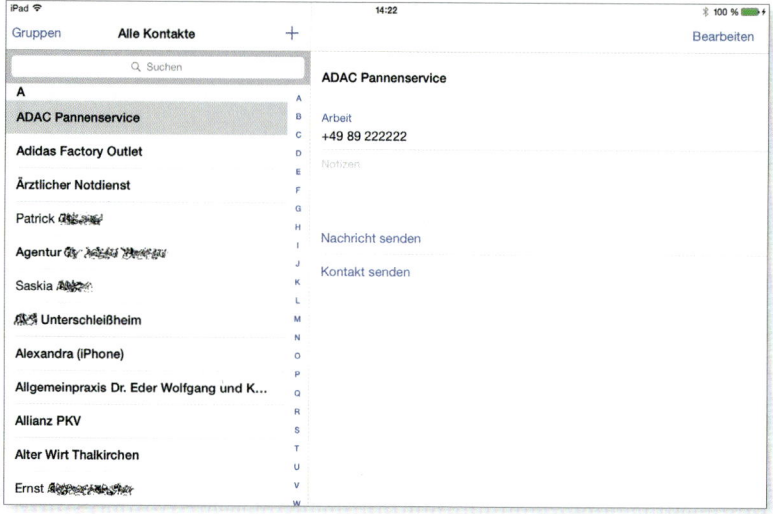

Die „Kontakte"-App listet die Personen und Firmen alphabetisch auf und zeigt auf der rechten Seite immer die Detailinformationen.

Um eine neue Person hinzuzufügen, klicken Sie auf das +-Icon oben in der Mitte und spezifizieren die Daten. Wollen Sie eine Kontaktinformation zu einem späteren Zeitpunkt überarbeiten, tippen Sie auf *Bearbeiten*.

Die Sortierreihenfolge der *Kontakte* legen Sie übrigens in den *Einstellungen* unter *Mail, Kontakte, Kalender* fest.

An der Stelle noch einmal der Hinweis: Haben Sie in den **Einstellungen** Ihre Facebook-Daten hinterlegt und den Zugriff auf die **Kontakte**-App ermöglicht, erscheint hier die Gruppe **Facebook**, in der all Ihre Facebook-Kontakte aufgelistet sind.

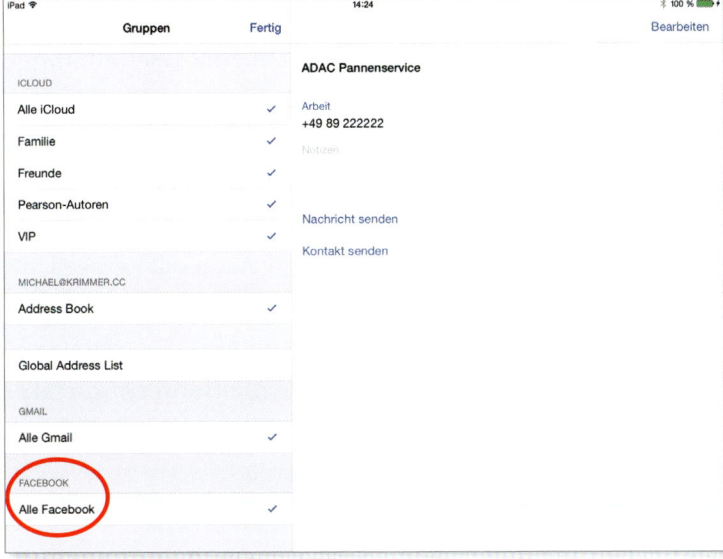

Auch die Facebook-Kontakte reihen sich in der „Kontakte"-App ein.

Voraussetzung hierfür ist die aktivierte Funktion für *Kontakte* in den *Einstellungen* bei *Facebook*.

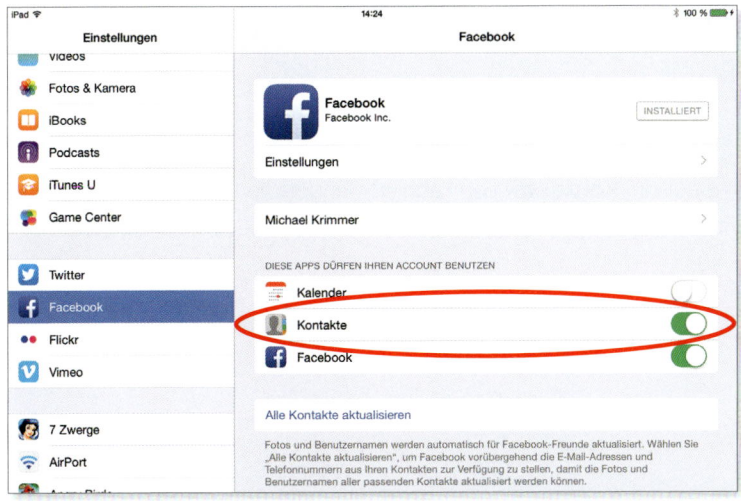

In den „Einstellungen" ist der Zugriff auf die „Kontakte"-App aktiviert.

Die App *Kontakte* verwaltet Ihre Kontaktinformationen, also Ihre Visitenkarten. Aber damit nicht genug: Wenn Sie die Kontaktinformationen zu einer Person korrekt ausfüllen, erhalten Sie eine Reihe nützlicher Zusatzfunktionen.

- *E-Mail-Adressen:* Tippen Sie auf eine E-Mail-Adresse innerhalb einer Visitenkarte, so wird sofort das Programm *Mail* gestartet. Sie erhalten die Möglichkeit, umgehend eine neue E-Mail an die Zielperson zu senden.
- *Telefonnummer* und *FaceTime:* Beim Tipp auf eine Telefonnummer oder auf eines der beiden Symbole bei *FaceTime* startet sofort die Applikation *FaceTim*e, um eine Video- oder Audiotelefonkonferenz herzustellen. Dies wird aber in den seltenen Fällen gelingen, außer es handelt sich um Telefonnummern eines iPhones.
- *Homepage:* Wenn Sie die Homepage einer Person oder eines Unternehmens hinterlegt haben, bringt Sie das Antippen dieses Eintrags zu *Safari* und auf die dazugehörige Internetseite.
- *Adresse:* Wenn Sie eine private oder eine Arbeitsadresse korrekt eingetragen haben, leitet Sie ein Tipp darauf zur *Karten*-Applikation weiter, und die Adresse wird auf der Landkarte angezeigt.

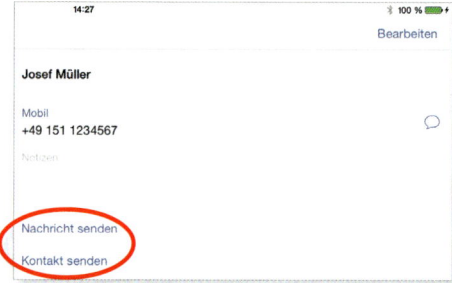

Einige dieser Funktionen finden Sie auch, wenn Sie auf der rechten Seite bei der Visitenkarte ganz nach unten scrollen.

 Nicht nur die **Kontakte**-App kann per Fingertipp Informationen an andere Apps weiterreichen. Auch **Mail**, **Safari** etc. verfügen über diese Eigenschaft.

Informationen innerhalb einer E-Mail können durch Antippen ebenfalls an andere Apps weitergereicht werden.

Wenn Sie auf eine Adresse tippen, wird sofort die Karten-App geöffnet und der Treffer angezeigt. Wenn Sie jedoch den Finger auf dem Display belassen, bekommen Sie weitere Optionen, wie im Bild oben zu sehen ist.

Zugehörige Personen

Um die Zusammenarbeit mit *Siri* zu erleichtern, könnten Sie Ihrer Visitenkarte Zusatzinformationen geben.

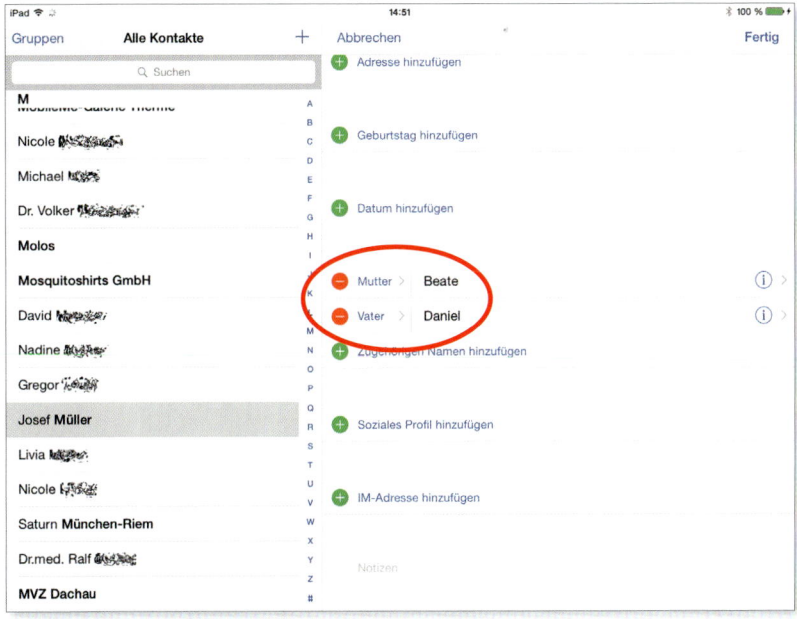

Via „Zugehörige Personen" kann Siri noch effektiver für Sie arbeiten.

Wenn Sie nach dem erfolgreichen Eintragen der Namen bzw. Visitenkarten nun Siri einen Befehl wie „Bitte trage morgen um 19 Uhr einen Termin mit meiner Mutter ein" geben, weiß Ihr iPad stets, um welche Person es sich handelt.

Musik: der iPod im iPad

Haben Sie in der Vergangenheit bereits per iTunes Musik auf Ihr iPad geladen, möchten Sie die Songs natürlich auch abspielen. Die richtige App dafür heißt *Musik*.

> **!** Besonders toll klingt Ihre Musik auf dem iPad Pro. Denn vier eingebaute Stereo-lautsprecher sorgen hier für den richtigen Sound. Und der hat es wirklich in sich.

Die Musik-App im Überblick

Wenn Sie die *Musik*-App gestartet haben, erwartet Sie diese Oberfläche zur Auswahl der Musiktitel:

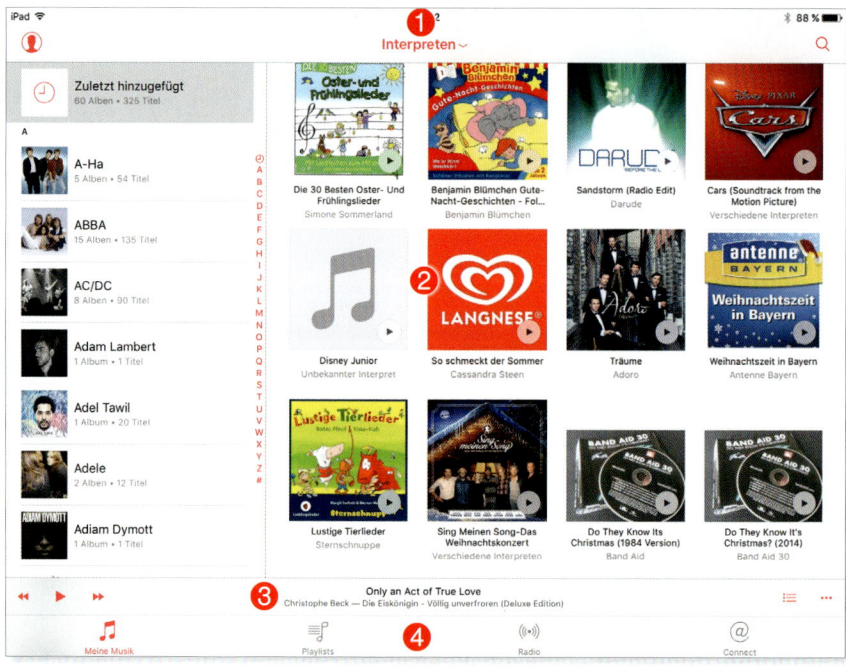

Sie haben verschiedene Möglichkeiten, wie Sie die Titel sortieren lassen können.

❶ Die Auswahltaste bietet die Möglichkeit, Ihre Musik nach *Interpreten*, *Alben*, *Titel*, *Genres*, *Komponisten* und *Compilations* zu sortieren. Außerdem finden Sie hier auch Ihre *Musikvideos*.

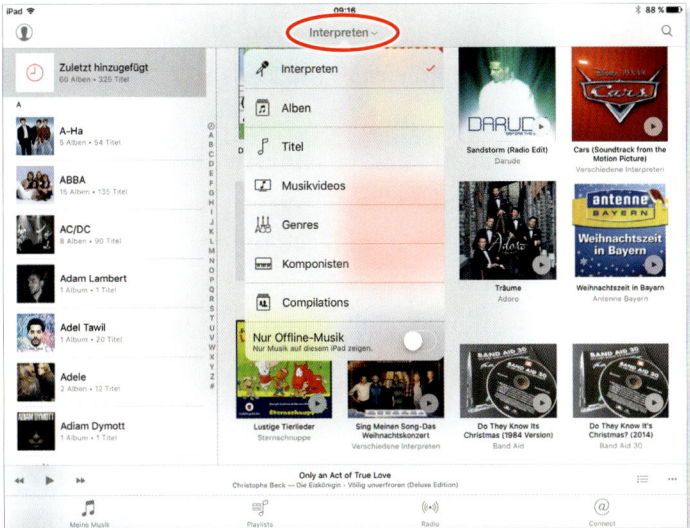

Legen Sie in der Medienauswahl auch fest, ob Sie Ihre iTunes-Käufe angezeigt bekommen möchten („Nur Offline-Musik").

❷ Im Hauptbereich werden die zur Auswahl in der Funktionsleiste passenden Medien angezeigt. In diesem Beispiel sind „Interpreten" ausgewählt. Die finden Sie entsprechend links. Rechts sehen Sie die dazugehörigen Alben. In der Mitte haben Sie die Möglichkeit, direkt zu einem bestimmten Anfangsbuchstaben zu springen.

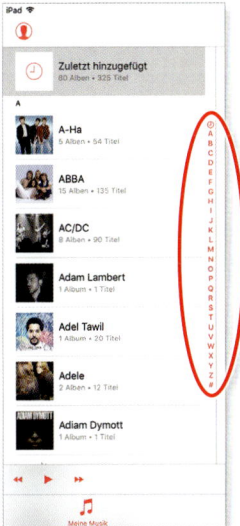

Über die Buchstabenleiste am rechen Rand springen Sie schnell zum gewünschten Anfangsbuchstaben.

❸ Läuft gerade ein Titel, kommen Sie über das *Sie hören*-Feld dorthin. Sie können entweder darauf tippen oder die Zeile nach oben aufschieben. Über die Schaltflächen *Pause* und *Wiedergabe* rufen Sie diese beiden Funktionen auf, ohne die Ansicht zu wechseln. Hier haben Sie auch bereits Bedienfelder für *Zurück* und *Vor*.

❹ Ihre *Playlists* finden Sie in der Menüleiste unten. Die beiden Punkte *Radio* und *Connect* besprechen wir später.

Wenn Sie die Auswahl auf *Alben* stellen und ein Album auswählen, gelangen Sie zur Titelauswahl.

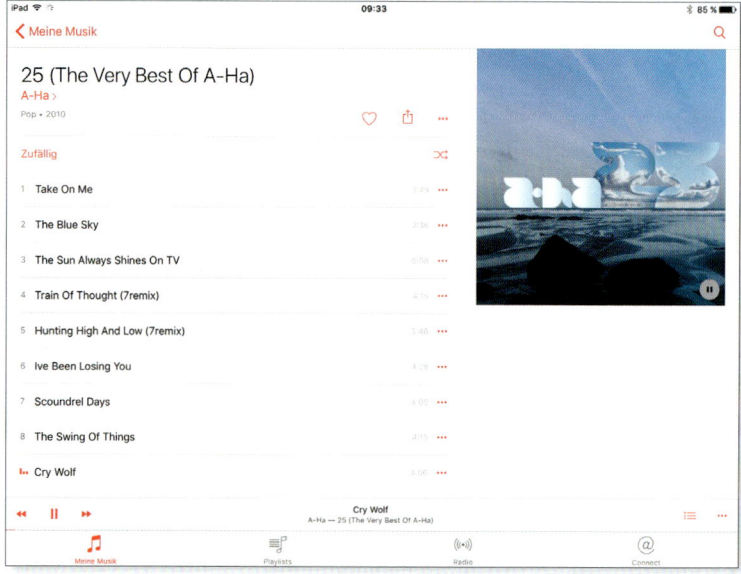

Aus diesen Titeln besteht das ausgewählte Album. Oben rechts gibt es noch die Möglichkeit, nach Titeln zu suchen.

Musik abspielen

Tippen Sie einen Titel an, um die Wiedergabe zu starten. Auch hier bringt Sie *Sie hören* zur Wiedergabe des aktuell gespielten Titels. Wenn Sie lediglich auf einen Titel des Albums tippen, erkennen Sie das gerade gespielte Lied am Balkensymbol links neben dem Titel.

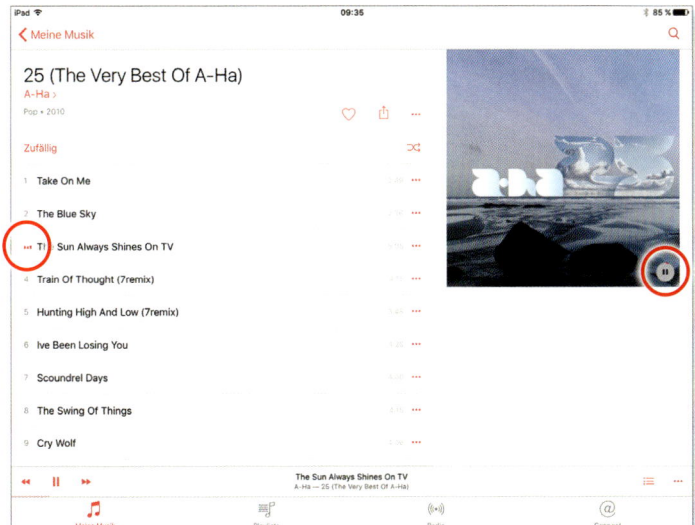

In der Titelliste erkennen Sie das aktuelle Lied an den kleinen Balken links.

Zusätzlich können Sie in dieser Ansicht die Wiedergabe auch pausieren (und wieder fortsetzen), indem Sie die Taste im Cover antippen.

Entscheiden Sie sich für die „Sie hören"-Ansicht am unteren Rand des Albums, erhalten Sie entsprechend diese Ansicht:

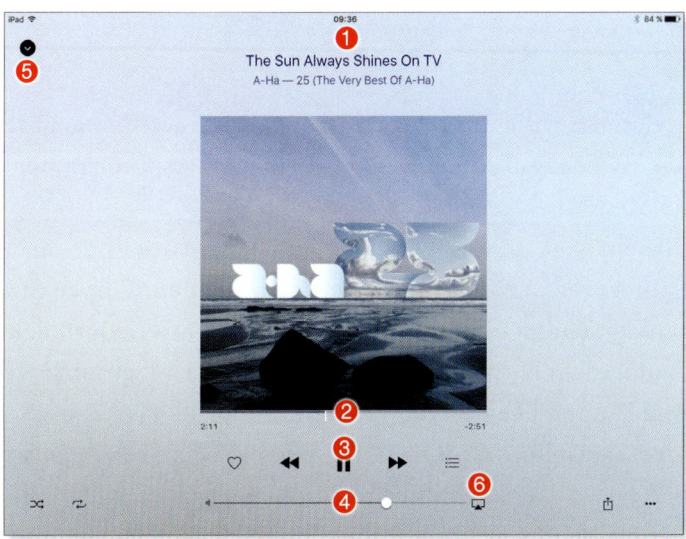

So sieht der iPod im iPad aus.

Der Musikplayer besteht neben der großen Cover-Anzeige aus den folgenden Elementen:

❶ Der Titelname, gleich darunter der Interpret und das Album

2 Der Fortschrittsbalken. Links sehen Sie die bereits gespielte Zeit des Titels, rechts die noch verbleibende.

3 Über das Bedienfeld halten Sie die Wiedergabe an (und starten sie wieder), springen an den Anfang des aktuellen Songs oder zum nächsten.

4 Der Regler zum Anpassen der Lautstärke

5 Über diese Schaltfläche rufen Sie wieder die Albenansicht auf. Dort werden Ihnen alle Titel des Albums angezeigt.

6 Möchten Sie die Musik per *AirPlay* an einem kompatiblen Gerät wie beispielsweise *Apple TV* oder *AirPort Express* ausgeben, erhalten Sie hier Zugriff auf alle verfügbaren Geräte.

Titel wiederholen, zufällige Wiedergabe und mehr

Im unteren Bereich des Musikplayers gibt es noch einige weitere interessante Möglichkeiten.

Unter dem Bedienfeld steuern Sie die Wiederholungen, die Genius-Listen sowie die zufällige Wiedergabe.

1 Hier aktivieren Sie die Zufallswiedergabe. Dann werden je nach aktiver Auswahl entweder zufällig alle Titel eines Albums, Interpreten oder der gesamten Mediathek gespielt.

2 Tippen Sie ein Mal auf die *Wiederholen*-Taste, um am Ende der Wiedergabe (Album, Interpret ...) wieder von vorne zu beginnen. Tippen Sie ein zweites Mal darauf, erscheint eine kleine 1 rechts oben im Wiederholen-Symbol. Das bedeutet, dass bis auf weiteres der aktuelle Titel gespielt wird. Ein drittes Mal Tippen beendet die Wiederholung.

3 Hier finden Sie weitere Optionen, beispielsweise *Zu einer Playlist hinzufügen*, *Im iTunes Store zeigen* oder *Löschen*. Diese Taste finden Sie auch an anderer Stelle im Player, etwa in der „Sie Hören"-Zeile.

4 Diese Schaltfläche kennen Sie bestimmt schon von den anderen Apps Ihres iPads. Im Musikplayer können Sie hier ein Album oder einen Titel freigeben. Wobei „freigeben" da etwas missverständlich ist. Sie ermöglichen damit niemandem, die Musik zu hören. Sie verweisen nur per Mail, Nachrichten etc. darauf.

Außer den genannten Funktionen gibt es noch welche, die wir bisher nicht besprochen haben, die aber dennoch wichtig sind. Aus diesem Grunde holen wir das an dieser Stelle nach.

Nächste Titel

Sie haben vielleicht schon dieses Symbol gesehen:

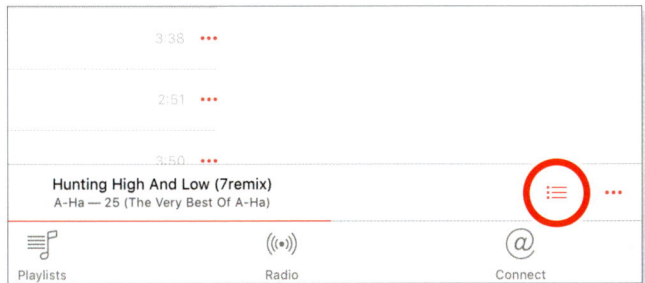

Diese Schaltfläche gibt es auch in iTunes am Computer.

Über diese Taste gelangen Sie zur „Nächste Titel"-Liste. Hier sehen Sie, welcher Titel nach dem aktuellen gespielt wird, welcher danach und so weiter. Das könnte bei einem Album so aussehen:

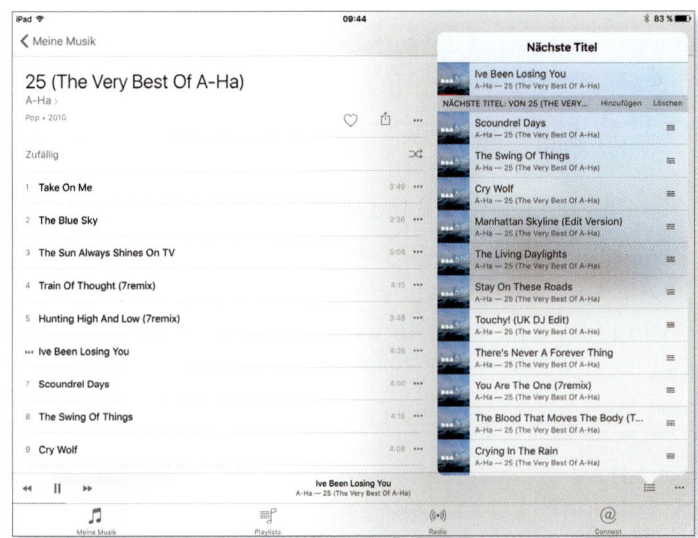

In dieser Reihenfolge wird das Album zu Ende gespielt.

Bei gemischten Inhalten sieht die Liste entsprechend abwechslungsreicher aus:

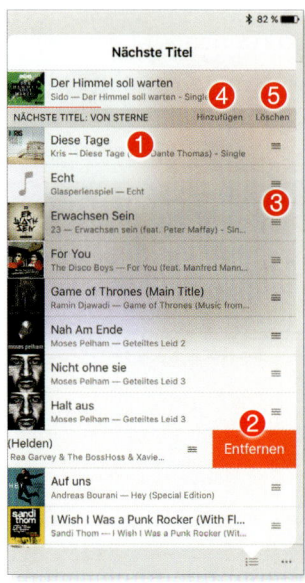

Wenn Sie nicht ein einzelnes Album oder einen Interpreten ausgewählt haben, spielt das iPad alles querbeet.

Liste anpassen

Schon alleine durch das Aktivieren der Zufallswiedergabe verändert sich diese Liste. Sie können aber auch manuell eingreifen:

❶ Tippen Sie auf einen der Titel unter dem aktuellen (Bereich „Nächste Titel von:"), um sofort dorthin zu springen

❷ Um einen Titel aus der Liste zu löschen, schieben Sie ihn nach links weg und bestätigen Sie mit *Entfernen*.

❸ Über die Greifer am rechten Rand können Sie die Reihenfolge anpassen.

❹ Mit *Hinzufügen* kommen Sie zur Auswahl Ihrer Mediathek und können manuell neue Titel hinzufügen. Wählen Sie dazu Titel mit dem +-Symbol aus. Wenn Sie fertig sind, tippen Sie in einen anderen Bereich der Musik-App.

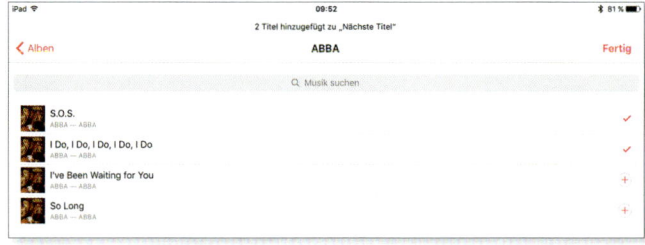

Zwei Titel werden aktuell hinzugefügt. Weitere können über das + folgen.

⑤ Mit *Löschen* leeren Sie die komplette Liste der nächsten Titel.

Mit *Fertig* fügen Sie die ausgewählten Titel der Liste hinzu. Weil es gerade gut passt: In der Titelauswahl gibt es rechts neben jedem Lied dieses Symbol:

Wenn Sie auf diese drei Punkte tippen, erhalten Sie einige bekannte, aber auch neue Optionen.

Das *Tablet*-Symbol bedeutet, dass der Titel bereits auf Ihr iPad geladen wurde. Wenn Sie auf die drei Punkte tippen, gelangen Sie zu dieser Auswahl:

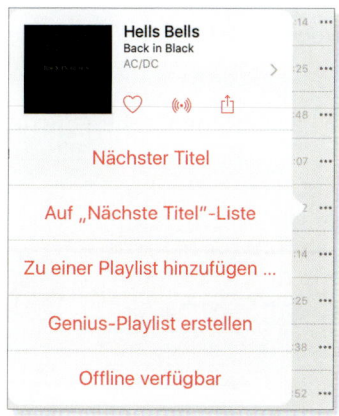

Einiges kennen Sie bereits, anderes ist neu.

Nächster Titel: Damit fügen Sie den Titel ganz oben in die Liste der nächsten Titel ein.

Auf „Nächste Titel"-Liste: So tragen Sie den Titel am Ende der bisherigen „Nächste Titel"-Liste ein.

Zu einer Playlist hinzufügen: Tippen Sie hierauf, um den Titel einer bestehenden oder neuen Playlist hinzuzufügen. Die gewünschte Playlist wählen Sie dann im nächsten Schritt aus oder erstellen eine neue.

Genius-Playlist erstellen: Erstellen Sie anhand dieses Titels eine neue *Genius*-Playliste. Dazu gleich mehr.

Download entfernen: Hiermit löschen Sie den Titel vom iPad. Entweder weil Sie ihn nicht mehr hören oder Platz freigeben wollen.

 Zum Schluss noch ein Tipp: Wenn Sie die „Nächste Titel"-Liste nach unten weg-schieben, gelangen Sie zum Verlauf. Dort sehen Sie, welche Titel zuletzt gespielt wurden.

Offline verfügbar: Gibt es kein Tablet-Symbol, ist der Titel also noch nicht auf das iPad geladen, laden Sie ihn damit herunter. In der Leiste oben können Sie mitverfolgen, wie viele Titel aktuell geladen werden.

Hier werden aktuell 313 Titel heruntergeladen.

Wenn Sie dann auf diese Leiste tippen, sehen Sie den Fortschritt des aktuellen Downloads.

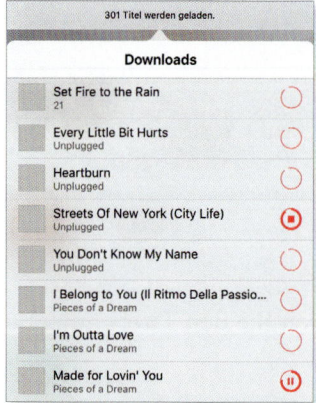

Hier können Sie den Download auch stoppen oder pausieren.

Genius-Listen

Wählen Sie den betreffenden Punkt aus, können Sie eine Genius-Wiedergabe-liste aufgrund des aktuell gespielten Titels anlegen. Dann bekommen Sie eine neue (Genius-)Wiedergabeliste, die aus Titeln besteht, die zum gerade gespielten passen.

Wenn Sie dann aus dem oben gezeigten Menü den Punkt *Genius-Playlist erstellen* auswählen (und es genug passende Titel gibt), dann legt das iPad eine entsprechende Liste an. Die finden Sie dann auch im Bereich der Playlists.

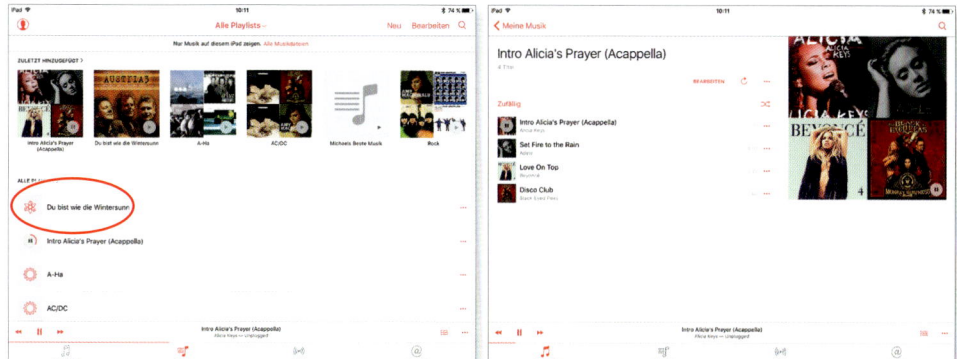

Genius-Listen finden Sie in der „Playlist"Ansicht (links). Rechts sehen Sie die Inhalte der Liste.

Tippen Sie in dieser Ansicht auf den runden Pfeil, prüft das iPad, ob seit Erstellen der Liste (oder seit dem letzten Update) neue Titel hinzugekommen sind, die passen könnten, und trägt sie ein. Mit *Sichern* speichern Sie die Änderungen.

Neue Playlists anlegen

Wiedergabelisten legt man in der Regel am Rechner in iTunes an und überträgt sie auf Wunsch auf das iPad. Aber Sie können Wiedergabelisten auch direkt am iPad erstellen und so Ihre Lieblingsmusik unterwegs zusammenstellen.

Rufen Sie dazu den Bereich *Playlists* auf und tippen Sie auf *Neu*.

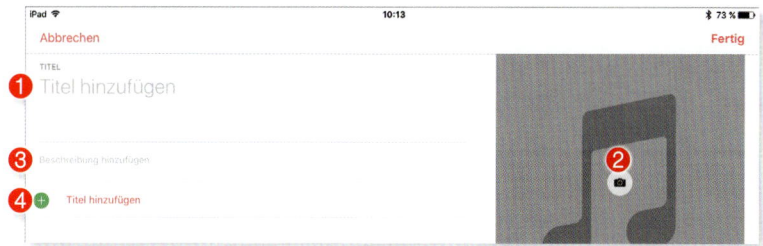

Geben Sie der Playlist zunächst alle relevanten Infos rund um die Titel.

Sie haben dann im ersten Schritt die Möglichkeit, einen Titel zu vergeben ❶, ein Bild aufzunehmen oder auszuwählen ❷ und eine Beschreibung einzutragen ❸. Gehen Sie dann zum nächsten Punkt, indem Sie auf *Titel hinzufügen* ❹ tippen.

Titel zur Playlist hinzufügen

Sie fügen Lieder der Liste hinzu, indem Sie auf das rote Plus rechts neben den gewünschten Titeln tippen. Sie können sich dabei frei in Ihrer Mediathek bewegen und *Interpreten*, *Alben, Titel* etc. auswählen.

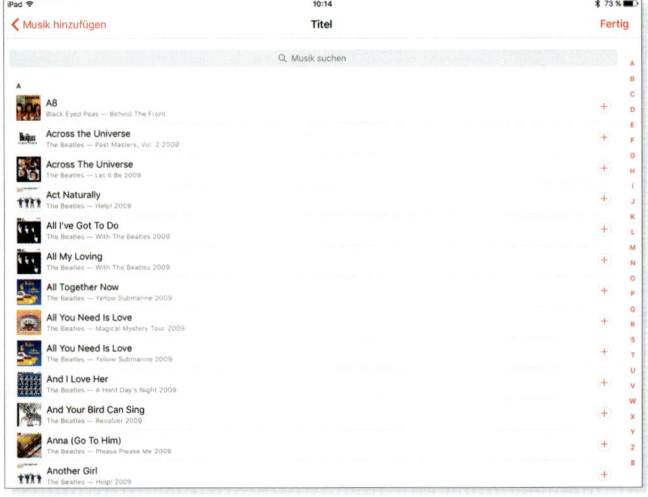

Tippen Sie auf das rote +-Symbol, um Titel hinzuzufügen.

Mit *Fertig* sichern Sie die Liste erst einmal. Da Sie sich im nächsten Schritt bereits wieder in der neuen Liste befinden, können Sie sie bei Bedarf gleich *Bearbeiten*. In diesen Modus kommen Sie auch später noch, indem Sie eine Playlist aufrufen und *Bearbeiten* antippen.

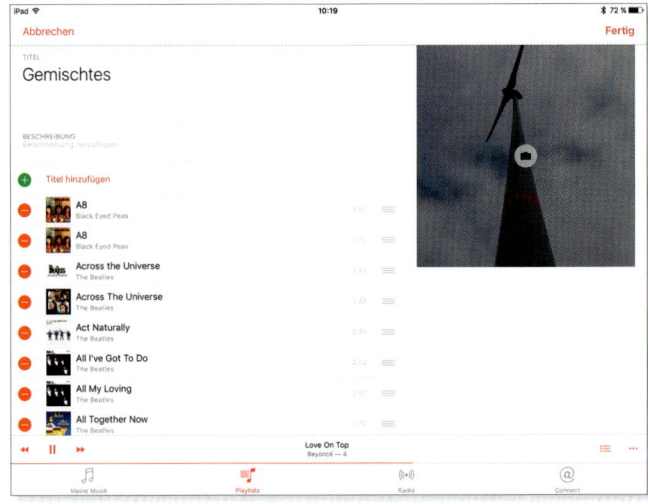

Geben Sie der Playlist den letzten Schliff.

Die Funktionen, die sich Ihnen hier bieten, kennen Sie bereits. Sie können Titel löschen (-) oder die Reihenfolge verändern (Greifer rechts). Wenn noch was dazu soll, tippen Sie auf *Titel hinzufügen*. Wenn alles passt, speichern Sie die Liste mit *Fertig*.

Ein Hörbuch abspielen

Apple hat sich dazu entschlossen, dass Hörbücher thematisch eher weniger zur Musik, sondern mehr zu den Büchern gehören. Aus diesem Grunde müssen Sie zum Abspielen Ihrer übertragenen Hörbücher die *iBooks*-App öffnen.

Hörbücher finden Sie in der „iBooks"-App.

Nachdem Sie die iBooks-App gestartet haben, tippen Sie oben in der Mitte auf *Alle Bücher* (oder eine der anderen Sammlungen, die gerade aktiv ist). Rufen Sie dann *Hörbücher* auf.

Hier finden Sie alle auf Ihrem iPad verfügbaren Hörbücher.

Tippen Sie dann auf eines der Hörbücher, um die Wiedergabe zu starten. Es folgt eine Oberfläche wie diese:

Die „Musik"-App bietet zum Abspielen von Hörbüchern ein paar sinnvolle Funktionen mehr.

❶ Sofern das Hörbuch aus mehreren Teilen besteht, kommen Sie so zu weiteren Episoden.

❷ Diese Taste spielt die vergangenen 15 Sekunden noch einmal ab.

❸ Darüber springen Sie 15 Sekunden nach vorne.

❹ Über diesen Regler passen Sie die Lautstärke der Wiedergabe an. Links wird es leiser, rechts lauter.

❺ Etwas schlecht zu erkennen: Hier gibt es eine Zeitleiste mit blauem Marker. Verschieben Sie den nach links oder rechts, um weiter vor oder wieder zurück zu kommen. Links sehen Sie auch die verstrichene Abspielzeit, rechts die verbleibende.

❻ Legen Sie hier die Abspielgeschwindigkeit fest. Sie haben die Wahl zwischen *0,75x*, *1x*, *1,25x*, *1,5x* und *2x*.

❼ Möchten Sie das Hörbuch beim Einschlafen hören und soll es danach nicht bis zum Ende weiterlaufen, so tippen Sie auf diese Fläche. Dann können Sie zwischen *5 Minuten* und *1 Stunde* oder *Nach dem aktuellen Track* (also Kapitel) auswählen. Danach stoppt die Wiedergabe automatisch.

❽ Hiermit starten oder pausieren Sie die Wiedergabe. Das kennen Sie schon von der Musik-App.

Der Pfeil links oben bringt Sie wieder zur Übersicht Ihrer Hörbücher. Jetzt aber zurück zur Musik-App.

Wichtige Einstellungen für die Musik-App

Auch die *Musik*-App bietet Ihnen noch eine Reihe von Einstellungsmöglichkeiten, die jedoch nicht in der App selbst zu finden ist. Sie erreichen diese Optionen unter *Einstellungen –> Musik*.

Apple Music: Diesen Bereich zeigen wir später noch gesondert.

Mobile Daten verwenden: Entscheiden Sie hier, ob Sie unterwegs über das Datennetz Musik laden möchten. Das geht jedoch in der Regel langsamer vonstatten als von zu Hause aus per WLAN. Und es kann sein, dass dadurch Extrakosten entstehen oder Ihr Datenvolumen extrem beansprucht wird.

Erwähnenswert ist hier auch der Equalizer (*EQ*), der hier aktiviert und ausgewählt werden kann.

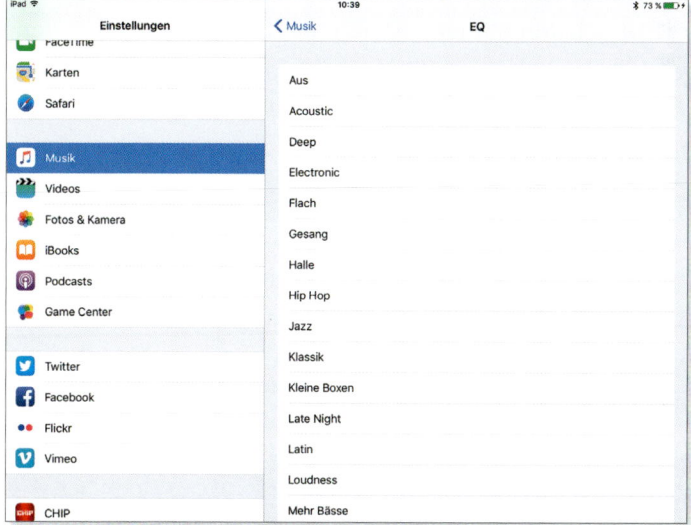

Über den Equalizer („EQ") aktivieren Sie verschiedene Klangbilder.

Mit *Maximale Lautstärke* legen Sie fest, wie laut die Musik höchstens gespielt werden darf. Und auch die *Privatfreigabe* lässt sich hier aktivieren. Dazu gleich mehr.

Tipps zur Musik-App

- *Zum Anfang der Liste springen:* Gerade die Liste aller Titel kann unter Umständen sehr umfangreich werden. Wenn Sie sich dann beim Buchstaben W befinden und oben gefühlte 10.000 Titel sind, dann müssen Sie nicht alle nach unten wegschieben, wenn Sie wieder an das obere Ende der Liste kommen möchten. Tippen Sie einfach kurz auf die Uhr, und schon sind Sie oben.

- *Zum vorherigen Titel springen:* Spielen Sie einen Titel bereits einige Sekunden lang, bringt Sie im Bedienfeld der doppelte Pfeil nach links wieder zum Beginn des Titels. Möchten Sie das Lied davor hören, drücken Sie zweimal hintereinander darauf.
- *Schneller Vor- und Rücklauf:* Wenn Sie den doppelten Pfeil nach links oder rechts gedrückt halten, spulen Sie schnell vor oder zurück.
- *Lautstärke regeln über die Tasten:* Um die Lautstärke der Wiedergabe anzupassen, müssen Sie nicht zwangsläufig den Schieberegler der *Musik*-App benutzen. Auch die beiden Tasten an der rechten Seite des iPads erledigen diese Aufgabe.
- *Nicht geladene Titel:* Sofern in der iCloud ein Titel liegt, den Sie noch nicht auf Ihr iPad geladen haben, können Sie ihn auch direkt in der *Musik*-App anzeigen lassen und durch Tippen auf das Wolkensymbol laden. Aktivieren Sie dazu *Einstellungen –> Musik –> iCloud-Mediathek.*

Der iPod im Sperrbildschirm

Wenn Sie Ihr iPad aus dem Ruhezustand holen, während Musik läuft, bekommen Sie den Player direkt im Sperrbildschirm angezeigt. Sie erhalten dann sofort die grundlegenden Steuerungsmöglichkeiten, müssen dazu also nicht extra in die *Musik*-App wechseln.

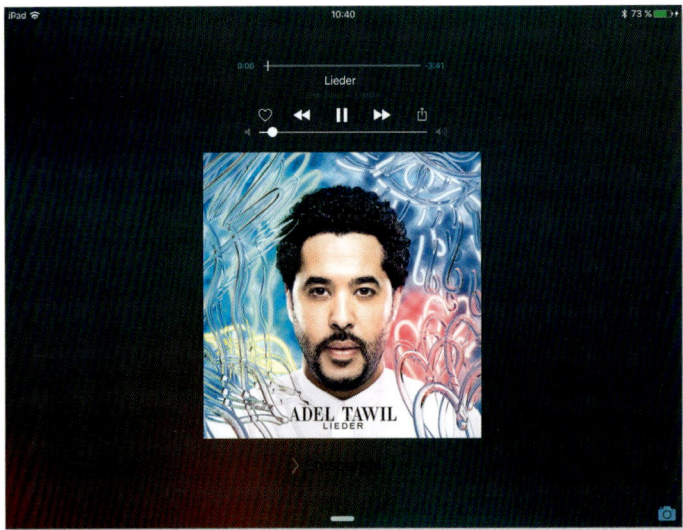

Die grundlegende iPod-Steuerung erhalten Sie bereits im Sperrbildschirm.

Und auch über das Kontrollzentrum haben Sie sehr schnell Zugriff auf die Musiksteuerung mit Wiedergabe, Pause, Vor, Zurück, Zeitleiste und Lautstärkeregler.

Im Kontrollzentrum haben Sie auch die Basic-Steuerung der Musik-App.

Radio

Radio ist ein Dienst innerhalb der *Musik*-App, der es Ihnen ermöglicht, über das Internet Webradiosender zu empfangen.

Starten Sie die *Musik*-App und wählen Sie in der Leiste unten den Punkt *Radio*.

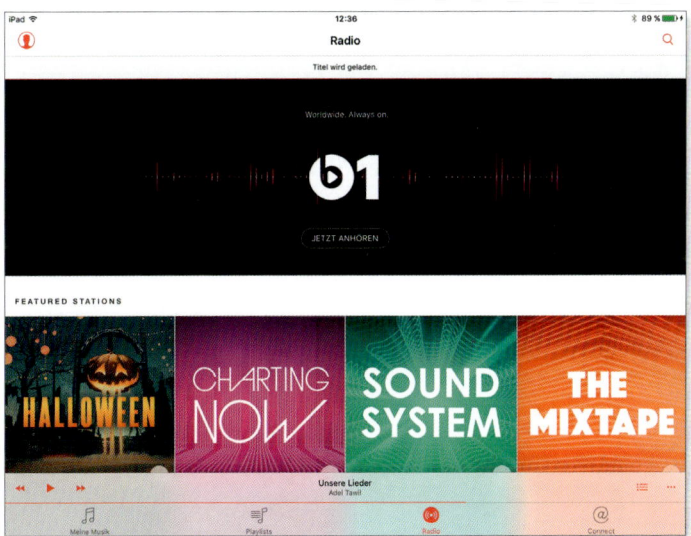

Der Sender „Beats 1" ist für alle frei zu empfangen.

Ganz oben wird Ihnen gleich der Sender „Beats 1" angeboten. Der ist für alle kostenfrei zu empfangen und los geht's, indem Sie auf *Jetzt anhören* tippen. Die anderen Sender, die Sie unter „Featured Stations" sehen, sind Bestandteil des kostenpflichtigen Dienstes Apple Music, zu dem wir später noch kommen.

Beats 1 ist ein Sender, der rund um die Uhr aus Studios in Los Angeles, New York City und London sendet. Kopf des Teams ist DJ Zane Lowe, der zusammen mit anderen DJs und Gastmoderatoren zu jeder Zeit Programm macht.

Wenn Sie Beats 1 starten und das „Sie hören"-Fenster in den Vordergrund holen, erwartet Sie diese Oberfläche:

Viel können Sie hier nicht machen, es handelt sich ja um einen Radiosender.

Und wenn das nächste Lied kommt, ändert sich die Anzeige entsprechend.

Sie sehen, dass die Oberfläche von *Radio* der des Musikplayers ähnelt. Nur mit dem Unterschied, dass Sie hier weniger Möglichkeiten haben: Sie sehen, welcher Titel gerade läuft, Sie können das Programm unterbrechen und fortsetzen sowie die Lautstärke anpassen.

Apple Music

Zwar ist Beats 1 bzw. Radio auch Bestandteil von *Apple Music*, sozusagen der kostenlose Bereich davon. In diesem Abschnitt möchten wir aber auf die Dienste eingehen, die Sie bekommen, wenn Sie den Dienst kostenpflichtig abonnieren.

Leistungsumfang

Neben den bereits genannten Radiosendern, die Sie mit einer Mitgliedschaft hören können, bietet Apple Music aber noch viel mehr:

Sie erhalten unbegrenzten Zugriff auf die gesamte *Apple Music Bibliothek*. Das bedeutet, Sie können aus über 30 Millionen Songs all die Lieder aussuchen, die Ihnen gefallen und sie so oft anhören, wie Sie möchten. Sie können diese Inhalte Ihrer Mediathek hinzufügen und sie sogar für die Offline-Wiedergabe herunterladen.

Apple Music zeigen

Damit Apple Music überhaupt im Musikplayer des iPads auftaucht, muss es aktiviert sein. Wenn Sie also die folgenden Dinge nicht sehen, dann rufen Sie kurz die *Einstellungen* -> *Musik* auf und aktivieren Sie *Apple Music zeigen*.

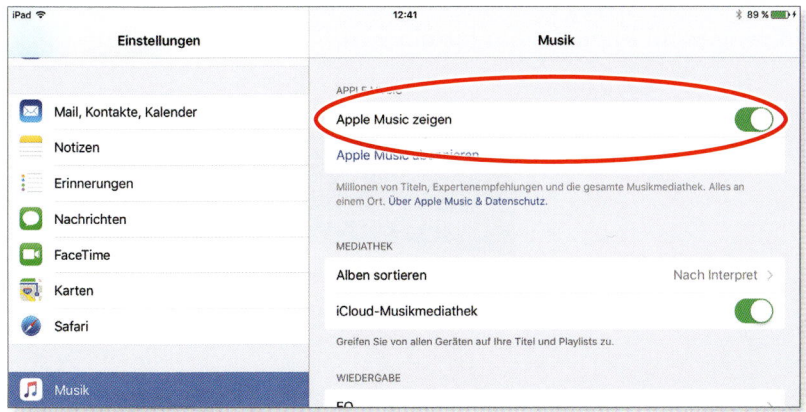

Erst wenn dieser Schalter an ist, erscheint „Apple Music" in der Musik-App.

Hier können Sie auch gleich den kostenlosen Test von Apple Music starten.

Erst testen – dann abonnieren

Jeder Besitzer einer Apple-ID darf Apple Music einmalig für drei Monate testen. Diese Einladung erhalten Sie, wenn Sie beispielsweise auf einen der kostenpflichtigen Radiosender in Apple Radio tippen oder wenn Sie in den *Einstellungen* -> *Musik* auf den Punkt *Apple Music abonnieren* tippen.

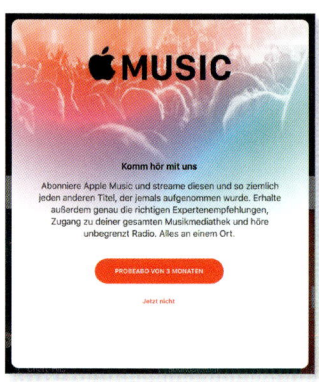

Apple Music kann drei Monate lang kostenfrei getestet werden.

Wenn Sie *Probeabo von 3 Monaten* auswählen und sich dann für die Einzel- oder Familienmitgliedschaft entscheiden, dann geht es los mit Apple Music.

Wenn Sie dieses Thema weiter vertiefen möchten, dann empfehlen wir Ihnen den Buchtitel *iTunes 12 & Apple Music* aus dem amac-buch Verlag. Dort finden Sie alles zu Apple Music, zahlreiche Tipps zu iTunes in der Mac- oder Windows-Version, sowie eine detaillierte Beschreibung des Datenabgleiches Computer und iPad, wie es im Kapitel 9 dargestellt wird.

Das Buch „iTunes 12 & Apple Music" zeigt Ihnen, wie Sie Apple Music am iPad und am Computer in iTunes voll ausreizen können. (ISBN: 978-3-95431-039-5)

Videos: Filme am iPad

Was die *Musik*-App für Lieder, ist die *Videos*-App für Filme. Dort werden all die Filme, TV-Serien und Musikvideos für Sie zur Wiedergabe bereitgehalten.

Die Videos-App im Überblick

Wenn Sie die *Videos*-App starten, sieht sie in etwa so aus:

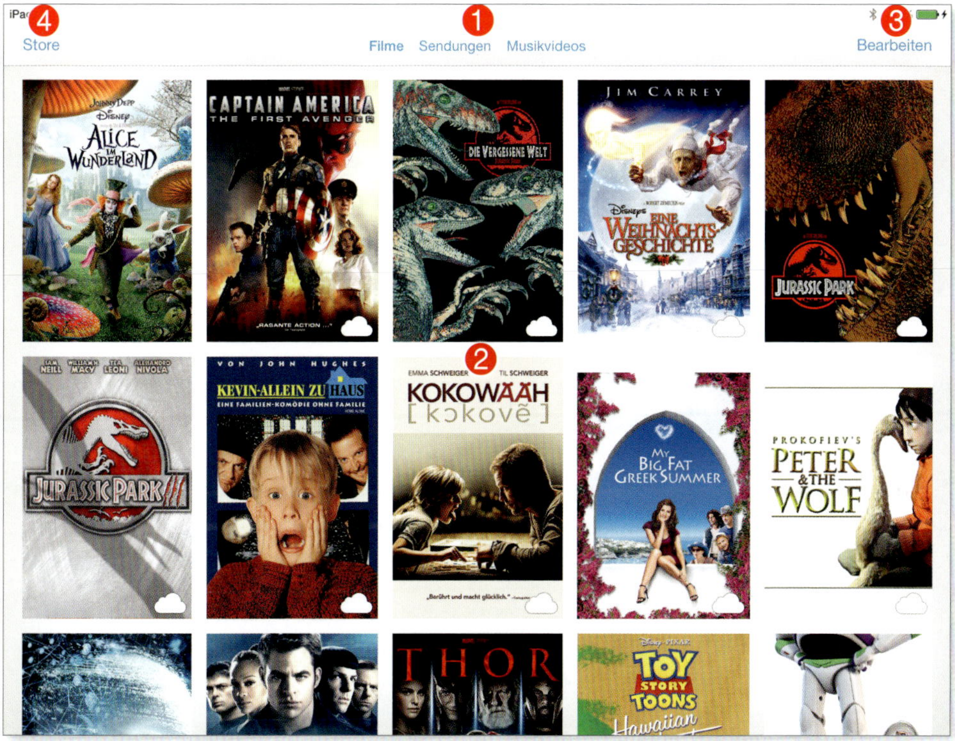

Die „Videos"-App des iPads.

❶ Entscheiden Sie zunächst, ob Sie *Filme*, TV-*Sendungen* oder *Musikvideos* ansehen möchten. Die restlichen Filme finden Sie – sofern vorhanden – unter *Eigene Videos*.

❷ Im Hauptbereich werden Ihnen dann die verfügbaren Filme angezeigt. Befinden sich Inhalte in der Cloud und sind die noch nicht geladen, so bekommen Sie die gewohnte Wolke angeboten, die den Download startet.

In diesem Beispiel wurde das Musikvideo noch nicht geladen.

> **!** Wenn Sie an dieser Stelle auf das **Wolkensymbol** tippen, wird das Video in den Speicher des iPads heruntergeladen. Sie können es dann künftig ohne Internetverbindung ansehen. Tippen Sie dagegen auf den **Wiedergabepfeil**, so streamen Sie es ohne vorherigen Download aus dem Internet. Dann ist beim nächsten Ansehen erneut eine Internetverbindung nötig.

❸ *Bearbeiten* könnte hier eigentlich auch „Löschen" heißen. Tippen Sie darauf und entfernen Sie unerwünschte Filme über das daraufhin erscheinende kleine *x*.

❹ Und natürlich auch hier: der (iTunes-)*Store*, über den Sie sich mit frischen Inhalten versorgen können. Natürlich kostenpflichtig.

Ein Video auswählen

Um einen Film abzuspielen, tippen Sie in der Liste darauf. Sie erhalten zunächst eine mehr oder weniger umfangreiche Seite mit Details zum Film.

Bei einem gekauften Film sind die Informationen zum Streifen oft sehr umfangreich.

Hier haben Sie bei gekauften Filmen neben den *Details* auch direkten Zugang zur Übersicht und Auswahl aller *Kapitel*. Ganz rechts gibt es unter *Zugehörig* noch passende Vorschläge.

Ein Musikvideo abspielen

Tippen Sie auf den Wiedergabepfeil oder ein Kapitel, damit der Film startet.

So sieht der Player bei der Wiedergabe eines Videofilms aus.

❶ Über das Bedienfeld starten und stoppen Sie die Wiedergabe und springen zum Anfang oder Ende des Musikvideos.

❷ Der Fortschrittsbalken. Links sehen Sie die vergangene Abspielzeit, rechts die verbleibende. Verschieben Sie den Regler, um an die gewünschte Stelle im Video zu gelangen.

❸ Regeln Sie über diesen Balken die Lautstärke der Wiedergabe.

❹ Mit der Pfeiltaste vergrößern Sie das Bild so, dass die schwarzen Balken oben und unten nicht mehr zu sehen sind. Der Nachteil: Dadurch werden auch Bildinhalte links und rechts abgeschnitten.

❺ Mit *Fertig* beenden Sie die Wiedergabe und kommen zurück zu den Filmdetails.

Einen Spielfilm wiedergeben

Wie Sie ein Musikvideo abspielen, das haben Sie bereits kennengelernt. Bei Spielfilmen haben Sie unter Umständen noch die eine oder andere Möglichkeit mehr. Sofern es der Film anbietet, können Sie z. B. weitere Tonspuren auswählen oder Untertitel einblenden lassen.

Die Wiedergabe eines Films bietet noch weitere Möglichkeiten als die eines Videos. Rechts unten haben Sie nun Zugriff auf Tonspuren und Untertitel (Button links) sowie die Videoverkleinerung (Button rechts). (© Disney)

Die beiden Pfeile rechts oben vergrößern das Bild ein wenig, so dass die schwarzen Balken oben und unten ausgeblendet werden. Der Nachteil: So wird das Bild leider auch rechts und links abgeschnitten.

Die Videoverkleinerung in der Videos-App

Im Bild etwas weiter oben sehen Sie rechts unten neben dem Symbol für Sprachen und Untertitel auch das Icon für die Videoverkleinerung. Sie können also auch hier das Video verkleinern und es außerhalb der Videos-App weiter ansehen.

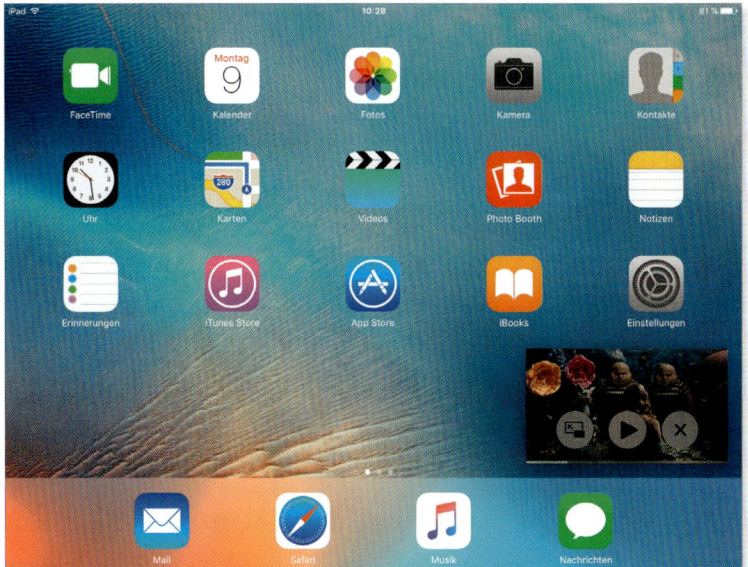

Die Videoverkleinerung funktioniert sogar im Home-Bildschirm.

Die Einstellungen der Videos-App

Auch die *Videos*-App bietet Ihnen noch die eine oder andere Option an. Zu finden ist die überschaubare Anzahl an *Einstellungen* im Bereich *Videos*.

- *Wiedergabe:* Legen Sie hier fest, ob der Film nach einer Unterbrechung *Ab Anfang* oder *Ab letztem Stopp* fortgeführt werden soll.
- *iTunes-Käufe zeigen:* Ist dieser Punkt aktiv, werden Ihnen Filme und Musikvideos, die in der Cloud, aber nicht auf dem iPad sind, zum Download angeboten. Möchten Sie nur bereits geladene Clips sehen, deaktivieren Sie diesen Punkt.
- Und auch hier gibt es eine *Privatfreigabe*.

Tipps zur Videos-App

- *Schneller Vor- und Rücklauf:* Wenn Sie den doppelten Pfeil nach links oder rechts gedrückt halten, starten Sie den schnellen Vor- oder Rücklauf. Haben Sie die gesuchte Stelle erreicht, lassen Sie die Taste los.
- *Lautstärke regeln über die Tasten:* Um die Lautstärke der Wiedergabe anzupassen, ist es nicht erforderlich, dass Sie den Schieberegler der *Videos*-App benutzen. Auch die Lautstärketasten an der linken Seite des iPads selbst erledigen diese Aufgabe.

- Die Vergrößerung des Videobildes, mit der Sie die schwarzen Streifen oben und unten wegbekommen, erreichen Sie auch durch ein doppeltes Tippen auf das Videobild. Ein erneutes Doppeltippen verkleinert das Bild wieder auf die ursprüngliche Größe.

Game Center: online spielen am iPad

Das *Game Center* bietet die Möglichkeit, mit anderen Spiele zu spielen oder sich anhand von Ranglisten mit ihnen zu messen.

Game Center einrichten

Die Voraussetzungen dafür sind, dass das Spiel Game Center selbst unterstützt und dass Sie Game Center in den *Einstellungen –> Game Center* aktiviert und konfiguriert haben. Dazu gehören die Angabe Ihrer Apple-ID, die Erlaubnis (oder eben das Ablehnen) von *Einladungen* und die Vergabe eines noch freien Namens (*Game Center-Profil*).

Wenn diese Voraussetzungen erfüllt sind, erhalten Sie beim nächsten Start eines Spiels eine Meldung wie diese:

Diese Meldung zeigt Ihnen, dass das „Game Center" aktiv ist.

Von nun an werden Ihre Spielergebnisse und -erfolge protokolliert und in der *Game Center*-App angezeigt.

Die Game Center-App

Um Ihre persönlichen *Game-Center*-Infos anzusehen, starten Sie die App *Game Center*.

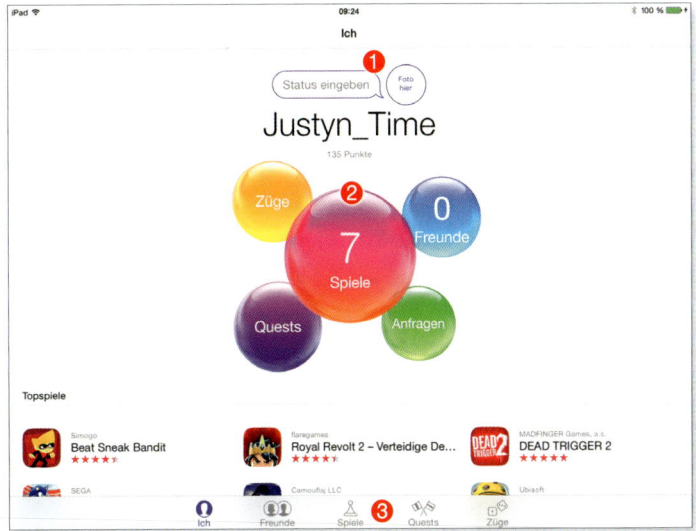

Gleich zu Beginn sehen Sie Ihre Statusübersicht.

❶ Hinterlegen Sie ein Foto von sich oder geben Sie Ihren aktuellen Status ein.

❷ Hier stehen Ihre persönlichen Daten.

❸ Wählen Sie in der Funktionsleiste die gewünschte Rubrik aus.

Als Beispiel wählen wir die Rubrik *Spiele* und sehen nach, welche Fortschritte wir bei unserem eingangs gezeigten Spiel erzielt haben. Dazu tippen Sie im Bereich *Meine iOS-Spiele* auf den gewünschten Eintrag.

Interessiert Sie dann beispielsweise das internationale Ranking der anderen Spieler, rufen Sie eine der *Bestenlisten* auf.

Uhr

Die *Uhr* im iPad kann mehr als nur die Uhrzeit anzeigen. In dieser App finden Sie neben der optisch sehr ansprechenden Weltuhr noch einen *Wecker*, eine *Stoppuhr* und einen *Timer*.

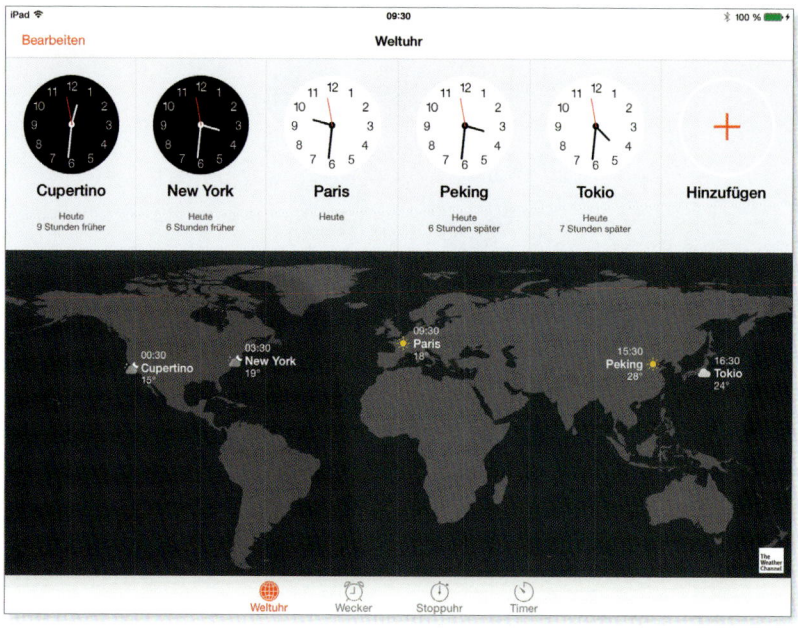

Die Weltzeit anzugeben ist nur eine der Funktionen der „Uhr"-App.

Weltuhr: Hier werden Ihnen die eingestellten Uhrzeiten oben als Ziffernblatt und unten am entsprechenden Ort auf der Karte angezeigt. Über das *Plussymbol* fügen Sie eine neue Uhr hinzu. *Bearbeiten* erlaubt es Ihnen, die Reihenfolge in der Liste zu ändern oder einzelne Uhren zu löschen. Ist es am Ort Tag, ist die Uhr weiß, in der Nacht schwarz. Außerdem wird Ihnen gleich unter dem Ort angezeigt, welche Zeitverschiebung dort herrscht. Tippen Sie ein Ziffernblatt an, so erscheint es nahezu bildschirmfüllend und rechts daneben wird die aktuelle Temperatur angezeigt.

Wecker: Auch hier fügen Sie über das *Plussymbol* einen neuen Wecker hinzu. Mit *Bearbeiten* erhalten Sie eine Auflistung aller vorhandenen Wecker. Tippen Sie dann auf einen der Einträge, um ihn zu ändern. Über das *Minuszeichen* löschen Sie ihn. Aktivieren Sie einen Wecker, indem Sie den Schalter auf Grün stellen. Ein Weckauftrag kann *wiederholt* werden, eine *Beschreibung* erhalten, Sie können

einen *Klingelton* auswählen und das *Schlummern* erlauben. Dann haben Sie neun Minuten Zeit, bis der Wecker erneut klingelt. Und Sie können den *Wecker löschen*. Am iPad ganz besonders schön: Sie sehen die verfügbaren Wecker im unteren Bereich im Kalender angezeigt. Aktive Wecker sind rot, inaktive grau. Tippen Sie auch dort auf einen Eintrag, um den Wecker oben angezeigt zu bekommen.

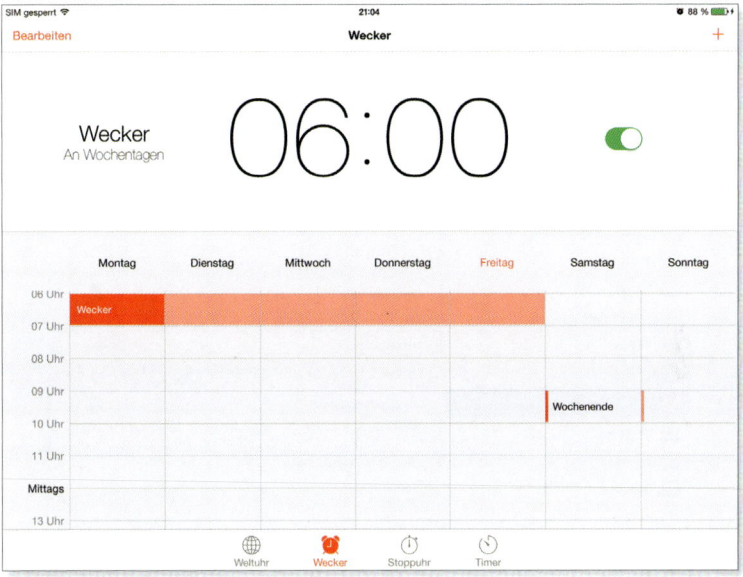

Der Wecker im iPad bietet Ihnen viele Optionen an.

Stoppuhr: Drücken Sie auf die grüne Taste, um die Stoppuhr zu *Starten*. Die Taste rechts daneben nimmt die Zeit einer *Runde* (und auch die der weiteren Runden). Über die rote Taste können Sie die Zeitnahme *Stoppen*. Rundenzeiten werden unter den Tasten angezeigt. *Löschen* entfernt diese Einträge wieder.

Timer: Geben Sie in der Mitte die Zeit und darunter einen Klingelton ein, der beim Timer-Ende gespielt werden soll. *Starten* beginnt damit, die Zeit runterzuzählen. *Anhalten* pausiert den Timer, und *Abbrechen* beendet ihn.

Tipps zur Uhr-App

- Sie können die Uhr auch mit *Siri* steuern. Ein paar Beispiele: „Timer 10 Minuten", „Timer stoppen", „Wecken um 9 Uhr", „Wecker deaktivieren".
- Die Uhr erreichen Sie auch über das Kontrollzentrum.

Einstellungen für Apps

Neben den Standard-Apps können Sie über den App Store jede Menge weiterer Apps hinzuladen. Viele dieser Apps bringen zusätzliche Einstellungen mit. Sie finden sie geballt innerhalb der *Einstellungen*, und zwar unterhalb des Eintrags *Vimeo*.

Tippen Sie den jeweiligen App-Namen an, um rechts daneben die dazugehörigen Funktionen einzusehen und zu ändern.

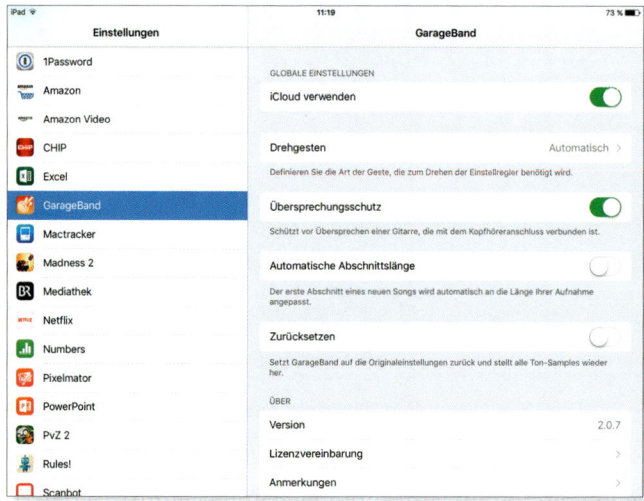

Viele nachträglich installierte Apps können ebenso mit individuellen Einstellungen versehen werden.

Kapitel 8 iCloud

Sie haben gesehen, dass viele der standardmäßig mitgelieferten Applikationen mit Ihrer iCloud synchronisiert werden können. Notwendig dazu ist eine Internetverbindung per WLAN oder über das Telefonnetz.

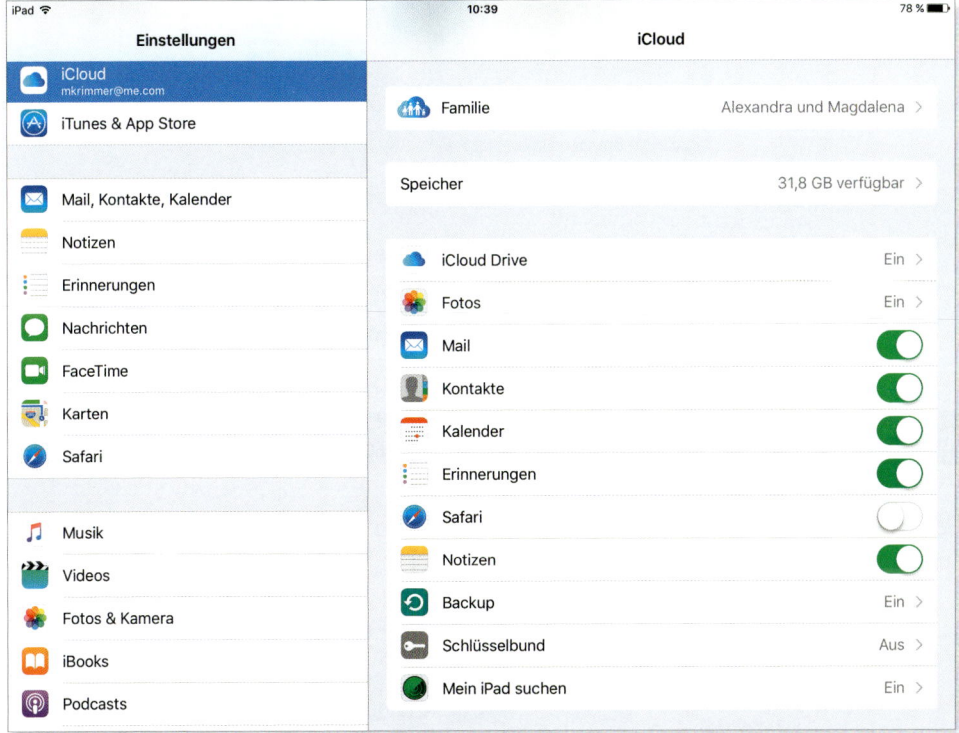

Über die „iCloud" können diverse Informationen drahtlos synchronisiert werden.

Die Übergabe der lokal auf dem iPad gespeicherten Daten an Ihre *iCloud* bringt Ihnen zunächst den Vorteil eines *Backups*. Außerdem könnten Sie weitere Geräte mit derselben Apple-ID und den gleichen iCloud-Einstellungen versehen, um Daten automatisch synchronisieren zu lassen. Das ist besonders im Fall von Erinnerungen, Kontakten oder auch Kalendereinträgen extrem nützlich. Aber Ihre iCloud kann noch einiges mehr für Sie tun.

iCloud Drive

Auch wenn es die iCloud schon eine Weile gibt, werden Sie in iOS 9 etwas gänzlich neues entdecken: die *iCloud Drive*-App. Nachdem Sie das Update installiert haben, fragt Sie das System, ob Sie die App installieren möchten.

Entscheiden Sie hier, ob Sie die „iCloud Drive"-App installieren möchten.

Sie können diese Entscheidung auf *Später* vertagen oder die App gleich *Hinzufügen*. Entscheiden Sie sich für Hinzufügen, finden Sie die App wenige Sekunden später auf Ihrem Home-Bildschirm.

Die iCloud Drive-App nutzen

Wenn Sie neben Ihrem iPad auch einen Mac im Einsatz haben, werden Sie im Finder sehr wahrscheinlich schon das iCloud Drive entdeckt haben.

„iCloud Drive" gibt es bereits seit einer Weile am Mac.

iCloud Drive ist eine Art Festplatte im Internet, ähnlich wie *Dropbox*, *Google Drive* oder *Microsoft OneDrive*. Auch wenn alle genannten und die anderen ähnlichen Dienste im Grunde denselben Dienst verrichten, hat iCloud Drive doch einen Vorteil: Es ist immer schon in das System integriert.

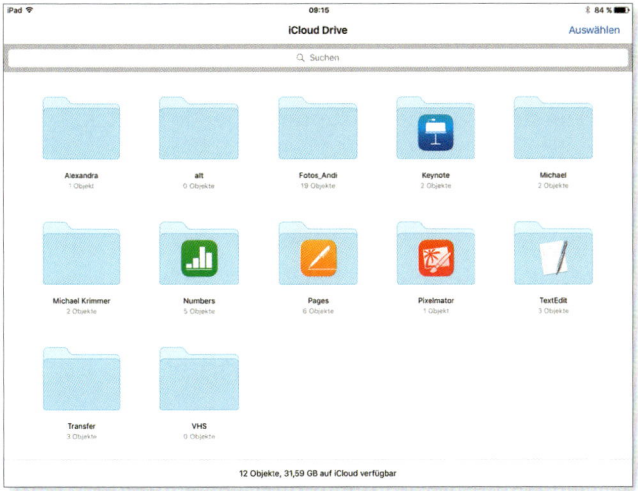

Und hier ist iCloud Drive am iPad unter iOS 9.

Wenn Sie nun die beiden Bilder vergleichen, werden Sie eines erkennen: Die Inhalte sind absolut identisch. Das ist aber kein Zufall oder das Ergebnis exakter Sortierung: Die Inhalte des iCloud Drives sind immer auf allen Geräten exakt gleich.

Ansicht anpassen

Wenn Sie den Inhalt der App ein wenig nach unten wegschieben, bekommen Sie weitere Möglichkeiten der Sortierung angezeigt.

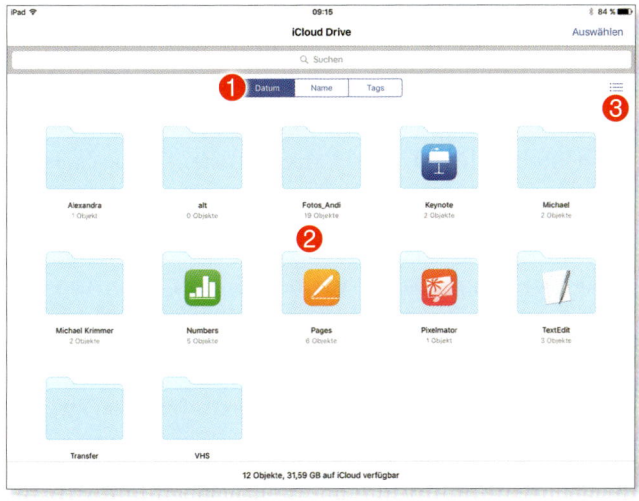

Legen Sie hier fest, wie die Inhalte der „iCloud Drive"-App sortiert und angezeigt werden sollen.

Tippen Sie auf eine der drei Schaltflächen ❶, um den Hauptbereich ❷ nach Datum, Name oder vergebenen Tags zu sortieren. Über diese Taste ❸ wechseln Sie von der Rasteransicht zu einer Liste und wieder zurück.

Inhalte bearbeiten

Möchten Sie Inhalte auf Ihrem iCloud Drive löschen, bewegen oder einen neuen Ordner anlegen, so tippen Sie zunächst auf *Auswählen*. Nun können Sie jede Datei und jeden Ordner dadurch auswählen, dass Sie den Kreis davor antippen und so ein Häkchen setzen.

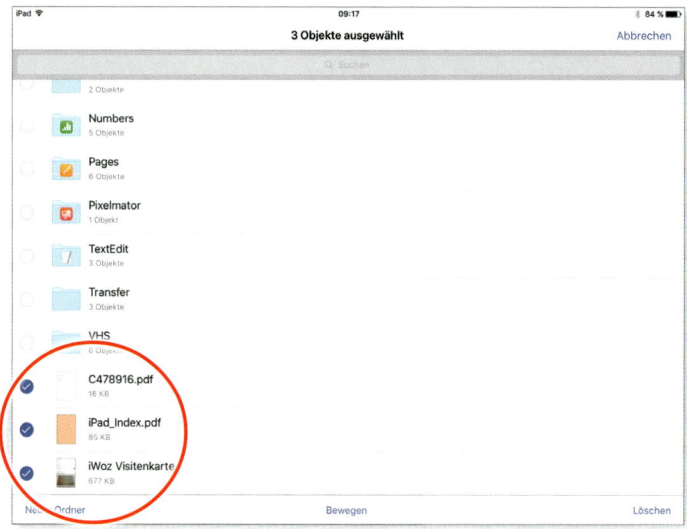

Die drei Dateien am unteren Ende der Liste sind markiert.

Jetzt sehen Sie auch gleich, welche Möglichkeiten Sie haben: Sie können die Dateien in einen bestehenden Ordner *Bewegen* oder sie *Löschen*. Außerdem können Sie einen neuen Ordner erstellen, indem Sie auf die entsprechende Taste ganz links tippen.

Entscheiden Sie sich für *Bewegen*, wählen Sie im nächsten Schritt den Zielordner aus und schon werden die Dateien dorthin verschoben.

Beim Löschen gibt es zuvor noch eine Abfrage zur Sicherheit (*Aus iCloud Drive löschen*). Erst nachdem Sie darauf getippt haben, wird die Datei entfernt.

> **!** Sie können Dateien oder Ordner auch einfach dadurch löschen, dass Sie sie nach links wegschieben und dann rechts auf Löschen tippen.

Sie können übrigens nicht Dateien in einen Ordner verschieben. Auch Ordner selbst lassen sich verschieben und ergeben dann am Zielort einen neuen Unterordner.

Dateiinfos ansehen

Neben Einzeldateien zeigt Ihnen die iCloud Drive-App ein eingekreistes *i* an. Wenn Sie darauf tippen, bekommen Sie Informationen zur Datei angezeigt.

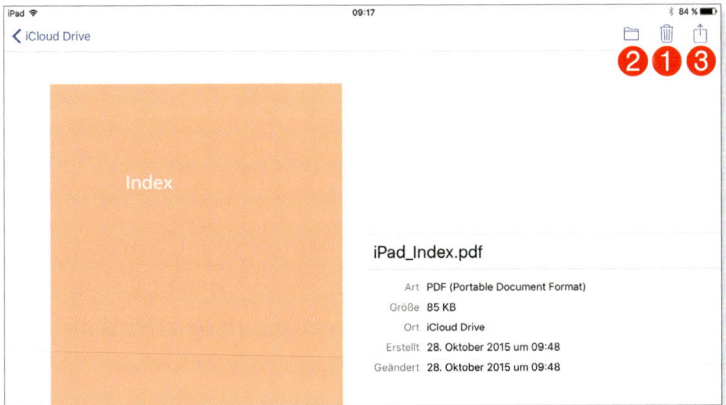

In diesem Fall handelt es sich um ein PDF mit einer Größe von 85 KByte.

Außerdem sehen Sie noch das Erstellungs- und Änderungsdatum sowie den Speicherort. Und auch hier lässt sich in der Leiste ganz unten die Datei löschen ❶, verschieben ❷ oder mit anderen Personen teilen ❸.

Dateien im iCloud Drive speichern

Wenn Sie beispielsweise eine E-Mail mit einer angehängten PDF-Datei bekommen, können Sie den Anhang direkt in Ihrem iCloud Drive sichern. Tippen Sie mit dem Finger auf den Anhang und belassen Sie den Finger auf dem Display. Nun erscheint das bereits bekannte Menü, das zusätzlich nun den Punkt *Anhang sichern* hat.

Über diese Schaltfläche legen Sie die Datei in Ihrem iCloud Drive ab.

 Sie können so auch Bilder oder andere Dateien speichern. Bitte beachten Sie aber bei Fotos, dass lediglich **Anhang sichern** Ihr iCloud Drive betrifft. **Bild(er) sichern** macht nach wie vor das, was es vorher auch schon gemacht hat: das Bild in Ihre Fotos-App legen.

Sobald Sie auf *Anhang sichern* tippen, kommt die iCloud Drive-App in den Vordergrund und fragt den Speicherort ab. Sobald Sie den gewünschten Ordner ausgewählt und auf *An diesen Ort bewegen* getippt haben, wird die Datei dorthin gespeichert.

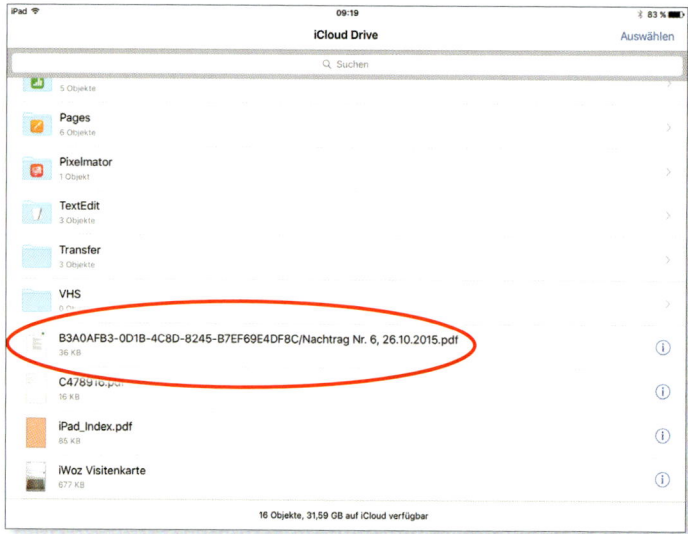

Die Datei mit dem etwas kryptischen Namen hat ihren Bestimmungsort im iCloud Drive erreicht.

Sie können als Zielort übrigens nur „normale" Ordner verwenden. Die Apple-eigenen Ordner wie „Keynote", „Numbers" und „Pages" lassen sich nicht auswählen.

Dateien aus der iCloud Drive versenden oder hochladen

Das geht natürlich auch: Erstellen Sie eine neue E-Mail und tippen für ca. zwei Sekunden auf den Bereich E-Mailtext und wählen dort *Anhang hinzufügen* aus. Sofort erscheint iCloud Drive und Sie können Dateien an das E-Mail anhängen. Ebenso können Sie auf einer Webseite den Upload-Button drücken, um Dateien aus der iCloud Drive direkt hochzuladen.

Via „Anhang hinzufügen" können Dateien versendet werden. Auch Uploads im Browser sind nun möglich.

Backup

Im Normalfall verfügt Ihre iCloud über 5 GByte Datenvolumen. Diese 5 GByte können Sie nutzen, um von Ihrem kompletten iPad eine Sicherungskopie in der iCloud-Datenwolke anzulegen. Gehen Sie hierfür zu *iCloud –> Backup* und aktivieren Sie *iCloud-Backup.*

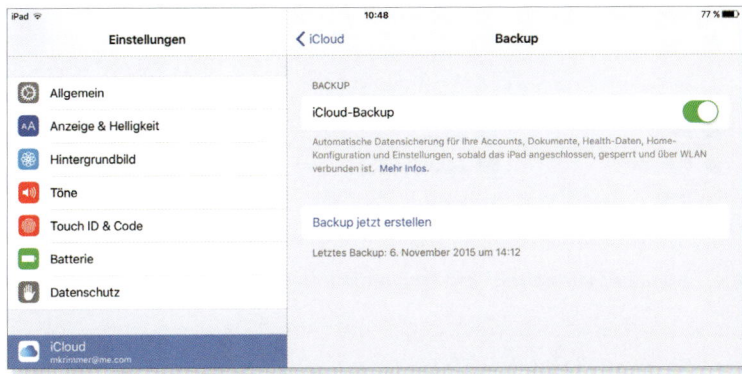

Über „iCloud-Backup" wird eine Sicherungskopie Ihres Geräts im Internet vorgenommen.

Sollten Sie nun ziemlich viele Daten und Apps auf Ihrem iPad haben, dürften 5 GByte dazu wohl nicht ausreichen. Wie viel Platz in der iCloud bereits belegt ist, können Sie in den iCloud-Einstellungen unter *Speicher* nachsehen. Aber bedenken Sie bitte, dass bei der Sicherungskopie z. B. keinerlei Apps in die iCloud übertragen werden. Ebenso fallen gekaufte E-Books oder Musik aus der Datenmenge heraus. Diese Daten sind ja mit Ihrer Apple-ID verlinkt, was heißt, dass das Gerät sich natürlich Ihre Apple-ID notiert und dazu die Medien, die über diese Apple-ID in den verschiedenen Stores gekauft wurden. Stellen Sie ein Gerät wieder her (Sie erinnern sich an die Installation des Geräts in Kapitel 1), genügt der Eintrag Ihrer Apple-ID und Ihrer iCloud-Daten, und sofort weiß Ihre iCloud, welche Elemente Sie bereits bezogen hatten, und lädt diese erneut auf das iPad herunter.

Die Backup-Funktionalität ist also empfehlenswert, um eine Sicherungskopie all Ihrer Daten in der Cloud zu erstellen. Besonders nützlich ist es, wenn Sie sich ein neues Gerät anschaffen. So können Sie bereits bei der Installation mit Ihrer Apple-ID und den iCloud-Daten das neue Gerät einrichten.

> **!** Via **Speicher verwalten** bekommen Sie eine detaillierte Liste Ihrer Daten in der iCloud. Sie können dort ebenfalls komplette Backups löschen oder im Bereich **Dokumente & Daten** einzelne Elemente aus der iCloud entfernen.

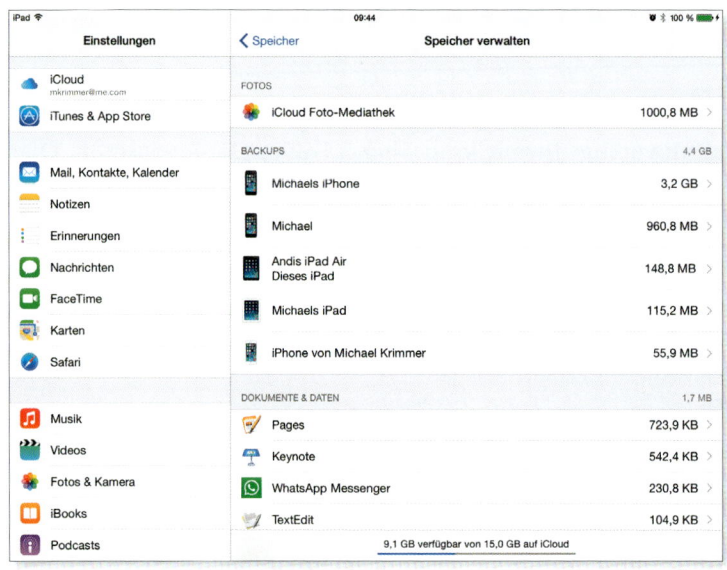

Über „Speicher verwalten" sehen Sie die Belegung Ihres iCloud-Volumens.

Benötigen Sie mehr Speicherplatz, so erreichen Sie die verfügbaren Optionen ganz unten unter *Speicherplan ändern*.

iCloud-Schlüsselbund

Sobald Sie sich neu auf einer Webseite anmelden und es darum geht, ein Kennwort festzulegen, meldet sich iOS 9 mit dem *iCloud-Schlüsselbund*. Zunächst bietet Safari die Funktion an.

Entscheiden Sie hier, ob Sie sich ein „Passwort vorschlagen" lassen möchten.

An dieser Stelle kann es auch erforderlich sein, dass Sie auf *Passwort vorschlagen* tippen müssen.

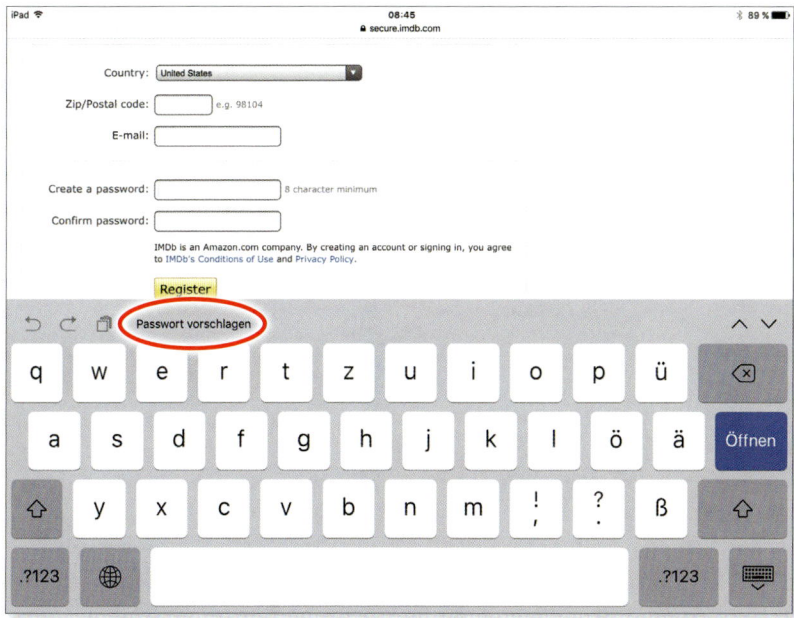

Beantworten Sie die Frage mit *Kennwort vorschlagen*, erhalten Sie im nächsten Schritt ein Kennwort.

Dieses Passwort ist vorbildlich. Es ist lang genug, besteht aus Buchstaben und anderen Zeichen und ist kein Wort, das in einem Wörterbuch steht. Standardmäßig wird dabei ein 12-stelliges Kennwort mit Trennstrichen erzeugt.

Mit *Vorgeschlagenes Passwort verwenden* nehmen Sie es an. Daraufhin wird es auch gleich in die entsprechenden Felder auf der Webseite eingetragen.

Das von iOS generierte Kennwort wurde angenommen und auch gleich eingetragen.

Loggen Sie sich dann später wieder auf dieser Seite ein, so trägt Ihr iPad das Kennwort automatisch ein. Das erreichen Sie auch über die Taste *Passwort autom. ausfüllen*.

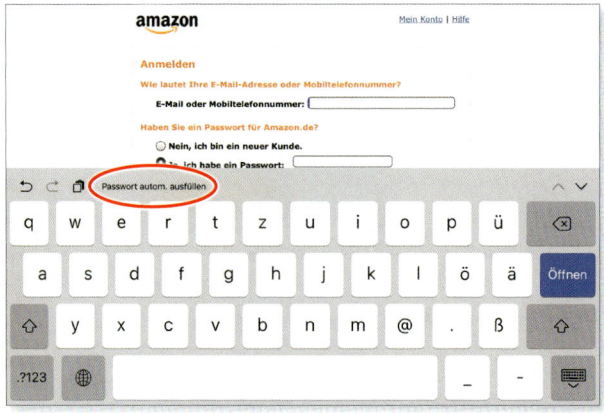

Auch bestehende Zugangsdaten kann der iCloud-Schlüsselbund verwalten.

Mehrere Zugangsdaten einer Seite verwalten

Wenn Sie für eine Seite mehr als nur einen Zugang haben, kann Safari auch das problemlos für Sie regeln. Tippen Sie dann in das Feld für die Login-Daten (Name oder Kennwort) und wählen Sie in der Leiste darunter *Passwörter*.

„Passwörter" deutet darauf hin, dass es für diese Seite mehr als nur einen gespeicherten Login gibt (links). Hier gibt es einige Zugangsdaten, die die iCloud zum bequemen automatischen Eintragen bereithält (rechts).

Sobald Sie auf *Passwörter* tippen, erhalten Sie die Liste aller Zugangsdaten. Wählen Sie die gewünschten Infos aus, und Safari trägt sie ein.

> **!** Sollte Safari Ihnen bei einer Seite nicht die richtigen Zugangsdaten anbieten, wenn Sie auf **Passwörter** tippen, so können Sie manuell aus der Liste aller Ihrer gespeicherten Zugänge den richtigen auswählen. Tippen Sie dann auf **Andere Passwörter** und identifizieren Sie sich entweder per Touch ID oder mit Ihrem Passcode. In beiden Fällen bekommen Sie dann die (durchsuchbare) Liste aller gespeicherten Zugänge und können den richtigen aussuchen.

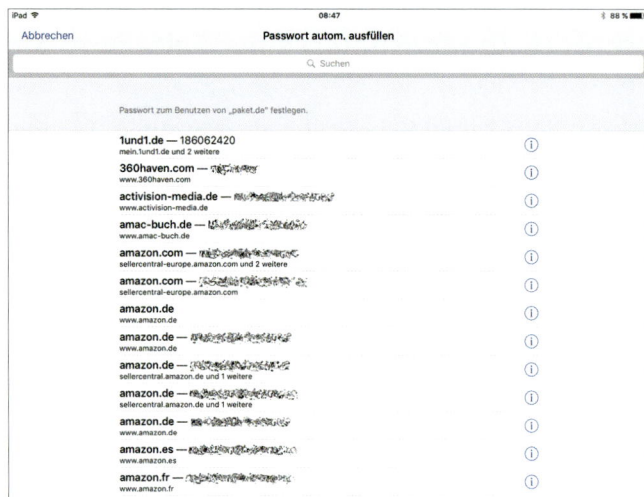

Sollte Safari ausnahmsweise mal nicht zuverlässig das Kennwort eintragen, können Sie es auch aus der Liste auswählen.

Und wenn Sie in Safari Ihre Kreditkartendaten eingeben und danach damit bezahlen möchten, meldet sich ebenfalls der iCloud-Schlüsselbund und bietet dort seine Dienste an.

Auch Kreditkartendaten verwaltet der iCloud-Schlüsselbund auf Wunsch.

Sobald ein Feld erkannt wird, in das eine Kreditkartennummer eingegeben werden soll ❶, erscheint die Taste für das automatische Ausfüllen ❷. Tippen Sie darauf, werden Ihnen die eingetragenen Kreditkarten zur Auswahl angeboten ❸. Über *Kamera verwenden* ❹ können Sie sogar eine Karte in die Kamera des iPads halten, und iOS 9 liest die Nummer und den Karteninhaber automatisch ein.

In den *Einstellungen –> Safari* können Sie in den Bereich *Passwörter* & *Autom. ausfüllen* die bisher gespeicherten Daten einsehen und bei Bedarf auch abändern.

Im Bereich *Passwörter* geben Sie zunächst Ihr Kennwort ein (oder den Fingerabdruck per Touch ID). Danach bekommen Sie eine Liste Ihrer Kennwörter angezeigt. Wenn Sie auf einen der Einträge tippen, können Sie die Zugangsdaten ansehen.

Tippen Sie dann auf *Bearbeiten*, lassen sich die Einträge abändern oder löschen. *Bearbeiten* und *Löschen* funktioniert auch in der Übersicht aller gespeicherten Zugänge.

Diese Möglichkeit zum Löschen haben Sie auch beim Punkt *Autom. ausfüllen* -> *Gesicherte Kreditkarten*. Wählen Sie hier eine Kreditkarte aus, können Sie – ebenfalls über *Bearbeiten* – die bereits gespeicherten Daten ändern. Auf Wunsch haben Sie die Möglichkeit, die Kreditkarte zu löschen. Und was hier natürlich ebenfalls geht: eine neue Karte eintragen oder in die Kamera halten.

Gespeicherte Kreditkartendaten lassen sich auch bearbeiten oder löschen.

Geben Sie zudem unter *Meine Infos* Ihre Kontaktdaten an, so dass diese beim Ausfüllen von Formularen automatisch verwendet werden können. Dazu muss die Eigenschaft *Kontaktinfo benutzen* aktiviert sein.

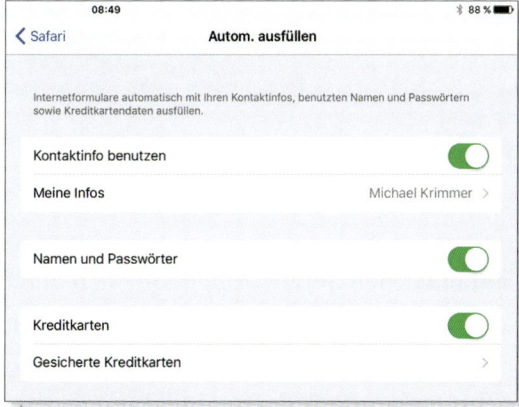

Ihre Kontaktdaten können in Formularen im Internet automatisch eingesetzt werden.

Mein iPad suchen

Jedes Gerät, bei dem Sie in den *Einstellungen –> iCloud –> Mein iPad suchen* aktiviert haben, können Sie über die kostenlose App *iPhone-Suche* (im App Store unter „Mein iPhone suchen" zu finden) orten, und im Falle eines Falles können Sie weitere Schritte unternehmen. Starten Sie die App und melden Sie sich mit Ihrer Apple-ID an, um eine Übersicht über alle mit Ihrer Apple-ID verknüpften Geräte zu bekommen.

> **!** An dieser Stelle gehen wir davon aus, dass Ihr eigenes iPad nicht zur Verfügung steht, um die App dort zu starten. Sie können die App aber von jedem anderen iOS-Gerät aus aufrufen und dort Ihre Apple-ID eingeben. Alternativ verwenden Sie den Internetbrowser eines beliebigen Computers und geben dort die Adresse: **http://www.icloud.com/find/** ein. Nach Eingabe Ihrer Apple-ID und Ihres Kennworts sehen Sie alle Ihre Geräte auf der Karte.

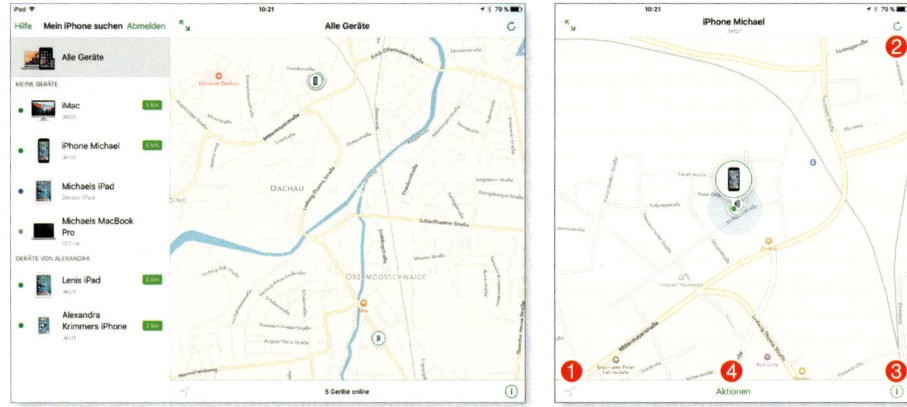

Mit dieser Apple-ID sind neben dem iPad auch ein iPhone, ein MacBook Pro und ein iMac verknüpft. Sie können den Standort direkt auf der Karte betrachten (rechts).

Sie können nun auf eines der Geräte tippen, um sich den Standort zeigen zu lassen und Zugriff auf die weiteren Funktionen zu bekommen.

> **!** Sie können das iPad auch ohne die App orten. **iPhone-Suche** ist auch Bestandteil der Webversion von icloud.com.

Übrigens: Links unten in der Liste finden Sie bei aktivierter Familienfreigabe auch die Geräte der eingetragenen Familienmitglieder angezeigt („Geräte von »Name«").

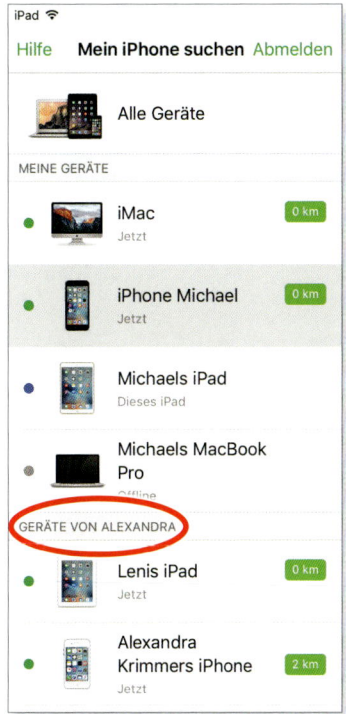

Am Ende der Liste sehen Sie auch die Geräte der eingetragenen Familienmitglieder

Sie haben nun mehrere Möglichkeiten:

❶ Über das *Ortungssymbol* blenden Sie Ihren eigenen Standort ein.

❷ Tippen Sie auf *Neu laden*, um den Standort neu zu prüfen.

❸ Legen Sie hier fest, ob die Karte in der *Standard-*, *Hybrid-* oder *Satellit-* Ansicht angezeigt werden soll und ob Sie Distanzen *In Meilen* oder *In Kilometern* haben möchten.

❹ *Aktionen* führt Sie zu weiteren sehr hilfreichen Optionen. Dorthin gelangen Sie auch, wenn Sie auf das Gerätesymbol in der Karte tippen.

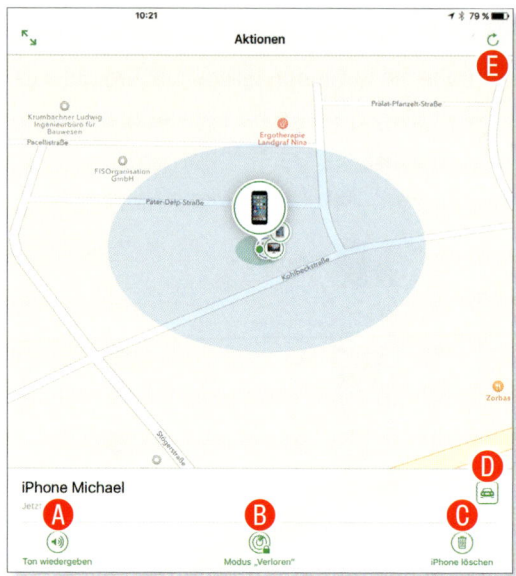

Diese fünf Möglichkeiten stehen Ihnen nun zur Verfügung.

Zuerst sehen Sie den Gerätenamen und die Zeit, die seit der letzten Ortung vergangen ist.

A Mal angenommen, Sie haben das iPad auf einer Feier vergessen, weil es unter einer Zeitung lag. Drücken Sie dann auf diese Schaltfläche, um einen Ton abzuspielen. Der ist übrigens auch dann zu hören, wenn das iPad stumm geschaltet ist.

B Wenn Sie diesen Knopf drücken, können Sie im nächsten Schritt eine Telefonnummer und einen kurzen Hinweistext eintragen. Der wird dann mit der Bitte um einen Rückruf eingeblendet. So kann der (hoffentlich) ehrliche Finder mit Ihnen Kontakt aufnehmen. Das Gerät wird in diesem Zuge auch gesperrt.

Dieser Hinweis wird normalerweise eingeblendet. Der Text kann aber auch angepasst werden.

C Sollten alle bisherigen Versuche nicht zum Erfolg geführt haben, haben Sie möglicherweise ein größeres Problem. Vielleicht wurde das iPad gestohlen, oder der Finder kann sich nicht mehr davon trennen. Zur Sicherheit sollten Sie die darauf befindlichen Daten löschen. Dazu ist dann die letzte Schaltfläche da. Um diesen Vorgang zu starten, müssen Sie zunächst das Kennwort Ihrer Apple-ID angeben. Auch hier können Sie noch eine Telefonnummer und einen Text eingeben, der dann nach dem Löschen angezeigt wird.

> **!** Zu jeder der gewählten Aktionen erhalten Sie zusätzlich eine Bestätigungsmail an Ihre Apple-ID-Adresse zugeschickt.

D Tippen Sie auf das *Fahrzeug*-Symbol, um sich von der Karten-App eine Route zum Standort des Geräts berechnen zu lassen.

E Rechts oben wird Ihnen bei mobilen Geräten sogar der aktuelle Akkustand angezeigt.

Das iPad ist für Diebe unbrauchbar

Haben Sie Ihr iPad aus der Ferne gelöscht, ist es für Diebe unbrauchbar. Versucht der neue Inhaber des Geräts, das iPad zu aktivieren, ist die Eingabe der ursprünglichen Apple-ID erforderlich. Das gilt auch für den Fall, dass eine andere iOS-Version als 9 installiert wird.

Kann die Apple-ID, mit der das Gerät gelöscht wurde, nicht eingegeben werden, geht es an dieser Stelle nicht weiter. Das iPad ist unbrauchbar.

Auch das Verbinden mit einem Computer und iTunes hilft an der Stelle nicht. Denn auch dort wird zunächst nach der Apple-ID gefragt. Und selbst das komplette Zurücksetzen und Neuinstallieren von iOS führt nicht an diesem Schritt vorbei.

Das bringt Ihnen im schlimmsten Fall das iPad zwar auch nicht zurück, aber es ist gut zu wissen, dass der Dieb sicher keine Freude damit haben wird. Und wenn er an dieser Stelle einsieht, dass es keinen Sinn hat, kann er immer noch die angegebene Nummer anrufen und sich als ehrlicher Finder ausgeben.

Die Internetseite icloud.com

Bei der Option, Ihr iPad über das Internet ausfindig zu machen, haben Sie bereits gesehen, dass viele Daten Ihres iPads ebenso über die Internetseite *icloud.com* zur Verfügung stehen.

Sie können über die Internetseite auf viele Informationen Ihres iPads zugreifen.

Dies ist besonders interessant, wenn Sie einmal ohne iPad unterwegs sind. Denn die Internetseite können Sie von jedem beliebigen Computer weltweit aufrufen und so auf wichtige Daten zugreifen, die auf Ihrem iPad hinterlegt sind. Sie sehen, dass Sie sowohl auf den Kalender als auch auf Notizeneinträge, Kontakte, Erinnerungslisten und auch Ihre Mails Zugriff haben.

 Im Bereich **Mail** finden Sie nur die E-Mails Ihrer Apple-ID und keine weiteren auf Ihrem iPad hinterlegten E-Mail-Adressen.

Das Schöne aber ist, dass Sie über die Internetoberfläche die Daten nicht nur begutachten, sondern auch neue Einträge erstellen bzw. bestehende Einträge modifizieren können. Gehen Sie beispielsweise in den Bereich *Kalender*, um dort neue Termine von unterwegs aus einzutragen. Durch die Synchronisation mit Ihrem iPad sind die Termine bereits dort angekommen, wenn Sie wieder zu Ihrem Gerät zurückkehren.

Aber damit nicht genug: Die Internetseite bietet noch einige weitere Funktionen, die es teilweise auf dem iPad so gar nicht gibt, wie z. B. das Freigeben von Erinnerungslisten oder das Erstellen von Gruppen innerhalb der Kontakte bzw. das Verwalten von Gruppenteilnehmern.

Erinnerungslisten freigeben

Loggen Sie sich also an einem Rechner über *icloud.com* ein und klicken Sie auf den Button *Erinnerungen*. Fahren Sie dann mit der Maus auf das *Freigabe*-Icon neben einer Erinnerungsliste.

Freigaben funktionieren auch online.

Ähnlich wie Sie es vorher auf dem iPad gesehen haben, können Sie nun in den Freigabeeinstellungen E-Mail-Adressen hinzufügen, und die Teilnehmer bekommen dann auf ihren iPads, iPhones und Mac-Rechnern diese Erinnerungslisten automatisch eingeblendet.

 Das Ganze klappt wieder nur mit Anwendern, die ebenfalls über eine Apple-ID verfügen.

Die so freigegebenen Erinnerungslisten sind für die anderen Teilnehmer editierbar. Sprich, sie können ebenso wie Sie neue Einträge hinzufügen, Einträge ändern bzw. Einträge aus den Listen entfernen.

Erinnerungslisten können für mehrere Teilnehmer gleichzeitig freigegeben werden.

Bei den anderen Teilnehmern erscheint diese Erinnerungsliste in deren Programm *Erinnerungen* sowohl auf dem iPhone und iPad als auch auf dem Mac-Computer im Programm *Erinnerung* und klinkt sich dort wie eine neue Liste ein.

> **!** Genauso können Sie übrigens über die Internetseite auch Kalenderinformationen freigeben bzw. freigegebene Kalenderinformationen nachträglich editieren.

Sie sehen also, dass die Verwendung der kostenlosen iCloud von Apple viele nützliche Funktionen beinhaltet. Wollen Sie mehr als 5 GByte Speicher verwenden, tippen Sie am iPad auf *Einstellungen –> iCloud –> Speicher* und dann auf *Speicherplan ändern*. Dort können Sie für relativ wenig Geld weiteren Speicherplatz erwerben.

Gruppen in Kontakte erstellen

In der iPad-App *Kontakte* können Sie Gruppen zwar einsehen, aber eben keine erstellen. Via *icloud.com* geht das ganz einfach: Klicken Sie auf *Kontakte* und dann links unten im Fenster auf das *Plus*-Icon.

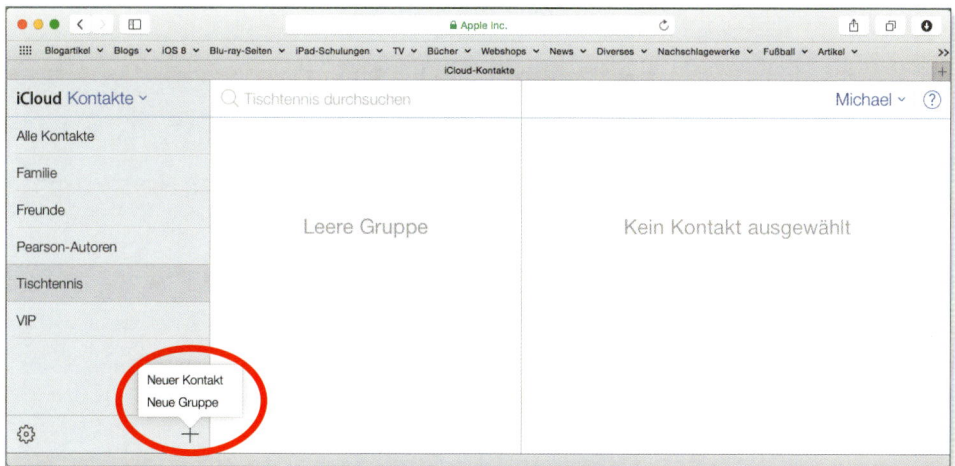

Das Erstellen einer Gruppe ist ein Kinderspiel.

Geben Sie der Gruppe einen aussagekräftigen Namen. Klicken Sie anschließend auf *Alle Kontakte*, um per Drag & Drop der neuen Gruppe Teilnehmer hinzuzufügen.

> **!** Eine Person kann gleichzeitig Mitglied in mehreren Gruppen sein.

Um ein Gruppenmitglied wieder zu entfernen, klicken Sie den Eintrag an und verwenden die Backspace-Taste. Wird der Teilnehmer aus der Gruppe entfernt, bleibt er nach wie vor in der Liste aller Kontakte. Wird er dort entfernt, so verschwindet er aus allen Gruppen.

Um die so geänderten Daten gleichsam auf das iPad zu bekommen, sollte die iCloud-Synchronisation für Kontakte aktiv sein. Prüfen Sie das via *Einstellungen –> iCloud*.

Doch die iCloud hält noch viel mehr Funktionen parat. Wenn Sie sich darüber umfassend informieren wollen, empfehlen wir Ihnen das dazugehörige Buch *iCloud – für iPhone, iPad, Mac & Windows* (amac-buch Verlag).

Im Buch „Apple-ID & iCloud" werden sämtliche Raffinessen ausführlich dargestellt (ISBN: 978-3-95431-034-0).

iOS 9 und OS X Yosemite/ El Capitan: Handoff

Sofern Sie auf Ihrem mobilen Gerät iOS ab Version 8 und auf Ihrem Mac OS X Yosemite oder El Capitan installiert haben, können Sie sehr praktisch Inhalte an beiden Geräten ansehen und bearbeiten. Ein Beispiel: Sie schreiben am iPad eine E-Mail und stellen fest, dass die doch länger wird als erwartet. Dann gehen Sie zu Ihrem Mac und sehen dort links neben dem Dock ein neues Mail-Symbol. Klicken Sie darauf, erhalten Sie am Mac die erstellte E-Mail in dem Zustand, den sie am iPad hat.

Das Yosemite/El-Capitan-Dock zeigt links neben dem Finder an, dass am mobilen Gerät eine neue E-Mail erstellt wird.

Neben dem Dock zeigt auch der Programmumschalter, wenn auf dem iOS-Gerät gerade eine App gestartet ist und Daten eingegeben werden.

Ein anderes Beispiel: Sie sehen sich am iPad eine Karte in der Karten-App an. Gehen Sie zu Ihrem Mac: Schon sehen Sie das Karten-Icon links neben dem Dock. Klicken Sie darauf, um die Karte am Mac mit genau dem Ausschnitt angezeigt zu bekommen, den Sie am iOS-Gerät ausgewählt haben.

Das geht auch mit *Safari*, dem *Kalender*, mit *Pages*, *Numbers*, *Keynote*, *Erinnerungen*, *Nachrichten* und den *Kontakten*. Dieses Angebot wird vermutlich in Zukunft noch ausgebaut.

Und natürlich funktioniert das auch in die andere Richtung: Wenn Sie am Computer eine dieser Apps gestartet haben, können Sie nahtlos am iPad oder iPhone weiterarbeiten.

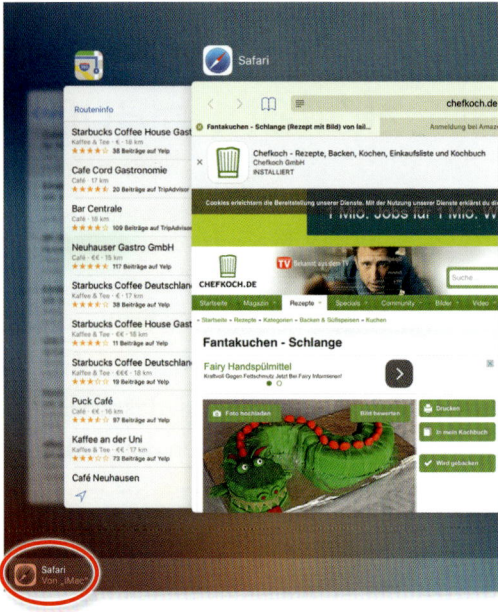

Sowohl im Sperrbildschirm als auch in der Multitasking-Übersicht erkennt man, dass am El-Capitan-Rechner aktuell Safari geöffnet und in der Notizen-App gearbeitet wird.

Um nun am iOS-Gerät weiterzuarbeiten, ziehen Sie das Icon im Sperrbildschirm einfach nach oben bzw. tippen Sie auf das entsprechende Icon in der Multitasking-Leiste.

Selbst die Weitergabe von Aufgaben zwischen zwei iOS-Geräten funktioniert: So können Sie eine am iPad begonnene E-Mail direkt am iPhone weiterbearbeiten.

Diese „Handoff" genannte Funktion klappt allerdings nur dann, wenn an beiden Geräten gewisse Voraussetzungen geschaffen sind.

Voraussetzungen für Handoff

Die Verbindung läuft über Bluetooth. Bluetooth muss an beiden Geräten ebenso aktiviert sein wie WLAN. Zur Identifikation ist es außerdem unumgänglich, dass beide Geräte mit derselben Apple-ID als iCloud-Anmeldung arbeiten.

Handoff wird am iPad aktiviert unter *Einstellungen –> Allgemein –> Handoff & App-Vorschläge*. Am Mac schalten Sie es in den *Systemeinstellungen –> Allgemein* ein, indem Sie das Häkchen bei *Handoff zwischen diesem Mac und Ihren iCloud-Geräten erlauben* setzen.

Handoff-kompatible Apps

Handoff funktioniert mit einer Vielzahl an Apps. Hier ist die Liste der Apple-Apps, die diese Funktion unterstützen:

- Erinnerungen
- Kalender
- Karten
- Keynote
- Kontakte
- Mail

- Nachrichten
- Notizen
- Numbers
- Pages
- Safari
- Telefon

Hinzu kommen noch die Apps von Drittanbietern, weil Handoff keine Apple-exklusive Funktion ist und daher auch von anderen Entwicklern genutzt werden kann.

Internetzugang via iPhone und Instant Hotspot

Vermutlich kennen Sie den persönlichen Hotspot am iPhone oder iPad bereits. Manuell gestartet gibt es diese Funktion bereits eine Weile. Neu seit iOS 8 in Verbindung mit Ihrem iPad ist die Funktion, dass das iPad automatisch darauf zugreifen kann, wenn Sie im WLAN-Menü das iPhone auswählen. Dann können Sie ganz automatisch die Datenverbindung des iPhones für Ihr iPad nutzen. Sie müssen das iPhone dazu nicht in die Hand nehmen und auch kein Passwort eingeben.

Wählen Sie das iPhone einfach in der Liste aus, und „Handoff" macht den Rest.

iPads mit Cellular können ihren mobilen Internetzugang auch anderen Geräten zur Verfügung stellen, wie z. B. hier einem Mac.

Sie sehen neben dem iPad-Namen auch gleich noch ein paar Daten zum Gerät: Netzstärke und -art sowie den Akkuladestand.

Die Familienfreigabe

Die *Familienfreigabe* ist eine Möglichkeit, wie bis zu sechs Personen gemeinsam Einkäufe aus dem App Store, iTunes Store und dem iBooks Store nutzen können. Dazu ist es nicht erforderlich, dass Apple-IDs geteilt werden. Einzige Voraussetzung: Die gekauften Inhalte müssen über eine Kreditkarte bezahlt werden.

Die Familienfreigabe konfigurieren

Ausgangspunkt für die Familienfreigabe sind die *Einstellungen* zur *iCloud*. Tippen Sie dort auf *Familienfreigabe einrichten*, um mit dem Einrichten zu beginnen.

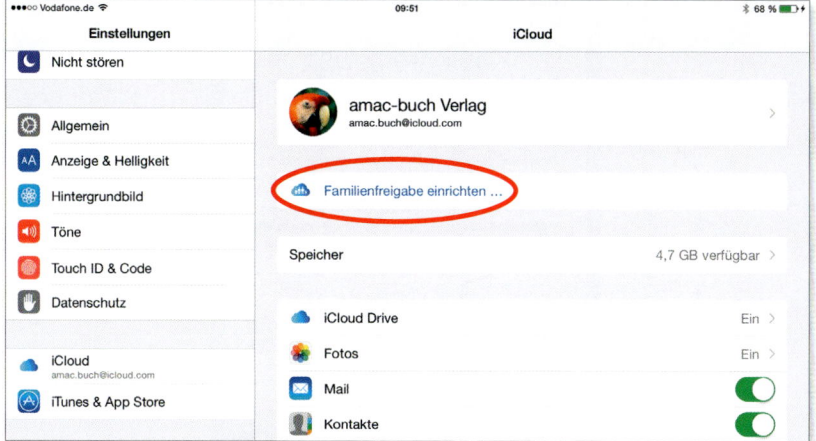

Die „Familienfreigabe" ist eine iCloud-Funktion, somit startet die Einrichtung auch in den entsprechenden Einstellungen.

Danach erfahren Sie noch, welche Vorteile die Familienfreigabe bringen kann. Tippen Sie auf *Los geht's*, um zum nächsten Schritt zu kommen.

Wenn Sie mit dem Einrichten beginnen, sind Sie der Organisator der Familie. Falls es erforderlich ist, können Sie eine andere Apple-ID eintragen. Wenn alles passt, tippen Sie auf *Fortfahren*.

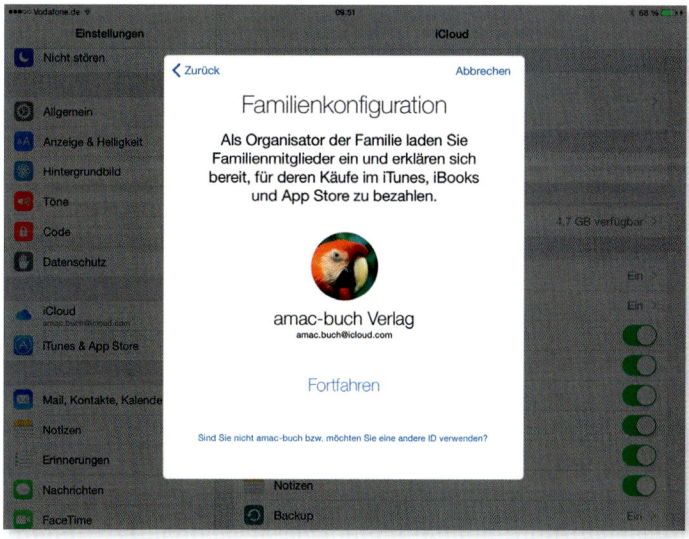

- *Käufe freigeben:* Zuerst geben Sie Ihre Käufe frei. Das bedeutet, dass dann alle eingeladenen Familienmitglieder ebenfalls auf Ihre Einkäufe zugreifen dürfen. Dafür wird Ihre zuvor angezeigte Apple-ID verwendet. *Fortfahren* bringt Sie zum nächsten Schritt.

- *Zahlungsmethode:* Nun bestimmen Sie, wie künftige Einkäufe bezahlt werden. In der Regel wird hier Ihre bereits hinterlegte Zahlungsart angezeigt. Sollten Sie noch keine Kreditkarte als Zahlungsmethode eingetragen haben, müssen Sie das Einrichten abbrechen und zu *Einstellungen –> iTunes & App Store* wechseln. Tippen Sie dort auf die Apple-ID und anschließend auf *Verwalten*. Dort können Sie nun Ihre Kreditkartendaten hinterlegen.

> **!** Für die Familienfreigabe kann nur die Zahlungsmethode per Kreditkarte verwendet werden. Ein iTunes-Guthaben oder ein Click-and-Buy-Konto sind für die Familienfreigabe nicht erlaubt.

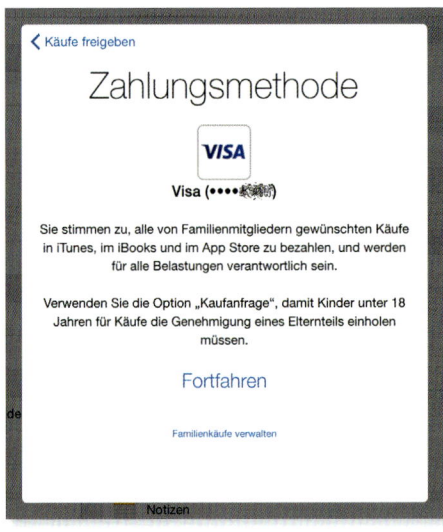

- *Ihren Standort für Ihre Familie freigeben:* Damit können Sie Ihren aktuellen Standort allen Familienmitgliedern übermitteln. Mit Hilfe der kostenlosen App *Freunde suchen* von Apple lässt sich Ihr aktueller Standort anzeigen. Die Freigabe des Standorts müssen Sie nicht sofort festlegen. Sie können dies auch zu einem späteren Zeitpunkt nachholen.

- *Familienmitglieder hinzufügen:* Jetzt ist es an der Zeit, die Familienmitglieder einzuladen. Tippen Sie pro Person auf *Familienmitglied hinzufügen* und geben Sie im nächsten Schritt das neue Mitglied an.

  Nun können Sie entweder eine Einladung senden oder das neue Mitglied bitten, an Ihrem iPad das Passwort seiner eigenen Apple-ID einzugeben. Fahren Sie analog dazu fort, bis alle gewünschten Familienmitglieder eingeladen sind.

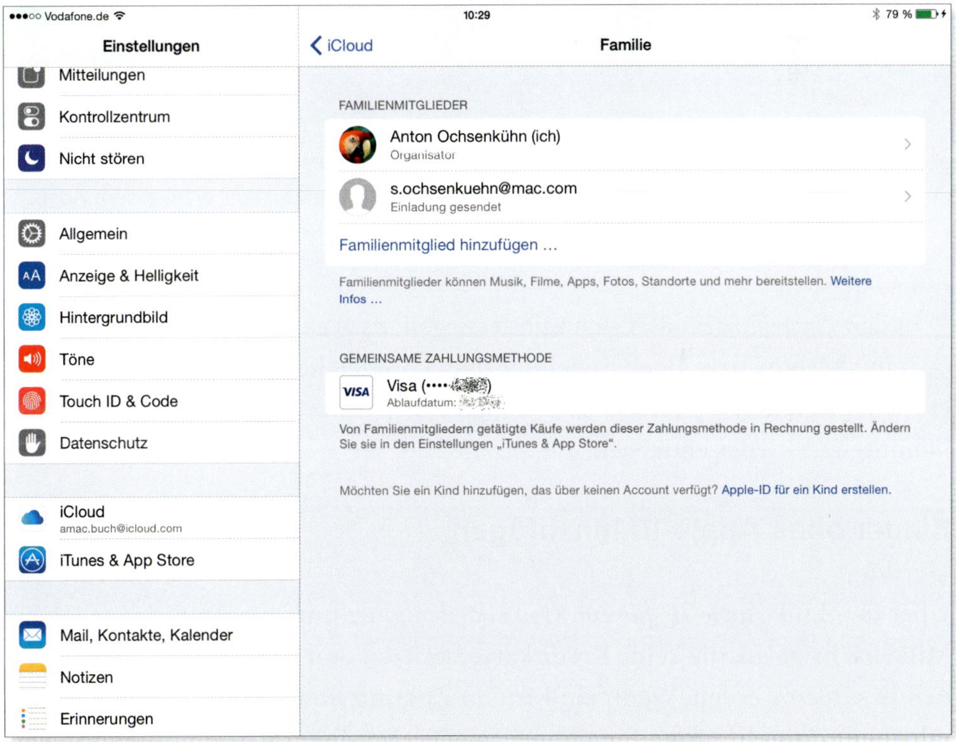

Jetzt besteht die „Apple-Familie" schon aus zwei Mitgliedern. Sollte eines Ihrer Kinder noch keine Apple-ID haben, können Sie die ganz unten anlegen.

Sobald die Einladung angenommen wurde, können Sie auf den Eintrag tippen und weitere Einstellungen vornehmen. Bis zu diesem Zeitpunkt lässt sich dort eine neue Einladung schicken oder die bestehende Einladung abbrechen.

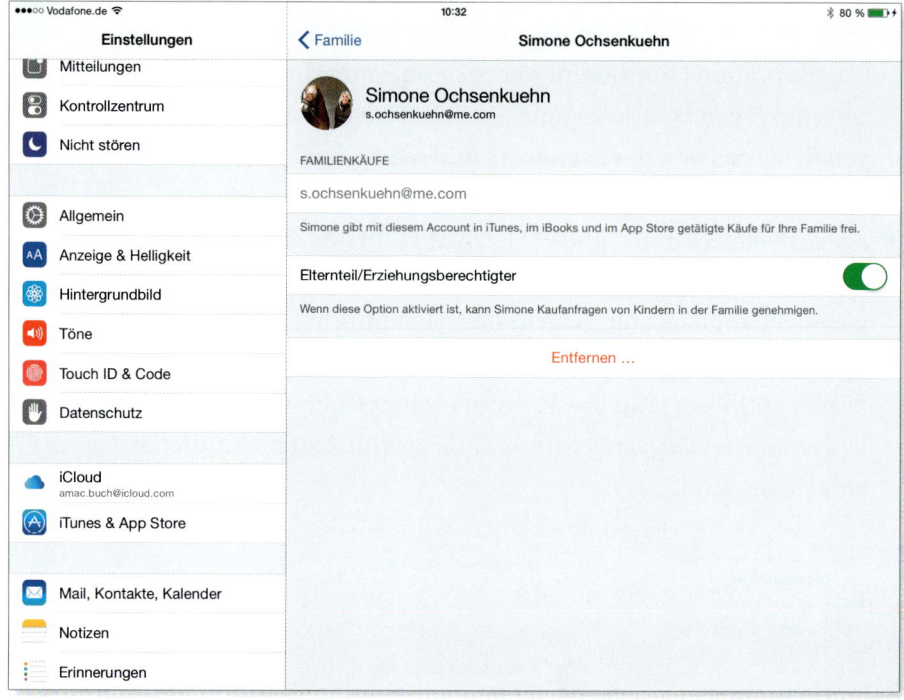

Die Option „Elternteil/Erziehungsberechtigter" kann jederzeit deaktiviert werden. Auch lassen sich Personen wieder entfernen.

In den *Einstellungen* lässt sich nun festlegen, dass es sich bei diesem Mitglied um ein Elternteil bzw. einen Erziehungsberechtigten handelt. Das bedeutet, dass es Anfragen nach App-Käufen genehmigen darf. Ganz unten lässt sich das Familienmitglied wieder entfernen.

Kinder ohne Apple-ID hinzufügen

Über den Link *Apple-ID für ein Kind erstellen* ganz unten legen Sie eine ID für Minderjährige an, die keine Kreditkarte besitzen und auch nicht mit Gutscheinen bezahlen werden. Wenn ein Kind in Zukunft eine App kauft (und Sie das erlauben), dann bezahlen Sie mit der Familie-Kreditkarte.

Die Einrichtung der Apple-ID für Kinder läuft ähnlich wie bei einer normalen Apple-ID. Sie geben das Geburtsdatum ein, den Namen, legen Sicherheitsfragen fest und – ganz wichtig – bestimmen, ob diese Person um Erlaubnis fragen muss, wenn sie etwas kaufen möchte.

Schalten Sie diese Option ein, muss das Kind um Erlaubnis fragen, wenn es etwas kaufen möchte. Der Organisator oder ein als Elternteil definiertes Familienmitglied kann dem dann entsprechen – oder auch nicht.

Und wenn Sie das Kind hinzugefügt haben, könnte die Übersichtsseite der Familienfreigabe so aussehen:

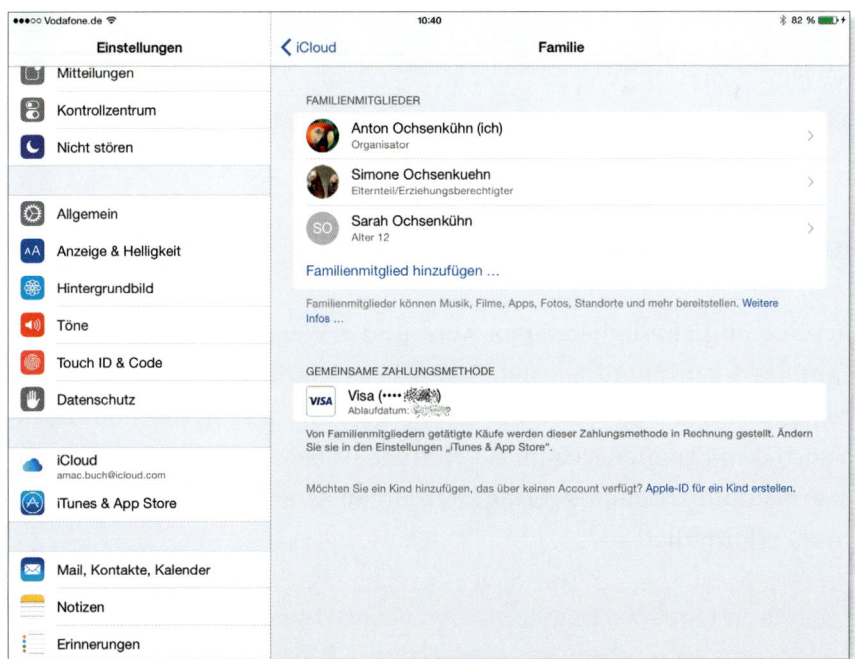

Auf Inhalte der Familienfreigabe zugreifen

Um auf die Inhalte der anderen Familienmitglieder zugreifen zu können, besuchen Sie den jeweiligen Store und wählen das Familienmitglied links oben bei *Meine Käufe* bzw. *Käufe von ...* im Bereich *Käufe* aus.

Im Bereich „Käufe" finden Sie dann Ihre eigenen Apps und die der Familienmitglieder.

Neue Inhalte kaufen

Wenn ein Familienmitglied einen Kauf in die Wege leitet, wird die Apple-ID des Familienorganisators belastet, solange das Familienmitglied nicht noch ein Guthaben auf seiner eigenen Apple-ID hat. Die App, das Lied oder das Buch wird dann auch dem Familienaccount zugeordnet. Ist bei einem Kind eingestellt, dass vor dem Kauf um Erlaubnis gefragt werden muss, so ist die Freigabe durch ein Elternteil erforderlich.

>  Sollte die Familienfreigabe einmal beendet werden, so werden alle Einkäufe dem Mitglied zugeschrieben, das sie erworben hat. Dabei ist es egal, wer dafür bezahlt hat.

Einige Informationen dazu haben wir Ihnen im Lauf des Buches schon gegeben. An dieser Stelle möchte ich nun alles noch einmal zusammenfassen und komprimiert und übersichtlich zur Verfügung stellen.

AirPlay

Sie erinnern sich: *AirPlay* ist eine sehr einfache Möglichkeit, um drahtlos den Inhalt Ihres iPad-Bildschirms über das Apple-TV-Gerät an den HD-Fernseher zu übergeben.

Voraussetzungen hierfür sind:

- Apple TV oder AirPort Express
- WLAN-Netzwerk: Sowohl das iPad als auch Apple TV/AirPort Express müssen sich im selben WLAN-Netzwerk befinden. Sodann ist der Zugriff auf das Apple-TV-Gerät sehr einfach möglich.

Apple TV ist ein optionaler Zusatz für Ihren HD-Fernseher und bringt die Inhalte Ihres iPads drahtlos auf den Fernseher. (Bild: Apple)

Das neue Modell aus dem Jahr 2015 bringt auch einen eigenen App Store mit, über den Sie nun auch Apple TV nahezu endlos mit neuen Funktionen ausstatten können. Außerdem verfügt das neue Modell über eine völlig neu konzipierte Touch-Fernbedienung.

So sieht das aktuelle Modell von Apple TV aus. Den Vorgänger gibt es aber auch noch zu kaufen. (Bild: Apple)

Sobald Apple TV in Ihrem Netzwerk verfügbar ist, können Sie es als Ziel auswählen.

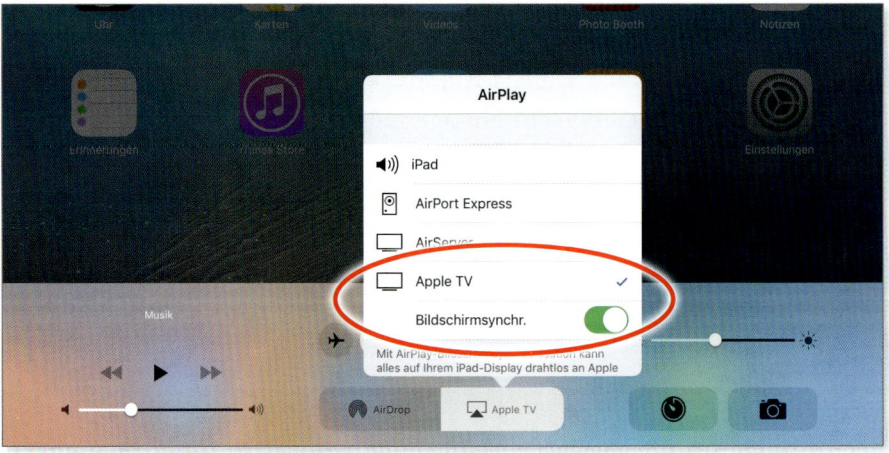

Apple TV meldet sich am iPad. Tippen Sie auf den Eintrag „Apple TV" und aktivieren Sie die „Bildschirmsynchronisation".

Fertig! Schon wird der Bildschirminhalt Ihres iPads eins zu eins auf den HD-Fernseher übertragen. Einige Apps haben den direkten Zugang zu Apple TV gleich eingebaut, wie z. B. die App *Mediathek* der ARD oder *YouTube*.

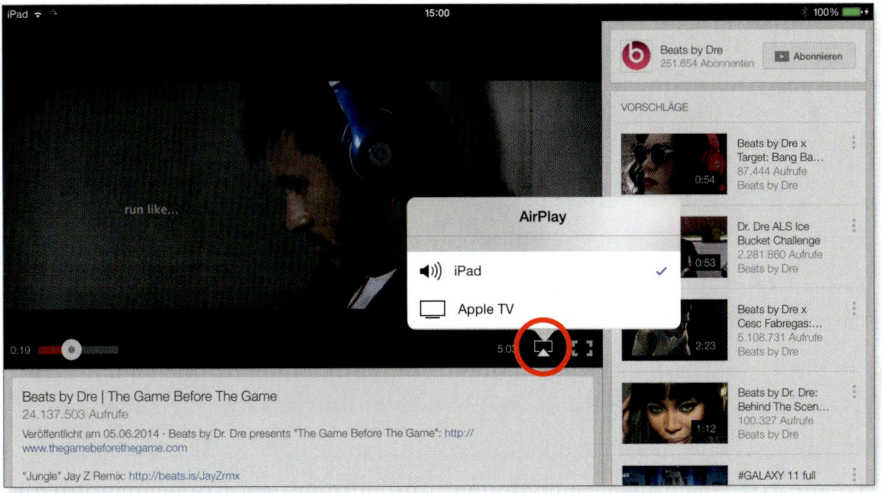

In der rechten unteren Ecke des Videos innerhalb der „YouTube"-App finden Sie direkt das Icon „AirPlay".

Dabei ist Apple TV nicht das einzige Gerät, das per AirPlay Informationen bekommen kann. Es gibt ebenso Lautsprecher und AV-Geräte, die über eine AirPlay-Schnittstelle verfügen. Und so kann drahtlos von Ihrem iPad aus Musik ganz einfach auf diese Geräte übertragen werden. Achten Sie also beim Kauf darauf, ob die Geräte AirPlay-fähig sind.

> **!** Sie erinnern sich, dass Sie über die App **iTunes** Inhalte wie Filme, Musik etc. kaufen können. Diese gekauften Inhalte werden in die Apps **Musik** bzw. **Videos** übertragen. Alternativ können Sie auch Daten von Ihrem Computer via iTunes in die Applikationen **Musik** und **Videos** auf Ihrem iPad übernehmen.

AirPrint

Ähnlich wie *AirPlay* Video- und Audioinformationen versendet, schafft es die Technologie *AirPrint*, Druckaufträge per WLAN an Drucker zu schicken.

Voraussetzungen hierfür sind:

- ein Drucker, der sowohl WLAN- als auch AirPint-fähig ist.
- Der Drucker muss sich im selben WLAN-Netzwerk befinden.

Die größere Hürde dürfte es sein, AirPrint-fähige Drucker zu finden. Doch Apple hat hierfür eine Internetseite erstellt, auf der Sie eine Liste AirPrint-fähiger Drucker einsehen können. Die Internetadresse lautet *https://support.apple.com/de-de/HT201311*. Dort finden Sie auch eine sehr ausführliche Liste mit AirPrint-kompatiblen Druckern.

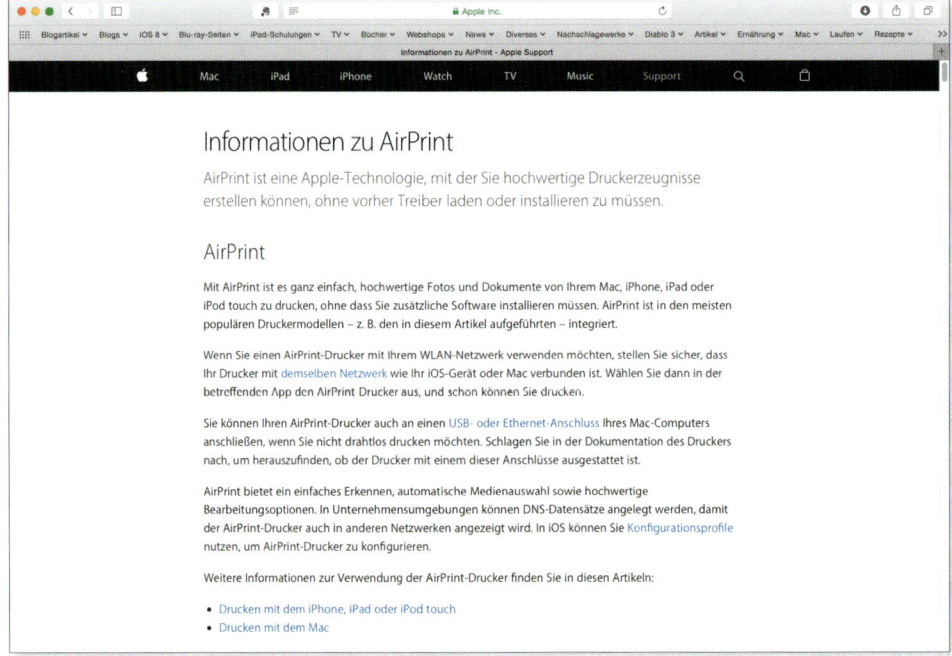

Apple hilft Ihnen, AirPrint-fähige Drucker zu finden.

Ist ein AirPrint-fähiger Drucker erst einmal angeschafft, gestaltet sich die Sache sehr einfach. Aus vielen Applikationen heraus kann nun ein Druckauftrag gestartet werden.

Safari kann über das „Teilen"-Feld auf AirPrint-fähige Drucker zugreifen.

Tippt man nun auf den Button *Drucken* und anschließend auf die Eigenschaft *Drucker auswählen*, melden sich die AirPrint-fähigen Drucker im Netzwerk.

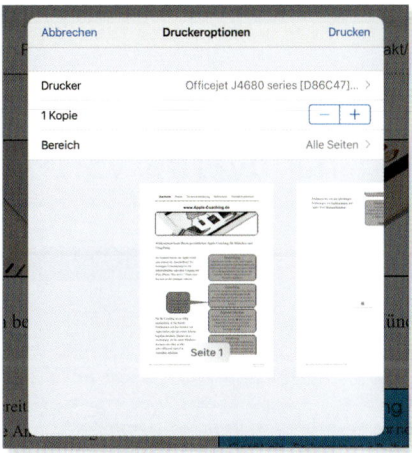

Der Drucker OfficeJet J4680 ist AirPrint-fähig und kann im „Drucken"-Dialog ausgewählt werden.

Dieser ist nun auszuwählen. Anschließend kann noch definiert werden, wie viele Kopien gedruckt werden sollen, und ein abschließendes Tippen auf den Button *Drucken* sendet den Druckauftrag ab.

Neben dem Programm *Safari* können Sie aus folgenden Programmen heraus drucken:

- *Notizen*
- *Mail*
- *Fotos*
- *iBooks* (aber nur PDF-Dateien)

Außerdem gibt es natürlich eine Reihe weiterer Apps, die ebenfalls die Druckausgabe unterstützen und die Sie im App Store finden. Beispiele hierfür sind die Office-Programme aus dem Hause Apple wie *Pages*, *Numbers* und *Keynote*.

AirPrint für andere Drucker

Im Bildschirmfoto zu *AirPrint* haben Sie es bereits gesehen: Der Officejet hat eine Unterzeile, in der „handyPrint" zu lesen ist. Dabei handelt es sich um ein Programm, mit dem Sie Drucker, die nicht von Haus aus *AirPrint* unterstützen, dennoch über das iPad ansprechen können.

*Mit dem Programm „handyPrint" täuschen Sie AirPrint-Kompatibilität
bei anderen Druckern vor.*

Unter der Adresse *http://www.netputing.com/handyprint/* können Sie eine kostenfreie Testversion herunterladen.

AirDrop

Wann immer Sie in einem *Weiterverwenden*-Menü den Punkt *AirDrop* finden, können Sie die ausgewählten Dateien auf direktem Weg und selbstverständlich verschlüsselt an ein anderes iOS-9-Gerät senden. Das funktioniert z. B. mit Fotos, Videos und Kontakten. Aber im Grunde geht es mit jeder App, die einen *Teilen*-Knopf hat. Und ganz neu klappt das von einem iOS-Gerät aus auch zu einem Mac.

AirDrop aktivieren

Wie *AirPlay* wird auch *AirDrop* im Kontrollzentrum aktiviert. Schieben Sie es nach oben und tippen Sie auf *AirDrop*. Legen Sie dann fest, für wen Sie sichtbar sein möchten. Sie haben die Wahl zwischen *Nur Kontakte* oder *Jeden*. Möchten Sie *AirDrop* überhaupt nicht nutzen, tippen Sie auf *Aus*.

Tippen Sie im Kontrollzentrum erst auf „AirDrop" und geben Sie dann an, für welchen Personenkreis Sie sichtbar sein möchten.

> **!** Sollten Sie beim Versuch, eine Datei zu übertragen, den Empfänger nicht auswählen können, so muss auch er die entsprechende Auswahl im Kontrollzentrum seines iPads treffen. Im Zweifelsfall sollten beide **Jeden** wählen.

Als Beispiel teilen wir ein Foto per *AirDrop*. Lassen Sie das gewünschte Bild anzeigen und tippen Sie links unten auf den *Weiterverwenden*-Knopf. Im nächsten Schritt können Sie bei Bedarf noch weitere Bilder auswählen.

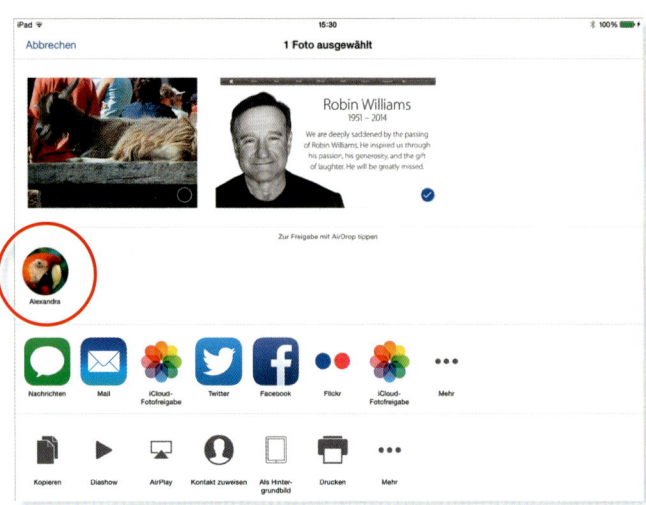

Oben legen Sie die zu sendenden Fotos fest. Gleich darunter sehen Sie den gewünschten AirDrop-Empfänger.

Tippen Sie dann auf das Bild des AirDrop-Partners. Daraufhin wird dieser darüber informiert, dass ihm ein Foto geschickt wird.

Jetzt kann es losgehen. Die Bilder werden per „AirDrop" übertragen.

> **!** Die Datei kann in einem Rutsch auch gleich an mehrere AirDrop-Empfänger verschickt werden.

> **!** Damit **AirDrop** funktioniert, brauchen beide Seiten neben iOS ab Version 7 eines der folgenden Geräte (oder neuer): iPhone 5 oder neuer, iPod touch ab 5. Generation, iPad 4. Generation, iPad mini, iPod touch 5. Generation. Außerdem ist ein iCloud-Account erforderlich. Und seit iOS 8 ist auch der Datenaustausch mit einem Mac möglich. Der Mac sollte mit OS X Yosemite bzw. El Capitan laufen.

Will der Empfänger die Informationen empfangen, werden diese dabei sogleich in die entsprechenden Apps übernommen. Bilder landen in der *Fotos*-App, Adressbuchdaten in der *Kontakte*-App usw.

Teilen

Das iPad kann ein sehr mitteilungsbedürftiges Gerät sein, wenn Sie das möchten. Aus einer sehr großen Anzahl von Apps können Sie Inhalte mit anderen Personen teilen. Das können Bilder ebenso sein wie Weblinks, Notizen oder andere Informationen. Dass Sie Inhalte einer App teilen können, sehen Sie an diesem Symbol .

Hat eine App ein solches Symbol, können Sie darüber Inhalte mit Freunden und Bekannten teilen.

In diesem Beispiel handelt es sich um die *Fotos*-App. Sie rufen ein Bild auf und tippen auf das *Teilen*-Symbol. Jetzt können Sie noch weitere Bilder markieren und dann den gewünschten Weg wählen, den die Daten nehmen sollen.

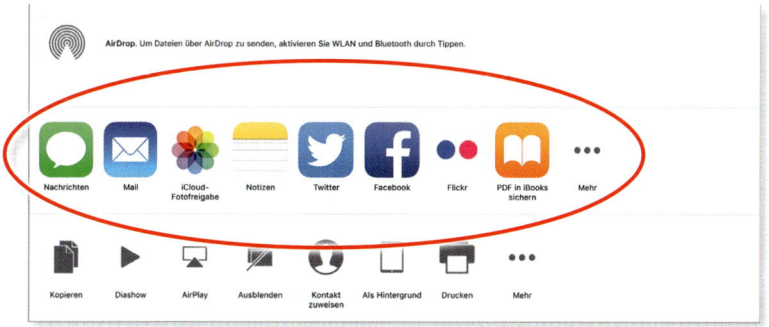

In der Regel haben Sie diese Möglichkeiten, die Daten zu teilen.

Um bei unserem Beispiel zu bleiben: Sie können die markierten Bilder per *Nachrichten*, *Mail*, *iCloud-Fotofreigabe* (als Fotostream), *Facebook* oder *Flickr* veröffentlichen. Normalerweise wäre hier auch Twitter verfügbar. Das geht aber nur bei einzelnen Bildern und nicht wie in unserem Beispiel mit mehr als einem Foto. Bei Videos käme noch *Vimeo* dazu. Und wenn es Ihr iOS-Gerät oder Mac unterstützt, wäre auch *AirDrop* noch eine Möglichkeit. Das sehen Sie direkt über der Markierung.

Teilen-Menü konfigurieren

Abhängig von den Diensten, die Sie nutzen, hat das *Teilen*-Menü mehr oder weniger Icons gelistet. Über den Eintrag *Mehr* können Sie die Reihenfolge der Icons beliebig ändern bzw. Icons aus dem Teilen-Menü entfernen.

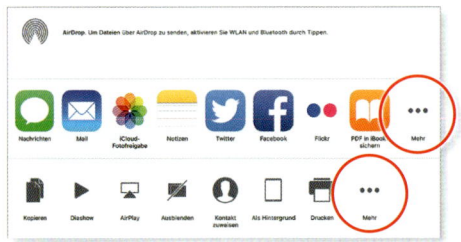 

Das „Teilen"-Menü kann angepasst werden. Deaktivieren Sie nicht gewünschte Funktionen ❶ und ändern Sie die Reihenfolge ❷.

Datenaustausch mit dem iPad

Im Prinzip haben wir durch die Aktivierung der iCloud-Funktionen bereits einen Datenaustausch konfiguriert, an dem Programme wie *Kontakte*, *Erinnerungen*, *Kalender*, *Notizen*, *Fotos* etc. teilnehmen. Aber vielleicht möchten Sie weitere Dateiformate von einem Computer mit Ihrem iPad austauschen. Es bieten sich vier verschiedene Möglichkeiten an, um dies zu bewerkstelligen.

Datenaustausch via iCloud Drive

Haben Sie mit einer früheren Version von iOS Daten in der iCloud gespeichert, wird Ihnen in iOS 9 vermutlich der Punkt *Dokumente & Daten* fehlen. Aber keine Bange, die Funktion gibt es nach wie vor. Sie wurde lediglich in den Punkt *iCloud Drive* verschoben. Wenn Sie also diese Funktion aktivieren, so können alle Apps auf die iCloud als Datenspeicher zugreifen. Einzige Voraussetzung: Die App muss diese Funktion auch unterstützen.

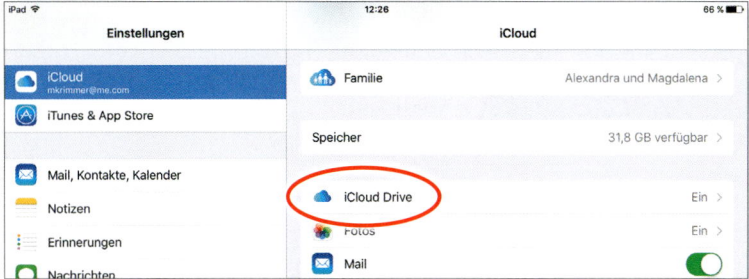

Über die iCloud können Dateien ausgetauscht werden, wenn Sie „iCloud Drive" aktivieren.

> **!** Achten Sie darauf, dass Sie an einem iPad mit SIM-Karte die Funktion **Mobile Daten** (zu finden in den **Einstellungen –> Mobile Daten**) deaktivieren. Denn sonst könnte es passieren, dass durch diesen Datenaustausch Ihr Surfkontingent rasch ausgeschöpft ist, wenn beispielsweise unterwegs große Keynote-Dateien abgeglichen werden.

Ist die mobile Datenverwendung deaktiviert, erfolgt der Datenaustausch lediglich dann, wenn Ihr iPad sich in einem WLAN-Netzwerk befindet, was auch ratsam ist.

Welche Programme sind in der Lage, via *iCloud Drive* innerhalb der iCloud Daten auszutauschen? Nun, in erster Linie sind das die drei Apple-Programme *Pages*, *Numbers* und *Keynote*.

Die Programme „Keynote", „Numbers" und „Pages" für das iPad arbeiten nahtlos mit der iCloud zusammen.

Jedes Dokument, das Sie innerhalb einer dieser drei Applikationen erstellen, wird unmittelbar in die iCloud übertragen. Sollte das nicht standardmäßig funktionieren, könnte es sein, dass die Funktion deaktiviert ist.

Die Verwendung der iCloud kann in den Programmen „Pages", „Numbers" und „Keynote" aktiviert werden.

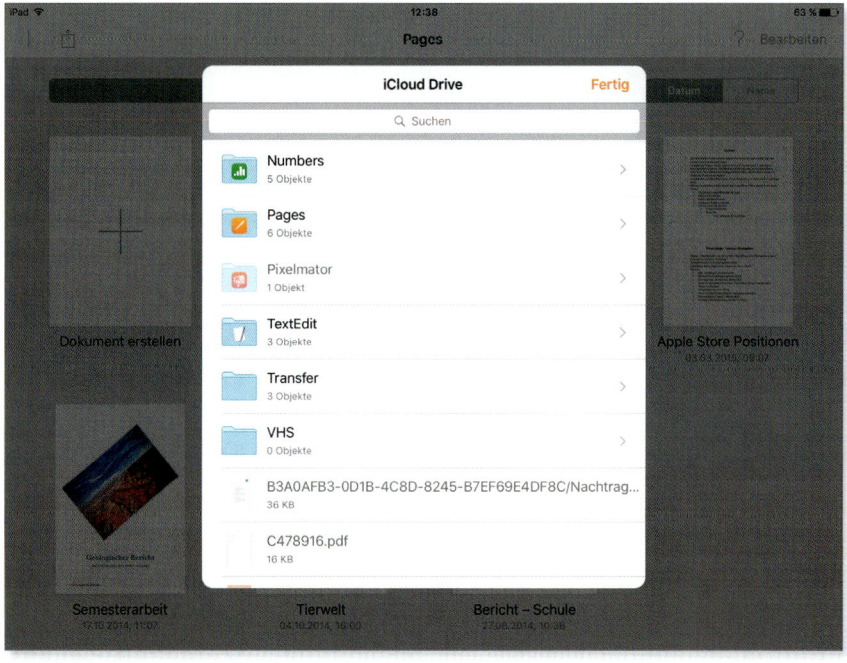

Sobald „iCloud Drive" aktiv ist, können die Apps auf die Daten in den entsprechenden Ordnern zugreifen.

Dazu finden Sie in den Einstellungen der drei Programme jeweils einen eigenen Eintrag. Achten Sie darauf, dass die Eigenschaft *iCloud verwenden* aktiv ist. Weiterhin gibt es einige Apps diverser Hersteller, die ebenfalls über die iCloud Daten abgleichen können. Prüfen Sie vor dem Kauf einer App im App Store in der Beschreibung, ob diese Funktion zur Verfügung steht.

Datenaustausch via E-Mail

Besonders bequem ist es, Dateien, die von einem Computer bearbeitet wurden, durch das Anhängen an eine E-Mail auf das iPad zu übertragen. Wie bereits in Kapitel 6 gesehen, werden dabei größere Dateien zunächst nicht auf das iPad heruntergeladen. Sobald diese sich aber auf dem iPad befinden, kann man durch Antippen die Dateianhänge in der Mail-eigenen Übersicht öffnen. Deutlich übersichtlicher und eleganter ist die Eigenschaft, den Finger etwa zwei Sekunden auf den Dateianhang zu halten, um danach zu entscheiden, mit welchem Programm diese Datei geöffnet werden soll.

Entscheiden Sie, mit welchem Programm die angehängte Datei bearbeitet werden soll.

 Sie können die gewünschte App übrigens auch dann noch auswählen, wenn Sie die Datei bereits in der Vorschau geöffnet haben. Tippen Sie dazu einfach auf den **Weiterverwenden**-Knopf rechts oben und Sie erhalten die Auswahl erneut.

Und auch hier hängt die Anzahl der dort eingeblendeten Icons davon ab, welche Apps Sie auf Ihrem iPad installiert haben und welche Apps mit welchen Dateiformaten arbeiten können. Möchten Sie erneut Dateien per E-Mail-Anhang versenden, so bieten die meisten Programme dies innerhalb ihrer Programmfunktionen an.

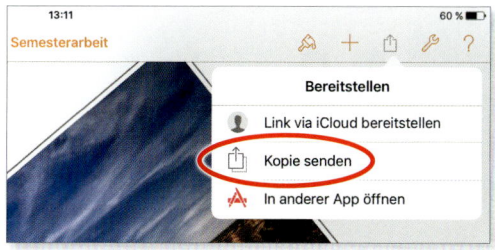

Das Bildschirmfoto zeigt die Weitergabe eines Pages-Dokuments.

Im Programm *Pages*, aber auch in *Keynote* und *Numbers* kann durch Antippen des *Bereitstellen*-Icons, der Wahl des Dateiformats und via *Kopie senden* die Funktion *Mail* aufgerufen werden.

Abhängig vom verwendeten Programm stehen verschiedene Dateiformate zum Versand zur Verfügung.

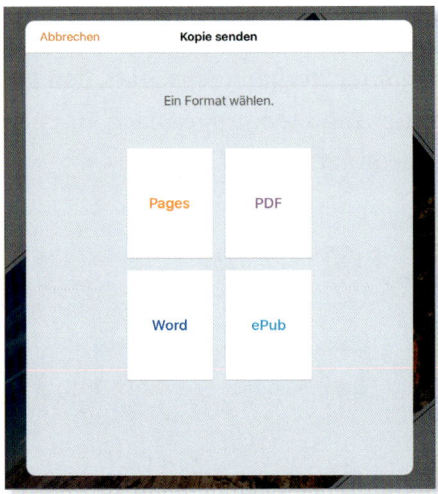

Pages bietet den Versand von Word-, PDF-, ePub- und Pages-Dateien an.

Entscheiden Sie sich für das entsprechende Dateiformat. Nachdem die Datei vorbereitet wurde, können Sie festlegen, auf welchem Weg sie versandt werden soll.

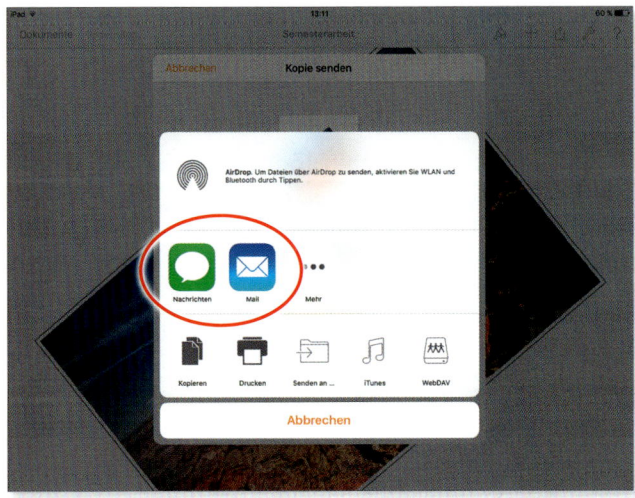

In diesem Fall kann die Pages-Datei als PDF per Nachrichten- oder Mail-App verschickt werden.

Und sogleich wird diese Datei beispielsweise als E-Mail-Anhang an das Programm *Mail* übergeben und eine neue E-Mail-Nachricht geöffnet. Ergänzen Sie diese mit dem Empfänger, dem Betreff und eventuell noch einem Text und senden Sie die Datei als E-Mail-Attachment an den oder die Empfänger.

Datenaustausch über weitere Apps

Im App Store tummeln sich eine Reihe nützlicher Hilfsprogramme, die den Datenaustausch vom iPad zu anderen Systemen deutlich erleichtern. Die vielleicht meistgenutzte App ist *Dropbox*. *Dropbox* finden Sie im App Store als kostenlose App zum Download.

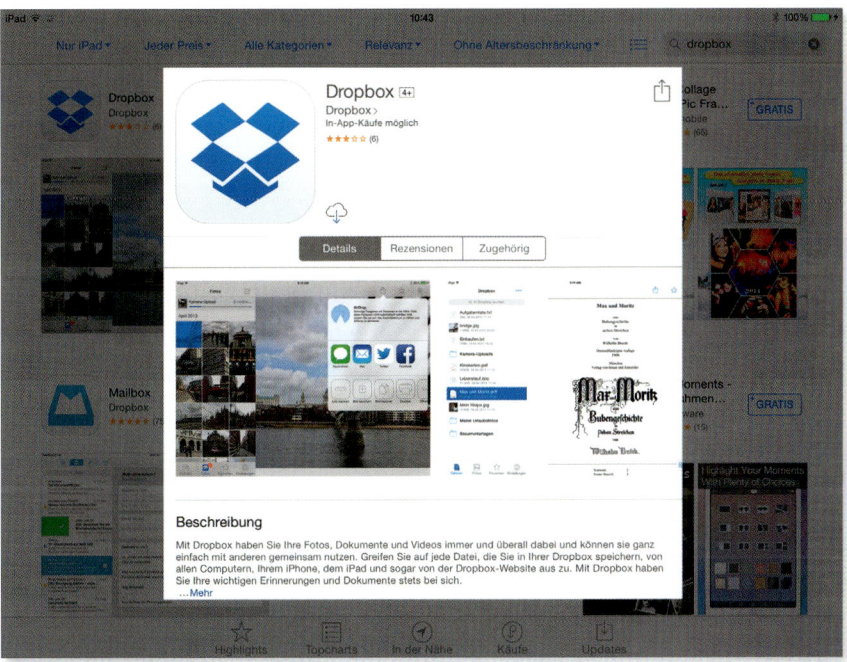

Die „Dropbox"-App für das iPad ist kostenlos.

Über die Dropbox erhalten Sie, ähnlich wie bei iCloud, ein Datenvolumen im Internet, auf das Sie per WLAN ganz einfach zugreifen können. Installieren Sie die Dropbox-App ebenfalls auf Ihrem Computer, um den gleichen Datenbestand sowohl auf dem iPad als auch auf dem Computer vorrätig zu haben. Für die *Dropbox* sind, genauso wie für die iCloud, eine E-Mail-Adresse und ein Passwort notwendig. Hinterlegen Sie die identischen Daten auf Ihren anderen Geräten, um reibungslos Daten austauschen zu können.

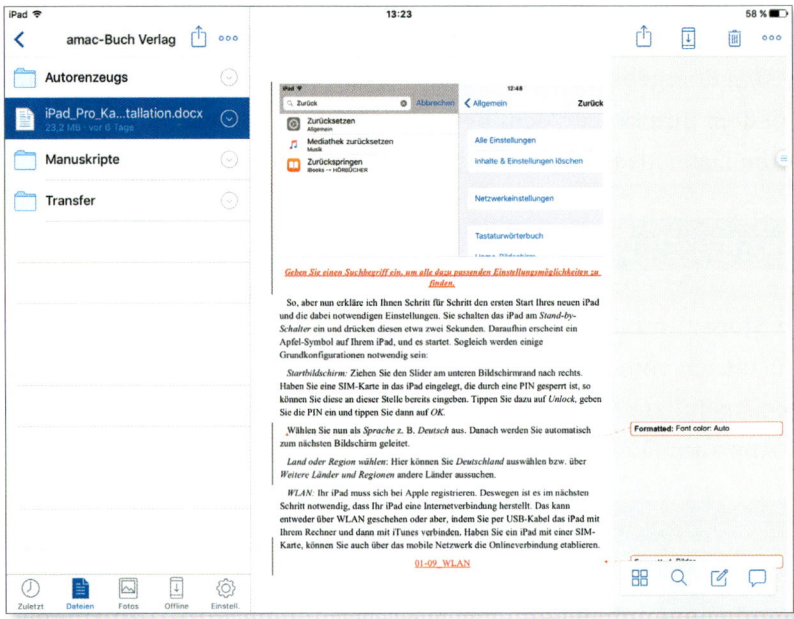

Die Dropbox wurde erfolgreich installiert und enthält bereits eine Reihe von Daten.

Sie sehen anhand des Bildschirmfotos, dass *Dropbox* auch über eine Dateivorschau verfügt. Wir betrachten also aktuell eine Word-Datei. Über das *Teilen*-Feld im rechten oberen Eck kann diese Word-Datei nun aus der Dropbox heraus, beispielsweise per E-Mail, versendet werden. Haben Sie auf dem iPad eine App, mit der Sie Dateien erzeugen, und möchten Sie diese Datei nun Dropbox übergeben, dann funktioniert auch das. Wir verwenden das Programm *Pages* von Apple. Gehen Sie wieder über die Eigenschaft *Bereitstellen*, wählen Sie aber diesmal die Eigenschaft *In anderer App öffnen* aus.

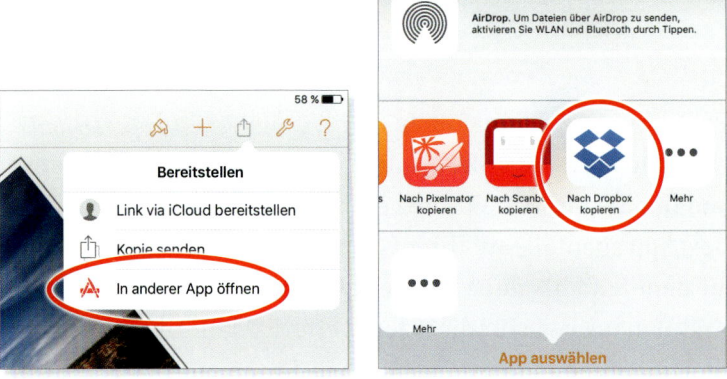

Aus vielen Apps heraus kann man die Daten direkt an die Dropbox übergeben.

Wählen Sie zunächst das Dateiformat aus, tippen Sie anschließend auf *App auswählen*, und Sie erhalten die *Dropbox*-App als eine der möglichen Auswahloptionen. Sobald sich die Datei in Ihrer Dropbox befindet, wird diese mit Ihrem Onlinespeicher bei Dropbox abgeglichen und befindet sich damit auch im Internet.

Und so können Sie von einem Computer aus ebenfalls darauf zugreifen und die Datei dort weiterbearbeiten. Wie aber muss man vorgehen, wenn man eine Datei vom Computer aus in die Dropbox gelegt hat und diese dann am iPad, z.B. in Word, bearbeiten möchte? Nun, auch das ist ganz einfach.

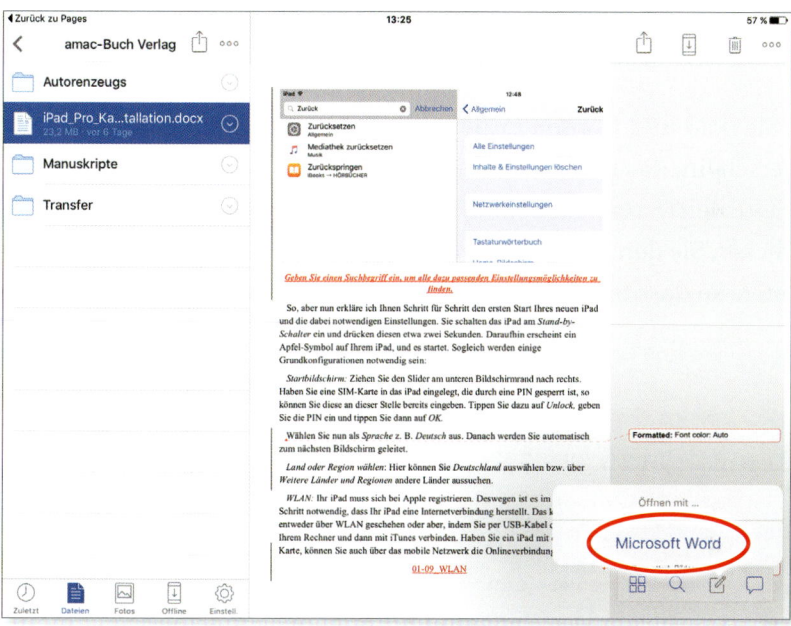

Eine Word-Datei wird an die App „Word" übergeben.

Sie sehen im *Dropbox*-Programm ganz rechts unten das Icon, unter dem sich die gesuchte Funktion befinden. Tippen im Bereich unter *Öffnen mit* auf die gewünschte App, in diesem Fall *Microsoft Word*. Und schon wird die Datei dorthin weitergereicht. Nach der abschließenden Bearbeitung in *Word* kann sie über die dortigen Werkzeuge wieder in die Dropbox zurückgelegt werden.

> **!** Die Apple-Programme **Pages**, **Keynote** und **Numbers** verfügen zudem über die Möglichkeit, direkt auf WebDAV-Server zuzugreifen. Tippen Sie dazu in diesen Programmen in der Dokumentenübersicht auf das **+** und dann auf den Eintrag **Von WebDAV kopieren**.

Pages, Numbers und Keynote können direkt auf WebDAV-Server zugreifen.

Datenaustausch via Dateifreigabe in iTunes

Sobald Sie iPad und Computer per USB-Kabel verbunden und *iTunes* gestartet haben, erscheint das iPad links oben im Fenster. Klicken Sie darauf, erscheinen in der Seitenleiste verschiedene Kategorien wie *Übersicht*, *Infos* und eben auch *Apps*. Klicken Sie den Begriff *Apps* an und scrollen Sie gegebenenfalls ein wenig nach unten, so dass Sie die *Dateifreigabe* sehen.

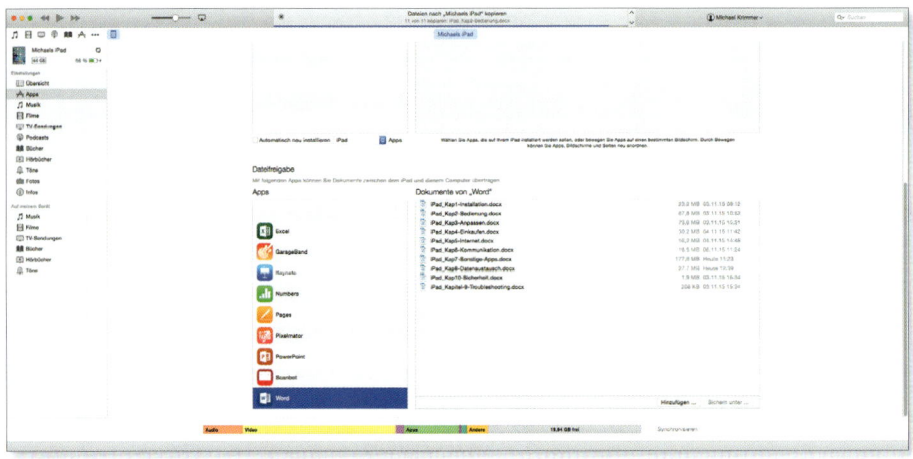

Die „Dateifreigabe" erlaubt den Datenaustausch mit dem iPad.

In der Spalte *Apps* reihen sich alle Programme des iPads ein, die mit dem Computer Dateien austauschen können. Via *Hinzufügen* wird eine Datei dann auf das iPad in die dazugehörige App geladen. *Sichern unter* hingegen kann von einem Dokument auf dem iPad eine Version auch auf dem Computer speichern.

Klicken Sie abschließend auf *Synchronisieren*, um die Übertragung zu starten. Diese kann per USB-Kabel oder WLAN stattfinden.

iTunes

Der Datenaustausch mittels Apps oder auch per E-Mail ist sinnvoll, wenn es nur einige wenige Daten sind, die auf das iPad transferiert werden müssen. Soll jedoch eine ganze Fülle an Informationen übertragen werden, dann ist der Weg über iTunes einfach unschlagbar gut. Nehmen wir an, Sie haben bereits zahlreiche Fotos auf Ihrem Computer, die auf das iPad gelangen sollen.

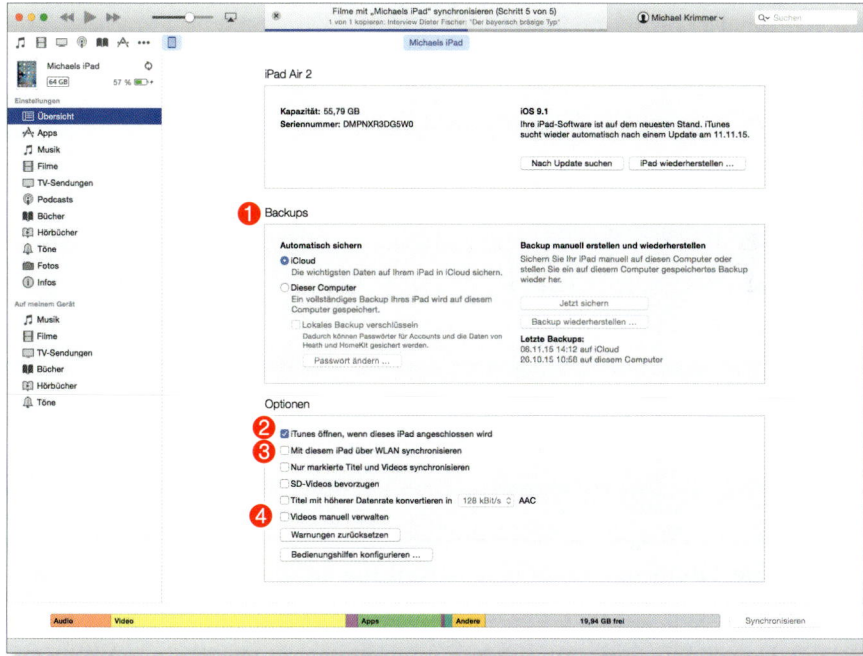

Vor dem ersten Datenabgleich sind einige Grundeinstellungen vorzunehmen.

Schließen Sie zunächst Ihr iPad über das mitgelieferte USB-Kabel an Ihren Computer an.

> **!** Achten Sie darauf, dass Sie die aktuelle Version von iTunes auf Ihrem Computer installiert haben. Diese finden Sie unter **www.apple.com/de/itunes/**.

Sobald Sie das Gerät angeschlossen und auf das iPad-Icon geklickt haben, sehen Sie einen ersten Bildschirm, in dem Sie notwendige Grundeinstellungen vor dem Datenabgleich tätigen sollten.

 Backups: Sie erinnern sich, Sie können über die iCloud ein Backup Ihres iPads herstellen. Ebenso könnte es *iTunes* tun. Entscheiden Sie in der Kategorie *Backup*, welches Backup-Medium verwendet werden soll.

❷ *iTunes öffnen, wenn dieses iPad angeschlossen wird:* Sobald Sie diese Funktion aktivieren, wird *iTunes* immer starten, wenn per USB-Kabel das iPad mit Ihrem Rechner verbunden wird. Eine durchaus sinnvolle Funktion.

❸ *Mit diesem iPad über WLAN synchronisieren:* Diese Funktion sollten Sie aktivieren, wenn Sie es leid sind, ständig Ihr iPad per Kabel an Ihr Gerät anzuschließen. So können Sie den Datenabgleich starten, sobald sich das iPad und Ihr Computer im selben WLAN-Netzwerk befinden. Den Abgleich können Sie sowohl von Ihrem Computer als auch am iPad starten. Am iPad verwenden Sie hierzu *Einstellungen –> Allgemein –> iTunes-WLAN-Sync* und tippen anschließend auf *Jetzt synchronisieren*.

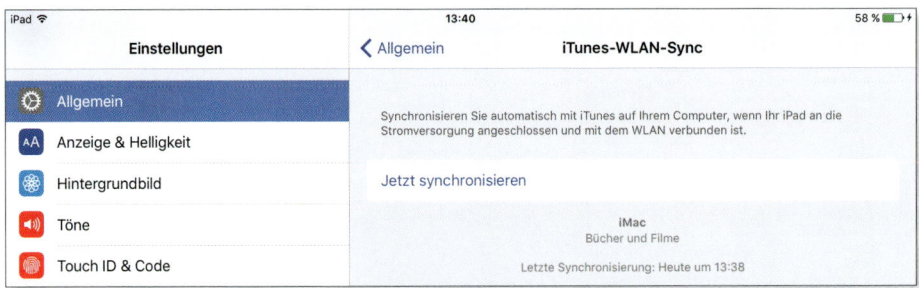

Auch auf dem iPad kann die drahtlose Synchronisation aktiviert werden.

❹ *Videos manuell verwalten:* Wenn Sie die manuelle Verwaltung aktivieren, können Sie Titel von Ihrer Videosammlung auf dem Rechner einfach per Drag & Drop auf das iPad übertragen.

Welche Daten können von Ihrem Computer aus auf das iPad übermittelt werden? Wollen wir die einzelnen Möglichkeiten noch etwas detaillierter beleuchten.

- *Infos:* Im Bereich *Infos* können Sie Ihre Adressbuchdaten, Ihre Kalenderdaten, Ihre E-Mail-Accounts und andere Informationen synchronisieren. Doch Sie erinnern sich: Hier ist der Einsatz von iCloud deutlich interessanter, weil Sie so eine permanente Synchronisation der Daten Ihres Computers via Internet mit dem iPad erreichen. iCloud ist also hier dem Datenabgleich via *iTunes* eindeutig vorzuziehen.

- *Apps:* Sie haben gesehen, dass Sie am iPad über den *App Store* bequem Apps auf Ihr Gerät herunterladen können. Aber auch *iTunes* auf dem Windows- oder Mac-Rechner kann Apps laden. Über den Datenabgleich *Apps* bringen Sie so am Computer geladene Apps auf das iPad. Aber damit nicht genug: Via *iTunes* können Sie ebenfalls die Home-Bildschirme des iPads Ihren Bedürfnissen anpassen. Sie können Apps zu

Ordnern zusammenfassen, das Dock verändern und eben all die Dinge tun, die Sie in Kapitel 3 ab Seite 89 bereits kennengelernt haben.

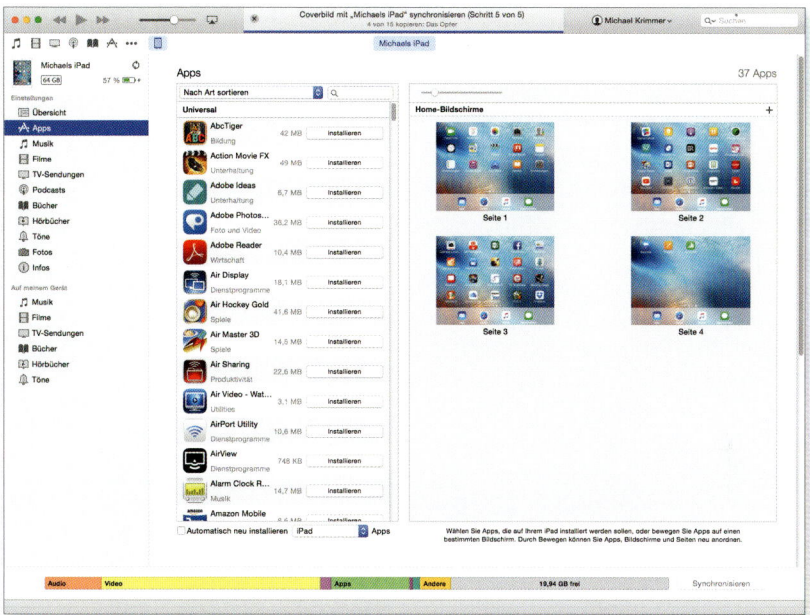

Via iTunes können Apps auf Home-Bildschirme verteilt und in Ordnern abgelegt werden.

- *Musik:* Sie können direkt am iPad mit *iTunes* Musik kaufen und auf dem iPad innerhalb der *Musik*-App abspielen. Aber auch der Erwerb von Musik über den Computer ist möglich. Über den Bereich *Musik* werden also Musiktitel von Ihrem Computer auf das iPad übertragen.
- *Filme:* Hier verhält es sich genauso wie bei Musik. Auch am Computer kann man im iTunes Store Filme kaufen, die dann auf das iPad kopiert werden können.
- *TV-Sendungen:* Entweder Sie kaufen Filmserien am iPad in der App *iTunes* oder am Computer über den *iTunes Store* und gleichen diese über *iTunes* mit dem iPad ab.
- *Podcasts:* Ebenso verhält es sich mit Podcasts. Auch diese können in den Computer geladen und auf das iPad übertragen werden. Als Alternative haben wir bereits die Podcasts-App für das iPad besprochen.
- *Bücher:* Auf dem iPad haben Sie ja die kostenfreie Software *iBooks*, mit der Sie bequem im *iBooks Store* einkaufen können. Der Computer erlaubt den Einkauf und anschließend via *iTunes* die Übertragung auf Ihr iPad.
- *Fotos:* Sofern Sie einen Mac besitzen, werden Sie Ihre umfangreiche Bild- und Fotosammlung mit *Fotos* verwalten. Über den Bereich *Fotos* können

Sie entscheiden, welches Bildmaterial auf das iPad übertragen wird. Und umgekehrt können Schnappschüsse und aufgezeichnete Videos vom iPad auf den Computer übertragen werden.

> **!** Wenn Sie am Computer Apps, Musikstücke, Filme, E-Books etc. kaufen, dann achten Sie bitte unbedingt darauf, dass Sie diese Artikel mit derselben Apple-ID erwerben, die auf dem iPad hinterlegt ist. Die Apple-ID können Sie in iTunes im Menüpunkt **Store** eintragen und spezifizieren. Denn nur damit ist gewährleistet, dass am Computer gekaufte Musikstücke auf dem iPad abgespielt werden können und umgekehrt.

> **!** Vielleicht erinnern Sie sich noch an die Funktion der automatischen Downloads. Diese Fähigkeit beherrscht auch iTunes.

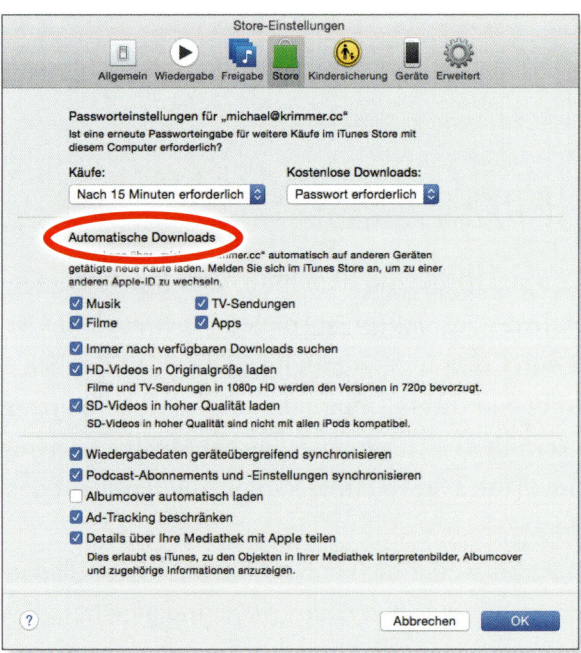

Auch iTunes kann „Automatische Downloads" durchführen.

Damit ersparen Sie sich erneut die Verbindung von iPad und Computer per USB-Kabel oder per WLAN. Werden also auf dem iPad neue E-Books geladen, wird der *Automatische Download* in *iTunes* auf dem Computer durchgeführt, und die E-Books werden in die Mediathek eingebracht. Ebenso verhält es sich mit Musik und mit Apps. Und umgekehrt werden über *iTunes* gekaufte Apps so zeitgleich auf Ihr iPad und möglicherweise auf weitere Geräte heruntergeladen.

Tipps zum Abgleich mit iTunes

- Im Bereich *Musik* von iTunes können Sie neben den Alben, Titeln etc. noch angeben, ob Musikvideos (*Musikvideos einbeziehen*) und Sprachaufzeichnungen (*Sprachmemos einbeziehen*) mit kopiert werden sollen. Außerdem besteht die Möglichkeit, den verbleibenden leeren Platz mit Musik zu füllen (*Freien Speicherplatz automatisch mit Titeln füllen*).
- Bei *Filme* legen Sie durch Aktivieren der Option *Automatisch einbeziehen ... Filme* fest, welche Filme automatisch kopiert werden sollen. Kommt ein neuer Film dazu, der diesem Kriterium entspricht, wird er beim nächsten Mal kopiert.
- Und auch bei den *TV-Sendungen* muss nicht alles kopiert oder manuell ausgesucht werden. Hier können Sie durch Anklicken von *Automatisch einbeziehen ... Folgen von ...* Regeln festlegen.
- Hören oder sehen Sie gerne Podcasts? Dann kopieren Sie die doch auch auf Ihr iPad. *Automatisch einbeziehen: ... Folgen von ...* im Reiter *Podcasts* gibt Ihnen die entsprechende Option.

iTunes und Privatfreigabe

Neben der Übertragung der Daten via *iTunes* können Sie zudem am iPad direkt auf Ihre iTunes-Musik bzw. -Filme drahtlos zugreifen. Voraussetzung hierfür ist,

- dass Computer und iPad sich im selben WLAN-Netzwerk befinden,
- dass am Computer in iTunes die *Privatfreigabe* mit einer Apple-ID aktiviert wird
- und dass am iPad in den *Einstellungen –> Musik bzw. –> Videos* dieselbe Apple-ID hinterlegt ist.

Um *iTunes* dazu zu bewegen, die Mediathek per WLAN zur Verfügung zu stellen, starten Sie das Programm am Computer, gehen zu *Ablage –> Privatfreigabe –> Privatfreigabe aktivieren* und tragen Ihre Apple-ID ein.

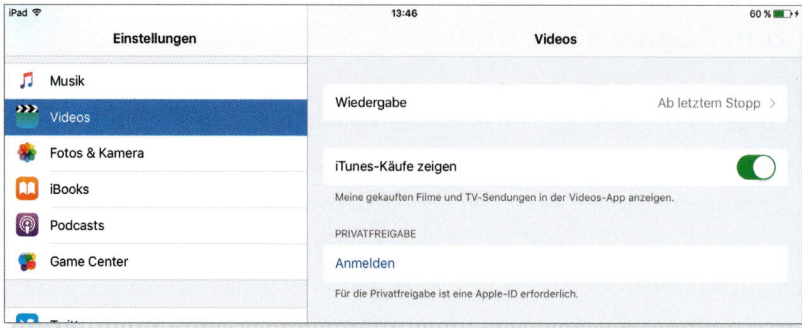

„iTunes" auf dem Mac- oder Windows-Computer stellt die Daten zur Verfügung.

Dieselbe Apple-ID ist nun auf dem iPad in den *Einstellungen* noch zu hinterlegen.

Über die identische Apple-ID an beiden Geräten findet die Autorisierung statt. Damit sind nun alle Einstellungen durchgeführt, und Sie können z. B. die App *Videos* auf dem iPad starten und finden dort unterhalb der Uhrzeit den Button *Freigegeben*. In der *Musik*-App finden Sie die Freigabe rechts unten in der Menüleiste.

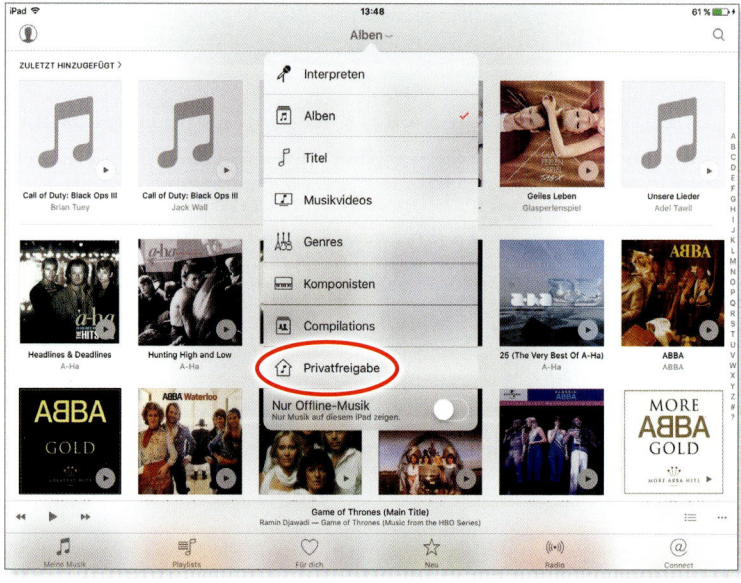

Die App „Musik" greift auf die Lieder des Computers zu.

 Den Namen der Mediathek kann man im Computer in den iTunes-Einstellungen (Mac: **iTunes –> Einstellungen**, Windows: **Bearbeiten –> Einstellungen**) auf dem Reiter **Allgemein** bei **Mediathek-Name** eintragen.

Kapitel 10 Datenschutz

Die Betriebssysteme der Tablets werden immer komfortabler und einfacher zu bedienen. Gleichzeitig sind sie zunehmend in der Lage, umfangreiche und komplexe Aufgaben zu erledigen. Daher landen zwangsläufig mehr und mehr sensible Daten auf den Geräten.

Und ganz gleich ob Ihr Adressbuch oder vertrauliche Daten Ihres Arbeitgebers: Gelangen diese Informationen in die Hände der falschen Personen, kann das sehr unangenehm werden.

Bei der Vorstellung des iPhone 5s Ende 2013 sagte Phil Schiller, Apples Senior Vice President Worldwide Marketing, dass rund 50 Prozent der Anwender keinerlei Möglichkeit der Zugangskontrolle zu ihren Smartphones nutzen. Sie legen schlicht noch nicht einmal einen Code an. Dabei ist das die geringste Zugangskontrolle, die man vornehmen sollte, damit nicht jeder x-beliebige Finder des Geräts an Ihre sensiblen Daten gelangt.

Aber es gibt noch mehr, was man als iPad-Anwender in Bezug auf Sicherheit und Datenschutz tun kann. In diesem Kapitel haben wir entsprechende Tipps und Maßnahmen kompakt zusammengestellt.

Den Zugriff reglementieren

Das Erste, was man tun sollte, um sein iPad gegen den Zugriff unbefugter Personen zu schützen, ist die Vergabe eines Passcodes.

Der Code: vielfältige Möglichkeiten bei der Codevergabe

In *Einstellungen* gibt es den Punkt *Code* bzw. *Touch ID & Code*. Dort können Sie den Code aktivieren, deaktivieren oder ändern. Diese Möglichkeit kennen Sie vielleicht schon.

Die einfachste Art der Absicherung: ein vierstelliger PIN-Code.

Gleich darunter finden Sie den Punkt *Code anfordern*. Dort legen Sie fest, nach welcher Zeit der Inaktivität ein Code erforderlich ist. Sie haben dabei die Wahl zwischen *Nach 1 Minute*, *Nach 5 Minuten*, *Nach 15 Minuten*, *Nach 1 Stunde*, *Nach 4 Stunden* oder *Sofort*. Eine zu kurze Einstellung wird sehr schnell nervig, eine zu hohe ist nahezu sinnlos. In vier Stunden kann ein Dieb oder Finder viel mit Ihrem iPad anstellen, und wenn erst dann die Sperre greift, ist das Kind schon längst in den Brunnen gefallen. Empfehlenswert sind fünf oder 15 Minuten.

> **!** Sinnvoll ist auch die Möglichkeit, neben dem standardmäßig aktivierten sechsstelligen Zahlencode ein anderes Codeformat zu wählen. Tippen Sie dazu bei der Vergabe eines neuen Codes auf den Punkt **Codeoptionen**. Dann haben Sie die Wahl zwischen den Optionen **Eigener alphanumerischer Code**, **Eigener numerischer Code** und **Vierstelliger numerischer Code**. Wobei Sie von der letzten Wahlmöglichkeit Abstand nehmen sollten, wenn mehr Sicherheit Ihr Ziel ist. Mit den anderen Auswahlen können Sie dann auch ein längeres Passwort auswählen und dabei auch komplexere Zeichenketten mit Sonderzeichen wählen. Ein Passwort wie „54u-Ut%@76-utw" ist deutlich schwerer zu knacken als das beliebte „1234".

Die Zugangskontrolle per Fingerabdruck (Touch ID)

Sind Sie Besitzer eines iPad Pro, iPad Air 2 oder iPad mini 3/4 (oder neuer) haben Sie eine weitere Möglichkeit, Zugriff auf Ihr iPad zu reglementieren. Über den in der Home-Taste integrierten Fingerabdruckscanner und die iOS-9-Funktion

Touch ID identifizieren Sie sich per biometrischer Kennung. Und auch bei Einkäufen in den Apple Stores für Apps, Musik, Videos und Bücher ist auf Wunsch Ihr Fingerabdruck ebenso viel wert wie das Passwort Ihrer Apple-ID.

Aber wie verantwortungsvoll geht Apple mit Ihrem Fingerabdruck um? In einem Gespräch mit dem „Wall Street Journal" stellte ein Apple-Sprecher klar, dass nicht das Bild des Abdrucks gespeichert wird, so dass es nicht so ohne Weiteres möglich ist, den Abdruck aus dem iPad zu extrahieren. Gespeichert wird nur eine Signatur des Abdrucks. Und die liegt dann auch noch verschlüsselt in einem Teil des Prozessors, was das Auslesen der Daten zusätzlich erschwert. Die Daten verlassen das Gerät nicht, werden also nicht etwa in der iCloud gespeichert. Auch das wäre ein weiterer Angriffspunkt für Hacker, den Apple so nicht bietet. Außerdem wird nicht alles dem Fingerabdruck überlassen. Wird das iPad neu gestartet oder erfolgte in den vergangenen 48 Stunden keine Entsperrung mit dem Fingerabdruck, benötigen Sie nach wie vor einen Sicherheitsscode.

Fingerabdruck erfassen

Die Fingerabdrücke zur Identifizierung können Sie in den *Einstellungen* bei *Touch ID & Code* festlegen.

> **!** Die Fingerabdrücke können nur eingestellt werden, wenn Sie auch einen Sicherheitscode definiert haben. Sollte die Option **Fingerabdrücke** also nicht anwählbar sein, erstellen Sie zuerst einen Code mit der Funktion **Code aktivieren**.

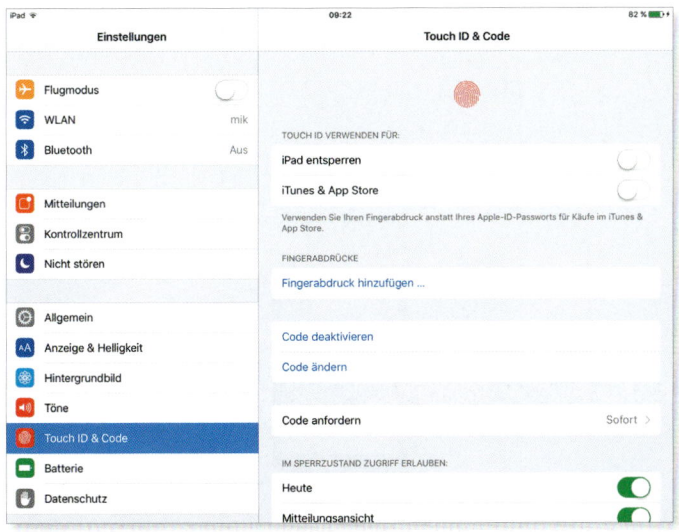

Die Einstellungen für die „Fingerabdrücke".

Tippen Sie auf *Fingerabdruck hinzufügen*, um das Muster eines Ihrer Finger zu erfassen. Damit die Erfassung möglichst genau wird, müssen Sie ihn mehrere Male hintereinander auf die Home-Taste legen. Sie können beobachten, wie sich die Linien der Grafik nach und nach rot färben. Sind alle gefärbt, ist der Scan komplett.

 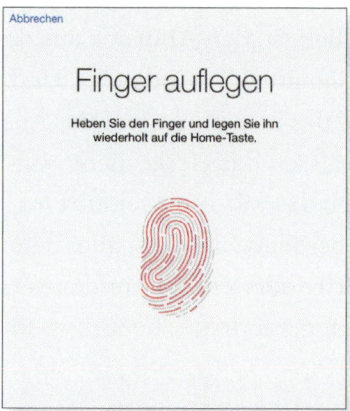

Das Muster eines Fingers wird in mehreren Schritten erfasst, was an den roten Linien zu erkennen ist.

Damit auch unterschiedliche Stellungen des Fingers auf dem Sensor berücksichtigt werden, muss das iPad nach dem ersten Teil der Erfassung noch die Ränder des Fingers scannen. Wie zuvor müssen Sie den Finger mehrere Male hintereinander auf das Sensorfeld legen. Ist dieser Vorgang beendet, kann der Fingerabdruck ab sofort zum Entsperren oder für den Einkauf in den Stores verwendet werden.

Nachdem die Ränder des Fingers gescannt sind, ist der Fingerabdruck gespeichert und einsatzbereit.

Weitere Fingerabdrücke erfassen

Da man meistens nicht immer denselben Finger nimmt, um die Home-Taste zu bedienen, bzw. auch mal die Hand wechselt, gibt es noch die Möglichkeit, weitere Finger zu speichern. Dazu tippen Sie einfach erneut auf die Option *Fingerabdruck hinzufügen*. Daraufhin müssen Sie den Scanvorgang, wie zuvor beschrieben, für den anderen Finger wiederholen.

Fingerabdrücke bearbeiten

Die erfassten Fingerabdrücke lassen sich auch wieder vom iPad löschen oder aber benennen, um die unterschiedlichen Finger zu unterscheiden. In der Übersicht der Fingerabdrücke finden Sie im unteren Teil die gespeicherten Finger aufgelistet. Tippen Sie nun auf einen der Einträge (z. B. *Finger 1*) und wählen Sie dann *Fingerabdruck löschen*. Sie können hier auch den bestehenden Namen ändern.

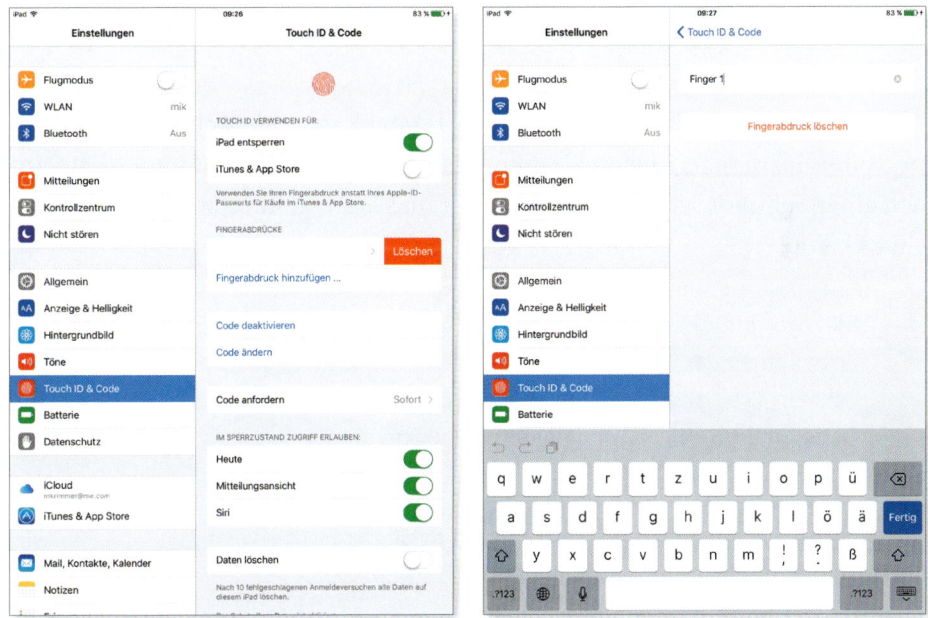

Die erfassten Fingerabdrücke lassen sich auch durch Wischen wieder entfernen (links) bzw. umbenennen (rechts).

Tippen Sie auf *Fertig* rechts unten, um die Bearbeitung abzuschließen.

Touch ID im Einsatz

Haben Sie nun einen Fingerabdruck erfasst, können Sie ihn in Zukunft zum Entsperren des iPads und für den Einkauf verwenden. Dazu müssen Sie aber in den *Einstellungen* bei *Touch ID & Code –> Touch ID verwenden für* die entsprechenden Optionen aktiviert haben. Sie können dort entscheiden, ob die Fingerabdrücke für die Gerätesperre (*iPad entsperren*) und/oder für *iTunes & App Store* zum Einsatz kommen sollen.

Entscheiden Sie, wofür die Fingerabdrücke verwendet werden.

Das Entsperren des iPads mit Touch ID geht sehr einfach. Wenn Sie den Sperrbildschirm sehen, legen Sie einen Finger auf den Sensor (Home-Taste) und nach einer Sekunde ist das iPad entriegelt und kann genutzt werden. Einfacher geht es kaum!

> **!** Falls Sie für Ihr iPad ein Smart Case oder ein Smart Cover im Einsatz haben und beim Öffnen das iPad entriegelt sein soll, müssen Sie folgende Einstellungen vornehmen: Die Option **iPad entsperren** müssen Sie ausschalten und zusätzlich bei **Code anfordern** ein Zeitintervall hinterlegen.

> **!** Wurde der Fingerabdruck dreimal hintereinander nicht erkannt, werden Sie aufgefordert, den Code einzugeben.

Der Einkauf in den diversen Stores funktioniert damit ebenso. Sobald Sie z. B. eine App erwerben, erscheint ein Hinweis mit der Aufforderung, einen Finger auf den Sensor zu legen. Sobald dies geschehen ist, wird die App gekauft und heruntergeladen.

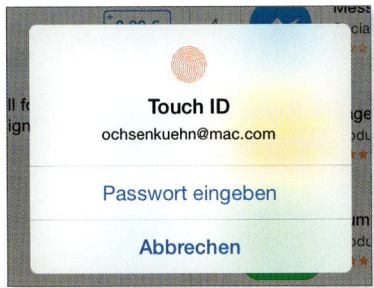

Die „Touch ID" kann für Einkäufe in den Apple Stores verwendet werden.

> **!** Mittlerweile gibt es im App Store zahlreiche Apps wie z. B. OutBank oder Sparkasse für iPad bzw. Sparkasse+ für iPad etc., die allesamt auch die Touch ID zum Verwenden der App benötigen. Damit sind wichtige Informationen vor dem Zugriff Dritter sicher verwahrt. Übrigens: Haben Sie das iPad neu gestartet, wird stets der Code abgefragt.

Vertrauenswürdiger Rechner

Wenn Sie Ihr neues iPad unter iOS 9 das erste Mal an einen Rechner anschließen, erhalten Sie eine Anfrage, ob der Rechner vertrauenswürdig ist.

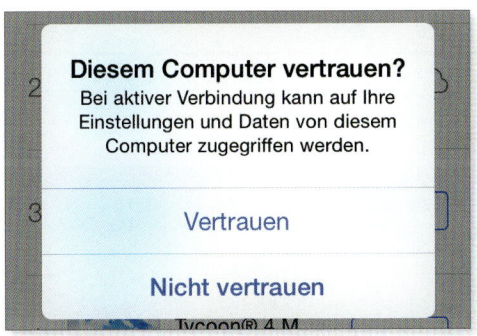

iOS 9 würde gerne wissen, ob Sie diesem Rechner vertrauen.

Handelt es sich bei dem Rechner um Ihren eigenen oder den einer vertrauenswürdigen Person, so können Sie diesem Computer *Vertrauen*. Dann kann *iTunes* genutzt werden, um Daten von oder an Ihr iPad zu übertragen. Entscheiden Sie sich für *Nicht vertrauen*, erhält *iTunes* keinen Zugriff auf den Rechner. Wenn Sie also Ihr iPad nur mal zum Laden des Akkus an einen Rechner anstecken wollen, können Sie an dieser Stelle festlegen, dass nur das und nicht mehr damit geschehen darf.

Sicherheit und Datenschutz im Internet

Aber auch im Internet ist vielerorts Vorsicht geboten. Nachfolgend zeigen wir Ihnen ein paar Tipps, wie Sie Ihre Daten absichern können.

Safari: Tracking deaktivieren, Cookies blockieren, Betrugswarnung

Es geht um die *Einstellungen* zu *Safari* und dort speziell den Abschnitt zu *Datenschutz & Sicherheit*.

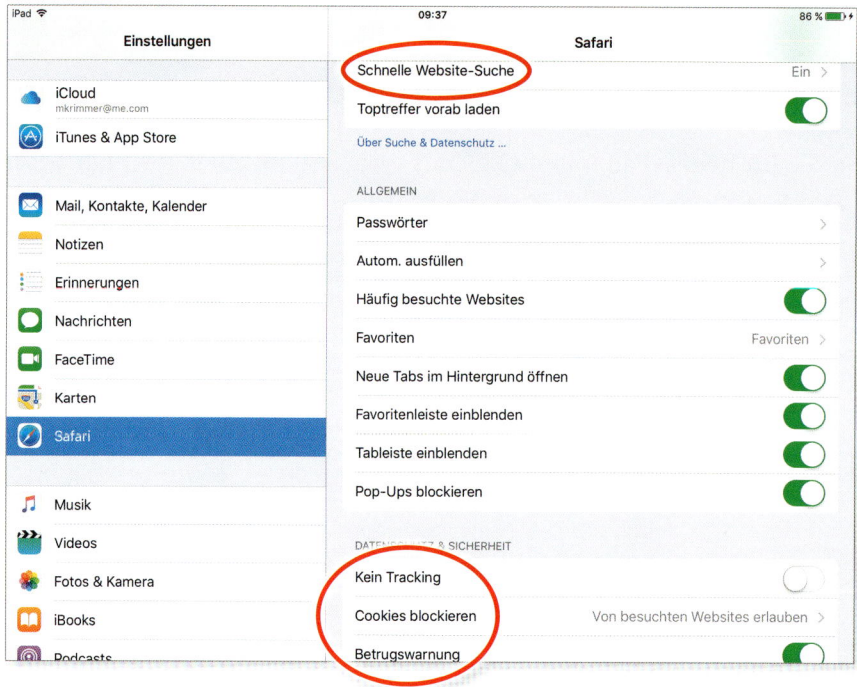

Safari bietet Ihnen viele Optionen, um sicher im Internet unterwegs sein zu können.

- *Kein Tracking:* Webseiten zeichnen gerne die Aktivitäten ihrer Besucher auf, um künftig maßgeschneiderte Werbung generieren zu können. So kann es vorkommen, dass Sie einmal nach einem Kindersitz gesucht haben und Ihnen plötzlich dazu passende Werbung angezeigt wird. Ist die Option *Kein Tracking* aktiviert, wird *Safari* Webseiten dazu auffordern, diese Daten nicht zu erheben. Allerdings ist das eher eine Bitte als ein Befehl. Ob die Webseite sich daran hält, darauf hat *Safari* keinen Einfluss.

- *Cookies blockieren:* Auch Cookies sind ein hervorragendes Werkzeug zur Auslieferung von maßgeschneiderter Werbung. In diesen kleinen Dateien werden unter anderem auch Informationen über Ihre Käufe und Such-anfragen gespeichert. Kommen Sie nun zum Anbieter zurück oder auf eine andere Seite, die dieses Cookie ausliest, erkennt Sie der Server und weiß, was Sie interessieren könnte. Aber Cookies eignen sich nicht nur als Werbeschleuder. Auch durchaus sinnvolle Einstellungen können in einem Cookie gespeichert werden. Wenn Sie also festlegen, dass Cookies blockiert werden sollen, kann es vorkommen, dass auch „gute" Websei-ten nicht mehr wie gewohnt funktionieren. Ein vernünftiger Mittelweg zwischen *Immer* und *Nie* ist daher häufig die Einstellung *Von Dritten oder Werbeanbietern*.

- *Betrugswarnung:* Surfen Sie eine Seite an, die bekannt dafür ist, sensible Daten auszuspähen (Stichwort „Phishing"), kann die *Betrugswarnung* Sie davor schützen. „Kann" daher, weil die Seite natürlich erst einmal für ein solches Verhalten bekannt sein muss, bevor eine Warnung ausgespro-chen werden kann. Aber diese Option zu aktivieren hilft auf jeden Fall mehr, als dass sie schadet.

Und in der App *Safari* können Sie zudem die Funktion *Privat* aktivieren. Diese finden Sie in der *Tab*-Übersicht. Welche weiteren Schutzmechanismen darüber ausgelöst werden, können Sie in Kapitel 5 nachlesen.

Helfen Sie bei der Verbesserung von Diensten und Produkten – oder eben nicht

Bei der Einrichtung von iOS 9 wurden Sie bereits mit dieser Frage konfrontiert: Möchten Sie Apple dabei helfen, die Produkte und Dienste der Firma zu ver-bessern? Im Gegenzug erlauben Sie Apple, automatisch täglich Diagnose- und Nutzungsdaten zu senden, was auch immer das heißen mag. Aber Sie müssen dann auch damit rechnen, dass Apple wissen will, was Sie tun, wie Sie es tun und wo Sie es tun. Das iPad ist aufgrund von diversen sinnvollen Funktionen durchaus in der Lage, diese Daten zu generieren.

Ein Beispiel: Sie sind in der Innenstadt unterwegs, stehen vor einem Ladenge-schäft und starten eine Google-Suche zu einem Artikel, den Sie im Schaufenster sehen. Nun wissen Apple und Google schon mal, was Sie interessiert: der Man-tel. Apple weiß außerdem noch, wo Sie sich gerade befinden: vor dem Laden.

Sie kommen also als potenzieller Kunde durchaus für entsprechende Werbung infrage. Zugegeben, das ist arg konstruiert. Aber wer garantiert Ihnen, dass Apple diese Daten nicht auch anders nutzt als nur zur Verbesserung von iOS? Wenn Sie also der Meinung sind, dass Apple die Verbesserung von Produkten und Diensten auch allein hinbekommt, tippen Sie auf *Nicht senden*, wenn dort das Häkchen nicht schon gesetzt ist.

Wissen Sie nicht mehr, welche Einstellung Sie beim Installieren angegeben haben, können Sie das jederzeit nachträglich überprüfen bzw. ändern: *Einstellungen –> Datenschutz –> Ortungsdienste –> Systemdienste –> Diagnose & Nutzung.*

Sichere Verbindungen nutzen

Sofern es der Anbieter Ihres Mailaccounts anbietet, sollten Sie eine SSL-Verbindung zum Mailserver aktivieren.

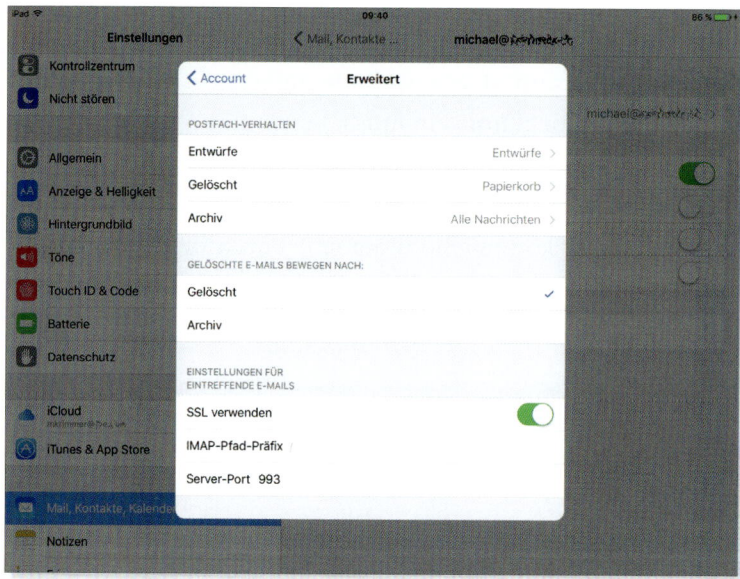

Aktivieren Sie – sofern vorhanden – die Option „SSL verwenden" für eine verschlüsselte Übertragung Ihrer Nachrichten.

Bei SSL werden Ihre Daten verschlüsselt übertragen, das bedeutet, sie können dann nicht einfach mitgelesen werden. Auch wenn Sie vielleicht keine die Sicherheit der Nation betreffenden Daten verschicken, haben Sie doch das Anrecht darauf, dass nur Sie und der Empfänger der Nachricht vom Inhalt selbiger erfahren.

SSL steht für **Secure Sockets Layer** und kann Ihnen auch als TLS bzw. **Transport Layer Security** begegnen.

Sie finden SSL in *Einstellungen –> Mail, Kontakte, Kalender* und dort im entsprechenden *Account*. Tippen Sie bei den Serverinfos auf *Erweitert*.

VPN nutzen und konfigurieren

Wer sicher mit Servern im Internet kommunizieren will, sollte VPN nutzen. Im Businessumfeld ist das die derzeit genutzte Standardtechnologie. Um VPN nutzen zu können, müssen in *Einstellungen –> Allgemein –> VPN* die korrekten Daten hinterlegt werden. Einfacher ist es, sich von der IT-Administration eine Profildatei zusenden zu lassen, in der alle Daten bereits hinterlegt sind.

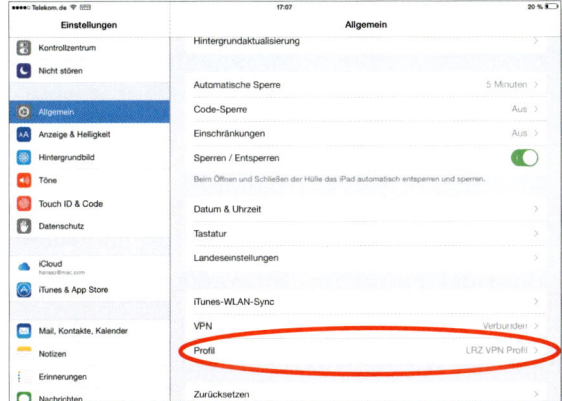 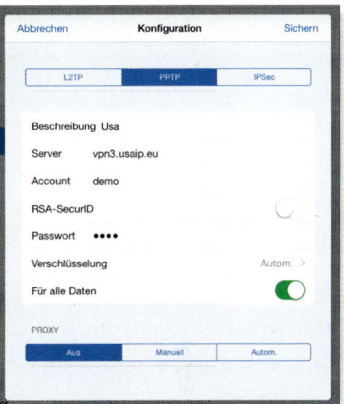

Das linke Bildschirmfoto zeigt das installierte Profil, wohingegen rechts alle Daten manuell eingetragen werden.

Sind alle erforderlichen Daten eingetragen bzw. ist das Profil installiert worden, kann die VPN-Verbindung etabliert werden. Sie finden nun in den *Einstellungen* den neuen Eintrag *VPN*, mit dem die Verbindung aufgebaut und wieder beendet werden kann.

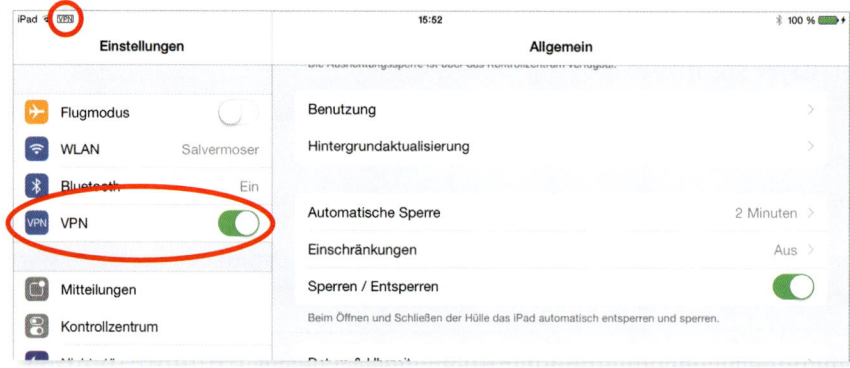

Die VPN-Verbindung ist schnell aktiviert und zeigt bei erfolgreicher Verbindung den Schriftzug „VPN" in der oberen Displayzeile.

Weiterhin kann die VPN-Verbindung nun auf bestimmte Apps bezogen werden. Die Einstellungen hierzu kann die IT-Administration vornehmen.

iPad für Diebe unbrauchbar machen

Mit der kostenlosen App *Mein iPhone suchen* von Apple oder über *icloud.com* können Sie ein verlorengegangenes (oder gestohlenes) iPad orten, darauf einen Ton abspielen oder eine Nachricht anzeigen lassen oder das Gerät löschen (siehe Kapitel 8 ab Seite 342). Damit Sie aus der Ferne auf Ihr iPad zugreifen können, muss in *Einstellungen –> iCloud* die Funktion *Mein iPad suchen* aktiviert sein. Haben Sie das Gerät gelöscht, kann es nur wieder reaktiviert werden, wenn Sie sich mit Ihrer Apple-ID zu erkennen geben. Das bringt Ihnen zwar im schlimmsten Fall Ihr iPad auch nicht wieder. Aber es ist gut zu wissen, dass es sich in diesem Zustand auch nicht verkaufen lässt.

Ein aus der Ferne von Ihnen gelöschtes iPad ist für den Dieb unbrauchbar, weil er ohne Eingabe der ursprünglichen Apple-ID an dieser Stelle nicht weiterkommt.

 Aktivieren Sie zusätzlich die Funktion **Einstellungen –> iCloud –> Mein iPad suchen –> Letzten Standort senden**, damit bei zur Neige gehender Akkuleistung das iPad sicherheitshalber nochmals seinen aktuellen Standort übermittelt.

Sicherheit für den Sperrbildschirm

Über den Sperrbildschirm kann standardmäßig eine Reihe von Funktionen aufgerufen werden:

- *Siri*
- *Mitteilungen*
- *Kontrollzentrum*

Es empfiehlt sich daher, zur Verbesserung der Sicherheit diese Funktionen zu deaktivieren. Über *Einstellungen –> Kontrollzentrum* bzw. *Mitteilungen* können Sie den *Zugriff im Sperrbildschirm* deaktivieren. Weiterhin sollte via *Einstellungen –> Code* bzw. *Touch ID & Code* die Funktion *Siri* abgeschaltet werden. Dies funktioniert aber nur dann, wenn bereits ein Code hinterlegt und aktiviert wurde.

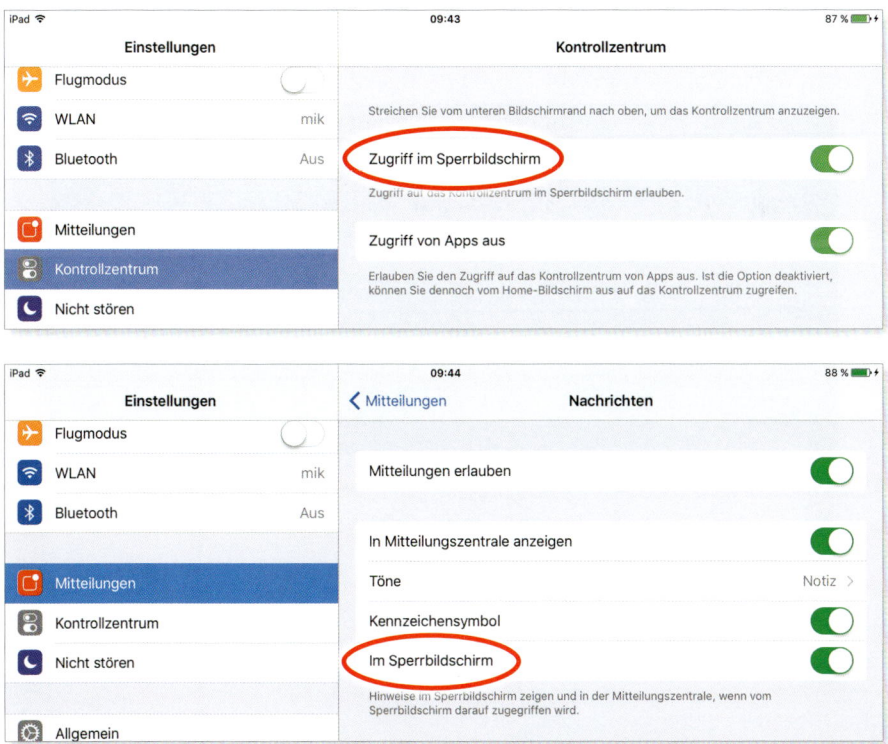

Deaktivieren Sie die markierten Funktionen, um unerlaubten Zugriff auf Funktionen des iPads zu vermeiden.

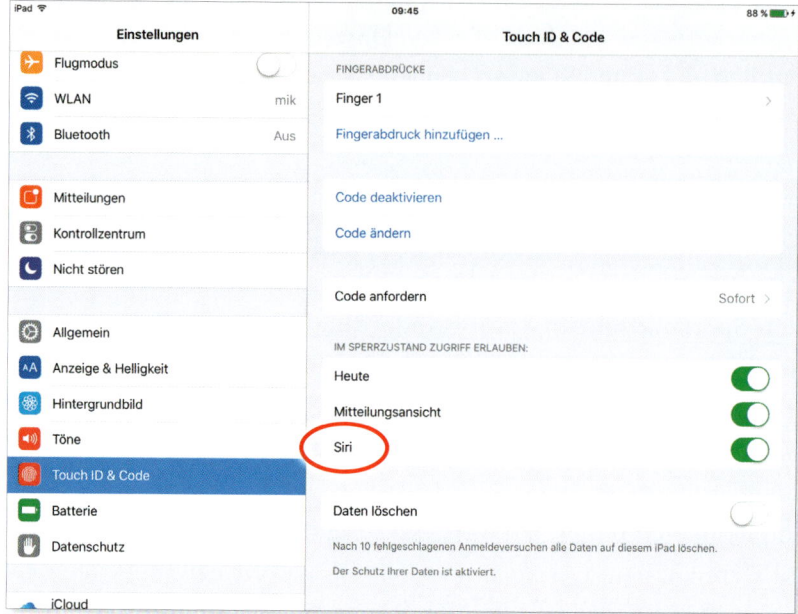

Auch „Siri" kann für den Sperrbildschirm deaktiviert werden.

Weiterhin können diverse Apps zum Teil wichtige Informationen direkt auf dem Sperrbildschirm einblenden.

Das Bildschirmfoto zeigt die Apps „Nachrichten" und „Mail", die Informationen im Sperrbildschirm einblenden.

Sie sind deshalb gut beraten, zumindest die Vorschau auszublenden, um keine detaillierten Infos preiszugeben.

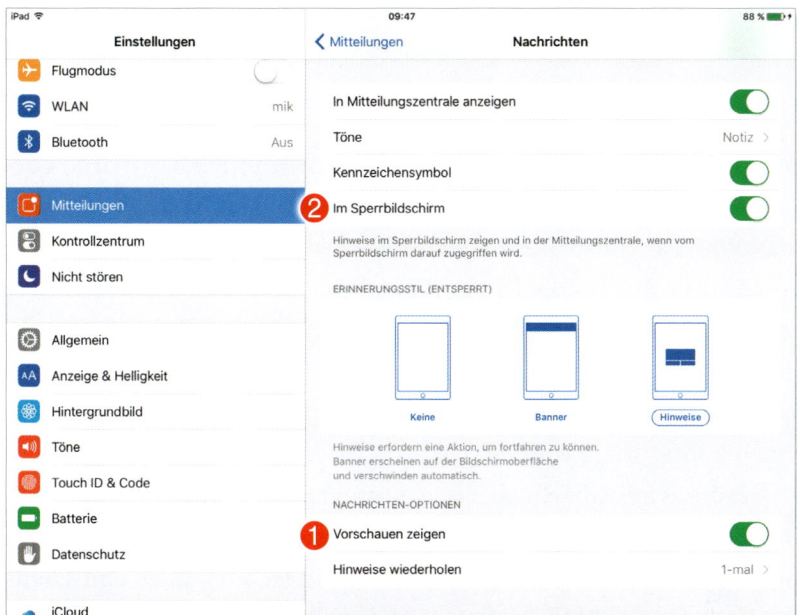

Wird die Vorschau nicht dargestellt, ❶ *…*

… so sind schon mal die Details der Nachrichten nicht mehr zu sehen.

Soll hingegen im Sperrbildschirm keinerlei Info erscheinen, so deaktivieren Sie *Im Sperrbildschirm* ❷.

> **!** Jede App kann Informationen an den Sperrbildschirm senden. Prüfen Sie deshalb in **Einstellungen –> Mitteilungen**, für welche Apps Sie das zulassen wollen. Sie finden den entsprechenden Punkt für jede App einzeln in den jeweiligen Einstellungen.

Zweistufige Sicherung für die Apple-ID

Die Apple-ID ist normalerweise durch ein Passwort geschützt. Das Passwort selbst muss zwingend mindestens eine Ziffer sowie einen Klein- und Großbuchstaben enthalten. Dadurch wird es schon ziemlich sicher. Allerdings kann es doch passieren, dass böse Menschen Ihr Passwort herausfinden und dann damit uneingeschränkt Zugang zu Ihrem iCloud-Account haben und damit sogar in den diversen Stores einkaufen können.

Apple stellt aus diesem Grund eine zweistufige Sicherung für die Apple-ID zur Verfügung. Diese ist aber standardmäßig ausgeschaltet und muss von Ihnen zuerst noch konfiguriert werden.

Wenn Sie die zweistufige Sicherung einrichten, registrieren Sie ein oder mehrere vertrauenswürdige Geräte. Ein vertrauenswürdiges Gerät ist ein von Ihnen verwendetes Gerät, das vierstellige Bestätigungscodes über den Dienst *Mein iPhone suchen* oder per SMS empfangen kann. Allerdings muss mindestens eine SMS-fähige Rufnummer angegeben werden.

Sobald die zweistufige Sicherung aktiv ist, müssen Sie immer, wenn Sie sich anmelden, um Ihre Apple-ID zu verwalten, oder wenn Sie von einem neuen Gerät aus einen Einkauf im *iTunes Store*, *App Store* oder *iBooks Store* tätigen, zur Bestätigung Ihrer Identität sowohl Ihr Passwort als auch einen vierstelligen Bestätigungscode eingeben, der an das vertrauenswürdige Gerät geschickt wird.

Einrichten

Das Einrichten der zweistufigen Sicherung muss derzeit am Rechner gemacht werden. Die Aktivierung über iPhone oder iPad ist nicht möglich. Öffnen Sie die Seite *appleid.apple.com/de* in einem Browser und klicken Sie dort auf *Ihre Apple-ID verwalten*.

Nach der erfolgreichen Anmeldung mit Ihrer Apple-ID wechseln Sie auf der linken Seite in den Bereich *Passwort und Sicherheit*. Dort beantworten Sie die beiden Sicherheitsfragen, die Sie beim Einrichten der Apple-ID hinterlegt haben.

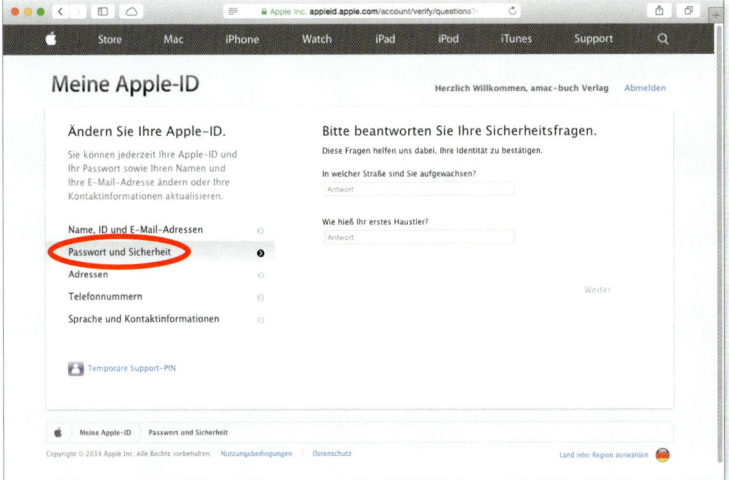

Bevor man die Sicherheitseinstellungen der Apple-ID ändern kann,
muss man die Fragen beantworten.

Nachdem Sie die Fragen korrekt beantwortet haben, erreichen Sie den Bereich mit dem Apple-ID-Passwort und den hinterlegten Sicherheitsfragen. Im rechten Bereich finden Sie dann an erster Stelle die *Zweistufige Bestätigung*. Klicken Sie dort auf *Erste Schritte*. Sie werden damit Schritt für Schritt durch die Konfiguration geleitet.

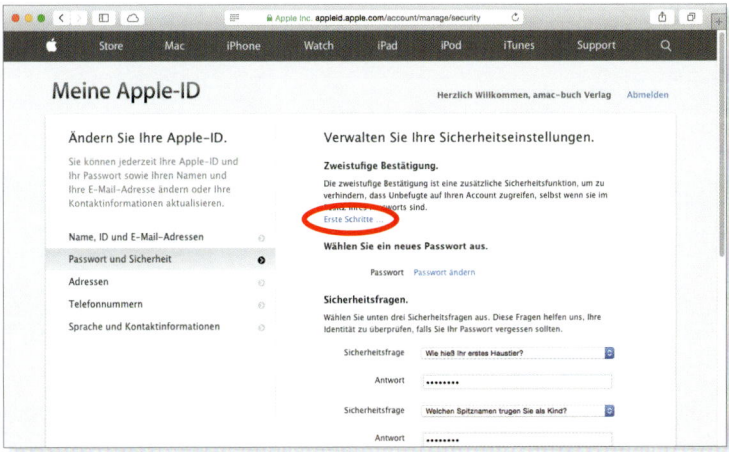

Das Einrichten der „Zweistufigen Bestätigung" kann beginnen.

Zuerst erhalten Sie noch einige wichtige Informationen über diese Sicherheitsfunktion, die Sie aufmerksam lesen sollten. Unter anderem wird beim Einrichten ein *Wiederherstellungsschlüssel* generiert, der von Ihnen sehr gut aufbewahrt werden sollte. Denn nur mit dem Wiederherstellungsschlüssel können

Sie nachträglich auf Ihren Account zugreifen, falls Sie einmal das Passwort vergessen haben oder Ihr Gerät gestohlen wurde.

Beachten Sie unbedingt die Informationen.

Im ersten Schritt müssen Sie eine Telefonnummer angeben, die SMS empfangen kann. Zur Kontrolle wird sofort ein vierstelliger Code an das Telefon versendet, den Sie dann zur Bestätigung der korrekten Funktionsweise eingeben müssen.

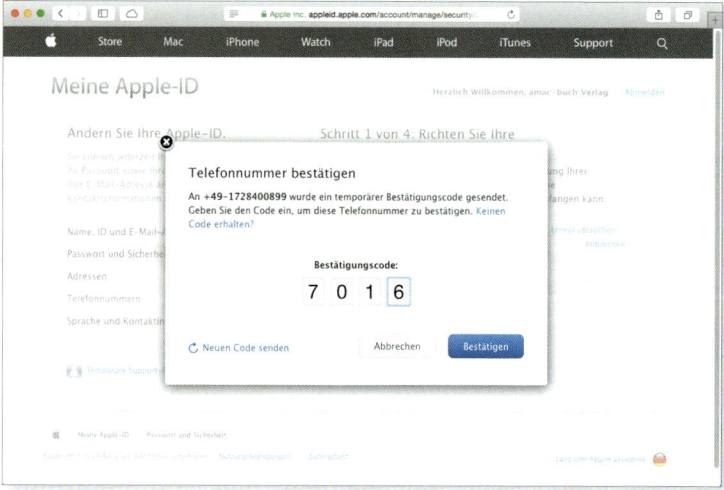

Zur Kontrolle muss der per SMS empfangene Code eingetippt werden.

Ist der Code bestätigt, können Sie im Anschluss noch weitere Telefonnummern für den Empfang des Codes angeben.

Der zweite Schritt zeigt Ihnen nun Ihren Wiederherstellungsschlüssel an. Diesen sollten Sie sich entweder ausdrucken oder notieren und gut aufbewahren.

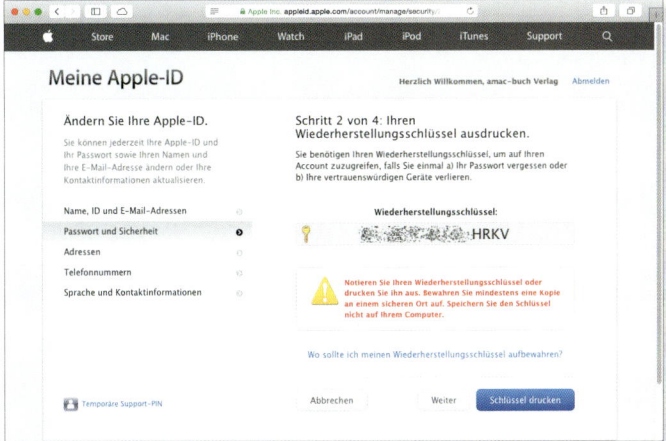

Der Wiederherstellungsschlüssel ist ein alphanumerischer Code, der sehr wichtig ist.

Im dritten Schritt müssen Sie zur Kontrolle den Wiederherstellungsschlüssel eingeben. Dies soll gewährleisten, dass Sie den Schlüssel ausgedruckt oder notiert haben.

Der vierte und letzte Schritt fordert Sie dazu auf, die Bedingungen der zweistufigen Sicherung zu akzeptieren. Haben Sie dies getan, ist die Sicherung aktiviert und kann sofort genutzt werden.

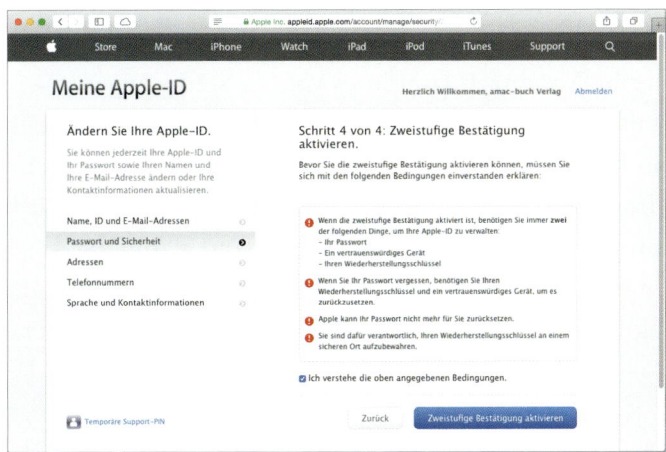

Sind Sie mit den Bedingungen einverstanden, wird die Sicherung aktiviert.

Ab sofort können Sie also Änderungen an Ihrem Account oder Einkäufe mit einem neuen Gerät (iPad, iPhone, Mac, Windows) nur unter Verwendung der zweistufigen Sicherung tätigen. Sie benötigen dazu in Zukunft also das Passwort Ihrer Apple-ID und den vierstelligen zugesendeten Code.

Damit ist ein sehr guter Schutz Ihres Accounts bzw. Ihrer Apple-ID gewährleistet.

Datenschutz

Auch im Bereich Datenschutz gibt es einige Stellschrauben, die man anpassen kann. Primär geht es da um die Apps und deren Verhalten.

Generell gilt: Zugriff von Apps im Auge behalten

Meistens tut eine App das, was sie soll. Dann sind auch die Anfragen, die die App beim ersten Start sendet, nachvollziehbar. Die *Karten*-App kann durchaus um Zugang zu Ihren Kontakten bitten. Schließlich möchten Sie vielleicht einmal die Firmenadresse Ihres Bekannten angezeigt bekommen. Und wenn eine Social-Media-App Ihre Kontakte näher kennenlernen will, kann auch das problemlos geschehen. Vielleicht möchten Sie ja von der App angezeigt bekommen, wer von Ihren Kontakten ebenfalls dort vertreten ist.

Aber eine Bitte: Gehen Sie nicht immer davon aus, dass die App das tut, was sie zu tun vorgibt. Vereinzelt kommt es vor, dass eine augenscheinliche Spaß-App munter mit der Außenwelt kommuniziert und beispielsweise Ihre Kontakte kopiert. Dann können Ihre Freunde und Bekannten damit rechnen, dass sie künftig ungefragt Werbemails erhalten werden. Daher denken Sie kurz darüber nach, ob die angefragten Daten wirklich nötig sind, damit die App ihren Dienst verrichtet. Sind Sie sich nicht sicher, sagen Sie erst einmal „Nein!". Sie können auch nachträglich einer App die Erlaubnis wieder entziehen. Das geht unter *Einstellungen –> Datenschutz* und dort unter der jeweiligen App.

Hier sehen Sie, dass derzeit lediglich die „Freunde"-App auf die Kontakte des iPads zugreifen darf. Wenn Sie das künftig einer weiteren App erlauben, erscheint sie hier ebenfalls.

Möchten Sie einer App den Zugriff nachträglich verweigern, so deaktivieren Sie das hier einfach, indem Sie den Schalter auf *Aus* stellen.

Ihr iPad weiß, wo Sie sich aufhalten

Was Ihre persönlichen Orte angeht, dafür gibt es spezielle *Einstellungen*. Rufen Sie dazu *Datenschutz –> Ortungsdienste* auf und tippen Sie auf *Systemdienste*.

Hier können Sie die Option *Ortsabhängige iAds* deaktivieren, denn die hilft Apples Werbekunden mehr als Ihnen. Also aus damit. iAds ist das Apple-eigene Werbenetzwerk, über das App-Entwickler zusätzliche Erlöse generieren können.

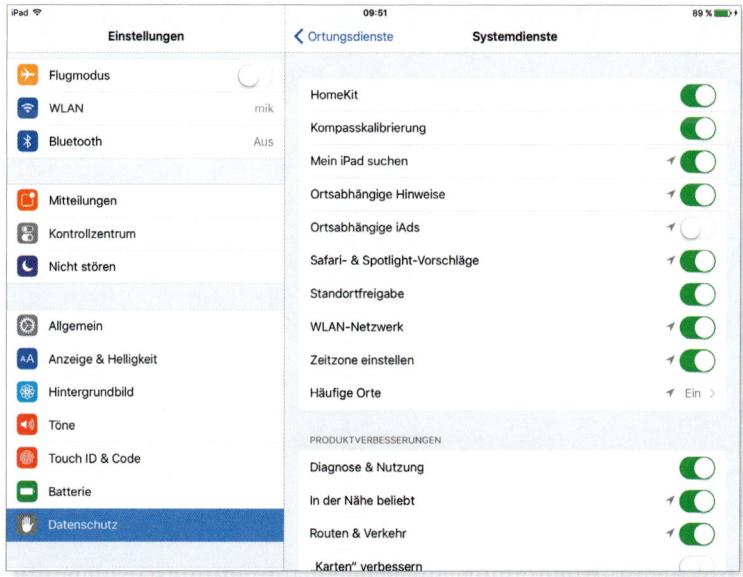

Innerhalb der „Ortungsdienste –> Systemdienste" finden Sie eine ganze Reihe von Einstellmöglichkeiten.

Funktionen wie *Kompasskalibrierung*, *WLAN-Netzwerke* oder *Zeitzone einstellen* sollten aktiviert sein, da sie Ihnen nützlich sind.

Ortungsdienste immer aktiv – oder nicht

Jede App, die auf Ortungsdienste zugreifen möchte, fragt beim ersten Start danach. Dabei ist aber ebenfalls Vorsicht geboten. Es gibt nämlich zwei unterschiedliche Anfragen, die aber unterschiedliche Folgen haben. Zunächst einmal die „normale" Frage:

Diese Anfrage erhalten Sie, wenn die App während der Benutzung Ihren Standort ermitteln möchte.

Das sollten Sie mit *Erlauben* beantworten. Schließlich sieht man in der Karten-App ja oft etwas nach, was mit dem derzeitigen Aufenthaltsort zu tun hat. Die andere Abfrage sieht so aus:

Hier entscheiden Sie, ob die App immer Ihren Aufenthaltsort wissen darf.

Wenn Sie das erlauben, dann darf die App zu jeder Zeit nachsehen, wo Sie sich gerade aufhalten. Das ist beispielsweise bei der *Freunde*-App sinnvoll, weil Ihre dort autorisierten Kontakte ja auch dann sehen sollen, wo Sie sind, wenn

Sie diese App gerade nicht geöffnet haben. Bei allen anderen ist es aber fraglich, ob Ihr Standort für die gewünschte Funktion immer relevant ist.

In *Einstellungen –> Datenschutz –> Ortungsdienste* erkennen Sie die Freigaben daran, dass entweder *Beim Verwenden* oder *Immer* angezeigt wird.

Ad-Tracking – besser nicht

Unter *Einstellungen –> Datenschutz –> Werbung* finden Sie die Option *Kein Ad-Tracking*, die Sie besser aktivieren sollten. Lassen Sie dagegen Ad-Tracking zu, erlauben Sie Apps, Ihnen interessenbasierte Werbung zu senden. Da Sie das vermutlich nicht möchten: Weg damit! Falls doch, legen Sie den Schalter wieder auf *Aus*, um Ad-Tracking zuzulassen.

> **!**
>
> Vorsicht vor der Formulierung. Ob absichtlich oder nicht, Apple wählte hier bei der Beschreibung der Option einen ungewohnten Weg. Die Option heißt **Kein Ad-Tracking**. Normalerweise ist eine Funktion aktiv, wenn Sie den Schalter auf Grün (also **Ein**) stellen. In diesem Fall ist es andersherum: Schalten Sie auf Grün, ist Ad-Tracking inaktiv.

App Store: geprüfte Apps garantiert

Dieser Aspekt wird von Apple-Kritikern oft als negativ dargestellt: Jede App, die den Weg auf ein iPad über den App Store finden soll, muss erst durch die Kontrolle von Apples App-Testern. Was auf den ersten Blick nach übertriebener Kontrolle aussehen mag, hat aber durchaus einen sinnvollen Hintergrund:

Apple überprüft, ob die App auch wirklich das tut, was sie tun soll, oder ob sie nur dem Zweck dient, Daten auszuspähen. Außerdem kann man sicher sein, dass eine App aus dem App Store ausreichend gut programmiert ist, so dass sie nicht ständig abstürzt und somit das iOS-System insgesamt instabil macht.

Klar, auch bei Apple arbeiten Menschen, denen mal etwas durchrutschen kann. Aber die Fälle, in denen eine App, die den Testprozess erfolgreich durchlaufen hat, trotzdem ein verstecktes Hintertürchen hat, sind eher sehr selten. Bei Android-Apps mit den vielen Distributionswegen ist das schon häufiger der Fall.

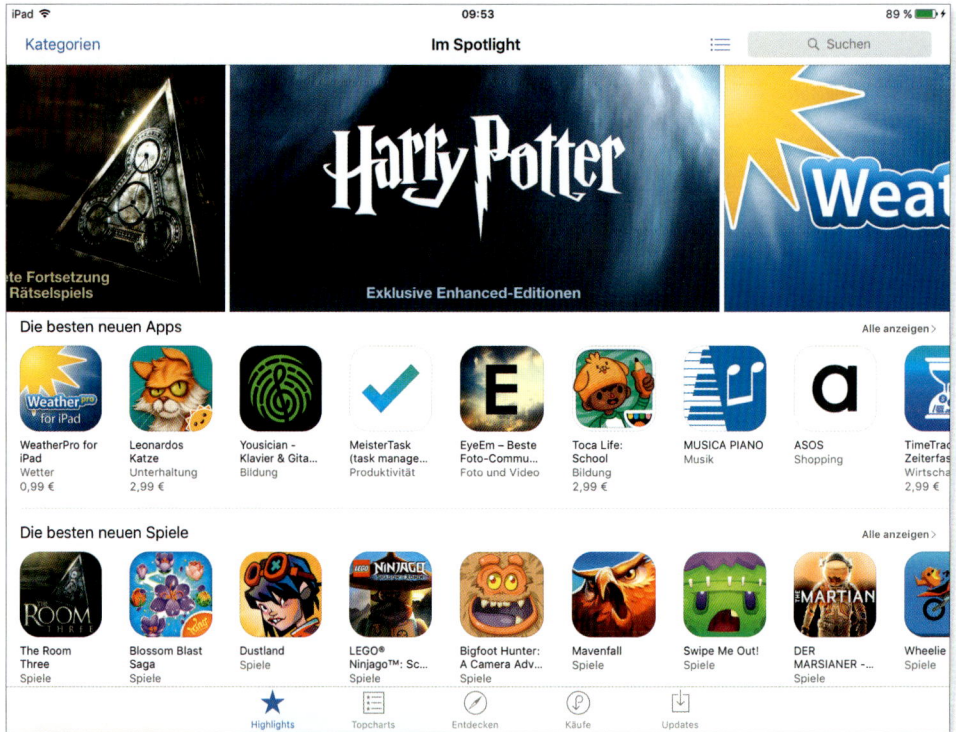

Bei Apps aus dem „App Store" kann man in der Regel sicher sein, dass alles in Ordnung ist.

Kapitel 11 Troubleshooting

Das iPad ist ein sehr zuverlässiges Gerät. Normalerweise tut es, was es soll, und es gibt kaum Situationen, in denen die Software abstürzt oder sich anderweitig seltsam verhält.

Aber wie bei jedem technischen Gerät kann es natürlich mal vorkommen, dass etwas aus dem Ruder läuft. Für diesen Fall haben wir Ihnen auf den folgenden Seiten ein paar Tipps und Anleitungen vorbereitet, mit denen Sie nahezu alle Probleme wieder in den Griff bekommen. Das iPad hat nämlich die lobenswerte Eigenschaft, dass es sich selbst heilen kann, indem es im Fall der Fälle einfach eine frische Software installiert.

Aber auch für das iPad gilt: Wenn etwas einmal wirklich kaputt ist, dann hilft da auch kein Softwareupdate und kein Zurücksetzen von Einstellungen. Dann müssen Sie das Gerät reparieren lassen. Hilfe bekommen Sie unter *http://apple. com/de/support/*.

iPad wiederherstellen mit Backup über iTunes oder iCloud

Über *iTunes* lassen sich jederzeit Backups erstellen und wieder zurück auf das iPad kopieren. Das ist ein guter Weg, um im Notfall einen bestimmten Einstellungs- und Datenstand wiederherzustellen.

Um eine Datensicherung manuell zu erstellen, schließen Sie das iPad am Computer an und klicken auf das iPad-Symbol. Im Fenster *Übersicht* gibt es den Bereich *Backups*. Um ein Backup anzulegen und den Inhalt des iPads auf dem Rechner zu sichern, klicken Sie auf *Jetzt sichern*.

Klicken Sie auf *Backup wiederherstellen*, so wird eine bestehende Datensicherung wieder auf das iPad zurückgespielt. Aber Inhalte wie Musik, Videos oder Apps müssen anschließend extra kopiert werden.

> Wenn Sie Ihren Backup verschlüsseln, indem Sie **Lokales Backup verschlüsseln** aktivieren, dann werden auch Ihre eingegebenen Kennwörter gesichert und auch wiederhergestellt.

Wie bereits in Kapitel 8 ab Seite 335 besprochen, können Sie in der iCloud ebenfalls ein Backup hinterlegen und dieses dann auf dem iPad einspielen.

iPad zurücksetzen

Sie können verschiedene Einstellungen in Ihrem iPad zurücksetzen. Rufen Sie dazu *Einstellungen –> Allgemein* auf und scrollen Sie ganz nach unten zum Punkt *Zurücksetzen*.

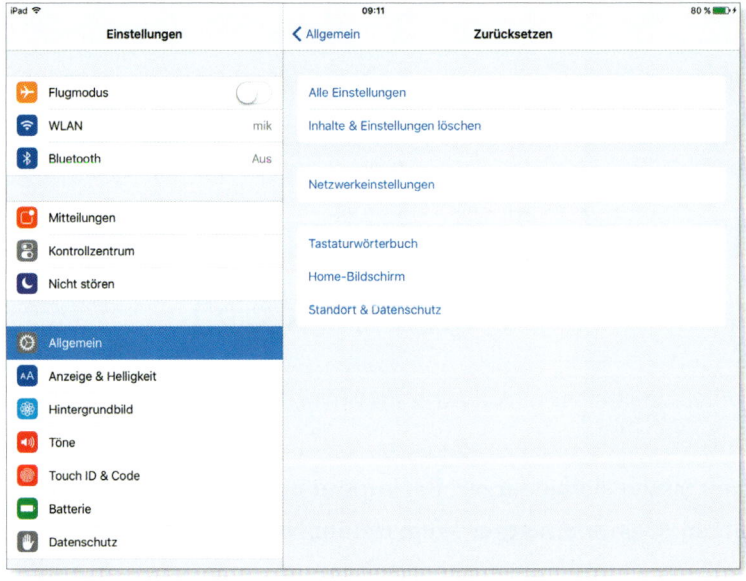

Über die „Einstellungen" können Sie vieles wieder auf die Werkseinstellungen zurückbringen.

Hier haben Sie nun einige Möglichkeiten:

- *Alle Einstellungen:* Sie haben sich in den Einstellungen ein wenig zu tief umgesehen, und jetzt verhält sich das iPad nicht mehr so, wie Sie das möchten? Wenn es schneller geht, die richtigen Dinge zu aktivieren, anstatt die falschen zu deaktivieren, dann nutzen Sie diese Option. Damit werden die Einstellungen auf den Werkszustand gestellt, und Sie können von vorne beginnen.

- *Inhalte & Einstellungen löschen:* Bei dieser Variante werden nicht nur die Einstellungen entfernt, sondern auch alle Inhalte wie Apps, Musik, Videos und persönliche Daten. Damit bringen Sie das Gerät in den Zustand zurück, in dem es sich befand, als Sie es aus der Packung genommen haben. Das ist nicht nur dann hilfreich, wenn das iPad zickt und Sie das Problem lösen möchten. Auch vor einem Verkauf oder Verleih des iPads können Sie so alle Inhalte löschen.

- *Netzwerkeinstellungen:* Das ist beispielsweise dann sinnvoll, wenn Sie sich nicht mit einem WLAN verbinden können, obwohl das funktionieren sollte. Dann müssen Sie zwar die Kennwörter aller bekannten WLANs noch einmal eingeben. Aber in der Regel klappt dann der Verbindungsaufbau wieder.

- Ganz unten können Sie dann noch das *Tastaturwörterbuch,* den *Home-Bildschirm* sowie die Einstellungen zu *Standort & Datenschutz* zurücksetzen.

iPad neu booten

Sollte Ihr iPad sich seltsam verhalten oder den Dienst ganz verweigern, wirkt ein kompletter Neustart des Systems wahre Wunder. Um einen solchen Reboot durchzuführen, halten Sie die *Home-* und *Standby*-Taste so lange gedrückt, bis der Bildschirm dunkel wird und das Apple-Logo erscheint. Dann können Sie beide Tasten loslassen. Das iPad startet neu und kann im Anschluss daran wieder wie gewohnt benutzt werden.

Wenn überhaupt nichts mehr geht: der Wartungszustand

Dieser Tipp ist eher was fürs Grobe. Es ist ganz selten, aber es kann vorkommen, dass Ihr iPad überhaupt nichts mehr tut. Entweder lässt es sich nicht mehr einschalten, oder seit Stunden wird Ihnen nur der Apfel des Startvorgangs angezeigt. Dann bringen auch die beiden vorherigen Tipps nichts mehr, weil Sie sie schlicht in dieser Phase nicht anwenden können. In diesem Fall müssen Sie das iPad in den DFU-Modus versetzen. Dieser Notbetrieb stellt das iPad wieder in den Auslieferungszustand zurück. Wenn sich also in der Software Ihres iPads irgendetwas unlösbar verändert hat, dann bekommt das Gerät hierüber wieder eine frische Software installiert. Und so starten Sie den DFU-Modus:

1. Schalten Sie das iPad aus. Wenn Sie es nicht ausschalten können, drücken Sie gleichzeitig die *Standby-* und die *Home*-Taste und halten diese einige Sekunden lang gedrückt, um das Gerät auszuschalten.
2. Schließen Sie das USB-Kabel des Geräts nun an Ihren Computer an.
3. Halten Sie die *Home*-Taste auf dem Gerät gedrückt, während Sie das USB-Kabel an das Gerät anschließen.
4. Wenn Sie im Display des iPads das iTunes-Logo mit einem Kabel sehen, lassen Sie die *Home*-Taste los. Wenn diese Meldung nicht angezeigt wird, probieren Sie die Schritte 1 bis 3 noch einmal.
5. Installieren Sie iOS neu, indem Sie in *iTunes* auf *iPad wiederherstellen* und dann auf *Wiederherst. & aktual.* klicken. Das nachfolgende Infofenster zum *iPad-Software-Update* bestätigen Sie mit *Weiter*.
6. Richten Sie anschließend Ihr iPad wieder nach Ihren Wünschen ein.

Index

Weitere interessante Bücher
rund um das Thema Apple, iPhone, iPad und Apple Watch finden Sie
unter www.amac-buch.de.